Carsten Bünger | Charlotte Chadderton | Agnieszka Czejkowska |
Martin Dust | Andreas Eis | Christian Grabau | Andrea Liesner |
Ingrid Lohmann | David Salomon | Susanne Spieker |
Jürgen-Matthias Springer | Anke Wischmann (Redaktion)

Jahrbuch für Pädagogik 2022

D1726239

Jahrbuch für Pädagogik

Begründet von
Kurt Beutler I Ulla Bracht I Hans-Jochen Gamm I Klaus Himmelstein
I Wolfgang Keim I Gernot Koneffke I Karl-Christoph Lingelbach I Gerd
Radde I Ulrich Wiegmann I Hasko Zimmer

Herausgegeben von
Carsten Bünger I Charlotte Chadderton I Agnieszka Czejkowska I Martin
Dust I Andreas Eis I Christian Grabau I Andrea Liesner I Ingrid Lohmann
I David Salomon I Susanne Spieker I Jürgen-Matthias Springer I Anke
Wischmann

Seit seiner ersten Ausgabe 1992 greift das Jahrbuch für Pädagogik gesellschaftliche Entwicklungen und Problemlagen auf und stellt sie in
eine doppelte Beziehung zur pädagogischen Diskussion: Zum einen wird
gefragt, welche Konsequenzen die jeweils im Schwerpunktthema be-
leuchteten Entwicklungen für Erziehung und Bildung sowie im Hinblick
auf die Möglichkeiten und Grenzen pädagogischer Konzeptionen haben.
Dabei ist die Perspektive leitend, dass sich pädagogische Verhältnisse
weder außerhalb gesellschaftlicher Bedingungen begreifen noch einfach aus ihnen ableiten lassen. Zum anderen sind gesellschaftliche
Entwicklungen nicht erst auf der Ebene ihrer pädagogischen Effekte
mehrdeutig und widersprüchlich. Vielmehr stellen sie in materieller, kultureller, politischer, sozialstruktureller oder technologischer
Hinsicht komplexe Herausforderungen dar, die es zu analysieren gilt.
Gesellschaftsdiagnostische Bestimmungen sind dabei nicht nur stets
vorläufig, sondern auch in die Auseinandersetzungen um die angemessene Einordnung und Bewertung einbezogen. In diesem Sinne zielt das
Jahrbuch für Pädagogik darauf ab, entlang kontroverser Positionen
Räume der Kritik und Neufassung zu eröffnen.

Carsten Bünger | Charlotte Chadderton |
Agnieszka Czejkowska | Martin Dust |
Andreas Eis | Christian Grabau |
Andrea Liesner | Ingrid Lohmann |
David Salomon | Susanne Spieker |
Jürgen-Matthias Springer | Anke Wischmann
(Redaktion)

Jahrbuch für Pädagogik 2022

30 Jahre und kein Ende der Geschichte

Dieses Buch ist erhältlich als:
ISBN 978-3-7799-7315-7 Print
ISBN 978-3-7799-7316-4 E-Book (PDF)

1. Auflage 2023

© 2023 Beltz Juventa
in der Verlagsgruppe Beltz · Weinheim Basel
Werderstraße 10, 69469 Weinheim
Alle Rechte vorbehalten

Herstellung: Ulrike Poppel
Satz: Datagrafix, Berlin
Druck und Bindung: Beltz Grafische Betriebe, Bad Langensalza
Beltz Grafische Betriebe ist ein klimaneutrales Unternehmen (ID 15985-2104-100)
Printed in Germany

Weitere Informationen zu unseren Autor:innen und Titeln finden Sie unter: www.beltz.de

Inhaltsverzeichnis

Editorial: 30 Jahre und kein Ende der Geschichte

Carsten Bünger, Charlotte Chadderton, Agnieszka Czejkowska, Martin Dust, Andreas Eis, Christian Grabau, Andrea Liesner, Ingrid Lohmann, David Salomon, Susanne Spieker, Jürgen-Matthias Springer, Anke Wischmann

> „Es zeigt sich aber, dass auch das Jahr 1989 sein Versprechen nicht gehalten hat, im Sinne der Illusionen, an die wir damals geglaubt haben, dass das Ende der Geschichte erreicht sei und dass wir jetzt endlich die realistisch beste Gesellschaftsform hätten. Das Problem ist, es wird immer klarer, dass auch der neoliberale Weltkapitalismus keine Lösung ist."
>
> (Žižek 2013)

> „Wenn eine Diktatur zusammenbricht, dann entsteht nicht qua Naturgesetz eine Demokratie, sondern zuerst ein Zwischenstadium, aus dem wieder eine Diktatur oder eine Demokratie entstehen kann."
>
> (Herta Müller 2015)

> „Die Natur des Menschen ist seine Geschichte."
>
> (Heydorn 1972)

Das Jahrbuch für Pädagogik besteht 2022 seit dreißig Jahren. *Geschichte* war darin von Anfang an ein Schlüsselthema. Zusammengefunden hatte sich der Herausgeberkreis im Jahre 1990, um über zentrale Herausforderungen des Umgangs mit Geschichte zu diskutieren. Das waren zum einen die auch in der Pädagogik starken Bestrebungen einer normalisierenden Dethematisierung des Nationalsozialismus und seiner Nachwirkungen, und das war zum anderen die Gestaltung des deutsch-deutschen Vereinigungsprozesses nach Gutsherrenart (vgl. Keim et al. 1990; Himmelstein/Keim 1992). Für die Konzeption der Jahrbuch-Reihe führte die Beschäftigung insbesondere mit diesen beiden Themen zu der Einsicht, dass sich Perspektiven für Bildung und Emanzipation erst in der Auseinandersetzung mit den historischen Bedingungen und den gesellschaftlichen Effekten pädagogischen und politischen Tuns eröffnen. Bis heute ist das Selbstverständnis des Jahrbuchs von diesem Interesse an der Unabgeschlossenheit der Geschichte und den Möglichkeiten kritischer Selbstverständigung getragen. Seit seiner Gründung haben sich die Verhältnisse von Pädagogik, Gesellschaft und Politik grundlegend verändert; zugleich aber lassen sich Kontinuitäten ausmachen. Dem wird im vorliegenden Jubiläumsjahrbuch nachgegangen.

Das erste Jahrbuch für Pädagogik erschien 1992, im selben Jahr wie Francis Fukuyamas Buch *The End of History and the Last Man*. Der Jahrbuchtitel *30 Jahre und kein Ende der Geschichte* spielt mit der seinerzeit breit rezipierten und bis heute vielzitierten These Fukuyamas, wonach mit dem Zusammenbruch des realsozialistischen Systems das Ende der Geschichte erreicht sei. Mit dem Ende von Systemkonkurrenz und Blockkonfrontation, so Fukuyamas Annahme, habe die liberale Demokratie und mit ihr das Modell des freien Marktes endgültig obsiegt. Der globale Einfluss westlicher Demokratien war für Fukuyama nicht nur ein empirisches Argument, sondern stellt in seiner geschichtsphilosophischen Argumentation das Ergebnis eines historisch-politischen Fortschritts dar, in dem der Kommunismus nur ein Umweg auf dem Weg zum „Endziel" Demokratie sein konnte (vgl. Fukuyama 2013, S. 88). Der Ausspruch Margaret Thatchers „There is no alternative!" schien sich bewahrheitet zu haben. Nun, so die mit der These vom erreichten Ende der Geschichte verbundene Erwartung, folgten politisch ruhige und wirtschaftlich profitable Zeiten, in denen die westliche Demokratie friedlich die Welt einnähme (wobei das dem inhärente gewaltsame Moment geflissentlich ignoriert wurde).

Nicht erst der offene Angriffskrieg, den Russland am 24.02.2022 gegen die Ukraine begonnen hat, hat diese Erwartungen widerlegt, wenngleich dieses Datum vielleicht vollends für das Ende der Weltordnung steht, die sich mit den 1990ern abzuzeichnen schien. Gänzlich „friedlich" waren die Zeiten nach dem Fall des Eisernen Vorhangs ohnedies nicht geworden. Schon in den Neunzigern wüteten in Europa die Kriege im zerfallenden Jugoslawien. Insbesondere die Kriege im Irak, in Afghanistan und in Libyen zeigten in den 2000er und 2010er Jahren, wie hochmütig die westlichen Vorstellungen vom „Demokratieexport" waren, die sie begleiteten. Es wurde zunehmend deutlich, dass ein Globalisierungsmodell, das in erster Linie der Vision freier Märkte folgte, für nachhaltige Demokratisierungsprozesse keineswegs förderlich war. Fukuyama selbst (vgl. 2013; 2016) räumt mittlerweile ein, dass neue Konstellationen und Dynamiken seine Erwartungen bremsen; dass es innerhalb liberaler Gesellschaften zu „politischem Rückschritt" gekommen ist und demokratische Institutionen durch die Macht von Partikularinteressen blockiert werden. Wie Derrida bereits 1993 in seiner Kritik an Fukuyamas Geschichtsbild feststellt, handelt es sich hierbei um strukturelle Widersprüche liberaler Demokratien, die sich im globalen kapitalistischen System zugleich als nationalstaatliche Volkswirtschaften zu behaupten trachten. Inzwischen steht deutlich vor Augen, dass die Welt, statt nach und nach einvernehmlich zur Ruhe zu kommen, in einen beschleunigten Rhythmus globaler

Krisen eingetreten ist. Längst haben Krisendiskurse die liberalistische Euphorie abgelöst, und in Ost und West konnten sich neue politische Heilsversprechen Gehör verschaffen (vgl. Salomon/Weiß 2013; Geiselberger 2017; Krastev/Holmes 2019). Hierfür hat der Liberalismus selbst als Antriebskraft gewirkt, sei es durch Entfesselung der Märkte und schrankenloses Inwertsetzen natürlicher und gesellschaftlicher Ressourcen, sei es durch Kriege, scheinbar legitimiert durch die Mission einer liberalen Weltordnung. Doch auch auf der Ebene seiner leitenden Ideen ist der Liberalismus zu einem zentralen Gegenstand problematisierender Auseinandersetzungen geworden.

Der Topos vom „Ende der Geschichte" schreibt sich in die gegenwärtigen Bemühungen um kritische Selbstverortung und Orientierung auf vielfältige Weise ein. Während einst aufklärerische Perspektiven und aufsteigendes Bürgertum von einem Fortschrittsoptimismus zehrten, der den Gesamtzusammenhang im universalistischen Singular der einen „Menschheit" vorstellte, erweist sich die bürgerliche Form einer Gattungsgeschichte rückblickend als eine aporetische und herrschaftsüberformte „große Erzählung" – als eine Geschichtsauffassung mit Ausblendung der vielen Ausschlüsse und Entmenschlichungen, die in der Abwertung von Frauen ebenso zum Ausdruck kommen wie in kolonialistischem und rassistischem Superioritätsstreben (vgl. Chakrabarty 2000). *Diese* Geschichte ist bisher nicht an ihr Ende gekommen, wie etwa die Auseinandersetzungen um Postkolonialismus und *White Supremacy* zeigen. Sie wirkt vielmehr auch in der Gegenwart in alltägliche Diskriminierung wie in globale Abhängigkeitsstrukturen und Ausbeutungsverhältnisse hinein. Durch die Erfahrung von Pluralität, Kontingenz und vielfältiger Interessengegensätze entschieden am Ende ist demgegenüber die Vorstellung eines Endziels der Menschheitsgeschichte, das sich nach und nach von selbst durchsetzte oder das es zu verwirklichen gälte. Dieser Diagnose zuzustimmen, stellt womöglich die Bedingung der Möglichkeit demokratischen Zusammenlebens überhaupt dar.

Gleichwohl ist für die Verständigung in demokratischen Auseinandersetzungen die Bezugnahme auf eine *geteilte Geschichte* unverzichtbar. Eine Herausforderung des Zusammenlebens besteht daher gerade im Erinnern von Geschichte(n) und der Bemühung, das Gegenwärtige im Lichte des Erinnerten zu verstehen. Dabei geht es auch um die Vergewisserung über die Geschichte der Demokratie und von Demokratisierung, die eben gerade nicht als bruchlose Fortschrittsgeschichte erzählt werden kann. Sie wirft vielmehr die Rückfrage auf, welche Ambivalenzen damit verbunden waren und sind und *wem* die historischen Manifestationen von Demokratie Freiheitsspielräume eröffnet (oder verweigert) haben.[1]

---

1 Vgl. den Beitrag von Salomon/d'Avis in diesem Band. Ein Beispiel für die Relevanz einer Einholung von Demokratiegeschichte und die zugleich damit einhergehende Problematik, an diese nicht schlicht im Sinne eines positiven oder gar vorbildhaften Bezugspunkts erinnern zu können, stellt die Auseinandersetzung mit dem 1848er-Revolutionär Carl Schurz dar, dessen Büste im Schloss Belevue stehen sollte, vom Bundespräsidenten Steinmeier

Die dem Anspruch nach von der Pluralität der Perspektiven und Lebensformen ausgehende freiheitliche Demokratie hat in der Einwanderungsgesellschaft eine bleibende Aufgabe im Verhältnis zur Geschichte darin, multiperspektivische Erinnerungen an katastrophales gesellschaftliches Unrecht zu erarbeiten und weiterzuentwickeln (vgl. Cornelißen 2022). In der Auseinandersetzung mit den letzten 30 Jahren sind die Umbrüche in Europa seit Beginn der 1990er Jahre sowie die mit der deutschen Vereinigung einhergehenden Transformationsprozesse von besonderer Bedeutung – auch die bis heute kaum eingeholten Effekte jener Umbrüche auf Biographien, Narrationen und Ideologien. Wie eine Erinnerungskultur beschaffen sein muss, in der auch die Ambivalenzen *dieser* Demokratisierungsgeschichte zum Gegenstand öffentlicher Thematisierung und zum Bestandteil politisch-kulturellen Gedächtnisses werden können, ist eine umstrittene und mithin offene Frage (vgl. Hensel 2019).

Unter dem Aspekt von Geschichtspolitik ist nicht nur die Umstrittenheit der angemessenen Erinnerung zu bedenken, sondern auch die Instrumentalisierung von Erinnerung – bis hin zum Missbrauch einer konstruierten Geschichte im Sinne nationalistischer Erzählungen und Identitätszuweisungen. Die gegenwärtige russische Propaganda zur Rechtfertigung einer „Wiederaneignung" der Ukraine ist ein aktuelles Beispiel dafür (vgl. Bohr 2022; Wendland 2022). Das „Ende der Geschichte" kann in diesen Tagen auch apokalyptisch gelesen werden, sei es angesichts der sich zuspitzenden globalen Erwärmung, sei es angesichts des allumfassenden Vernichtungspotentials eines atomaren Krieges: In den multiplen Krisen der Gegenwart stehen tatsächlich die Bedingungen des Überlebens und damit die Zukunft selbst in Frage (vgl. Bünger u. a. 2022). Bei alledem enthält der Titel des Jubiläumsbandes auch eine trotzig-zuversichtliche Note; „...und kein Ende der Geschichte" markiert die Behauptung eines Möglichkeitsraums, in dem es stets zu Alternativen kommen kann, in dem Verständigungen und Entscheidungen stattfinden, die das Kommende auf neue Bahnen setzen. In diesem Sinne gilt es, sich aktiv mit der Geschichte auseinanderzusetzen, um die Zukunft zu gestalten (vgl. Bendor et al. 2021).

Zu diesen und weiteren Zugängen zum Fragehorizont Geschichte leisten die versammelten Perspektiven einen Beitrag. Thematisch geordnet sind sie entlang aktueller pädagogischer Auseinandersetzungen: I. Bildung nach dem Ende der Geschichte, II. Multiperspektivische Erinnerung, III. Vergessene Möglichkeitsräume.

Oedelsheim, im Juli 2022

---

aufgrund seiner Verwicklung in die rassistische Unterdrückung der *Native Americans* dann aber doch nicht eingeweiht wurde (vgl. Wilm 2022; Kurbjuweit 2022).

Literatur

Bendor, Roy/Eriksson, Elina/Pargman, Daniel (2021): Looking backward in the future: On past-facing approaches on futuring. In: Futures 125.

Bohr, Felix (2022): Putins historischer Missbrauch. In: Der Spiegel, www.spiegel.de/geschichte/russlands-angriff-wie-wladimir-putin-den-krieg-in-der-ukraine-mit-historischen-argumenten-rechtfertigt-a-b5003e24-bf51-4e80-b975-1f64ffd793f3 (Abfrage 25.02.2022).

Bünger, Carsten/ Czejkowska, Agnieszka/ Lohmann, Ingrid/ Steffens, Gerd (Red.) (2022): Zukunft – Stand jetzt. Jahrbuch für Pädagogik 2021. Weinheim: Beltz Juventa.

Chakrabarty, Dipesh (2000): Provincializing Europe. Postcolonial Thought and Historial Difference. Princeton: University of Princeton Press.

Cornelißen, Christoph (2022): Zum Wandel der Erinnerungskulturen in Europa nach 1989/91. In: Umbrüche in Europa (nach) 1989/91. Aus Politik und Zeitgeschichte 72, H. 1–2, S. 48–54.

Derrida, Jacques (1993/2019): Marx' Gespenster. Der Staat der Schuld, die Trauerarbeit und die neue Internationale. Berlin: Suhrkamp.

Fukuyama, Francis (1992): Das Ende der Geschichte. Wo stehen wir? München: Kindler.

Fukuyama, Francis (1992): The end of history and the last man. New York: Free Press.

Fukuyama, Francis (2013): „China gegen das ‚Ende der Welt'". In: Horvat, Srećko: Nach dem Ende der Geschichte. Vom Arabischen Frühling zur Occupy-Bewegung. Hamburg: Laika, S. 79–94.

Fukuyama, Francis (2016): „Demokratie stiftet keine Identität". Ist das Modell des Westens am Ende? Ein Gespräch mit dem amerikanischen Politikwissenschaftler Francis Fukuyama, Interview: Michael Thumann und Thomas Assheuer. In: Die Zeit 17, www.zeit.de/2016/13/francis-fukuyama-politikwissenschaftler-populismus-usa (Abfrage 14.07.2022).

Geiselberger, Heinrich (2017): Die große Regression. Eine internationale Debatte über die geistige Situation der Zeit. Berlin: Suhrkamp.

Hensel, Jana (2019): Wie alles anders bleibt: Geschichten aus Ostdeutschland. Berlin: Aufbau.

Heydorn, Heinz-Jaochim (1972/2004): Zu einer Neufassung des Bildungsbegriffs. In: Ders.: Bildungstheoretische und Pädagogische Schriften 1971–1974. Studienausgabe der Werke, Bd. 4. Wetzlar: Büchse der Pandora, S. 56–145.

Himmelstein, Klaus/Keim, Wolfgang (Hrsg.) (1992): Erziehungswissenschaft im deutsch-deutschen Vereinigungsprozeß. Jahrbuch für Pädagogik 1992. Frankfurt am Main: Peter Lang.

Horvat, Srećko (2013): Nach dem Ende der Geschichte. Vom Arabischen Frühling zur Occupy-Bewegung. Hamburg: Laika.

Keim, Wolfgang (Hrsg.) (1990): Erziehungswissenschaft und Nationalsozialismus – Eine kritische Positionsbestimmung. In Zusammenarbeit mit Kurt Beutler, Ulla Bracht, Hans-Jochen Gamm, Klaus Himmelstein, Gernot Koneffke, Karl Christoph Lingelbach, Franz Pöggeler, Gert Radde und Hasko Zimmer. In: Forum Wissenschaft, Studienheft Nr. 9. Marburg: Bund demokratischer Wissenschaftlerinnen und Wissenschaftler (BdWi).

Krastev, Ivan/ Holmes, Stephen (2019): Das Licht, das erlosch. Eine Abrechnung. Berlin: Ullstein.

Kurbjuweit, Dirk (2022): Kein Held ist perfekt. In: Der Spiegel 20, www.spiegel.de/politik/deutschland/frank-walter-steinmeier-und-die-geplante-ehrung-von-carl-schurz-kein-held-ist-perfekt-a-9fd4196f-4362-4125-94d6-95ec6c12c985 (Abfrage 14.07.2022).

Salomon, David/ Weiß, Edgar (Red.) (2013): Krisendiskurse. Jahrbuch für Pädagogik 2013. Frankfurt: Peter Lang.

Wendland, Anna Veronika (2022): Zur Gegenwart der Geschichte im russisch-ukrainischen Krieg. In: Aus Politik und Zeitgeschichte, H. 28–29, S. 28–34.

Wilm, Julius (2022): Jenseits der Legende vom guten Deutschen: Carl Schurz in den USA. In: Geschichte der Gegenwart. www.geschichtedergegenwart.ch/jenseits-der-legende-vom-guten-deutschen-carl-schurz-in-den-usa/ (Abfrage 14.07.2022).

Žižek, Slavoj (2013): „Utopien werden in tiefer Scheiße geboren". In: Horvat, Srećko: Nach dem Ende der Geschichte. Vom Arabischen Frühling zur Occupy-Bewegung. Hamburg: Laika, S. 231–252.

I. Bildung nach dem Ende der Geschichte

Bildungsregime und Transformationskrisen

Andreas Eis, Ralf Mayer, Dirk Stederoth, Steffen Wittig

Zusammenfassung: Der Beitrag erarbeitet den Begriff des Bildungsregimes in Differenz zu Fukuyamas Rede vom „Ende der Geschichte". Der Begriff wird erstens als mögliches Analyseinstrument gesellschaftlicher, insbesondere politischer und pädagogischer Ordnungen skizziert und in seiner Relevanz für gegenwärtige Selbst- und Weltverhältnisse thematisiert. Zweitens gilt der Fokus der Analyse von Regimen als Weisen der Ent-Deckung dessen, was Subjekte sich selbst hegemonial verweigern. Anhand von zwei Forschungsfeldern fragen wir, inwieweit Bildungsregime machtvolle bzw. herrschaftsförmige Antworten auf gesellschaftliche Dynamiken durchzusetzen suchen: zum einen die Inanspruchnahme des Verantwortungsbegriffs für Bildungsprogramme in Schulen, Ausbildung und Hochschulen – z. B. im Konzept des Engagement Lernens oder in Formaten der Bildung für nachhaltige Entwicklung (BNE). Zum anderen diskutiert der Beitrag, inwiefern sich mit der Digitalisierung ein neues Bildungsregime etabliert, das ebenso von einer Vielfalt von Autonomie- und Effektivitätsversprechen wie von neuen Formen der Ökonomisierung und Kontrolle von Wissen, Bildung und Kommunikation im digitalen Kapitalismus geprägt ist.

Abstract: The article elaborates the concept of the ‚educational regime' in difference to Fukuyama's discussion of the „end of history". Firstly, the concept is outlined as a possible instrument for analysing social, especially political and pedagogical orders. In this regard its relevance for contemporary self and world relations is discussed. Secondly, the focus is on the analysis of regimes as ways of uncovering what subjects hegemonically deny themselves. On the basis of two fields of research, we ask to what extent educational regimes seek to impose powerful responses to social dynamics: on the one hand, the use of the concept of responsibility for educational programmes in schools, training and universities – e. g. in the concept of Service Learning or in formats of Education for Sustainable Development. On the other hand, the article discusses the extent to which digitalisation is establishing a new educational regime that is characterised by a variety of promises of autonomy and effectiveness as well as new forms of economisation and control of knowledge, education and communication in digital capitalism.

Keywords: Bildung, Macht, Regime, Bildung für nachhaltige Entwicklung (BNE), Digitalisierung

1 Einstig: „Das Ende der Geschichte" (Fukuyama) vs. „Die Zeit ist aus den Fugen" (Hamlet)

Noch vor dem Fall der Berliner Mauer publiziert, erregte Francis Fukuyamas Essay „The End of History?" im Jahr 1989 eine breite Resonanz in wissenschaftlichen und öffentlichen Diskursarenen. Die mit der Vorstellung eines Endes der Geschichte einhergehenden Kontroversen befeuerten die Theoriediskussionen um das mittlerweile selbst Geschichte gewordene Verhältnis von Moderne und Postmoderne sowie die Debatten um konfliktreiche und progressive Formen demokratischer Politik in einer sich globalisierenden Welt (vgl. Lyotard 1994; Jordan 2009). In seiner allgemeinen Zeitdiagnose vertritt Fukuyama die These, dass, mit dem ‚Siegeszug' liberaler, demokratisch und marktwirtschaftlich orientierter Staaten in Westeuropa und im Amerika der Nachkriegszeit, ein politisches und ökonomisches Ideal verfolgt werde, das *als Prinzip* nicht zu verbessern sei: „[D]ie liberale Demokratie bleibt das einzige klar umrissene politische Ziel, das den unterschiedlichen Regionen und Kulturen rund um die Welt gemeinsam vor Augen steht." (Fukuyama 1992, S. 14) Der Berliner Mauerfall und die Erosion der im 20. Jahrhundert etablierten realsozialistischen Staatsmodelle plausibilisierten diese Auffassung und trugen seitdem zu einer breiten Rezeption von Fukuyamas Pointe bei: Das ‚Ende der Geschichte' zielt ihm zufolge auf ein Ende des ideologischen Streits um die adäquate Einrichtung des Zusammenlebens, insofern die Anerkennung und der rechtsstaatliche Schutz der politischen und ökonomischen Grundsätze liberaler Demokratie das Zentrum bilden (vgl. Fukuyama 1989, S. 4 ff.). Die Finalität verweist dabei auf mehr als eine rhetorische Auseinandersetzung oder ein Bild. Für den Autor kommt Geschichte unter dem Vorzeichen eines „einzigartigen, kohärenten evolutionären Prozess[es], der die Erfahrungen aller Menschen aller Zeiten umfasst" (Fukuyama 1992, S. 12), zum Abschluss. Diesen imaginären wie materialen Anhaltspunkt entfaltet Fukuyama unter Rückgriff auf eine (neo-)konservative Lesart von Hegels Rechtsphilosophie und sieht die Kämpfe um Freiheit und Gleichheit seit der französischen Revolution in den genannten liberalen Regierungssystemen der westlichen Welt – auf einer generellen Ebene – zu einem Ende gekommen. Die kapitalistische Marktwirtschaft und die Anerkennung des die Moderne kennzeichnenden Freiheits- und Fortschrittsgedankens in den Bereichen der demokratischen Politik, der Wissenschaft oder auch der Bildung verkörpern für ihn den universalen Staat (vgl. ebd., S. 282 ff.). Es ist dieser Endpunkt einer vormals dialektischen Figur, über die Fukuyama sein Ideal gegen die vielfältigen Formen kritischer Einwände verteidigt: Dass die Durchsetzung und Reproduktion liberal-demokratischer bzw. marktwirtschaftlicher Verhältnisse in Geschichte wie Gegenwart an die Wirklichkeit vielfältiger Gewaltformen, an Unterdrückung, Repression und Vernichtung, an Vereinnahmungs- und Ausgrenzungsprozesse, an die Verschuldung von Individuen,

Staaten u. v. m. gebunden bleibt, lässt sich für Fukuyama, wie Derrida pointiert, über die „Unterscheidung zwischen empirischer Realität und idealer Finalität" (Derrida 2019, S. 86) regulieren. Der Erfahrung, dass selbst liberal-demokratische Staaten von sozialer Ungleichheit und Unfreiheit geprägt sind, begegnet Fukuyama in der Interpretation Derridas mit der Behauptung „eines *noch unerreichbaren* regulativen Ideals, das an keinem historischen Ereignis und schon gar nicht an einem sogenannten ‚empirischen' Scheitern meßbar wäre." (ebd., S. 93; Hervorh. i. O.) Der Versuch, die gesellschaftlichen Verhältnisse am Übergang zu den 1990er Jahren in Gedanken zu fassen (vgl. Hegel 2009, S. 20), mündet also in eine eigentümliche Ordnungsfigur, die ebenso eine konkrete Zeit- und Gesellschaftsdiagnose behauptet wie das Moment einer Enthistorisierung oder Überzeitlichkeit, das bereits im titelgebenden Essay anklingt. Derrida (2019, S. 93 ff.) zufolge können somit politischer Grundsatz einerseits und gesellschaftliche Realität oder Praxis andererseits je nach Bedarf und Legitimationsinteresse gegeneinander ausgespielt oder relativiert werden.

Derridas Lesart ermöglicht uns hier eine Differenz zu markieren: Unsere Aufnahme des Regimebegriffs unterscheidet sich von der grundsätzlichen Matrix Fukuyamas, die über die These des universalen Status liberaler Regierungskonzepte politische Aspekte wie auch empirische Einschätzungen zu sortieren versucht. Der Ausdruck ‚Regime' löst sich dabei von der Referenz auf ein vermeintlich allgemeines, die unterschiedlichen sozialen Bereiche optimal vermittelndes Regierungssystem oder -prinzip. Gegen die Vorstellung einer solchen Vollendung der Geschichte als eines „kohärenten evolutionären Prozesses" erscheinen Geschichte oder Gesellschaft zu keiner Zeit – weder auf einer ideellen noch auf einer realen Ebene – als kohärente, versöhnte Gebilde (vgl. ebd., S. 93). In der Hinsicht nivelliert Fukuyama die realen Konfliktlinien und Gewalt liberaler Macht- und Herrschaftsformen, unter dem Vorzeichen einer bislang unzureichenden Realisierung des übergreifenden liberalen Versprechens. Streng genommen rezipiert er weder die heterogene gesellschaftliche Wirklichkeit in differenzierter Weise, noch durchdenkt er prinzipiell die Möglichkeit einer diese durchgreifend verändernden Praxis. Dementgegen setzen ‚Regime' an der Partikularität und Umstrittenheit jeden Verständnisses von Politik und Gesellschaft an. Kein politisches Konzept – hier: die liberale Demokratie – vermag die Kluft von Anspruch und Wirklichkeit und damit seine Unangemessenheit, Prekarität oder die Widersprüche darauf bezogener Praktiken zu überwinden. Es ist demnach die Krisenhaftigkeit und Instabilität gesellschaftlicher Verhältnisse, die jede Bemühung unterläuft, unsere aktuelle Situation auf einen geläufigen Begriff – etwa liberale Demokratie, Sozialismus, Kapitalismus – zu bringen (vgl. Buckel 2015). Oder in Derridas Worten: Je spezifische „Transformationen aller Art (insbesondere technisch-wissenschaftlich-ökonomisch-mediale Veränderungen) […] stören die politischen Philosophen und die gängigen Konzepte der Demokratie, sie zwingen dazu, alle Beziehungen zwischen Staat und Nation, Mensch und Bürger,

Privatem und Öffentlichem usw. neu zu überdenken." (Derrida 2019, S. 103 f.). Der Regimebegriff fragt entsprechend nach konkreten „Ensemble[s]" (ebd.) solcher Transformationen. In dieser Hinsicht verkörpert Fukuyamas Einsatz selbst eine liberal-demokratische und kapitalistische Ordnungsfigur, wie sich an der Rezeption des Aufsatzes und des daran anschließenden Buches verfolgen lässt. Es erscheint so als ein Zeitdokument oder eine Erzählung, die ihre Kraft nicht unabhängig, sondern nur inmitten der hegemonialen Konstellationen von Wissen und Macht (vgl. Foucault 1994, S. 39) oder der Heterogenität, Pluralität und Pragmatik von Sprachspielen (vgl. Lyotard 1994, S. 16, 68 ff.) entfalten konnte. Es ist insofern gerade eine Konsequenz aus Shakespeares Hamlet, auf den sich Derrida einleitend bezieht, dass in einer Zeit, die „aus den Fugen" zu sein scheint, die jeweiligen ‚Einrichtungsprozesse' vorbehaltlos und radikal in den Blick zu nehmen sind.[1]

2 Regime – Bildungsregime

Der Regimebegriff, wie wir ihn verwenden wollen, reagiert also, wie am Diskurs um das ‚Ende der Geschichte' skizziert, auf die Schwierigkeit, gesamtgesellschaftliche Linien in ihrer Komplexität und Totalität hinreichend klar und widerspruchsfrei auf ein (oder mehrere) Prinzip(ien) bringen zu können (vgl. auch Laclau 1990, S. 89 ff.). Anders formuliert folgt daraus, dass die Analyse bestimmter Aspekte unserer aktuellen Situation sich weder trennscharf von machtvollen gesellschaftlichen Dynamiken separieren lässt, noch auf einen diese bruchlos beschreibenden Begriff zurückgreifen kann. Soziale Ordnungsraster bzw. ‚Ensembles aller Art' schreiben sich in unsere Vorstellungen von Selbst und Welt, in unsere Wahrnehmung, Körper und Sprache, in unser Denken und Handeln nicht nur ein, sondern strukturieren noch unsere Differenzierungsversuche – z. B. zwischen ‚Selbst und Welt', ‚Mensch und Bürger:in', zwischen ‚machtvollem Reglement und Krise', zwischen ‚demokratischen, politischen, kulturellen Aspekten', zwischen ‚individueller Auffassung und Gemeinsinn' etc. Der Regimebegriff nimmt in dieser Hinsicht die Involviertheit unserer Positionen und Beschreibungen in bestehende Verhältnisse von Macht und Herrschaft auf. Der Ausdruck geht somit von einer durchgreifenden Verflechtung von Wissensansprüchen oder -ordnungen und den konfliktreichen materialen gesellschaftlichen Verhältnissen aus. Entsprechende Verflechtungen gilt es in ihrer Partikularität zu konkretisieren. Damit zielen wir auf die Analyse eines spezifischen ‚Ensembles', über das sich eine je spezifische Situation und Dynamik, eine Wissensordnung oder eine Positionierung beschreiben lässt. Dabei referieren wir insbesondere

---

1   „Die Zeit ist aus den Fugen: Schmach und Gram, dass ich zur Welt, sie einzurichten, kam!" (Shakespeare. In: Derrida 2019, S. 15)

auf ökonomische, politische oder auch kulturelle und pädagogische Strategien, Kalkulationen oder Instrumentalisierungen. Diese bilden überzählige und disparate Verbindungslinien und Muster (vgl. Sarasin 2021, S. 12), die sich mit dem Regimebegriff bündeln lassen. Die jeweiligen Bündelungen münden jedoch nicht in eine bloße *Fest-Stellung* des Menschen in einem unentwirrbaren System von Mächten, Positionen und Herrschaftsformen. Vielmehr führt der Regimebegriff zugleich auch einen kritischen Verweis auf das mit sich, was in einem Ensemble nicht eingelöst ist, was sich einer flüssigen Assimilation in die machtvollen Ordnungen entzieht, sich sperrt. Die Aufdeckung von Regimen ist damit immer untrennbar mit der Ent-Deckung dessen verbunden, was die Menschen bzw. die Akteur:innen sich selbst versperren. Keineswegs also erschöpft sich die Analyse von Regimen und ihren Verflechtungen in der reinen Deskription. Eine solche Darstellung liefe in Gefahr, eine positive Quasi-Anthropologie oder soziale Bestimmtheit zu reproduzieren. Es ist vielmehr der kritische Impuls, der sich in der Unabschließbarkeit von Regimen Ausdruck verschafft und in Form einer „negativen Anthropologie" (Sonnemann 1969) auf das verweist, was der Mensch *nicht* ist und deshalb allererst noch zu finden hat. Eine solche Vorgehensweise rekurriert somit auf selbst heterogene theoretische Ansätze. Im Folgenden begrenzen wir uns beispielhaft auf die Verwendung des Regimebegriffs im Anschluss an Jacques Rancière und Michel Foucault.

2.1   Regime der ‚Aufteilung des Sinnlichen'

Die Rede von Regimen zielt bei Rancière (2006) auf die Erforschung wirkmächtiger Ordnungen im weiten Sinne. Seine Ordnungsvorstellung setzt dabei weniger mit grundlegenden soziostrukturellen Unterteilungen ungleicher gesellschaftlicher Sphären, Diskurse oder Akteur:innen (z. B. über den Klassenbegriff) ein. Vielmehr arbeitet er mit dem Konzept einer „Aufteilung des Sinnlichen" (ebd.), in dem sich ästhetische oder epistemologische und politische Einsätze verknüpfen. Diese Verbindung akzentuiert, dass sich in unsere Wahrnehmungs-, Denk-, Sprech- und Sichtweisen und unser Handeln je spezifische, hegemoniale Verständnisse von Normalität und Normen einschreiben. Diese Einschreibung denkt Rancière allerdings weder einfach deterministisch noch personal oder individualistisch, sondern über eine ästhetische und politische Topologie (vgl. Muhle 2006, S. 10): Der Raum des Wissens und der Interaktion konkretisiert sich in Referenz auf die Positionen, die individuelle oder kollektive Akteur:innen in einer konkreten Situation und Situiertheit einnehmen (können oder sollen). Der Regimebegriff untersucht folglich die je spezifische Aufteilung von Körpern und Diskursen, die Zuweisung von Positionen und Funktionen – im Sinne von Teilhabeformen und -zwängen, von Artikulations- und Interaktionsmöglichkeiten –, die den „Raum der ‚gemeinsamen Angelegenheiten'" (Rancière 2006,

S. 77) machtvoll reglementieren. Der Fokus richtet sich so auf die Frage, welche Positionierung, auf welche Weise, wann und an welchem Ort über die jeweilige Strukturierung von Formen der Teilhabe als legitim oder illegitim, erwünscht oder unerwartet, richtig oder falsch, rational oder unvernünftig, machtvoll oder minoritär erscheint. Wichtig ist hier, dass Rancière zufolge die Kriterien für eine entsprechende Aufteilung des kollektiven Raums nicht einfach die Artikulations- und Beteiligungsmöglichkeiten *vorab* bestimmen oder fixieren, sondern das politische Moment artikuliert sich für ihn praktisch: im konkreten Verhalten inmitten der Reglementierung der ‚gemeinsamen Angelegenheiten'. Der Begriff des Regimes bezeichnet demzufolge weder ein soziales noch ein individualisierendes System (im Sinne einer Totalität vereinheitlichender, determinierender Schemata), das auf spezifische Adressat:innen oder Akteur:innen (etwa ‚die Arbeiter:in') gleichsam durchgreift. In der Referenz auf ‚gemeinsam geteilte' Ordnungsraster interessiert Rancière daher die konkrete Situation und Praxis, in der das, was als rationale und gerechtfertigte Artikulation und das, was als unsinnig, unfunktional und ungerechtfertigt gilt, (kollektiv) verhandelt wird. Die Betonung eines politischen Aushandlungsprozesses öffnet so den Blick auf die Umstrittenheit spezifischer Ordnungskriterien. Rancière richtet sein Augenmerk in diesem Sinne gerade auf die Thematisierung von Konfliktlinien. In seinen Analysen fragt er daher nach der Artikulation oder auch Inszenierung (vgl. Rancière 2015) einer Zäsur im Kontext konkreter Zuweisungen sozialer Funktionen und Positionen, die von bestimmten Ansprüchen, Zwängen oder von Ausschlüssen betroffene individuelle bzw. kollektive Akteur:innen zum Ausdruck bringen. Eine solche Artikulation verhandelt dabei (topologisch gesprochen) den ‚Abstand' zwischen Beherrschten und Herrschenden, Wissenden und Schüler:innen, Gerechtigkeit und Ungerechtigkeit, Relevanz und Irrelevanz etc. und stellt diesen „in seiner Berechtigung in Frage" (Klass 2014, S. 130).

2.2 Macht/Wissensregime

Eine weitere prominente Artikulationsweise des Regimebegriffs findet sich bei Foucault. Durch Regime wird Ordnung als etwas hervorgebracht, das „sich in den Dingen als ihr inneres Gesetz, als ihr geheimes Netz ausgibt" und dergestalt reguliert, was auf welche Weise im „Raster eines Blicks, einer Aufmerksamkeit, einer Sprache existiert" (Foucault 2008a, S. 26). Für Bröckling bringen sich Regime heuristisch entlang dreier (unentscheidbar verwobener) Achsen hervor: Rationalitäten, Technologien und Subjektivierungsweisen. Sie „bestehen erstens aus Wissens- und Rechtfertigungsordnungen, sie liefern Problemdefinitionen, Zielvorstellungen, Kausalitätsannahmen und Plausibilisierungsstrategien. Regime zeichnen sich zweitens aus durch spezifische Verfahren und institutionelle Arrangements, um planvoll auf Individuen, Gruppen oder ganze Populationen einzuwirken und deren Verhalten mittelbar oder unmittelbar zu modifizieren. Drittens weisen Steuerungsregime Subjektpositionen zu; sie sind verbunden mit Adressierungen und Selbstdeutungsmustern, affektiven Dispositionen und Konzepten von *agency*." (Bröckling 2012, S. 97) Wir wollen im Folgenden diesen verwobenen Achsen des Regimebegriffs folgen.

Regime artikulieren die Weise, wie über Objekte, die Beziehung zwischen Objekten, Begriffen und Themen gesprochen werden kann, welche Weisen des Sprechens dergestalt als relevant, gültig, legitim, wahr etc. wahrgenommen werden (und welche nicht). So geht Foucault bspw. davon aus, dass „nicht in irgendeiner Epoche über irgend etwas" (Foucault 2008b, S. 520) gesprochen werden kann. Jenes ‚Netz' der Machtverteilung bringt die Möglichkeiten, sich auf eine bestimmte Weise über etwas zu äußern hervor und (re)produziert sich gleichsam in den Äußerungen der situierten Subjekte auf spezifische Weise (ebd., S. 512). Auch Waldenfels (1991, S. 278) unterstreicht, dass der Begriff des (diskursiven) Regimes für Foucault in seinen heterogenen Einsätzen immer wieder auf „die Suche nach der Formation, De-formation und Transformation historisch differenzierter und variabler Ordnungen" (ebd.) referiert. Regime artikulieren Ordnung als „Regelmäßigkeit" des Sprechens (Foucault 2008a, S. 18). Diese Regelmäßigkeit ist zum einen nicht arbiträr, zum anderen bringt sie sich als kontingenter Effekt eines historischen ‚Kampfes' hervor (vgl. ebd.), der „mit spezifischen Machtwirkungen ausgestattet wird" (Foucault 1978, S. 53).

Zudem bringen sich Regime im Kontext der Perspektive Foucaults als „Zusammenspiel zwischen Politik und Epistemologie" (Nigro 2015, S. 98) hervor. Sie sind „dort am Werk, wo Individuen nur durch besondere Verfahren und Zwänge an" die Machtwirkungen hegemonialer Diskurse „gebunden werden." (ebd.) Ein solches ‚Ensemble der Regeln' verwirklicht sich dabei nur im „Individuellen" (ebd.). Als Referenzpunkt einer individuellen Verwirklichung der Ordnung nutzt Foucault den Begriff der Rationalität, der jeweils in Abgrenzung zu dem, was als irrational, unüberlegt, aussichtslos usw. verstanden wird, an Kontur gewinnt. Diskursive Praxis bringt dabei jenen Referenzpunkt der Vernunft erst im subjektiven Vollzug der Differenzierung vom „Andere[n] der Vernunft" (Gehring 2004, S. 30) hervor. Diese machtvollen subjektiven „Prozeduren der Ausschließung" artikulieren somit auch das, was als ‚vernünftiges' Wissen an Geltung gewinnen kann. Macht bringt Wissen hervor und umgekehrt: Es gibt „keine Machtbeziehung, ohne daß sich ein entsprechendes Wissensfeld konstituiert, und kein Wissen, das nicht gleichzeitig Machtbeziehungen voraussetzt und konstituiert." (Foucault 1994, S. 39) Jener „Macht/Wissen-Komplex" ist es auch, welcher – als ‚Ensemble der Regeln' – „das erkennende Subjekt, das zu erkennende Objekte und die Erkenntnisweisen" zu Bedingungen und „Effekten" seiner selbst macht (ebd.). ‚Regime' nehmen dergestalt vor dem Hintergrund der von uns vorgeschlagenen Differenzierung zwischen einer *Ausrichtung der Rede* einerseits und der

Konstitution eines epistemologisch-politischen Feldes andererseits unterschiedliche und heterogene Erscheinungsweisen an: Um hier nur einige zu nennen, kann man auf Regime der Mobilisierung, der Optimierung (Bröckling/Peter 2014, S. 139), der Vorbeugung (Bröckling 2012), der allseitigen Beschleunigung, der Expansion und Steigerung (Rosa 2005), der Kritik (Bröckling 2013, S. 319) oder der sozial privilegierten Ausrichtung des Ausdrückens von Gefühlen verweisen (Illouz 2018, S. 147).

In diesem Zusammenhang kommen im Folgenden zum einen konkrete Bildungsregime, als machtvolle Sprechweisen über Bildung in unterschiedlichen Zusammenhängen, in den Blick: von der Rede über Bildung und Ausgestaltung von Bildungsinstitutionen und -konzeptionen bis hin zu Ensembles, in denen sich ökonomische, politische und andere Interessen in ihrer Referenz auf Bildung, Bildungssysteme und -ansprüche verdichten. In einer anderen, eher heuristischen wie politisch-epistemologischen Lesart rücken die Begriffe ‚Regime‘ und ‚Bildungsregime‘ recht nahe aneinander. Denn in beiden Termini geht es um die Frage der machtvollen Formierung von Selbst- und Weltverhältnissen, von Macht/Wissens-Komplexen, Abhängigkeiten, Bedingungs- und Ordnungszusammenhängen, in denen wir als je spezifische Subjekte oder Akteur:innen adressiert werden und zu denen wir uns je unterschiedlich verhalten.

3 Bildungsregime in Transformationskrisen

Anhand von zwei Beispielen skizzieren wir mögliche Forschungsfelder, die sich an der Frage abarbeiten, inwiefern Bildungsregime machtvolle bzw. herrschaftsförmige Antworten auf gesellschaftliche Dynamiken durchzusetzen und abzusichern suchen, die sich in öffentlichen oder disziplinären Diskursen mit dem Moment der Transformation und einer Krisenrhetorik verbinden. Erstens betrachten wir die Inanspruchnahme des Verantwortungsbegriffs für Bildungsprogramme in Schulen, Ausbildung und Hochschulen z. B. im Konzept des *Engagement Lernens* oder in Formaten der *Bildung für nachhaltige Entwicklung* (BNE). Zu untersuchen wäre hier, inwiefern durch pädagogische oder auch bildungspolitische Strategien die soziale Verantwortung für gesellschaftliche Krisen (z. B. die Krise des Sozialstaates, die Krise gesellschaftlicher Naturverhältnisse, Krise der Demokratie) privatisiert, ökonomisiert und damit dem politischen Streit entzogen werden. In einem zweiten Forschungsfeld diskutieren wir, inwiefern sich mit der Digitalisierung ein neues Bildungsregime etabliert, das von gegenläufigen Dynamiken geprägt ist: Zum einen scheint es mit einer Vielfalt von Autonomie-, Selbstverwirklichungs- und Effektivitätsversprechen verknüpft; zum andern stellt sich die Frage nach neuen Formen der Ökonomisierung und Kontrolle von Wissen, Bildung und Kommunikation im digitalen (Bildungs-)Kapitalismus.

3.1 Bildungsregime der Aktivierung und Selbststeuerung

Unsere Analyse begrenzt sich im Folgenden auf eine Fragestellung innerhalb der breiten aktuellen Diskussionen um soziale Aktivierungsstrategien: Inwiefern manifestieren sich in Bildungsregimen Verantwortungskonflikte durch die Verschiebung oder Auflösung politischer Verantwortung zugunsten von Techniken sozialer und pädagogischer Selbststeuerung? Verantwortung ist zunächst eine rechtliche und moralische Kategorie. Sie setzt entscheidungsfähige, mündige Subjekte voraus. Gleichzeitig ist die klare Zuweisung politischer Verantwortung ein Kernelement liberaler Demokratiemodelle und entsprechender Bildungskonzepte. Die politische Repräsentation beruht auf einer konzeptionell klaren Trennung von öffentlichen und privaten Verantwortungsbereichen. Dieses Modell 'politischer Modernität' wird allerdings zunehmend infrage gestellt, auch wenn es weiterhin ein idealisiertes Versprechen formuliert (vgl. Eis/Moulin-Doos 2016, S. 407 f.). Sozialwissenschaftliche Analysen zeigen, inwiefern sich demokratische Verantwortungsstrukturen nicht nur verschieben, sondern tendenziell auflösen (vgl. Henkel u. a. 2018). Sie werden ersetzt durch 'Governance', also durch Expertengremien, ökonomische Selbststeuerung, technisches Verwaltungshandeln und – immer wieder – 'Eigenverantwortung' im 'aktivierenden' Sozialstaat (vgl. Lessenich 2008). Als dominante Form der Subjektbildung scheint sich die eigenverantwortliche Bürger:in und die mündige Konsument:in einer „Verbraucherdemokratie" (Lamla 2013) durchzusetzen. Von gesellschaftlicher Verantwortung ist hingegen vor allem im Freiwilligenengagement und bei *Corporate Responsibility* Projekten die Rede.

In Fallstudien zu konkreten Lernformaten des *Service Learnings* ebenso wie der BNE kann gezeigt werden, inwiefern die Ziele des Erlernens eigenverantwortlicher und sozialer Kompetenzen zunehmend das Leitbild einer konfliktfähigen, kritischen Bürger:in ersetzen (vgl. Eis 2015). Genauer zu untersuchen wäre bspw. in Lernprozessanalysen, welche Aspekte der Prinzipien der Selbstverantwortung und des unternehmerischen Denkens auf welche Weise von welchen Akteur:innen wie angeeignet und verinnerlicht werden (sollen). Zum anderen gilt es zu rekonstruieren, wie solche Transformationen im Bildungsbereich zur Verfestigung postdemokratischer Verhältnisse beitragen, die sich in einer Entpolitisierung gesellschaftlicher Problemlagen und sozialer Arenen offenbaren. Die Verschiebung und tendenzielle Auflösung traditioneller politischer Verantwortungsbereiche zeigt sich in einer Fülle aktueller Bildungs- und Förderprogramme, wie dies z. B. eindrücklich das Kerncurriculum (KC) für das Fach *Politik und Wirtschaft* in Hessen widerspiegelt, dessen normatives Leitbild explizit mit gesellschaftlichen Transformationen begründet wird und von jungen Menschen „Innovation, [...] Eigenverantwortung und Leistungsbereitschaft sowie soziale Verantwortung verlangt" (HKM 2010, S. 3). Während das Konzept der „Eigenverantwortung" in diesem KC fünfmal an prominenter Stelle Erwähnung findet und zudem mehrfach von „sozialer" sowie „individueller Verantwortung" die Rede ist, wird die Perspektive des ‚kollektiven' Handelns explizit nur im Sinne „kollektiver Friedenssicherung" (ebd., S. 41) erwähnt. Das politische Konzept der ‚Solidarität' ist aus diesem Curriculum gänzlich verschwunden bzw. auf den Begriff der „Solidargemeinschaft" und damit wiederum auf seine soziale und moralische Bedeutung in der Verbindung von „Solidargemeinschaft und individuelle[r] Verantwortung" (ebd., S. 17) reduziert.

In ihrer empirischen Studie zeigt Sophie Schmitt (2017), dass sich die normative Neuausrichtung von Bildungszielen nicht nur als neoliberale Rhetorik in Präambeln der Curricula, sondern auch in den Selbstdeutungen von Jugendlichen niederschlägt. Bei den von ihr untersuchten Gruppen von Schüler:innen haben sich bereits auf vielfältige Weise die Forderung nach mehr Eigenverantwortung, flexibler Selbstoptimierung und andere Merkmale des ‚unternehmerischen Selbst' in die Wahrnehmungen, Deutungen und Interaktionsformen der Subjekte eingeschrieben (vgl. ebd., S. 180 ff., 367 ff.). Die Selbstbilder der leistungsorientierten, eigenverantwortlichen Jugendlichen werden zudem eng verbunden mit Formen der Abwertung und Ausgrenzung von Menschen, die dem individuellen Aktivierungsparadigma nicht standhalten können oder wollen (vgl. ebd., S. 405 ff.). Schmitt zeigt anhand von Gruppeninterviews sehr überzeugend, wie Schüler:innen das Aktivierungsparadigma in ihren Vorstellungen über Arbeit und Leben nach der Schule verinnerlicht haben und ihren eigenen Deutungsrahmen am Ziel marktförmiger Qualifikations- und Leistungserwartungen sowie an den Forderungen eines aktivierenden Staates und entsprechender Techniken der Selbstführung ausrichten (vgl. ebd., S. 246 ff., 405 f.). Dabei konkretisiert sich die „sozialpolitische Konstruktion doppelt verantwortungsbewusster, und das bedeutet: sich selbst und auch der Gesellschaft gegenüber verantwortlicher Subjekte" (Lessenich 2008, S. 82).

Auch in Programmen der Bildung für nachhaltige Entwicklung (BNE) lässt sich das Paradigma der Individualisierung und Moralisierung von Verantwortungszuschreibungen immer wieder belegen. Die Figur des ‚politischen Konsumenten' wird zu einem dominanten Leitbild der politisch-ökonomischen Bildung: „Der ‚Consumer Citizen' engagiert sich durch Eigeninitiative und zivilgesellschaftliche Partizipation über die nationale Politik hinaus. Neben der individuellen Verantwortung der Konsumentinnen und Konsumenten für die Folgen ihrer Handlungen umfasst der politische Konsum auch die kritische Auseinandersetzung mit der Handlungsweise von Regierungen und globalen Konzernen." (Deutscher Bundestag 2013, S. 27, 711) Konsument:innen sollen durch ihre Kaufentscheidungen auf Produzenten und politische Akteure einwirken. Es liege also in ihrer Verantwortung, staatliche Regulierung und veränderte Produktionsbedingungen ‚nachzufragen'. Aufgabe von *Global Citizenship Education* und BNE sei es, diese moralischen Kompetenzen individueller und sozialer Mitverantwortung zu entwickeln (vgl. UNESCO 2015, S. 29; EG/KMK 2013, S. 95).

Diese Figur zeigt sich nicht nur in bildungspolitischen Erklärungen, sondern auch in Praxisprojekten, die von NGOs und Netzwerken ökologischer Bewegungen getragen werden (z. B. Rio+20 Global Classroom on Sustainable Development; vgl. Eis 2015). In der Selbstdarstellung vieler Projekte sucht man vergeblich nach Analysen der politischen Felder und Konflikte. Daher richtet sich die Untersuchung von Bildungsregimen gerade auf die Frage, wie *Strukturen und Subjekte der Verantwortung* in diesen Projekten selbst generiert und reproduziert werden. Dabei wäre zunächst zu überprüfen, ob und welche politischen Fragen in BNE-Projekten überhaupt thematisiert oder auch bewusst ausgeklammert werden, wie z. B.: An welchen Stellen genau wird politischen Konsument:innen Macht zugeschrieben oder abgesprochen? Welchen (etwa politisierenden, pädagogisierenden) ‚Charakter' hat die moralische Aufforderung, durch Konsumverhalten eine andere Wirtschaftsordnung nachzufragen? Auf welche Widerstände stößt man hierbei? Kann man von einer simulierten oder vorgetäuschten Partizipation von Schüler:innen sprechen, die eher instrumentalisierende als emanzipatorische Züge hat? Existieren Protestforen oder Interessenvertretungen, in denen Jugendliche kollektiv ihre Stimme erheben können – oder eben nicht? Wie kommt die Frage nach dem Profitieren spezifischer Akteur:innen von einer expansiven, imperialen oder von einer suffizienten Lebensweise in den Blick? Zu fragen wäre auch, wie genau eine hegemoniekritische Analyse von Bildungsregimen Zugänge schaffen kann zu emanzipatorischen Bildungswegen oder -räumen, d. h. zu einer politischen Praxis, die junge Menschen im Denken und Handeln herausfordert. An welchen theoretischen und praktischen Formen kann sich die Suche nach Verweigerungshaltungen, nach Widerspruch und alternativen politischen Gestaltungsoptionen abarbeiten (vgl. Eicker u. a. 2020)?

3.2 Bildungsregime des digitalen Kapitalismus

Die wohl markanteste Wandlung unserer gesellschaftlich-kulturellen Verfasstheit seit der Ausrufung des vermeintlichen Endes der Geschichte stellt die universale Ausbreitung digitaler Techniken sowie die Entwicklung des World Wide Web dar, die sich mittlerweile bis in die kleinsten Winkel unseres Alltags- und Arbeitslebens hinein verzweigt haben. Diese Entwicklung weist komplexe Gegenläufigkeiten auf, insofern die frühen Hoffnungen, die sich in den klassischen Manifesten der Netzaktivisten ausdrückten, noch mit einer recht unflexiblen digitalen Infrastruktur konfrontiert waren, die einer freien Entfaltung im globalen Netz entgegenstanden. Je mehr jedoch digitale Gestaltungsmöglichkeiten technisch weiterentwickelt wurden (Web 1.0 zu Web 2.0), desto mehr wuchs auch der ökonomische Einfluss, was sich im sog. Plattform-Kapitalismus zu einer immensen Machtfülle konzentriert hat (vgl. Zuboff 2018; Türcke 2019), die auf der flexiblen Gestaltung des Netzes durch die User:innen bzw. der „Prosumer" (Daum 2017,

S. 238) beruht. Der Trend der letzten 10 Jahre drängt jedoch immer mehr in eine Richtung, in der die Nutzer:innen durch ihren permanenten Gebrauch digitaler Angebote in einen Anpassungssog gedrängt werden, der gleichsam hinterrücks normative Ansprüche (u. a. ökonomischer, politischer und verwaltungstechnischer Art) etabliert, wodurch die flexiblen Prosumer:innen immer mehr zu Avataren der die Netzstruktur beherrschenden Firmen und Institutionen werden, was man Web 3.0 nennen könnte (vgl. Stederoth 2022). Die durch die Flexibilisierung der Netzstruktur scheinbar gewonnenen Freiräume werden damit zu effektiven Algorithmisierungs- und Normierungsinstrumenten für die fungiblen Konsument:innen und Bürger:innen.

Diese gegenläufige Entwicklung digitaler Techniken mit Blick auf Gestaltungs- und Nutzungs- sowie Normierungs- und Vereinnahmungsvarianten in den letzten 30 Jahren lässt sich in Relation bringen zu einer tiefgreifenden Umgestaltung nationaler Bildungssysteme. In den Blick treten hier der Bologna-Prozess und insbesondere die von der OECD mit Instrumenten wie PISA und *Education at a glance* etablierte internationale Normierung schulischer Bildung. Diese Vergleichs-, Vermessungs- und Standardisierungsstrategien oder -praktiken setzen das seit seiner Entstehung dezidiert psychologisch und ökonomisch ausgerichtete Kompetenzkonzept der Bildung im globalen Maßstab ein. Mit dem Kompetenzkonzept wurden seine wesentlichen Merkmale wie die Output-Orientierung von Bildung, die Forderung nach Messbarkeit von Bildungserfolgen sowie deren vergleichende Überprüfung zum Kern der nationalen Transformation von Bildungsbereichen erhoben (vgl. Klieme et al. 2007; Gelhard 2018). In diesem Rahmen stellt die Angleichung der Bildungsziele an ökonomische Ansprüche im Sinne einer psychologisch formatierten Bereitstellung gewünschter Kompetenzprofile den Schwerpunkt dar. Neben der flexiblen Ausbildung passgenauer Kompetenzprofile stehen die Zentralisierung von Bildungsinhalten (Zentralabitur etc.) sowie ein potenziertes Prüfungs- und Messwesen als weitere Folgen im Mittelpunkt. Auch hier zeigt sich somit ein gegenläufiger Prozess, der von individualisierten Kompetenzprofilen zu einer Normierung von Bildungsprozessen führt (vgl. Stederoth 2016).

Die Entwicklungen im Bereich digitaler Techniken und in verschiedenen Kontexten von Bildung kreuzen sich mit den genannten Entwicklungen im Bildungsbereich in der fortschreitenden Etablierung von digitalen Bildungsangeboten, in unterschiedlichen Ausprägungen und Forderungen. Diese spannen sich zwischen den Polen einer umfassenden medien- bzw. messbasierten Kontrolle individueller Bildungsprozesse (bis hin zu einer Aufmerksamkeitskontrolle), wie sie etwa in China durch massiven Einsatz von KI-gesteuerten Kameras in Klassenräumen praktiziert werden, einerseits und lockereren reformpädagogisch orientierten Bildungsplattformen (z. B. *altitude learning*), die sich jedoch gleichermaßen digitaler Controlling-Maßnahmen bedienen, andererseits. Von dieser Kreuzung der beiden Entwicklungen ausgehend, wären aktuelle Phänomene digitaler Bildung neu und differenziert zu beleuchten. So ließe sich untersuchen, wie genau von einer Verschiebung der Maßgaben für das unternehmerische Selbst in den Bildungsbereich gesprochen werden kann. Oder: Welche Kompetenz(vorstellung)en werden aus welchen Gründen privilegiert? Welche Komponenten des Selbst- und Weltverhältnisses werden instrumentalisiert oder eher abgeblendet? Auf einer anderen Ebene stellt sich die Frage, inweifern die Etablierung einer scheinbaren Freiheit, wie sie asynchrone und individuell ausgerichtete Lernformate (Lernplattformen, MOOCs etc.) gewähren, unter dem untergründigen Diktat umfänglicher Mess- und Kontrollinstanzen stehen und Bildungsprozesse auf einen vorausgesetzten Bedarf hin ausrichten. Interessant wäre es ebenfalls, die Genealogie des Bildungsregimes zu analysieren, das sich bereits im ersten bildungsbezogenen Kongress der OECD „Policy Conference on Economic Growth and Investment in Education" andeutete, der kurz nach ihrer Gründung im Oktober 1961 in Washington stattfand. Bereits damals war vom „Produktionsfaktor Lehrer" und „Rohmaterial Schüler" (Bringolf 1966, S. 44 f.) die Rede. Wenn Heinz-Joachim Heydorn in seiner Analyse der Bildungsreform der 1970er Jahre von einem „perfekte[n] Industriemechanismus" (Heydorn 1972, S. 85) sprach, so verweist dieser Mechanismus in den gegenwärtig sich ausweitenden Kontrollstrategien digitalisierter Bildungsprozesse auf eine algorithmische Steigerungsfigur, zumal die im Zuge des ubiquitären Gebrauchs digitaler Angebote zur Gewohnheit gewordene Praxis der Einprägung vorgegebener Normative jenem Prozess willfährig in die Hände spielt.

Gleichwohl haben zwei Jahre pandemiebedingte Ausweitung digitaler Bildungsangebote nicht nur eine Forcierung jener Prozesse angeschoben, sondern zugleich auch die Grenzen derselben zum Ausdruck gebracht, insofern das Fehlen sozialer Bildungsanlässe sowie die Isolation in individuellen Lernprozessen erhebliche soziale, psychische und körperliche Folgen gezeitigt haben (vgl. etwa die bundesweiten Copsy-Studien; Ravens-Sieberer et al. 2020), deren langfristigen Auswirkungen die Forschungen der nächsten Jahre beschäftigen werden.

4 Fazit

Die im Vorausgehenden exemplarisch ausgeführten Bildungsregime – mit ihren allgemeinen Ansatzpunkten bei gesellschaftlichen Frage- und Problemstellungen in Bezug auf (Bildungs-)Institutionen, (bildungs-)politische oder ökonomische Programmatiken und Regelungen, bis hin zu sich in das Denken und Handeln, in das individuelle Selbst- und Weltverständnis einschreibende Strukturen bzw. Strategien und Praktiken – deuten das Potential entsprechender Analysen an. Der Regimebegriff ermöglicht es, unterschiedliche Diskursebenen in einen Zusammenhang zu bringen und somit Verflechtungen aufzudecken, die hegemoniale Verhältnisse kennzeichnen. Zugleich interessiert das kritische Potential des Begriffs, insofern die in ihm sich aufzeigenden Strukturen oder Ensembles

Spannungen und Gegenläufigkeiten thematisieren, die auch das zum Ausdruck bringen, was sich einer lückenlosen Assimilation in Bildungsregime sperrt. Soziale Konfliktlinien und Kämpfe erhalten so eine besondere Aufmerksamkeit. Sie artikulieren sich inmitten der (Re-)Produktion spezifischer Macht- und Herrschaftsverhältnisse und eröffnen zugleich Möglichkeitsräume für (emanzipatorische) Gegenbewegungen, Brüche und Veränderungen. An diesen Bruchlinien entlang zeigen sich die Horizonte, die jedes deklamierte Ende der Geschichte immer als Anfang ihrer Fortschreibung und Transformation bestimmt.

Literatur

(EG/KMK) Engagement Global/Kultusminister Konferenz (Hrsg.) (2013): Orientierungsrahmen für den Lernbereich Globale Entwicklung im Rahmen einer Bildung für nachhaltige Entwicklung. 2. Aufl. Berlin: Cornelsen.

(HKM) Hessisches Kultusministerium (2010): Lehrplan Politik und Wirtschaft. Gymnasialer Bildungsgang. Jahrgangsstufen 7G bis 9G und gymnasiale Oberstufe. Wiesbaden: HKM.

(UNESCO) United Nations Educational, Scientific and Cultural Organization (Hrsg.) (2015): Global Citizenship Education. Topics and Learning Objectives. Paris: UNESCO. www.unesdoc.unesco. org/ark:/48223/pf0000232993 (Abfrage 26.2.2022).

Bringolf, Walter u.a. (Hrsg.) (1966): Wirtschaftswachstum und Bildungsaufwand. Wien, Frankfurt/M., Zürich: Europa Verlag.

Bröckling, Ulrich (2012): Dispositive der Vorbeugung: Gefahrenabwehr, Resilienz, Precaution. In: Daase, Christopher/Offermann, Philipp/Rauer, Valentin (Hrsg.): Sicherheitskultur. Soziale und politische Praktiken der Gefahrenabwehr. Frankfurt/Main: Campus, S. 93–108.

Bröckling, Ulrich (2013): Der Kopf der Leidenschaft: Soziologie und Kritik. In: Leviathan, Vol. 41, No. 2, S. 309–323.

Bröckling, Ulrich/Peter, Tobias (2014): Mobilisieren und Optimieren. Exzellenz und Egalität als hegemoniale Diskurse im Erziehungssystem. In: Zeitschrift für Erziehungswissenschaft, Vol. 17, S. 129–147.

Buckel, Sonja (2015): Dirty Capitalism. In: Martin, Dirk/Martin, Susanne/Wissel, Jens (Hrsg.): Perspektiven und Konstellationen kritischer Theorie. Münster: Westfälisches Dampfboot, S. 29–48.

Daum, Timo (2017): Das Kapital sind wir. Zur Kritik der digitalen Ökonomie. Hamburg: Edition Nautilus.

Derrida, Jacques (2019): Marx' Gespenster. Der Staat der Schuld, die Trauerarbeit und die neue Internationale. Berlin: Suhrkamp.

Deutscher Bundestag Enquete-Kommission (2013): Wachstum, Wohlstand, Lebensqualität – Wege zu nachhaltigem Wirtschaften und gesellschaftlichem Fortschritt in der Sozialen Marktwirtschaft. Schlussbericht vom 3.5.2013, BT-Drucksache 17/13300. Bonn: bpb.

Eicker, Jannis/Eis, Andreas/Holfelder, Anne-Katrin/Jacobs, Sebastian/Yume, Sophie/Konzeptwerk Neue Ökonomie (Hrsg.) (2020): Bildung Macht Zukunft: Lernen für die sozial-ökologische Transformation? Frankfurt/M.: Wochenschau.

Eis, Andreas (2015): Soziale Praxis und politisches Lernen in der entpolitisierten Aktivgesellschaft. In: Götz, Michael/Widmaier, Benedikt/Wohnig, Alexander (Hrsg.): Soziales Engagement politisch denken. Chancen für die Politische Bildung. Schwalbach: Wochenschau, S. 117–138.

Eis, Andreas/Moulin-Doos, Claire (2016): Prekäre Verantwortung zwischen Entpolitisierung und politischer (Selbst)Steuerung. Verantwortungskonflikte in der Politischen Bildung. In: Henkel, Anna/Åkerstrøm-Andersen, Niels (Hrsg.): Precarious Responsibility: Attribution of Responsibility under Conditions of Trust in Systems. Soziale Systeme. Zeitschrift für Soziologische Theorie, 19. Jg, Heft 2, Berlin/Boston: de Gruyter, S. 405–429.

Foucault, Michel (1978): Dispositive der Macht. Über Sexualität, Wissen und Wahrheit. Berlin: Merve.

Foucault, Michel (1994): Überwachen und Strafen. Frankfurt/M.: Suhrkamp.

Foucault, Michel (2008a): Die Ordnung der Dinge. In: Ders.: Die Hauptwerke. Frankfurt/M.: Suhrkamp, S. 7–469.

Foucault, Michel (2008b): Archäologie des Wissens. In: Ders.: Die Hauptwerke. Frankfurt/M.: Suhrkamp, S. 471–699.

Fukuyama, Francis (1989): The End of History? In: The National Interest, Summer 1989, No. 16, pp. 3–18.

Fukuyama, Francis (1992): Das Ende der Geschichte. Wo stehen wir? München: Kindler.

Gehring, Petra (2004): Foucault – Die Philosophie im Archiv. Frankfurt/M.: Campus.

Gelhard, Andreas (2018): Kritik der Kompetenz. 3. vollständig überarb. und erw. Aufl. Zürich: diaphanes.

Hegel, Georg F. W. (2009): Grundlinien der Philosophie des Rechts. Hamburg: Meiner.

Henkel, Anna/Lüdtke, Nico/Buschmann, Nikolaus/Hochmann, Lars (Hrsg.) (2018): Reflexive Responsibilisierung. Verantwortung für nachhaltige Entwicklung. Bielefeld: transcript.

Heydorn, Heinz-Joachim (1972): Zu einer Neufassung des Bildungsbegriffs. Frankfurt/M.: Suhrkamp.

Illouz, Eva (2018): Gefühle in Zeiten des Kapitalismus. Berlin: Suhrkamp.

Jordan, Stefan (2009): Francis Fukuyama und das „Ende der Geschichte". In: Zeithistorische Forschungen/Studies in Contemporary History 6, S. 159–163.

Klass, Tobias Nikolaus (2014): Depotenzierungen eines Nicht-Wissenden: Lektionen über Emanzipation. In: Schäfer, Alfred (Hrsg.): Hegemonie und autorisierende Verführung. Paderborn: Schöningh, S. 113–136.

Klieme, Eckhard et al. (2007): Zur Entwicklung nationaler Bildungsstandards. Expertise. Bonn, Berlin: BMBF.

Laclau, Ernesto (1990): New Reflections on the Revolution of Our Time. London: Verso.

Lamla, Jörn (2013): Verbraucherdemokratie. Politische Soziologie der Konsumgesellschaft. Frankfurt/M.: Suhrkamp.

Lessenich, Stephan (2008): Die Neuerfindung des Sozialen. Der Sozialstaat im flexiblen Kapitalismus. Bielefeld: transcript.

Lyotard, Francois (1994): Das postmoderne Wissen. Ein Bericht. Wien: Passagen.

Muhle, Maria (2006): Einleitung. In: Rancière, Jacques: Die Aufteilung des Sinnlichen. Die Politik der Kunst und ihre Paradoxien. Berlin: b_books, S. 7–17.

Nigro, Roberto (2015): Wahrheitsregime. Zürich/Berlin: Diaphanes.

Rancière, Jacques (2006): Die Aufteilung des Sinnlichen. Die Politik der Kunst und ihre Paradoxien. Berlin: b_books.

Rancière, Jacques (2015): Der emanzipierte Zuschauer. Wien: Passagen.

Ravens-Sieberer, Ulrike et al. (2020): Psychische Gesundheit und Lebensqualität von Kindern und Jugendlichen während der COVID-19-Pandemie – Ergebnisse der COPSY-Studie. In: Deutsches Ärzteblatt International, 117, H. 48, S. 828–829.

Rosa, Hartmut (2005): Beschleunigung. Frankfurt/M.: Suhrkamp.

Sarasin, Philipp (2021): 1977. Eine kurze Geschichte der Gegenwart. Berlin: Suhrkamp.

Schmitt, Sophie 2017: Jenseits des Hängemattenlandes. Arbeit und Arbeitslosigkeit aus der Sicht von Jugendlichen – eine Rekonstruktion ihrer Orientierungen und ihre Bedeutung für die Politische Bildung. Schwalbach/Ts.: Wochenschau.

Sonnemann, Ulrich (1969): Negative Anthropologie. Vorstudien zur Sabotage des Schicksals. Reinbek bei Hamburg: rowohlt.

Stederoth, Dirk (2016): Eingemessene Bildung. Zur Humankapitalisierung der Bildung und ihrer totalen Verwaltung. In: Zeitschrift für kritische Theorie, H. 42/43, S. 8–32.

Stederoth, Dirk (2022): Reale Avatare. Zur Versponnenheit des Menschen in der Netzkultur. Heidelberg: J. B. Metzler.

Türcke, Christoph (2019): Digitale Gefolgschaft. Auf dem Weg in eine neue Stammesgesellschaft. München: Beck.

Waldenfels, Bernhard (1991): Michel Foucault: Ordnung in Diskursen. In: Ewald, François/Waldenfels, Bernhard (Hrsg.): Spiele der Wahrheit. Michel Foucaults Denken. Frankfurt/M.: Suhrkamp, S. 277–297.

Zuboff, Shoshana (2018): Das Zeitalter des Überwachungskapitalismus. Frankfurt/M.: Campus.

Bildung zwischen den Enden: 1964–1973

Florian Heßdörfer

Zusammenfassung: Erziehungspraxen scheinen einer klaren zeitlichen Struktur zu folgen. Sie verbinden die Frage nach dem Vergangenen, zu dem sie sich verhalten müssen, mit dem Ausblick auf das Zukünftige, auf das sie vorbereitend Einfluss nehmen wollen. Wird die imaginäre Ressource der Zukunft knapp, schlägt sich das auf ihre Grundorientierung nieder und führt zur Verschiebung ihrer Leitbegriffe. In diesem Zusammenhang lassen sich die Jahre um 1970 als Gelenkstelle zwischen zwei Zeitordnungen lesen. Auf der einen Seite finden sie in jenem Raum „nach dem Ende" statt, der sich nach zwei Weltkriegen und nach dem Eintritt ins „atomare Zeitalter" eröffnet. Auf der anderen Seite beginnt eben hier die Aufmerksamkeit auf eine neue Form von künftigen Endzeitbildern, die spätestens seit den Warnungen über die globalen „Grenzen des Wachstums" Einfluss gewinnen. Auf welche Weise sich die pädagogische Reflexion in diesem Zeitraum „zwischen den Enden" einrichtet, lässt sich an der Entstehung entgrenzter pädagogischer Konzepte verdeutlichen, etwa am Beispiel der „lernenden Gesellschaft", deren erzieherischer Anspruch ebenso weit ausfällt wie der Kampf um ihre Realisierung.

Abstract: Educational practices seem to follow a clear temporal structure. They combine the question of the past, to which they must relate, with the outlook on the future, on which they want to exert preparatory influence. If the imaginary resource of the future becomes scarce, this affects their basic orientation and leads to a shift in their guiding concepts. In this context, the years around 1970 can be read as a crucial point between two orders of time. On the one hand, they take place in a space "after the end", which opens up after two world wars and after the entry into the "atomic age". On the other hand, it is precisely here that a new form of end-time images gains attention, at least since the warnings about the global "limits to growth". How pedagogical reflection settles "between the ends" can be illustrated by the emergence of pedagogical concepts that transcend former boundaries, like the concept of the "learning society", whose educational aspirations are just as broad as the struggle for their realization.

Keywords: future, end of history, lifelong learning, learning society, competence

„Die Maxime könnte lauten:
Dem Ende ein Ende machen.“
(Alain Badiou 2016, S. 42)

1 Einleitung

1968 erscheint im Kursbuch ein Gespräch, in dem Rudi Dutschke die Frage nach einer nahen Zukunft skizziert, in der Bildung und Lernen die gesamte Gesellschaft durchdringen und revolutionär verändern werden: „[W]ie erreichen wir, daß die Gesellschaft eine große Universität wird, eine riesige lernende Gesellschaft, eine große Schule?“ (Dutschke/Rabehl/Semler 1968, S. 164) Fünf Jahre später bringt der Rowohlt-Verlag die deutsche Übersetzung des Faure-Reports heraus, in dem die UNESCO von höchster Stelle einen Ausblick darauf gibt, „Wie wir leben lernen“ (Faure et al. 1973) – ein Ausblick auf die „learning society“ (vgl. Kallen/Bengtsson 1973), der von dem parallel kursierenden Bericht des Club of Rome kontrapunktiert wird, dessen deutsche Übersetzung mit dem Titel „Menschheit am Wendepunkt“ aufwartet (Meadows et al. 1973). Auf einen ähnlich zukunftsträchtigen Beitrag treffen schließlich die Leser:innen des „American Psychologist“ im Januar 1973, in dem der Harvard-Psychologe David McClelland etwas einfordert, das einige Jahre später zur verbreiteten Praxis wird: „Testing for Competence“.

Im Gefüge dieser exemplarischen Texte lässt sich eine folgenreiche Episode aus der Geschichte des Bildungsdiskurses und seiner historischen Verortung skizzieren – eine Geschichte, die sich auf der einen Seite hin zu aktivistischen Gruppen wie der edu-factory fortschreibt, die die Universitäten als „die neuen Fabriken“ entdeckt (edu-factory 2019), und sich auf der anderen Seite hin zu Strukturen entwickelt, die eine weltumspannende „Education Governance by Numbers“ (Pettersson et al. 2019) etablieren. Die folgenden Ausführungen skizzieren diese Episode in doppelter Hinsicht: Im ersten Schritt ordnen sie die zugrundeliegenden Zukunftsdiskurse in drei exemplarische Traditionslinien, die je eigene Verhältnisse zur Geschichte und zur Frage ihrer politischen Regierung unterhalten; im zweiten Schritt arbeiten sie unterschiedliche Perspektiven auf den Aufgaben- und Zuständigkeitsbereich von Bildung heraus, die sich im Zusammenhang dieser Zukunftsmotive abzeichnen, und verdeutlichen die Widersprüche und Spannungsfelder, welche dieses Feld strukturieren. Die Vermutung, dass mit dem Erscheinen des Kompetenzkonzepts ein Angebot geschaffen wird, das ein Großteil dieser Spannungen integriert und die Grundlage für den Bildungsdiskurs nach dem neuerlichen „Ende der Geschichte“ bereitet, steht am Schluss der Überlegungen.

2 Zukunftsordnungen

Die „Entwicklungstatsache" (S. Bernfeld) markiert einen zentralen Bezugspunkt pädagogischer Praxen. Ohne die Aussicht auf das Künftige und dessen vorbereitende Gestaltung verlöre das Aufgabenfeld von Bildung und Erziehung nicht nur einen entscheidenden Referenzpunkt, sondern wäre als Teilsystem moderner Gesellschaften kaum denkbar; ohne die Motive der individuellen Entwicklung und des gesellschaftlichen Fortschritts müsste sich Pädagogik als zukunftslose Praxis verstehen – eine logische und moralische Zumutung, zumal unter den Bedingungen sich beschleunigender Veränderungen. In diesem Sinne ist sie zwar auf Zukunft angewiesen; die konkrete Form, in der diese Zukunft als Gegenwartsaufgabe die Konturen des pädagogischen Feldes prägt, bleibt jedoch Gegenstand fortdauernder Aushandlung. In den Jahren um 1970 findet diese Aushandlung in unterschiedlichen Konstellationen und Motivlagen statt. Eines der prägenden Zukunftsmotive tritt dabei in Gestalt der sogenannten Zukunftsforschung bzw. Futurologie auf, die ein strategisches Verhältnis zur Zukunft entwirft und ein wiederkehrendes Objekt politischer Kritik bildet.

Diagnose der Zukunft. Im Lauf der 1960er Jahre formiert sich die Zukunftsforschung als eine eigenständige Disziplin. Vor allem die Anbindung der Forschenden an staatsnahe Think Tanks unterscheidet sie von den älteren Zukunftsausblicken. Während in Sammelbänden der 1950er die Frage „Wie leben wir morgen?" (vgl. Baade 1957; Wassiljew et al. 1959) häufig im Sinne eines neugierig-staunenden Zukunftsoptimismus entfaltet wird, koppelt die neuere Forschung diesen Zukunftsblick mit Fragen der politischen Plan- und Steuerbarkeit. Eine exemplarische Arbeit in diesem Feld stellt die 1967 publizierte Studie Kahns und Wieners dar. Unter dem Titel „Ihr werdet es erleben. Voraussagen der Wissenschaft bis zum Jahr 2000" (Kahn/Wiener 1968) findet die Leser:in die geläufigen Themen und Motive der zeitgenössischen Futurologie vor. Im Mittelpunkt stehen dabei Verfahren der Datensammlung, statistischer Auswertung und darauf basierender Prognostik. Neu ist vor allem der Entwurf von alternativen Zukunftsvarianten, die in abweichenden „Szenarios" skizziert werden: Die Zukunft dieser Futurologie gestaltet sich als Kombination einer wahrscheinlichen „Standardwelt" und darin integrierter „kanonischer Variationen" (vgl. ebd., S. 21). Gleichzeitig versteht sich die Arbeit an diesen Zukünften als wissenschaftlicher Beitrag für ein rationales Handeln in der Gegenwart, das sich zwar beratend in die Nähe der Politik begibt, dessen Selbstverständnis sich jedoch eher im Sinne eines umfassenden Ingenieursdenkens zu erkennen gibt und im Begriff der Social Technology bzw. des Social Engineering niederschlägt (vgl. Helmer 1967a, 1967b). Die Kombination von evidenzbasierter Prognostik und präventivem Handeln zur effektiven

„solution of socio-political problems" (Helmer 1967a, S. 9) distanziert sich vom Hang zu Ideologien. Ganz ähnlich wie Francis Fukuyama 1989 auf einen „end point of man's ideological evolution" (Fukuyama 1989, S. 5) verweist, glauben auch die frühen Vertreter:innen der Zukunftsforschung an ihre Verortung jenseits überholter Konfliktlinien und markieren ihren Standpunkt mit der These, dass alle Ideologien ohnehin erledigt seien (vgl. Armand/Drancourt 1961, 17). Das erklärte Ende der Ideologie setzt auf eine Planbarkeit des Geschichtsprozesses, in dem sozial- und naturwissenschaftliche Technologien das Nichtwissen und die Irrationalität der Individuen so weitgehend zu regulieren vermögen, dass der große Lauf der Dinge fortan ohne die unkontrollierten Schwankungen des Schicksals auskommt.

Kritik der Gegenwart. Mit diesen steuerungsoptimistischen Motiven bietet das Feld der Zukunftsforschung Ende der 1960er Jahre eine hochkontrastive Folie für politische Selbstverortungen. So nimmt auch das „Kursbuch 14" (1968) dieses Feld in den Blick und nutzt die Thematik des Zukunftsverhältnisses als Ausgangspunkt für eine gegenwartsdiagnostische Kritik der allgemeinen Verhältnisse. Vor allem der einleitende Artikel zur „Kritik der Futurologie" (Koch 1968) nimmt sich vor, diesen Zukunftsbezug als Ausdruck der schlechten Gegenwart zu analysieren, und versammelt eine Reihe von Kritikpunkten: Futurologie blende die Existenz von Herrschaftsverhältnissen aus und ignoriere die Widersprüche der Klassengesellschaft, womit sie diese befestige; ihr Kontrollparadigma folge einem Sicherheitsfetischismus, der letztlich Ausdruck von Angst sei; ihr Geschichtsbegriff schließe keine qualitative Veränderung ein und sei damit „hoffnungslos"; sie betreibe eine implizite Amerikanisierung der Zukunft; sie unterscheide zwar zwischen mehr oder weniger wünschbaren Szenarien und Alternativen, ihr Begriff des Wunsches sei aber letztlich eng und frei von Begehren. In ihrer Summe bestätigen diese Aspekte eine Diagnose, die Günther Anders einige Jahre zuvor im Sammelband „Der Griff nach der Zukunft" als De-Futurisierung der Zukunft formulierte (Anders 1964, S. 47): Die Vorstellung der Zukunft sei mittlerweile derart vom Begriff der Planung erfasst, dass sie als ein Zeitraum erscheine, als eine verräumlichte Zeit, deren künftige Quasi-Ereignisse in die Gegenwart hineingeholt worden seien und dort „retroaktiv unsere heutigen Tätigkeiten festlegen und bestimmen" (ebd.). Aus dieser Perspektive steht die Zukunftsforschung weit weniger für ein Ende der Ideologie als für das Ende der Zukunft selbst.

Aufschlussreich sind in diesem Zusammenhang die Leser:inneneinsendungen, die das besagte Kursbuch auf eine Ausschreibung für „den besten Gedanken für die Zukunft" erhalten hat und von denen sie einige in einem Dossier zusammenfasst – vor allem, weil Herausgeber Hans Magnus Enzensberger diese Einsendungen zum Anlass für eine Kritik der systematischen Zukunftsplanung nimmt: „Durch die Bank projizieren diese Entwürfe in die Zukunft, was historisch vergangen ist: Herrschaftsstrukturen der bürgerlichen Gesellschaft, die zum Wunschtraum verklärt werden." (Enzensberger 1968, S. 130 f.) In seinem Resümee spitzt Enzensberger das Dilemma axiomatisch zu: „Es ist wahr: nur die befreite Gesellschaft selber kann Herr ihrer Zukunft sein" (ebd., S. 145) – und setzt in die systematische Lücke zwischen dem Bestehenden und seiner ausstehenden Befreiung den Hinweis auf die Notwendigkeit der Transformation. Dass die Arbeit an Transformation systematisch auf das Feld der Selbst- und Fremderziehung verwiesen ist, überrascht dabei nicht: Nicht umsonst formuliert die vom Kursbuch mit 1000 D-Mark prämierte Preiseinsendung einen (Um-)Erziehungsplan, in dem Individuen „vom elastischen Familienverband zur Kommune" gelangen, inklusive der psychisch-sozialen Anpassungsprozesse, die das erfordert. In diesem Sinne schließt die zukunftszugewandte Kritik der Gegenwart systematisch an Bildungslogiken an: Je weniger die bessere Zukunft als Objekt technologischer Planung erscheint, desto deutlicher tritt bei der Frage nach dem menschlichen Fortschritt die Gestaltung der Selbst- und Fremdverhältnisse in den Mittelpunkt.

Aufschub des Endes. Spätestens seit der Existenz der Atombombe wird die Zukunftsfrage auch in umgekehrter Richtung thematisiert: nicht nur mit dem Blick auf das Kommende, sondern vom möglichen Ende her. Die Diagnose über das Ende des „vor-atomaren Zeitalters" (Anders 1965, S. 7), die Günther Anders im Anschluss an Hiroshima und Nagasaki formuliert – dass von nun an *nicht unser Verschwinden ein Wunder sein würde, sondern unser Fortbestand*" (Anders 1965, S. 9; Herv. i. O.) –, wird um 1970 von einem zweiten Katastrophenmotiv ergänzt, das eine planetarische Katastrophe im Hinblick auf die sozial-ökologischen Grundlagen der Menschheit in Aussicht stellt. Beide rufen das Szenario eines Endes der Menschheit auf, jedoch mit unterschiedlichen Zeitstrukturen. Während im Mittelpunkt der atomaren Katastrophe die Plötzlichkeit ihres Eintreffens steht und die schicksalhafte Rolle einzelner Verantwortungsträger aufleuchtet, zeichnet sich die ökologische Katastrophe eher schleichend am Horizont der Zukunft ab, gibt dafür aber verstärkt Anlass, über die kollektive Verantwortung des Menschheitssubjekts und der Einzelnen nachzudenken.

Vor diesem Hintergrund deuten sich zwei Reaktionsmuster an: Wie der katastrophische Beginn des atomaren Zeitalters als ein radikaler Bruch im Kontinuum der Geschichte thematisiert wird und die Frage nach einer Existenz „nach dem Ende" aufwirft, so zeichnet sich das Zeitalter der ökologischen Frage als eine Epoche ab, in der die Gegenwart zum unbestimmten Zeitraum „vor dem Ende" gerät. Anfang der 1970er Jahre schlägt sich diese Zeiterfahrung in den beiden erwähnten, ihrerzeit breit rezipierten Expertendiagnosen von höchster Stelle nieder: im Bericht des „Club of Rome", der Daten zu den globalen „Limits to Growth" versammelt (Meadows et al. 1972), sowie im von der UNESCO herausgegebenen Bericht „Apprendre à être", der auf Deutsch unter dem Titel „Wie wir leben lernen. Der Unesco-Bericht über Ziele und Zukunft unserer Erziehungsprogramme" erscheint (Faure et al. 1973 [1972]). Auch wenn der Grundton beider Berichte nicht ohne Fortschrittsoptimismus auskommt, so basieren die Appelle zu diesem Fortschritt auf der Verbindung zweier Kernmotive: dem temporalen Motiv der Zeit als Frist und dem pädagogischen Motiv des Um-Lernens (vgl. Meyer-Drawe 1982), das innerhalb dieser Frist die Einsicht in diese mit dem Entschluss zu einem anderen Leben verbindet. Beide verkörpern zeitgenössische Varianten des „metanoetischen Befehl[s]" – „Du musst dein Leben ändern!" (Sloterdijk 2009, S. 47) – und geben zugleich Auskunft über das Warum und Wie dieser Veränderung. So beginnt der Bericht des Club of Rome mit dem Hinweis, dass uns „perhaps ten years" blieben, um die Zukunft in kontrollierbaren Parametern zu erhalten (Meadows et al. 1972, S. 17), und der Faure-Report nennt zeitgleich eine Breite von gesellschaftlichen Feldern, auf der eine zukünftige „éducation permanente" (Faure et al. 1973, S. 42) dabei helfen soll, „die Gefahren der technischen Zivilisation abzuwenden" (ebd., S. 161) – in einer Situation, die in historischer Hinsicht „ohne Präzedenzfall" (ebd., S. 31) sei.

Anders als die Auseinandersetzungen um den Begriff der *post-histoire*, den Arnold Gehlen in den 1950ern in den deutschen Diskurs einführt (vgl. Niethammer 1989; Andersen 1993), basiert das Geschichtsbild der Katastrophenszenarien um 1970 auf einer prä-apokalyptischen Selbstverortung. Während die Hegelsche Figur des Endes der Geschichte, die Fukuyama 1989 in ihrer Geltung reaktualisiert, vom Eindruck getragen wird, dass die Zeit der historischen Taten und Ereignisse vorbei sei und den geschichtslosen Raum eines überraschungsarmen Nachspiels eröffne, erscheinen die Alarmdiagnosen der 1970er als Ausdruck einer Zeitspanne zwischen den Enden: nach dem Ende des vor-atomaren Zeitalters und vor der drohenden Selbstauslöschung der Menschheit. Der Handlungsraum, der sich mit der Diagnose der *post-histoire* auf bescheidene Maße gekürzt hat, weitet sich im Bann der globalisierten Bedrohungslagen dramatisch aus: Auf paradoxe Weise bietet das Motiv der radikal bedrohten Zukunft die Möglichkeit für eine Wiederaneignung der Gestaltbarkeit der Geschichte. Von hier aus ergeben sich unterschiedliche Perspektiven auf die Frage, auf welche Weise diese Gestaltungsarbeit zu realisieren ist, und bieten im Raum dieser Fragestellung neue Möglichkeiten für die Verortung der Pädagogik, ihrer Strategien und ihrer Verantwortung.

3 Regierungs-Bildung und Gegen-Bildung

Die Verantwortung für die Zukunft gehört nicht nur zum Kernrepertoire pädagogischer Motive, sondern lässt sich hinsichtlich dieser Zuständigkeit auch unterschiedlich weit fassen – von der Zukunft der eigenen Kinder bis zur Zukunft der Gattung. Bereits das Konzept der Generation hat in den Entwürfen Kants und vor allem Schleiermachers die pädagogische Praxis auf eine breitformatige Perspektive hin verpflichtet und mit dem Generationenverhältnis nicht nur umfassende kollektive Subjekte eingeführt, sondern diese Subjekte auch auf eine historische Bühne gestellt, deren Fluchtlinien auf die Zukunft und den sich dorthin erstreckenden Fortschrittsprozess zielen (vgl. Parnes et al. 2008). Dieser weit ausholende Bezugsrahmen kehrt in der zweiten Hälfte des 20. Jahrhunderts unter neuen Vorzeichen wieder: Nachdem sich globale Verbünde wie UNO, OECD und UNESCO etabliert haben, wird die Ansprache an die pädagogische Verantwortung für die nationalstaatlich organisierte Menschheit nicht nur institutionell organisiert, sondern auch im Sinne konkreter Planungs- und Aushandlungsprozesse regiert. In diesem Umfeld treten globalisierte Bildungskonzepte auf, die Erziehungs- und Bildungsprozesse historisch neu verorten. In systematischer Hinsicht lassen sich verschiedene Zugänge unterscheiden, die sich sowohl in diesem globalisierten Kontext situieren als auch im Rahmen der Zukunftsproblematik: Konzepte, welche Bildung als nationalstaatliche Ressource thematisieren; Konzepte, die Bildung als Ressource individueller Lebensbewältigung aufwerten; und schließlich Perspektiven, die Bildung als Ansatzpunkt sehen, um mit dem historischen Kontinuum zu brechen und dem permanenten Aufschub des Endes die Figur des Anfangs zur Seite zu stellen.

Globale Bildung. Anders als in den Zukunftsbildern vieler Futurologen, in denen Bildung in der post-industriellen Gesellschaft als ein vom Leistungsprinzip entkoppeltes, in modernisierten Institutionen auf kybernetischer Grundlage stattfindendes Geschehen dargestellt wird (vgl. Kahn/Wiener 1968, S. 175–178; Wassiljew/Guschtschew 1959, S. 252–263), steht um 1970 in den Auseinandersetzungen um systematische Bildungsfragen eher die akute Veränderungsnotwendigkeit im Mittelpunkt. Unabhängig von der Frage, wie und in welche Richtung diese Veränderung zu leisten wäre, bildet dieser Veränderungsimpuls einen weithin geteilten Konsens. Exemplarisch ist in dieser Hinsicht eine Forderung, die Che Guevara in einem öffentlichen Brief vom März 1965 formuliert – „Die Gesellschaft als Ganzes muss sich in eine riesige Schule verwandeln" (Guevara 1965) – und die später von Rudi Dutschke in dem im Kursbuch 14 wiedergegebenen Gespräch in die Berliner Verhältnisse des Jahres 1968 übertragen wird. Die Figur der lernenden Gesellschaft etabliert sich als ein Versprechen, dessen Überzeugungskraft offenkundig von ganz unterschiedlichen Akteuren aufgenommen und ausformuliert wird. Auf der einen Seite erscheint es als Antwort auf die sozialrevolutionäre Frage nach einer grundlegenden Transformation: entweder als Strategie, um eine erfolgte Revolution in einen dauerhaften Prozess zu verwandeln, oder als Strategie, um die Bedingungen einer kommenden revolutionären Situation vorzubereiten. Auf der anderen Seite kehrt es in den Strategiepapieren von staatstragenden Institutionen wieder.[1] Dabei gehen die Gemeinsamkeiten,

---

1 Dieser Konsens geht so weit, dass auch die von Ivan Illich vorgetragene Forderung nach der radikalen „Entschulung der Gesellschaft" (Illich 1973 [1970]) und damit der Abschaffung

die in der linksradikalen Diskussionsrunde um Rudi Dutschke und dem von der UNESCO herausgegebenen Bericht zu finden sind, über dieses Motiv hinaus: Ebenso finden sich wirtschaftsnahe Themen bei Rudi Dutschke wieder, der veraltete Fabrikationsbedingungen und aufgeblähte Bürokratieapparate beklagt, wie sozialkritische Motive den Faure-Report durchziehen, der umfassende Phänomene der Entfremdung und Ungleichheit diagnostiziert und neue Wege solidarisch gelebter Selbstbestimmung in Aussicht stellt.

Mit dieser Skizze wird ein Zeithintergrund deutlich, in dem einerseits das Bild der unmittelbaren Zukunft mit der Transformation des Bestehenden verbunden ist und andererseits diese Transformation als Aufgabe und Ziel eines entgrenzten Erziehungsgeschehens verhandelt wird, das sich die „learning society" zum Ziel nimmt und diese im Modus eines „lifelong learning" bzw. einer „recurrent education" realisieren will (vgl. Kallen/Bengtsson 1973). Auch wenn diese Aufwertung von Erziehung und Bildung zu einem zukunftsbildenden Veränderungsprojekt spätestens seit Comenius zum Selbstverständnis der neuzeitlichen Pädagogik gehört, so tritt ihr weltbildender Anspruch während der 1960er Jahre in ein neues Stadium ein. In diesem Stadium verbindet sich das historische Versprechen der Veränderung mit einer Weltordnung, die sich Instrumente und Institutionen schafft, um den pädagogisch formulierten Transformationsimpuls in einen Gegenstand globalisierten Regierungshandelns zu verwandeln. So wird die Ankunft der Pädagogik auf der Weltbühne von drei entscheidenden Elementen begleitet, welche die Reichweite ihrer Rede ausweiten und die Gestalt der in dieser Rede vermittelten Maßnahmen prägen.

Das erste Element besteht in der ausgeweiteten Verdatung der Erziehungssysteme und ihrer Rahmenbedingungen. Wie zu Beginn des 20. Jahrhunderts statistische Daten erzeugt und aufbereitet wurden, um Bildungsfragen auf regionaler und nationalstaatlicher Ebene zu verhandeln, so weitet sich seit den 1960ern der statistische Bezugsrahmen von Bildungsdiskussionen deutlich aus. Bereits in der bundesdeutschen Debatte um die „Bildungskatastrophe" liefern internationale Vergleichsdaten einen entscheidenden Maßstab für die Diagnose des Übels (vgl. Picht 1964, S. 24–28). Im Rahmen der OECD gehen die Beschlüsse zu einer solchen Datensammlung bis auf das Jahr 1958 zurück, in dem im Rahmen des CSTP-Programms erstmals Experten in alle Mitgliedstaaten entsandt wurden, um Daten über den Stand der wissenschaftlichen Bildung und des Bildungssystems zu sammeln und zu berichten (vgl. Papadopoulos 1994, S. 21–36). Die verschiedenen globalen Institutionen zur Bildungssystemsteuerung, die seitdem entstanden sind, bilden das zweite Element und wirken als „globale Positionsbestimmungssysteme" (Masschelein/Simons 2010, S. 37), die den beteiligten

---

institutionalisierter Bildung als solcher in OECD-Papieren diskutiert wird – wenn auch zugunsten der Einschätzung, dass ein solcher Ansatz lediglich eine „false liberation" vom Bildungssystem bedeute (vgl. Kallen/Bengtson 1973, 11).

Nationalstaaten ihren Rang und Ort im globalen Entwicklungszusammenhang kommunizieren. Um 1970 gehören dazu vor allem die UNESCO und die OECD sowie ihre Unterorganisationen und Teilprojekte, deren Herausbildung die 1960er Jahre als „Golden Age of Educational Growth" erscheinen lassen (ebd., S. 37) und die zu Knotenpunkten einer Educational Governance werden, die nationalstaatliche Bildungspolitiken zu Akteuren auf einem globalen Bildungsmarkt macht. Diese Kopplung von Bildungsstatistik und supranationalen Institutionen, die ein „regime of global educational governance" (Meyer/Benavot 2013, S. 11) konstituiert, wird von der gemeinsamen Bezugnahme auf die Ökonomie ergänzt, die das entscheidende dritte Element darstellt. Erst als Faktoren der wirtschaftlichen Entwicklung und Zusammenarbeit werden Bildungsfragen als globale Herausforderungen reformuliert und als Bausteine ihrer Bewältigung proklamiert. Die in Deutschland zu hörende Mahnung, dass die „Hebung des Bildungswesens" über „die nackte Existenz des Volkes" (Picht 1964, S. 12) entscheide, kehrt in vielfach variierter Weise im Weltmaßstab wieder und verbindet sich zu einem Panorama von Rettungsszenarien, die im selben Atemzug dazu aufrufen, „leben zu lernen" und die Erfolge dieses Lernens in die globale Bilanzbuchhaltung einzurechnen – und so „the evolving awareness of the importance of human capital […] in the process of economic growth" zu befördern (Papadopoulos 1994, S. 11; vgl. Office for Education and Human Ressources 1972).

Der Einblick in diese Gemengelage von pädagogischem Vokabular und Governancepraktiken zeigt einen Handlungsraum, in dem die Geschichte alles andere als erledigt erscheint; gerade der neu erwachte Planungsoptimismus markiert die Selbstthematisierung einer Epoche, in der Menschen auf der Bühne des Globus ihre Geschichte scheinbar selber machen. Gleichzeitig verbirgt die umfassende Rhetorik der Veränderung widersprüchliche Verhältnisse in puncto Anlass und Ziel dessen, was als Veränderung überhaupt in Frage kommt. Eine wesentliche Differenzlinie verläuft dabei um die Figur der Bildung als einer Ressource, deren Vorhandensein und Besitz einen Unterschied macht und die sich in doppelter Hinsicht zeigt: einmal aus dem Blickwinkel der Ressource als Objekt der Regierung; einmal aus dem Blickwinkel von Praktiken der Gegen-Regierung. Auch wenn diese analytische Trennung unterschiedliche Facetten der Thematik artikuliert, so ist sie vor allem auch in ihrem Verschwimmen produktiv.

Regierungs-Bildung und Gegen-Bildung. Aus dem Blickwinkel der Institutionen, die an der Makrosteuerung von Bildungssystemen arbeiten, lässt sich der hohe Stellenwert von Bildung vor allem aus zwei Gründen verteidigen. Einerseits erscheint sie als umfassendes Integrationsmedium, das die Ungleichheit und Pluralität gesellschaftlicher Akteure ausbalanciert; entsprechend setzt Edgar Faure den Akzent gleich zu Beginn seines Berichts sowohl auf die Pluralität der internationalen Gemeinschaft als auch auf die der nationalen Demokratien, deren „Eckstein" die Bildung bereite. Anders als sein humanistisch gestimmtes

Welterziehungsprogramm fokussieren die Organe der OECD den zweiten Generalvorteil, der sich im Konzept des „human capital" verdichtet. Das Bildungskapital der Bevölkerung gehört ihnen zufolge zu den entscheidenden Posten, um die Entwicklungs- und Konkurrenzfähigkeit auf der Ebene der zunehmend verwissenschaftlichten Produktions- und Verwertungzusammenhänge zu sichern. Angesichts der Veränderungsdynamik der Arbeitsmärkte fällt ihnen die Trägheit der Bildungsinstitutionen schmerzlich ins Auge – eine „painfully slow rate of change in education systems" (Office for Education and Human Ressources 1970, S. 9) – die hinreichenden Anlass für die rasche Implementierung von Steuerungs- und Innovationstechniken bietet. Der historische Horizont dieser Regierungsanstrengungen deckt sich mit den Szenario-Entwürfen der Zukunftsforschung; sie operieren in einem Zeitraum, der sowohl schon-gegeben als auch noch-entzogen ist und Operationen erfordert, die das Entzogene möglichst günstig mit dem Gegebenen arrangieren. Ihr Zugriff auf diese Zukunft gleicht einem planvollen Vordringen in unkartiertes Terrain, das zwar bereits vorhanden, aber noch nicht hinreichend bekannt und kontrolliert ist. Die vorzeitig zuhandene – und damit de-futurisierte – Zukunft formiert sich als Korrelat einer geschichtsmächtigen Regierungstechnik, für die sich der historische Raum genau (und nur) dort entfaltet, wohin die eigenen Schritte weisen.

Akteure, die sich die Leitmotive der Bildung und des Lernens als kritische Ressourcen eines nicht-dermaßen-regiert-werden-Wollens (vgl. Foucault 1992, S. 15) aneignen, geraten daher in Konflikt mit einem Entwicklungs- und Zukunftsmodell, in dem diese Leitmotive als Markenzeichen einer pädagogisch unterfütterten Gouvernementalität geführt werden. Dieser Konflikt kehrt in zwei verschiedenen Gegenmodellen wieder: auf der einen Seite in der katastrophischen Negation der Zukunft, welche die Verfügbarkeit über das Kommende mit dem Hinweis auf dessen radikalen Entzug qua Katastrophe prinzipiell aufkündigt; auf der anderen Seite in politischen Strategien, welche den aktiven Bruch mit dem ‚Standardmodell' der Zukunft anstreben und deren revolutionäre Wiederaneignung in Aussicht stellen. Beide Strategien verändern die epistemischen Koordinaten der Geschichte und stellen Fragen nach ihrer Verfügbarkeit: Während die Figur der Katastrophe die Zukunft als Spielbrett für Planspiele aufhebt und vom imaginierten Ende her die Rollen der Verantwortung und ihrer Reichweite neu ordnet, fokussiert das revolutionäre Modell die unrealisierten Spielräume einer Zukunft, die „nicht auf diese Weise und um diesen Preis" regiert werden muss, sondern auf ganz andere Weise von ganz anderen. Beide Gegenmodelle verschieben nicht nur den Rahmen des Kommenden, sondern erneuern zugleich die Frage nach der Rolle von Bildung innerhalb dieser Verschiebung.

Die Katastrophe, die in den „Grenzen des Wachstums" die Weltbühne betritt, artikuliert sich in erster Linie als eine Frage nach der Belastbarkeit und dem Fortbestand von Makrosystemen. Anders als es die deutsche Titelillustration nahelegt, auf der ein Schuh einen kleinen Blechglobus zertritt, handelt es sich um die Version einer Katastrophe, die nicht von außen kommt, sondern aus dem Innern der eigenen Lebensweise. In gewisser Weise gilt auch für dieses Szenario die Marxsche Formulierung über „die Menschen", die – wenn auch nicht aus freien Stücken – „ihre eigene Geschichte [machen]". Auch deren katastrophisches Ende erscheint demgemäß als (mögliches) Produkt gesellschaftlicher Praxis „unter unmittelbar vorgefundenen, gegebenen und überlieferten Umständen" (Marx 1972, S. 115). Eine entscheidende Figur in der Diagnose des Club of Rome besteht in der Darstellung der systemischen Zusammenhänge, die sowohl die Dynamik des fatalen Wachstums bestimmen als auch dessen mögliche Kontrolle – und Bildungssysteme als einen Baustein globaler Feedbackschleifen integrieren (vgl. Meadows et al. 1972, S. 101 f.). Gleichzeitig resultiert die Breitenwirkung des Reports aus der Überlagerung zweier Botschaften: Während die eine Botschaft die Katastrophennachricht sendet (Wir betreiben unseren eigenen Untergang!), verkündet die zweite Botschaft die Möglichkeit ihrer Vermeidung durch Umsteuern (Wir müssen unser Leben ändern!). In diesem Sinne schließt sich das Dokument zwar der von OECD und UNESCO vorbereiteten Perspektive auf Bildung als systemische Globalressource an, sein unmittelbar pädagogischer Impuls liegt jedoch auf dem Motiv der Umkehr. Der Weg, dessen Fortgang sich in die Katastrophe extrapolieren lässt, wird von Hinweisschildern begleitet, die mit dem Umkehren eines der ältesten pädagogischen Motive variieren: „Die einzige Tatsache von universaler ethischer Bedeutung in der aktuellen Welt ist die diffus allgegenwärtige Einsicht, daß es so nicht weitergehen kann." (Sloterdijk 2009, S. 699) In dieser Hinsicht entsteht mit dem Untergangsmotiv eine nicht nachlassende Quelle intensivierter Handlungsunsicherheit und -kontrolle, deren Zentrum die Gewissheit bildet, dass ein Leben, das sich nicht ändert, das Leben selbst verspielt.

Anders als der Appell des Club of Rome, der sich vor allem an global verantwortliche Akteure richtet, lässt sich das Motiv der radikalen Umkehr auch als Aufruf an individuelle Lebenspraktiken verstehen. Gerade in der Gegenkultur der langen 1960er verschiebt sich dabei das Motiv der flexiblen Anpassung durch Besser-Werden zum Ideal des widerständigen „Anders-Werdens" (vgl. Beiler et al., o. S.). Ein anschauliches Beispiel hierfür gibt die Bildungsbewegung der Kinderladen-Initiativen, die sich zu derselben Zeit etabliert, als die im Kursbuch dokumentierte Gesprächsrunde zur Zukunft stattfindet. Ausgestattet mit dem Willen, die Verhältnisse zu ändern, erkennen sich einige Organisator:innen bald als unwillentliche Nachfahren einer Tradition wieder, die sie eigentlich beenden wollten. Ihr Bemühen, selbstbestimmte Spiel- und Lernräume zu schaffen, scheint sich nicht nur als Kampf um ein anderes Leben, sondern genauso gut als Fortsetzung eines bürgerlichen Bildungsideals und seines eindimensionalen „Zeitpfeils" (Masschelein/Simons 2010) lesen zu lassen. Ähnlich wie sozialistische Pädagog:innen in den 1920er Jahren dezidiert nicht-bürgerliche Bildungspraxen erprobten, verweist auch der 1968 gegründete „Zentralrat der sozialistischen Kinderläden" auf das Vorhaben, Bildung von Anfang an in Überwindung ihrer bürgerlichen Traditionslinie zu denken. Doch anders als die Vorläufer der Weimarer Republik, in deren Arbeit die Vokabel des (Klassen-)Kampfs eine entscheidende Rolle spielte, tritt in der Kinderladenbewegung mindestens gleichwertig die Arbeit an sich selbst in den Mittelpunkt: Eltern und Betreuer:innen sollen sich in einer fortlaufenden Überwindung ihrer eigenen Prägungen zusammenfinden und einen kollektiven Lernprozess vollziehen, der „notwendig [ist] für die Bewältigung ihrer durch theoretische Ansichten erkannten persönlichen Lage und die Aufarbeitung der durch die bürgerliche Sozialisation bedingten Verhaltensweisen und für den Lernprozeß, der von der Rebellion gegen ‚die Väter' zur Rebellion gegen eine Gesellschaft führt." (Breiteneicher u. a. 1971, S. 124) Auch wenn dieser umfassende Lernprozess zu einer ebenso umfassenden Rebellion führen soll, so trifft er an einem entscheidenden Punkt mit der „learning society" der OECD-Planer:innen zusammen, nämlich dort, wo Lernen als Funktion eines Fortschrittsprozesses begriffen wird, der weniger die Gegenwart retten will, sondern den Anfang einer anderen Zeit vorbereitet.

4 Schluss: Der Kompetenz-Konsens

In diesem Spannungsfeld, in dem sich die revolutionäre Arbeit an sich selbst, die Sorge um den Geschichtsverlauf und die globale Regierung der Humanressourcen unter der Dachvokabel der Bildung kreuzen, veröffentlicht David McClelland 1973 erste Gedanken zu einem Konzept, das bereits in seiner frühen Skizze alle Zutaten des Erfolgsrezepts enthält: „Testing for Competence Rather Than for ‚Intelligence'". Das Erscheinen dieses Artikels lässt sich als Markierung lesen, an der die historisch-pädagogischen Motive der „langen 1960er Jahre" (Streeck 2015, S. 102) in eine neue Konstellation eintreten, die jedes dieser Motive entscheidend verändert. McClellands Beitrag thematisiert nicht nur den latenten Rassismus und Klassismus des Intelligenzkonzepts und beklagt die Ausrichtung von Schule und Ausbildung an lebensfremden Maßstäben, sondern entwirft mit dem Gegenkonzept der „competence" ein Integrationsmedium für Arbeit und Leben: Der Blick auf individuelle „competences" gelte nicht mehr den unveränderlichen Eigenschaften von Menschen, sondern ihren Fähigkeiten und Veränderungspotentialen; „competences" seien nicht die beschränkten Inselfähigkeiten in Schule und Arbeit, sondern Haltungen und Strategien, die auch im echten Leben eine Rolle spielen; anders als die geheimniskrämerischen Intelligenztests müsste das künftige „testing for competences" transparent erfolgen und nicht die Fähigkeiten zur Routine unter Beweis stellen, sondern die Anpassungsfähigkeit an stets neue Herausforderungen. Mit diesem Entwurf schlägt McClelland ein Werkzeug vor, das zwar das Messbarkeitspostulat der tradierten Psychometrie fortschreibt, die Messslogik aber entscheidender Stelle verschiebt: Es soll fortan kein feststellendes Urteil („sentencing procedure") über das Sein der Menschen mehr gesprochen, sondern nur vorläufige Momentaufnahmen einer Entwicklung angefertigt werden, zu deren Förderung diese Aufnahmen beitragen. Vielleicht ist genau dies das taktische Manöver, das die Kompetenzlogik in den Jahrzehnten nach dem „Ende der Geschichte" so anschlussfähig machen wird: Sie bietet den Maßstab einer Welt, in der zwar fortwährend die Maxime gilt, dass du dein Leben ändern musst, diese Veränderung aber in einem historischen Kontinuum „gekaufter Zeit" (vgl. Streeck 2015, S. 102–120) stattfindet, das unter dem doppelten Eindruck des Endes steht: zwischen einem Ende, das bereits eingetreten ist, und einem Ende, dessen Aufschub zum Generalmotiv aller Anstrengung wird, die Geschichte selbst zu machen.

In diesem Raum, in dem scheinbar alles *immer-schon* begonnen hat und *noch-nicht* an sein Ende gekommen ist, wird das Anfangen zu einer unmöglichen Figur; zu einer Unmöglichkeit, die bewirkt, dass jede Bildung, die sich der Allgegenwart der ‚Professionalisierung' (vgl. Harney/Moten 2019) entzieht und in ihrer Entscheidung zum Anfang eine „Befreiung der Zeit" (Badiou 2016, S. 35) erprobt, als Bruch und Bedrohung des Kontinuums erscheint. Sich zugunsten des Anfangens dem Ende und seinem Zeitpfeil zu entziehen, wirkt daher nicht nur „riskant", „provokant" (Masschelein/Simons 2010) und „illoyal" (Harney/ Moten 2019). Vielmehr schließt sie sich als „gründende Abschiednahme" (Virno 2010, S. 50) an eine historische Hoffnung an, die zwar das Ende als Bruch mit dem Bestehenden im Blick hat, dieses aber im Sinne eines „dem Ende ein Ende machen" (Badiou 2016, S. 42) versteht und so als das „Ende der Vorgeschichte" (Marx) verbucht. Anzufangen und dabei sowohl die Phasenlogik von „immer-anfangen-und-nie-fertig-werden" (vgl. Deleuze 1993, S. 257) als auch den zweifelhaften Status des *Amateur*-Experten" (Tiqqun 2007, S. 61) zu vermeiden, führt an den für Bildungsprozesse entscheidenden Beginn, den Shunryu Suzuki seinem US-amerikanischen Publikum 1970 nachdrücklich ans Herz legt: „In the beginner's mind there are many possibilities; in the expert's mind there are few. […] This is also the real secret of the arts: Always be a real beginner. Be very very careful about this point." (Suzuki 1970, S. 21 f.)

Literaturverzeichnis

Anders, Günther (1964): Was ist Planung? In: Jungk, Robert; Mundt, Hans-Josef (Hg.): Der Griff nach der Zukunft. Planen und Freiheit. München: Desch, S. 47–50.

Anders, Günther (1965): Der Mann auf der Brücke. Tagebuch aus Hiroshima und Nagasaki. Berlin: Union.

Andersen, Perry (1993): Ende der Geschichte. Rotbuch.

Armand, Louis/Drancourt, Michel (1961): Plaidoyer pour l'avenir. Paris: Calmann-Lévy.

Baade, Fritz (Hg.) (1957): Wie leben wir morgen? Stuttgart: Kröner.

Badiou, Alain (2016): Philosophie des wahren Glücks. Wien: Passagen.

Beiler, Frank et al. (o. A.): Konzept einer Unbedingten Schule. www.hsu-hh.de/bep/wp-content/uploads/sites/846/2020/08/Konzept_Unbedingte_Schule_150202.pdf (Abfrage 22.07.2022).

Berliner Kinderläden (1970): Antiautoritäre Erziehung und sozialistischer Kampf. Berlin: Kiepenheuer & Witsch.

Breiteneicher, Hille Jan/Mauff, Rolf/Triebe, Manfred (1971): Kinderläden. Revolution der Erziehung oder Erziehung zur Revolution? Hamburg: Rowohlt.

Deleuze, Gilles (1993): Unterhandlungen. 1972–1990. Frankfurt/M.: Suhrkamp.

Dutschke, Rudi/Rabehl, Bernd/Semler, Christian (1968): Ein Gespräch über Zukunft. In: Kursbuch 14, S. 146–174.

edu-factory (2019): Alle Macht der selbstorganisierten Wissensproduktion. Wien: transversal.

Enzensberger, Hans Magnus (1968): Dossier 3: Konkrete Utopie. Zweiundsiebzig Gedanken für die Zukunft. In: Kursbuch 14, S. 110–145.

Faure, Edgar et al. (1973): Wie wir eben lernen. Hamburg: Rowohlt.

Foucault, Michel (1992): Was ist Kritik? Berlin: Merve.

Fukuyama, Francis (1989): The End of History? In: The National Interest, Jg. 16, S. 3–18.

Guevara, Ernesto „Che"(1965): Mensch und Sozialismus auf Cuba. www.glasnost.de/hist/apo/che5.html (Abfrage 22.07.2022).

Harney, Stefano/Moten, Fred (2019): Die Universität und die Undercommons. In: edu-factory (2019): Alle Macht der selbstorganisierten Wissensproduktion. Wien: transversal, S. 61–92.

Helmer, Olaf (1967a): Prospects of Technological Progress. RAND-Corporation.

Helmer, Olaf (1967b): Systematic Use of Expert Opinions. RAND-Corporation.

Illich, Ivan (1973): Entschulung der Gesellschaft. Hamburg: Rowohlt.

Kahn, Herman; Wiener, Anthony J. (1968): Ihr werdet es erleben. Voraussagen der Wissenschaft bis zum Jahre 2000.

Kallen, Dennis; Bengtsson, Jarl (1973): Recurrent Education. A Strategy for Lifelong Learning. OECD.

Koch, Claus (1968): Kritik der Futurologie. In: Kursbuch 14, S. 1–17.

Marx, Karl (1972): Der achtzehnte Brumaire des Louis Bonaparte. MEW 8, S. 115–123.

Masschelein, Jan.; Simons, Marten (2010): Jenseits der Exzellenz. Zürich: diaphanes.

McClelland, David (1973): Testing for Competence Rather Than for Intelligence. In: American Psychologist (28)1, S. 1–14.

Meadows, Donella et al. (1972): The Limits to Growth. New York: Universe.

Meyer-Drawe, Käte (1982): Phänomenologische Bemerkungen zum Problem menschlichen Lernens. In: Vierteljahrsschrift für wissenschaftliche Pädagogik, Jg. 58, H. 4, S. 510–524.

Meyer, H.-D.; Benavot, A. (Hg.) (2013): PISA, Power and Policy: the emergence of global eductional governance. Oxford: Symposium Books.

Niethammer, Lutz (1989): Posthistoire. Ist die Geschichte zu Ende? Reinbek bei Hamburg: Rowohlt.

Office for Education and Human Ressources (1970): Priority Problems in Education and Human Ressources Development – The 1970's. US Department of Health, Education and Welfare.

Office for Education and Human Ressources (1972): Program Strategy in Education and Human Ressources, Fiscal Year 1973-1974. US Department of Health, Education and Welfare.

Papadopoulos, George (1994): Education 1960–1990. The OECD Perspective. Paris: OECD.

Parnes, Ohad/Vedder, Ulrike/Willer, Stefan (2008): Das Konzept der Generation. Eine Wissenschafts- und Kulturgeschichte. Frankfurt/M.: Suhrkamp.

Pettersson, Daniel/Lindblad, Sverker/Popkewitz, Thomas S. (2019): Educational Governance by Numbers. In: Langer, Roman; Brüsemeister, Thomas (Hg.): Handbuch Education Governance Theorien. Wiesbaden: Springer, S. 691–710.

Picht, Georg (1964): Die deutsche Bildungskatastrophe. Olten und Freiburg: Walter-Verlag.

Sloterdijk, Peter (2016): Du mußt dein Leben ändern. Über Anthropotechnik. Frankfurt/M.: Suhrkamp.

Streeck, Wolfgang (2016): Gekaufte Zeit. Die vertagte Krise des demokratischen Kapitalismus. Frankfurt/M.: Suhrkamp.

Suzuki, Shunryu (1970): Zen Mind, Beginner's Mind. New York: Weatherhill.

Tiqqun (2007): Kybernetik und Revolte. Zürich: diaphanes.

Virno, Paolo (2010): Exodus. Wien; Berlin: turia & kant.

Wassiljew, Michael/Guschtschew, Sergej. (1959): Reportage aus dem 21. Jahrhundert. So stellen sich sowjetische Wissenschaftler die Zukunft vor. Hamburg: Nannen.

Bildung als Ware

Neoliberale Entwicklungen in der Schule am Beispiel Schwedens und Nordmazedoniens

Tatjana Atanasoska

Zusammenfassung: Neoliberale Entwicklungen verändern Schulsysteme auf der ganzen Welt. Das Ziel ist, durch „Neue Steuerung" tiefgreifende Änderungen im Schulsystem zu erwirken, insbesondere eine effiziente Nutzung der Ressourcen und eine Output-Steuerung der Ergebnisse. Weniger offen wird über nicht-intendierte Entwicklungen durch das „Global Education Reform Movement" (GERM) gesprochen. Solche nicht-intendierten Auswirkungen stehen im Zentrum des vorliegenden Beitrags. Um zu zeigen, wie GERM Schulsysteme in Europa beeinflusst, wurden zwei verschiedene Länder für einen Vergleich ausgewählt: Schweden und Nordmazedonien. In beiden führt es zu Korruption, zu Intransparenz in der Stellenvergabe und zum Verlust an Autonomie von Lehrerinnen und Lehrern. In der Folge verringern sich das Vertrauen zu Lehrerinnen und Lehrern und ihr Ansehen in der Gesellschaft.

Abstract: Neoliberal developments change school systems around the world. The aim of this "New Public Management" is to ensure economical changes in the school systems, especially to use ressources efficiently and to control results via output. There are also non-intended effects on the systems through this "Global Education Reform Movement" (GERM), which this contribution focuses on. To show how GERM changes school systems in Europe I compare two very different countries: Sweden and North Macedonia. GERM leads to corruption, to intransparency in job placing and to decreasing autonomy of teachers. As a result it also decreases the confidence in teachers and their reputation in society.

Keywords: Schweden, Nordmazedonien, Global Education Reform Movement, Neoliberalisierung, Lehrberuf

1 Einleitung

In diesem Beitrag sollen intendierte und insbesondere nicht-intendierte Auswirkungen von globalisierenden, neoliberalen Entwicklungen auf Lehrer:innen untersucht werden. Neoliberale Veränderungen werden unter dem Begriff „New Public Management"(NPM), auf Deutsch „Neue Steuerung", subsummiert.

Ursprünglich entstand NPM im Geiste des „New Rights Movement" in den 1980ern. Deklarierte Ziele sind Qualitätsentwicklung, eine Verbesserung der Effizienz und eine gerechtere Schule; im Endeffekt geht es bei dieser (wirtschaftsliberalen) Ökonomisierung jedoch um Kostenreduktion und das Menschenbild des Homo oeconomicus. Menschen als Humankapital sollen im freien Wettbewerb der Schulen die „beste" Bildung für sich auswählen, um wettbewerbsfähig für die Zukunft[1] zu werden; Eltern und Schüler*innen werden also zu Kund:innen. Bildung als Ware hat, wie alle anderen Waren im kapitalistischen System, das Ziel, Kapital[2] zu vergrößern, weswegen Schulen für den Markt geöffnet wurden[3]. Schulbezogene NPM-Entwicklungen fasst Sahlberg (2014) unter dem Begriff „Global Education Reform Movement" (GERM)[4] zusammen.

Die Veränderungen der Rahmenbedingungen durch GERM betreffen Bereiche, auf die einzelne Lehrpersonen kaum Einfluss nehmen können. Dadurch ändert sich jedoch die Schule als Arbeitsplatz von Lehrer:innen. Folgende Fragen sollen beantwortet werden: Welche nicht-intendierten Nebenwirkungen erleben Lehrer:innen in Schweden und in Nordmazedonien? Wie sehen sie intendierte Wirkungen und nicht-intendierte Nebenwirkungen von GERM in den beiden Ländern?

2 Methodisches Vorgehen

Für diese Untersuchung wird ein Vergleich im Sinne des *„maximum variation sampling"* (Johnson/Christensen 2012, S. 234) unternommen. Schweden ist ein historisch „altes" Land, ein demokratischer, marktorientierter Staat mit wirtschaftlicher Stärke. Nordmazedonien hingegen ist bis 1991 kein eigenständiger Nationalstaat gewesen, sondern eine Teilrepublik des sozialistischen Jugoslawiens. Es ist eine junge Demokratie und ein Staat mit geringer wirtschaftlicher Stärke. Schweden (SWE) wurde als Beispiel für den Effizienztyp von Schule, Nordmazedonien (MK) als Beispiel für den Bürokratietyp von Schule gewählt

---

1 Dies lässt sich in allen Aussagen von OECD und EU, aber auch anderen Institutionen erkennen, die sich für die Einführung und Stärkung von NPM stark machen. Immerhin sind Bildungssysteme in allen Ländern chronisch unterfinanziert (vgl. Radtke 2019, S. 306).

2 Diese Kapitalisierung gilt dabei nicht nur für Privatschulen mit ihrem Wunsch nach hoher Rendite. Auch staatliche Schulen versuchen, den Anteil der privaten Bildungsinvestitionen zu erhöhen, denn das im Bildungsbereich eingesparte Geld steht dann für andere Teilbereiche des staatlichen Budgets zur Verfügung.

3 In Schweden zeigt sich dies an der enormen Zunahme von Privatschulen unter dem Dach von Aktiengesellschaften oder Investoren, wobei das System schon früh für seine problematischen Effekte kritisiert wurde (vgl. Fredriksson 2009). Darauf reagierte Schweden damit, dass die Gewinnentnahme aus dem Schulbetrieb erschwert wurde.

4 GERM hat im Unterschied zu NPM weniger Verbindung zu rechtskonservativen politischen Strömungen.

(vgl. Schmid/Hafner/Pirolt 2007, S. 207). In Anlehnung an Kelle/Kluge (vgl. 2010, S. 41) wurde die Vergleichbarkeit (bis auf eine Ausnahme) durch die Auswahl von Lehrerinnen und Lehrer erhöht, die das Fach Deutsch in der Sekundarstufe unterrichten, und es wurden nur Personen außerhalb der Hauptstadt, die in beiden Ländern zugleich die größte Stadt ist, befragt.

Schweden

Kürzel im Text	Unterrichtsfach	Dienstalter, Dauer der Unterrichtstätigkeit	Ort, Besonderheiten	Zeitpunkt des Interviews
Karl G.[5]	Deutschlehrer in Sek. I und Sek. II, Zweitfach Geschichte (unterrichtet es selten)	mehr als 20 Jahre	Stadt Die Schule bietet einen verstärkten Deutschunterricht an, teilweise ab der 1. Schulstufe.	03.2020, online
Julia K.	Deutschlehrerin in einer Sek. I, Zweitfach Wirtschaftskunde (unterrichtet es derzeit nicht)	mehr als 20 Jahre	Gemeinde (keine Stadt) mit einem Einzugsgebiet der SchülerInnen von bis zu 50 km	02.2020, vor Ort
Barbara D.	Lehrerin im Distance Learning in der Erwachsenenbildung, davor in einer Sek. II, Zweitfach Schwedisch (unterrichtet es derzeit nicht)	mehr als 20 Jahre	Distance Learning (ortsungebunden im Home Office), davor Sek. II in einer Kleinstadt,	02.2020, telefonisch
Olivia Ö.	Lehrerin in einer Sek. II, Zweitfach Englisch (unterrichtet mehr Englisch als Deutsch)	5 Jahre	Kleinstadt	02.2020, vor Ort

Nordmazedonien

Kürzel im Text	Unterrichtsfach	Dienstalter/Dauer Unterrichtstätigkeit	Ort/ Besonderheiten	Zeitpunkt des Interviews
Petra P.	Lehrerin in einer Sek. I, unterrichtet nur Deutsch	18 Jahre	Kleinstadt	04.2018, vor Ort
Biljana S.	Lehrerin in einer Sek. I, zweites Fach Mazedonisch[6]	5 Jahre	Stadt	01.2019, vor Ort
Vera P.	Lehrerin in einer berufsbildenden Sek. II	15 Jahre	Kleinstadt	01.2019, vor Ort
Olivera D.	Lehrerin in Sek. I und Sek. II	12 Jahre	Dorf und Stadt (geteilte Stelle)	01.2019, vor Ort

5   Die Namen sind anonymisiert.
6   Im Gegensatz zu Schweden oder Deutschland studieren und unterrichten Lehrer*innen in MK nur ein Fach. Biljana S. ist dabei eine Ausnahme.

Kürzel im Text	Unterrichtsfach	Dienstalter/Dauer Unterrichtätigkeit	Ort/ Besonderheiten	Zeitpunkt des Interviews
Danica B.	Lehrerin an einer Sprachschule, früher an einer Sek. I tätig, arbeitet auch als Übersetzerin	1 Jahr an der Grundschule	Stadt	01.2019, vor Ort
Daniel P.	Schuldirektor an einer Sek. I 2007–2017 (zwei Amtsperioden), Unterrichtsfach Geschichte	mehr als 20 Jahre	Kleinstadt, unterrichtet nicht das Fach Deutsch	03.2021, online

Die Interviews wurden mittels qualitativer Inhaltsanalyse ausgewertet (vgl. Mayring/Fenzl 2014), wobei als deduktive Kategorien a) das Gehalt, b) die Karrieremöglichkeiten und c) Bedingungen des Unterrichts schon vor den Interviews feststanden. Induktiv kamen nach Analyse der ersten beiden Interviews folgende Kategorien hinzu: d) Gehaltsverhandlungen, e) Privatschulen, f) Korruption/ Proporz.

3 Neoliberale, globalisierende Einflüsse auf Bildung

Schulsysteme auf der ganzen Welt verändern sich durch NPM/GERM. In Schulen verringert GERM die Autonomie von Lehrpersonen und fordert von ihnen Verantwortung für den Output (vgl. Lohmann 2014, Biesta/Priestley/Robinson 2015, Altrichter 2019, Ydesen/Andreasen 2020). Dies führt zu einer enormen Steigerung der semi- oder nicht-professionellen administrativen Aufgaben von Lehrpersonen; gleichzeitig werden sie von ihrem Kerngeschäft, dem Unterrichten, abgezogen (vgl. Bellmann/Duzevic/Schweizer 2016, S. 388 ff., Stenlås 2009). GERM verursacht insofern eine Deprofessionalisierung, da Bildung als ganzheitliches Ziel von Schule durch ein technokratisches Verständnis von Unterricht ersetzt wird (vgl. Cochran-Smith 2015). Zusätzlich ist ein intendierter Effekt von GERM der Erwerb von Zertifikaten[7], auch in der Lehramtsausbildung (vgl. Radtke 2019, S. 309).

Eine wichtige, oft übersehene, zwar nicht-intendierte, aber erwartbare Nebenwirkung ist Korruption. Schon in den 1970ern stellte die Soziologie fest, dass soziale Prozesse besonders dann anfällig für Korruption sind, wenn sie mit Hilfe quantitativer Indikatoren gesteuert werden. Zu Korruption im engeren Sinne zählen Bestechung und Amtsmissbrauch, im weiteren Sinne alle Prozesse, welche die professionelle Integrität der Lehrpersonen verletzen („Erosion des

---

7 Zertifikate können in diesem Sinne genauso als Währung auf dem Bildungsmarkt gelesen werden wie Ergebnisse bei standardisierten Überprüfungen oder Wartelistenplätze für eine bestimmte Schule.

Vertrauens"[8], Bellmann/Weiß 2009, S. 293). Das Principal-Agent-Problem wird von GERM verstärkt, wenn nicht sogar überhaupt erst aufgeworfen. Lehrer:innen als „Agenten" verhalten sich nicht so, wie der „Principal", also die Leitungsebene, es erwartet, wobei aus Principal-Sicht nicht-intendierte Nebenwirkungen entstehen. Deshalb werden Sanktionen und Gratifikationen angewendet, um die „Agenten", sprich die Lehrer:innen, in die bildungspolitisch gewünschten Bahnen zu lenken (vgl. Radtke 2019, S. 722).

3.1 Einflüsse von GERM in Schweden und Nordmazedonien

GERM wurde in SWE in den 1990ern eingeführt, zunächst mit einer kleinteiligen Kommunalisierung des Schulsystems[9]. Anstelle der allgemeinen Gehaltstabellen wurden individuelle Gehaltsverhandlungen wie in der Privatwirtschaft eingeführt. Zusammen mit den angelsächsischen Ländern gilt SWE als ein extrem marktorientiertes Land (vgl. Milner 2018, S. 189). Gleichzeitig ist die Zahl an Privatschulen in freier Trägerschaft[10] enorm gestiegen (vgl. Dovemark/Lundström 2017, Forsberg 2015). Der schwedische Staat konzediert, dass der Lehrberuf an Autorität und Wertschätzung in der Gesellschaft verliert (vgl. Colnerud/Granström 2015). Als Antwort auf eine Deprofessionalisierung durch unqualifiziertes Personal und niedrige Gehälter wurden die „Lehrerlegitimation" (*lärarlegitimation*) als neues Zertifikat eingeführt[11] und eine besondere Karrieremöglichkeit für Lehrpersonen geschaffen, nämlich die „Erste Lehrperson" (*förstelärare*, FL)[12].

Auch in MK erhielten die Schulen in den letzten zwei Jahrzehnten Budgetautonomie wie in SWE, obwohl das System weiterhin dem Bürokratietyp entspricht. Das Gehalt folgt einem vorgegebenen Gehaltsschema. MK ist ein kleines Land mit geringer Einwohnerzahl, und es gibt nur wenig Konkurrenz am Schulmarkt. Die Einzelschule hat im Gegensatz zu SWE keine Autonomie in Bezug auf den Lehrplan, die Unterrichtsmaterialien und die Personalentscheidungen. Staatliche Schulverwaltung, Schulinspektion und Bildungsministerium können detaillierte Entscheidungen bis in die Mikroebene des Unterrichts hinein treffen.

---

8 Weitere nicht-intendierte Folgen benennen Bellmann/Duzevic/Schweizer (2016, S. 388 ff.).

9 Schweden hat 291 Kommunen.

10 Privatschulen sind in SWE für die Schüler:innen kostenfrei. Das spiegelt sich im schwedischen Wort *friskolor* wider, Freischulen in freier Trägerschaft.

11 Lehrer:innen, die alle Aufgaben im Unterricht erfüllen sollen, brauchen eine Lehrerlegitimation (vgl. Skolverket 2020, Skolverket o. J.). Nur dann dürfen sie formal und rechtlich abgesichert Leistungen bewerten. Diese Lehrerlegitimation ist – wie eine Legitimierung als Arzt oder Anwalt – nur gegen eine Gebühr erhältlich und kann bei schwerwiegenden Verstößen vom Staat entzogen werden. Das ausgesprochene Ziel war es, dass weniger „unqualifiziertes" Personal angestellt wird.

12 Die gesetzlichen Vorgaben zu den Karrieremöglichkeiten finden sich in Dir. 2016:76.

Standardisierte Leistungsmessungen und standardisierte Abschlussprüfungen wurden eingeführt, desgleichen Konkurrenz durch Privatschulen[13].

3.2 Ergebnisse – Schweden

Gehaltsfragen spielen für Lehrer:innen eine wichtige Rolle und wurden in SWE durch GERM stark beeinflusst.

> Karl G.: „Lustigerweise war es total einfach […]. Das Dumme ist, ich glaube, warum ich den Job so locker und so schnell bekommen habe, war, weil ich ein […] vollständig unmögliches Gehalt bekommen habe, also […] meine Partnerin hatte damals *student-lån* [Übersetzung: Studienkredit] heißt es auf Schwedisch, und der war ein bisschen höher als mein Gehalt, und also richtig schlecht […]. Ja, mir wurde ein Gehalt angeboten, und ich war eben neu in Schweden und ich hatte überhaupt keine Ahnung und habe einfach zugesagt und gearbeitet. Damals war das auch okay für das Geld, so gesehen, aber auf die Dauer nicht eigentlich."

Karl G. kam nach seinem Lehramtsstudium aus Deutschland nach SWE und fand sehr bald eine Stelle. Sein Akzeptieren eines „unmöglichen" Einstiegsgehalts, das geringer war als der damalige Betrag des Studienkredits, führt er auf seine damalige Unkenntnis zurück. Auch die anderen interviewten Lehrer:innen berichten über schlechte bis sehr schlechte Einstiegsgehälter. Sie nutzen das Druckmittel einer (angedrohten) Kündigung, um ihr Gehalt zu erhöhen. Auch Karl G. ging so vor.

Pädagogische Kompetenz und Erfahrung, pädagogische Qualitäten finden aus Sicht der Lehrer:innen in den Gehaltsverhandlungen keine Berücksichtigung. Julia K., Olivia Ö. und Barbara D. sprechen hierbei die „Subjektivität" der Schulleitung an. Gehaltserhöhungen und FL-Stellen wirken auf die Lehrer:innen wie ein Belohnungssystem für angepasste, loyale Mitarbeiter:innen, ganz im Gegensatz zu dem, was die rechtliche Grundlage bezwecken will. Das Gehalt ist nicht nur aus Sicht der Lehrer:innen wichtig, sondern auch für das Budget der Schulen. Schon knapp nach der Einführung von GERM wurden in SWE viele Lehrpersonen ohne passende formale Qualifikation in den Schulen aufgenommen[14]. Julia K. beobachtet, dass diese Praxis immer noch umgesetzt wird.

---

13 In Bezug auf SWE und die dortigen (negativen) NPM/GERM-Entwicklungen gibt es zahlreiche Untersuchungen, was für MK kaum und in Bezug auf Schule und Bildung gar nicht gegeben ist. Für einen ausführlichen Vergleich der Schulsysteme und der Lehramtsausbildung in Bezug auf das Fach Deutsch vgl. Atanasoska 2020.

14 Zunächst war dieser Effekt in SWE intendiert, da bis in die 1990er die pädagogische Eignung, nicht formale Kriterien, den Ausschlag für eine Anstellung geben sollten. Durch die Lehrerlegitimation soll dieser Prozess rückgängig gemacht werden.

Julia K.: „Die Rektoren sind ja auch im Prinzip angehalten, legitimierte Lehrer zu nehmen, die halten sich über Wasser mit nicht legitimierten Lehrern."

Auch wenn es rechtlich vorgesehen ist, nur Lehrpersonen mit Lehrerlegitimation anzustellen, wird dies von den Schulen aufgrund des begrenzten Budgets umgangen. Die Lehrerlegitimation wurde eigentlich eingeführt, um diese nicht-intendierte Wirkung zu beseitigen. Nicht legitimierte Lehrpersonen bekommen ein niedrigeres Gehalt, da sie nicht vollständig qualifiziert sind. Ihre befristeten Verträge können von der Leitung flexibel beendet oder verlängert werden. Dass die Schule unterfinanziert ist, drückt Julia K. mit „über Wasser halten" aus, denn sonst würde die Schule „ertrinken", also ohne finanzielle Mittel dastehen. Auch Barbara D. sieht einen Grund für die schlechten Gehälter und Gehaltserhöhungen darin, dass Einsparungen beim Personal besonders effektiv Kosten reduzieren. Das Gehalt in den schwedischen Privatschulen ist dabei durchschnittlich niedriger als in den kommunalen Schulen, denn die Träger sind im Gegensatz zur Kommune nicht verpflichtet, einen kollektiven Mindestlohn und jährliche Gehaltserhöhungen zu zahlen.

Alle Sprachfächer konkurrieren um eine FL-Stelle, doch Englisch verfügt als zahlenmäßig größtes Sprachenfach über die meisten Lehrkräfte. Karl G. konnte eine solche FL-Position erreichen.

Karl G.: „Also, meine noch ältere Kollegin, die ist letztes Jahr in Rente gegangen [...]. Ich denke, bei mir liegt's zum Teil daran, dass ich hier so lang arbeite, und zum Teil, glaub ich, auch, das klingt jetzt ein bisschen arrogant, dass ich ziemlich viel arbeite, dass ich mich sehr einsetze für Deutsch [...]. Ich mache recht viel. [...] Ich denke, was eigentlich für mich den Unterschied ausmacht, ist die Gehaltserhöhung. Das sind 500 € und das ist für mich ein Grund, weil wir haben als – wir haben – als *förstelärare* haben wir fünf Stunden mehr Arbeitszeit in der Schule."

Wie beim Thema Gehaltsverhandlungen weist Karl G. hier nicht auf seine pädagogischen Kompetenzen hin; vielmehr ist die FL-Stelle eine Art „Belohnung" für seine Arbeit in all den Jahren und dafür, dass er der dienstälteste Lehrer in seinem Fach ist. Jedoch zählt er nur semi-professionelle Aufgaben auf (Sprachreisen, Organisation im Fachbereich). Das Wichtigste für ihn ist dabei die Gehaltserhöhung, obwohl diese mit mehr Arbeitszeit verbunden ist, nicht die Verantwortung für den Fachbereich oder für die Kompetenzentwicklung der Kolleg:innen. Auch dadurch reduziert die reale Umsetzung des FL-Konzepts den pädagogischen Anspruch, den der Staat damit anstrebt[15].

---

15 Ein weiteres Ziel aus Sicht des Staates war, den Beruf attraktiver zu gestalten, um mehr Menschen für die Arbeit in einer Schule zu gewinnen. Auch hier sieht man den neoliberalen Hintergrund: Die Attraktivität soll durch Karrieremöglichkeiten erhöht werden, doch

3.3 Ergebnisse – Nordmazedonien

Sanktionen scheinen in MK ein bildungspolitisches Mittel der Wahl zu sein, um Lehrpersonen zu formen. Dazu gehören in erster Linie Geldstrafen[16]. Darin, dass sich die Politik jedoch aus den Klassenzimmern und dem Unterricht heraushalten soll, sind sich alle Lehrer:innen einig.

Biljana S.: „Die Politik soll sich nicht in unsere Arbeit einmischen. […] Wenn die Schulinspektion in meinen Unterricht käme, würde sie mich strafen, dass ich mehr als nur das [vorgeschriebene] Kursbuch verwende. Das Arbeitsbuch [zum Kursbuch] ist verboten, nur das Kursbuch, aber so geht das nicht. […] [Die Strafe dafür] ist ungefähr 200 Euro, oder 10 % des [Jahres-]Gehalts. […] Eine Kollegin [in meiner Stadt] wurde deswegen gestraft, weil sie das Arbeitsbuch in der Schule verwendete. Es gibt Strafen, aber es gibt keine Belohnungen." [Übersetzung TA]

Bestimmte Sanktionen werden unverkennbar zu dem Zwecke eingesetzt, Lehrpersonen zu disziplinieren und zu Gehorsam zu erziehen. Pädagogische Kompetenzen und Fähigkeiten, Autonomie im Unterricht werden Lehrer:innen in MK von der Bildungspolitik systematisch abgesprochen. Sinnvoll ist die Steuerung von oben aus Sicht der Interviewten selten, denn, wie Biljana S. sagt, was hilft ihr ein Kursbuch in Deutsch, wenn die Schüler:innen kein Arbeitsbuch dazu erhalten und verwenden dürfen? Ein weiteres Druckmittel gegenüber Lehrpersonen ist der Zwang, dem erstellten Jahresplan detailliert zu folgen. Olivera D. führt dazu aus, dass sich die Schulinspektionen diese Pläne jedoch nur dann anschauen, wenn sich jemand beschwert: Solange „kein Kläger, auch kein Richter", wie es Olivera D. ausdrückt. Die rechtlichen Formalia zu erfüllen, ist dabei wichtiger als die pädagogische Qualität des Unterrichts. Des Weiteren wandelten sich in MK die Aufgaben für die Lehrer:innen, wie Olivera D. und Biljana S. beschreiben. Lehrpersonen sind durch den Druck der Accountability gezwungen, genau Buch zu führen und viele zusätzliche administrative Aufgaben zu übernehmen.

Auch in MK nehmen Lehrer:innen eine gesellschaftliche Abwertung ihres Berufs wahr. Hierbei nennen sie das Problem durch die Stellenvergabe nach Parteinähe an erster Stelle. In vielen Fällen entscheidet nur die Parteizugehörigkeit, die Kontakte „nach oben" darüber, ob jemand eine Stelle als Lehrperson

---

diese Karrierestellen können nur einer sehr begrenzten Personengruppe angeboten werden. Flächendeckend durch höhere Gehälter etc. den Lehrberuf attraktiver zu machen, ist für einen wirtschaftsliberalen Staat ökonomisch nicht sinnvoll. Auch dadurch entspricht FL dem Effizienzgedanken von GERM, denn Kosten werden geringgehalten.

16 Eines dieser Sanktionssysteme war das *Eksterno Testirajne* (Externe Testungen, vgl. Atanasoska 2019).

erhält, und diese Personen erhalten sogar noch die „leichten" Schulen oder Stellen.

> Olivera D.: „Die Situation ist so, sie ist sehr demotivierend für die jungen Leute. […] Es werden Kollegen angestellt, deren Qualität niedrig ist, die weniger Erfahrung haben. […] Wir Lehrer stehen auf einer niedrigen Stufe, leider, so als Beruf in der Gesellschaft gesehen. Überhaupt, die Profession [der Beruf] hat einen schlechten Ruf in der Gesellschaft, wegen einiger Individuen, wegen gewissen stereotypen Vorurteilen. […] Parteinahe Kollegen, die ihre Stelle auf diese Weise erhielten, müssen keine Qualifikationen nachweisen, ob sie unterrichten können, ob sie in der Lage sind zu unterrichten, ob sie mit Kindern arbeiten wollen, wie viel Wissen sie haben. Ich denke, das gesamte Vorurteil, dass wir alle schlecht[e Lehrer] sind, entsteht wegen dieser Kollegen. Ich will niemanden angreifen, jeder will eine Arbeit finden, zumindest ‚für eine Scheibe Brot', aber wenn du dich auf eine Profession, auf einen Beruf einlässt, dann musst du professionell sein." [Übersetzung TA]

Olivera D. sieht eine Verbindung zwischen parteipolitischer Stellenvergabe und den negativen Vorurteilen in der Gesellschaft den Lehrpersonen gegenüber. Sie will aber niemanden verurteilen, denn ohne Arbeit bleibt man auch ohne „Brot"; sie versteht jeden, der eine Stelle an der Schule annimmt, trotz fehlender Qualifikationen und fehlender Freude am Beruf. Für Danica B. war diese Realität der Hauptgrund, das Schulsystem zu verlassen.

Es wurden Fächer eingeführt, die sich der Ökonomisierung verschreiben, und Schulbücher werden nach Marktprinzipien ausgesucht. Das neoliberale Gedankengut von GERM sprechen alle Lehrer:innen deutlich an.

> Biljana S.: „Es wurden Stunden angehäuft, unnötige Fächer eingeführt. Zum Beispiel das Fach ‚Innovation', die Sechstklässler sollen Firmen führen, Firmenideen entwickeln. Wie sollen Sechstklässler das machen, ein wirklich unnötiges Fach!" [Übersetzung TA]

Hier konkretisiert sich das neoliberale Bild von Humankapital und der Fokus von GERM auf Wettbewerbsfähigkeit im Sinne des Wirtschaftsliberalismus. Schon früh soll der Homo oeconomicus gefördert werden.

In Bezug auf die Schulbücher ist anzumerken, dass für den Fremdsprachenunterricht keine mazedonischen Schulbücher mehr verlegt werden. Schon bald nach der Wende wurden Lehrwerke aus dem Ausland übernommen, anstatt die in MK produzierten Schulbücher weiterzuentwickeln.

> Vera P.: „Früher konnten wir zwischen mehreren Lehrbüchern wählen. Aber seit letztem Schuljahr [2017/18] gibt es verpflichtende Schulbücher für das Fach Deutsch, verpflichtende Schulbücher ohne Wahlmöglichkeiten." (Übersetzung TA)

Für Olivera D. ist dabei klar, dass es sich um eine kapitalistisch motivierte Entscheidung handelt, d. h. es geht um den Gewinn und Profit, den manche Akteure daraus ziehen können.

> Olivera D.: „In ganz Mazedonien verwenden wir dieselben Schulbücher. Wir sind ein kleines Land, und die [Politik] will einige Dinge auslöschen, im Sinne eines gesteigerten Profits. Wir sind ein kleiner Markt hier, und es gibt zwei [Schulbuch-]Verlage, deren Interessen konkurrieren. […] Qualität ist nicht wichtig, nur der Gewinn durch die Schulbücher." (Übersetzung TA)

Die Entwicklung verlief in Richtung auf flächendeckenden Zwang. Zunächst gab es eine freie Wahl der Lehrbücher durch die Schule oder die Lehrperson, wie beispielsweise Petra P. berichtet. Danach wurden Schulbücher auf der Ebene des Schulsprengels bestimmt, und heute wird über alle Lehrbücher für das Land vom Ministerium entschieden; Zusatzmaterialien dürfen nicht genutzt werden.

Trotz gegenteiliger Gesetze ist Korruption in MK gang und gäbe, nicht nur bei der Stellenvergabe im Bildungswesen. Auch dies ist eine nicht-intendierte Nebenwirkung in der „Schattenwelt" von GERM.

> Daniel P.[17]: „Denken Sie sich bitte folgende Situation, der Professor [an der Universität] in Biologie für das 1. Semester. Ich hatte ja glücklicherweise eine landwirtschaftliche Oberstufe besucht, deswegen wusste ich, was Phytologie, Biologie, Umweltschutz, Systematik ist, das kannte ich alles, ich weiß sehr viel über Pflanzen. Jetzt sagt der Professor zu mir: ‚Sie, Hr. Kollege, Sie müssen mein Buch kaufen, damit Sie die Prüfung ablegen dürfen.' Ich frage ihn: ‚Wieviel kostet denn Ihr Buch?' Sagen wir, das Buch kostet ungefähr 55 Euro[18]. […] Ich sage zu ihm: ‚Kein Problem, Herr Professor, ich kaufe das Buch. Meine Frau ist auch für das Studium an dieser Universität eingeschrieben. Können wir das Buch gemeinsam nutzen? Weil wir ja Ehepartner sind.' Er antwortet mir so: ‚Oh nein, Kollege, sie muss sich das Buch selbst kaufen.' […] Und nun, denken Sie mal, was ist die Schlussfolgerung daraus? Dass diese Leute die Universität in eine Gelddruckmaschine verwandelt haben." (Übersetzung TA)

Für Daniel P. zeigt sich der Warencharakter von Bildung darin, da es dem Lehrenden an der Universität nicht um das Wissen an sich geht, sondern darum, dass alle sein Lehrbuch kaufen und er somit zusätzlich Geld verdient. Daniel P. darf das Buch nicht gemeinsam mit seiner Frau nutzen. Die Formulierung „damit Sie die Prüfung ablegen dürfen" zeigt, dass der Lehrende den Buchkauf als

---

17 Daniel P. musste nach der Wende von 1999–2003 das gesamte Lehramtsstudium nachstudieren, also Fachwissenschaft, Pädagogik, Didaktik und Methodik.
18 Hierbei ist anzumerken, dass das Lehrkräftegehalt in der damaligen Zeit ungefähr 300 Euro betrug.

Zugangshürde zur Semesterprüfung nutzt, als Druckmittel gegenüber den Studierenden[19].

4 Vergleichende Diskussion

Infolge einer wirtschaftsliberalen GERM-Politik nimmt es nicht Wunder, dass die Leitungsebene mehr Macht erhält. So geht SWE zwar davon aus, dass sich Arbeitgebende und Arbeitnehmende in den Verhandlungen auf gleicher Augenhöhe befinden, doch dies bestätigt sich in dem vorliegenden Beitrag nicht. Die Interviews zeigen deutlich die Principal-Agent-Problematik. Die „Agenten", die Lehrer:innen, handeln nicht wie von der Leitungsebene gewünscht. In beiden Ländern erleben die Lehrpersonen eine verringerte Autonomie, einen verstärkten Fokus auf Administration und verstärkte *Accountability* und Kontrolle. Ähnlich besteht in beiden Ländern ein Vorrang rechtlicher Steuerung vor Pädagogik, also insgesamt eine verstärkte Deprofessionalisierung. Um unerwünschte Effekte im Schulsystem zu verringern, versuchen beide Länder mit nachträglich formulierten Gesetzen nicht-intendierte GERM-Nebenwirkungen zu verringern. So soll die gesellschaftliche Abwertung des Berufs in SWE durch *förstelärare*, also Karrieremöglichkeiten, und durch die Lehrerlegitimation abgewendet werden. Systemimmanente Korruption findet sich in beiden Ländern, in SWE im weiteren Sinne als „Erosion des Vertrauens". In MK hingegen erleben Lehrer:innen häufig Korruption im engsten Sinne und daneben eine alltägliche Vertrauenserosion.

Neoliberale Entwicklungen greifen in einem Bürokratiesystem weniger stark, GERM-Effekte führen dort zu einer Hybridisierung des Bildungssystems. Naheliegenderweise fallen diese Veränderungen in einem Effizienzsystem wie SWE stärker aus. Doch auch in MK wächst der Markt an Privatschulen und Privatuniversitäten, es gibt eine Akademisierungstendenz und standardisierte Leistungsmessung. Im Gegensatz zu den Lehrer:innen in SWE benennen die Interviewpersonen in MK die wirtschaftsliberalen Entwicklungen, besonders das Ziel der Gewinnmaximierung auf den verschiedenen Ebenen des Bildungswesens explizit.

Für alle Interviewten ist in beiden Ländern klar, dass die Leitungsebene auf Sanktionen und Gratifikationen zurückgreift, um die Lehrer:innen zu beeinflussen. In SWE dienen FL und Gehaltsverhandlungen sowohl als Druckmittel als auch als Belohnungssystem. Dabei geraten die pädagogischen Aspekte ins

---

19 Zum Hintergrund: Daniel P. und seine Frau, aber auch viele andere Lehrpersonen damals und heute, studieren als außerordentliche Studierende. Sie arbeiten meist neben dem Studium, lernen für sich allein und gehen in erster Linie für das Ablegen von Prüfungen an die Universität. Sie müssen Semestergebühren an die Universität bezahlen und eine Prüfungsgebühr für jeden Prüfungsantritt. Daniel P. sagt aus, dass er für dieses zweite Studium ca. 20 000 Euro aufwenden musste, was ihm nur möglich war, weil seine Familie ihn finanziell unterstützen konnte.

Hintertreffen, obschon sie in den Gesetzen festgeschrieben sind. Die Lehrer:innen sehen, dass nicht-professionelle Aspekte viel stärker ins Gewicht fallen als pädagogisch-didaktische Kompetenzen. Welche Kompetenzen für eine FL-Stelle vorzuweisen sind, bleibt intransparent. Radtkes Aussage über die „strukturelle Unterfinanzierung des gesamten Bildungssektors" (2019, S. 306) wird genau so von den Lehrpersonen erlebt.

Neben einer Gehaltserhöhung gibt es andere Möglichkeiten, passendes Verhalten zu belohnen. In MK wird die Stellenbesetzung als eine solche „Belohnung" verstanden, die zumeist nicht transparent erfolgt, desgleichen die Übernahme in einen unbefristeten Vertrag. Eine Möglichkeit, Lehrpersonen zu bestrafen, ist, sie zu entlassen, wenn sie der Leitungsebene nicht passen. Ebenso wie in SWE ist dabei nicht das pädagogische Können ausschlaggebend, sondern Aspekte wie Beziehungen, Parteizugehörigkeit, Bestechlichkeit (vgl. Atanasoska 2022), was den Ruf aller Lehrpersonen in Misskredit bringt. Trotz der vielen Deprofessionalisierungstendenzen, des Drucks und des Misstrauens von Seiten der Bildungspolitik versuchen die Interviewpartner:innen in MK, den Unterricht weiterhin im besten Sinne für ihre Schüler:innen zu führen.

Dasselbe GERM-Ziel wird in Schweden und in Nordmazedonien nicht mit denselben Maßnahmen angestrebt. Standardisierung, wie sie von GERM unterstützt wird, führt in SWE zu einem kompetenzorientierten Lehrplan, zu Schulautonomie, ausgedehnter Konkurrenz zwischen den Schulen und mehr Accountability für die einzelne Lehrperson wie für die Einzelschule. In Nordmazedonien werden zwar standardisierte Überprüfungen wie in Schweden angewandt, doch als Bürokratiesystem wählt die Bildungspolitik dort den Weg, detaillierte Kontrolle bis hin zur Mikroplanung des Unterrichts zu verlangen, aber ebenfalls mit mehr Accountability auf Seiten der Lehrer:innen. Auch wenn es in beiden Ländern ein System an Gratifikationen und Sanktionen gibt, werden in Nordmazedonien extensiv finanzielle Strafen angedroht (und teilweise exekutiert). Zu strafen ist die leichteste Möglichkeit für den Staat, die Lehrer:innen der geltenden Top-Down-Bildungspolitik zu unterwerfen, und dadurch erhält die Staatskasse sogar zusätzliche Einnahmen. In Schweden ist es der Wettbewerb auf dem Schulmarkt, der indirekt Druck auf Lehrpersonen ausübt, sodass sie sich den Veränderungen anpassen.

Literatur

Altrichter, Herbert (2019): The emergence of evidence-based governance models in the state-based education systems of Austria and Germany. In: Allan, Julie/Harwood, Valerie/Jørgensen, Clara Rübner (Hrsg.): World Yearbook of Education 2020. London: Routledge, S. 72–96.

Atanasoska, Tatjana (2019): Deutsch in der Sekundarstufe. Das Beispiel „Eksterno Testirajne" in Mazedonien (FYROM). In: Middeke, Annegret/Sava, Doris/Tichy, Ellen (Hrsg.): Germanistische Diskurs- und Praxisfelder in Mittelosteuropa. Berufssprache Deutsch in Theorie und Praxis, Vol. 3. Berlin: Peter Lang, S. 97–110.

Atanasoska, Tatjana (2020): DaF-LehrerIn werden in Europa. Ein Vergleich zwischen Schweden und Nordmazedonien. In: Zeitschrift für Interkulturellen Fremdsprachenunterricht 25, H. 1, S. 725–755.

Atanasoska, Tatjana (2022): LehrerIn sein in Jugoslawien und danach: Das Beispiel Nordmazedonien. In: Göttlicher, Wilfried/Janík, Tomáš (Hrsg.): Politische Zäsur und Wandel des Schulsystems. Drei Dekaden nach dem Fall des Eisernen Vorhangs: Bilanzen und Perspektiven. (In Vorbereitung)

Bellmann, Johannes/Duzevic, Doris/Schweizer, Sebastian/Thiel, Corrie (2016): Nebenfolgen Neuer Steuerung und die Rekonstruktion ihrer Genese. Differente Orientierungsmuster schulischer Akteure im Umgang mit neuen Steuerungsinstrumenten. In: Zeitschrift für Pädagogik 62, H. 3, S. 381–402.

Bellmann, Johannes/Weiß, Manfred (2009): Risiken und Nebenwirkungen Neuer Steuerung im Schulsystem. Theoretische Konzeptualisierung und Erklärungsmodelle. In: Zeitschrift für Pädagogik 55, H. 2, S. 286–308.

Biesta, Gert/Priestley, Mark/Robinson, Sarah (2015): The role of beliefs in teacher agency. In: Teachers and Teaching. Theory and Practice 21, H. 6, S. 624–640.

Cochran-Smith, Marilyn (2015). Att bevara komplexiteten i läraryrket: policy, forskning och praxis. In: Venue 4, H. 2, S. 1–7.

Colnerud, Gunnel/Granström, Kjell (2015): Respekt för lärarprofessionen: om lärares yrkesspråk och yrkesetik. Stockholm: Liber.

Dir. 2016:76 (2016): Bättre skola genom mer attraktiva skolprofessioner. Utbildningsdepartementet. www.regeringen.se/rattsliga-dokument/kommittedirektiv/2016/09/dir.-201676/ (Abfrage 03.03.2022).

Dovemark, Marianne/Lundström, Ulf (2017): Tema: Skolan och marknaden. In: Utbildning och Demokrati 26, H. 1, S. 5–18.

Forsberg, Håkan (2015): Kampen om eleverna: gymnasiefältet och skolmarknadens framväxt i Stockholm, 1987–2011. (Dissertation) Uppsala: Uppsala universitet.

Fredriksson, Anders (2009): On the Consequences of the Marketisation of Public Education in Sweden: for-profit charter schools and the emergence of the "market-oriented teacher". In: European Educational Research Journal 8, H. 2, S. 299–310.

Johnson, Burke/Christensen, Larry (2012): Educational research: quantitative, qualitative, and mixed approaches. Thousand Oaks: SAGE.

Kelle, Udo/Kluge, Susan (2010): Fallvergleich und Fallkontrastierung in der qualitativen Sozialforschung. Qualitative Sozialforschung 15. Wiesbaden: VS.

Lohmann, Ingrid (2014): Bildung am Ende der Moderne. Beiträge zur Kritik der Privatisierung des Bildungswesens. Universität Hamburg. DIPF/Pedocs, urn:nbn:de:0111-opus-94767.

Mayring, Philipp/Fenzl, Thomas (2014): Qualitative Inhaltsanalyse. In: Baur, Nina/Blasius, Jörg (Hrsg.): Handbuch Methoden der empirischen Sozialforschung. Wiesbaden: Springer VS, S. 633–648.

Milner, Alison (2018): Bridging the Divide: Examining Professional Unity and the Extended Teacher Union Role in Sweden. In: Educational Policy 32, H. 2, S. 189–210.

Parreira do Amaral, Marcelo (2015): Methodologie und Methode in der International Vergleichenden Erziehungswissenschaft. In: ders./Amos, S. Karin (Hrsg.): Internationale und vergleichende Erziehungswissenschaft: Geschichte, Theorie, Methode und Forschungsfelder. Münster: Waxmann, S. 107–130.

Radtke, Frank-Olaf (2019): Erziehungsdienstleister und ihre Kunden. In: Exklusive Bildung und neue Ungleichheit. Ergebnisse der DFG-Forschergruppe Mechanismen der Elitebildung im deutschen Bildungssystem. Weinheim: Beltz Juventa, S. 299–315.

Sahlberg, Pasi (2014): Finnish Lessons 2.0: What Can the World Learn from Educational Change in Finland? Columbia University: Teachers College Press.

Salgo, Ludwig (2021): (Wozu) Brauchen Pädagog*innen Rechtskenntnisse? Ein Zwischenruf. In: Erziehungswissenschaft 32, H. 62, S. 47–63.

Schmid, Kurt/Hafner, Helmut/Pirolt, Richard (2007): Reform von Schulgovernance-Systemen. Vergleichende Analyse der Reformprozesse in Österreich und bei einigen PISA-Teilnehmerländern. ibw Forschungsbericht. Wien: Institut für Bildungsforschung der Wirtschaft.

Skolverket (2020): Krav för att få sätta betyg. Skolverket. Online www.skolverket.se/regler-och-ansvar/lararlegitimation-och-forskollararlegitimation/ (Abfrage: 18.12.2021).

Skolverket (o. J.): Lärarlegitimation och förskollärarlegitimation. Online www.skolverket.se/regler-och-ansvar/lararlegitimation-och-forskollararlegitimation (Abfrage: 03.05.2019).

Stenlås, Niklas (2009): En kår i kläm: Läraryrket mellan professionella ideal och statliga reformideologier. Rapport till Expertgruppen för studier i offentlig ekonomi 2009(6). Regeringskansliet/Finansdepartementet. www.eso.expertgrupp.se/rapporter/20096-en-kar-i-klam-lararyrket-mellan-professionella-ideal-och-statliga-reformerideologier/ (Abfrage: 12.03.2022).

Ydesen, Christian/Andreasen, Karen E. (2020): Historical Roots of the Global Testing Culture in Education. In: Nordic Studies in Education 40, H. 2, S. 149–166.

Zwischen Integration und Ausschluss
Zur Ambivalenz des Bildungsbegriffs in historischen Demokratietheorien

Annika D'Avis und David Salomon

Zusammenfassung: Liest man in klassischen demokratietheoretischen Konzeptionen des 19. Jahrhunderts, etwa denen von John Stuart Mill oder Julius Fröbel, so wird man auf eine eigenartige Ambivalenz des Bildungsbegriffs stoßen. „Bildung", formuliert als Anspruch und Ziel, changiert zwischen Integrations- und Ermöglichungssemantik. Dort, wo ihr Vorhandensein negiert wird, dient dies oftmals der Legitimation von Abwertung und Ausschluss aus dem politischen Prozess. In zeitdiagnostischen Beiträgen zur Krise der Demokratie kehren diese Diskurse wieder.

Abstract: If you read the classic 19th century concepts of democracy theory, e. g. those of John Stuart Mill or Julius Fröbel, you will come across a peculiar ambivalence in the concept of education. "Education", formulated as a claim and goal, oscillates between the semantics of "integration" and "enabling". Where its existence is denied, this often serves to legitimize devaluation and exclusion from the political process. Corresponding discourses recur in contemporary diagnostic contributions to the crisis of democracy.

Keywords: Bildung, Erziehung, Demokratie, Liberalismus, 19. Jahrhundert, Massen

1 Einleitung

Oskar Negt beginnt sein Opus Magnum „Der politische Mensch" mit einem gleichermaßen bildungs- wie demokratietheoretischen Argument: „Demokratie ist die einzige politische Gesellschaftsordnung, die gelernt werden muss – immer wieder, tagtäglich und bis ins hohe Alter hinein." (Negt 2016, S. 13) Schon deshalb, weil „kein Mensch als politisches Lebewesen geboren" werde, sei „politische Bildung eine Existenzvoraussetzung jeder friedensfähigen Gesellschaft" (ebd.). Dabei konzipiert Negt Demokratie und Bildung nicht statisch, sondern prozessual. Der Demokratiebegriff wird nicht darauf reduziert, ein politisches und gesellschaftliches System zu bezeichnen, dessen Werte politische Bildung

„zu vermitteln" habe[1]. Bildungs- und Lernprozesse drücken vielmehr ein Welt-verhältnis aus, das – vermittelt durch Krisen und Umbrüche – nach Wegen der Verarbeitung von Vergangenem, der Bewährung in der Gegenwart und der Ver-änderung des Bestehenden im Horizont einer besseren Zukunft (Utopie[2]) sucht. Die These, eine Demokratie, noch dazu eine liberal verengte, sei als politische Ordnung einer nachgeschichtlichen Zeit zu fixieren, ist mit diesem Ansatz nicht zu vereinbaren. Negt betont im Gegenteil die Unabgeschlossenheit des histori-schen Prozesses und die Notwendigkeit, gerade in bildungs- und demokratie-theoretischer Hinsicht immer wieder auf „die Geschichte" zurückzukommen: „Den geschichtlichen Horizont, vor dem an Interessenverstrickungen und Zu-spitzungen oder an leerlaufender Betriebsamkeit Gegenwartsverhalten präzisiert werden kann, möglichst weit zu öffnen, vermindert die Gefahren einseitiger und verengter Wirklichkeitsgläubigkeit." (Ebd., S. 25)

Diese Verhältnisbestimmung von Demokratie und Bildung als Einheit in einem fortgesetzten und fortzusetzenden historischen Lern- und Demokratisie-rungsprozess folgt einem kritischen Theorieprogramm. Die Reflexion der Histo-rizität akzentuiert die Veränderbarkeit des Bestehenden und erfüllt die Funktion einer Irritation. Vergleichbar mit Bertolt Brechts Verfremdungseffekt, hilft der Distanzgewinn hilft, einen aktuellen Gegenstand konkreter zu bestimmen und im scheinbar nur Tagesaktuellen die Wirkmächtigkeit von überkommenen Struktu-ren, Ideologemen und Deutungsmustern zu erkennen (vgl. Salomon 2016). Ge-rade die ideengeschichtliche Beschäftigung mit zunächst „bloß historisch" anmu-tenden Theorien erweist sich so als von Bedeutung für ein besseres Verständnis aktueller Debatten und Diskurse: Vergangenes wird auf je spezifische Weise für zeitgenössische Lernprozesse relevant. Auch in diesem Sinn ist die Geschichte nicht zu Ende, sondern muss im Licht gegenwärtiger Krisen und Umbrüche im-mer wieder neu geschrieben werden[3].

Wenn wir im Folgenden weit ausholen und zwei Ansätze aus dem 19. Jahr-hundert rekonstruieren, so geschieht dies also nicht ausschließlich, um eine ideengeschichtliche Forschungslücke zu verkleinern, sondern auch vor dem Hintergrund verstärkt geführter zeitdiagnostischer Diskussionen um eine Kri-se der Demokratie. Traditionelle liberale Theorien demokratischer Lernprozesse

---

1   „*Politische Bildung* kann nicht gelingen, wenn die Systemfrage ausgeklammert bleibt. Wo leben wir? Was sind die bestimmenden Macht- und Herrschaftsverhältnisse? Wenn diese Fragen als modernisierungsschädlich ausgegrenzt werden, ist politische Bildung lediglich Verdopplung der Realität." (Negt 2016, S. 25)

2   Der Utopie-Begriff ist für Negt nicht zufällig ein zentraler Bezugspunkt. Vgl. hierzu ins-besondere den Schlusssatz von „Der politische Mensch": „Nur noch die Utopien sind rea-listisch" (Negt 2016, S. 587).

3   Dieser Gedanke ist freilich selbst alles andere als neu. Klassische Fassungen dieses Ge-schichtsverhältnisses finden sich – wenn auch unterschiedlich akzentuiert – etwa bei Nietz-sche, Marx, Benjamin und Sartre.

unterscheiden sich wesentlich vom Ansatz Negts, der unter Rekurs auf John Dewey dezidiert von einem Zusammenhang von selbstorganisierter Krisenbewältigung und der herrschaftskritischen Erweiterung kollektiver und individueller Handlungsräume ausgeht. Demgegenüber stellen liberale Theorien die Frage nach Bildung, Erziehung und Demokratie klassischerweise aus einer Perspektive, die wir als „Blick nach unten" bezeichnen[4]: Zwar wird auch hier Bildung als Voraussetzung für das Funktionieren demokratischer Ordnungen begriffen. Im Horizont eines seit den Klassikern der Vertragstheorie ausformulierten besitzindividualistischen Denkens (vgl. Macpherson 1973) erscheinen jedoch die Habenichtse, die im Kontext der sozialen, politischen und industriellen Revolutionen im Übergang vom 18. ins 19. Jahrhunderte zunehmend in die politische Öffentlichkeit drängen, als eine Bedrohung geordneter politischer Verhältnisse. Wie – so die Ausgangsfrage – lassen sich soziale Unterklassen in die bürgerliche Gesellschaft integrieren? Welche Partizipationsmöglichkeiten soll man ihnen eröffnen? An welche Bedingungen sollen politische Beteiligungsrechte geknüpft werden? Lässt sich der Demokratisierungsprozess (wenn er schon nicht verhindert werden kann) wenigstens so gestalten, dass er mit den (eben erst errungenen) Freiheiten des Bürgertums vereinbar ist?

„Geht es nicht mehr um die Frage, ob wir in Frankreich das Königtum oder die Republik haben werden", schreibt Alexis de Tocqueville im Vorwort zur 1848 erschienenen 12. Ausgabe seiner umfangreichen Abhandlung „Über die Demokratie in Amerika",

> „so müssen wir noch lernen, ob uns eine unruhige oder eine ruhige Republik beschieden sein wird, eine Republik, die geordnet oder ungeordnet, friedlich oder kriegerisch, freiheitlich oder unterdrückend sein wird, eine, die die geheiligten Rechte des Eigentums und der Familie bedroht oder sie achtet und befestigt. […] Je nachdem ob wir die demokratische Freiheit oder die demokratische Tyrannei bekommen, wird die Welt ein anderes Schicksal erfahren, und man kann sagen, daß es heute von uns abhängt, ob die Republik schließlich überall errichtet oder überall vernichtet wird." (Tocqueville 1976, S. 3 f.)

Unordnung, „demokratische Tyrannei", Bürgerkrieg, Zerstörung von Eigentum, traditionellen Beziehungsgeflechten und staatlicher Ordnung, kurz: Sozialismus ist für Tocqueville das Menetekel eines sich verselbständigenden Modernisierungsprozesses (vgl. insbesondere Tocqueville 2006, S. 191 ff.). In seinem Werk lassen sich zahlreiche Stellen nachweisen, an denen er pädagogische und bildungstheoretische Argumente anführt, um die von ihm beobachtete

---

4   Der vorliegende Aufsatz entstand im Kontext des von der Gerda-Henkel-Stiftung geförderten Projekts „Der Blick nach unten. Soziale Konflikte in der Ideengeschichte der Demokratie" an der Technischen Universität Darmstadt (vgl. demokratiekonflikte.de).

Demokratisierungstendenz zu fassen. Schon 1836 heißt es in der Einleitung zu „Über die Demokratie in Amerika":

> „Die Demokratie belehren, wenn möglich ihren Glauben beleben, ihre Sitten läutern, ihre Bewegungen ordnen, nach und nach ihre Unerfahrenheit durch praktisches Wissen, die blinden Regungen durch die Kenntnis ihrer wahren Vorteile ersetzen; ihre Regierungsweise den Umständen der Zeit und des Ortes anpassen; sie je nach Verhältnissen und Menschen ändern: das ist die erste Pflicht, die heute den Lenkern der Gesellschaft auferlegt ist. Eine völlig neue Welt bedarf einer neuen politischen Wissenschaft." (Tocqueville 1976, S. 9)

Tocquevilles Amalgam aus Modernisierungsbejahung und -kritik, Demokratisierungsforderung und -skepsis formuliert das Paradigma, in dem sich die Demokratietheorie des Liberalismus seit dem 19. Jahrhundert bewegt. In seinem Kontext entwickelte sich auch eine spezifisch liberale Art und Weise, den Zusammenhang von Bildung und Demokratie zu denken. Diese liberale Perspektive auf Bildung und Demokratie mitsamt ihren Stolpersteinen erörtern wir nachfolgend exemplarisch an den Autoren John Stuart Mill und Julius Fröbel.

2 John Stuart Mill: Bildung als Zivilisationselement

Bei kaum einem Klassiker der liberaldemokratischen Tradition spielen bildungs- und erziehungstheoretische Fragestellungen eine so zentrale Rolle wie bei Mill. Das Bildungs- und Erziehungsmotiv durchzieht nicht nur seine Autobiographie (vgl. Mill 2013a), sondern steht auch im Zentrum eines Fortschrittsdenkens, das die Geschichte der Menschheit als einen fortlaufenden Zivilisationsprozess deutet. Zivilisation und Fortschritt sind für Mill undenkbar ohne eine allgemeine Vertiefung und Verbreiterung intellektueller Fähigkeiten: „Was Wissen und Intelligenz anbelangt, so ist es eine ganz augenfällige Erscheinung der Zeit, dass die Massen des Mittelstandes und selbst der Arbeiterklasse den höheren Klassen darin ganz nahe kommen." (Mill 2013b, S. 401)[5] Gerade in der Arbeiterklasse sei ein „Geist der Gemeinschaft" herangewachsen, der sich im expandierenden Pressewesen[6], den Arbeiterhilfevereinen und auch in den „etwas bedenkliche-

---

5 Tocqueville (1976, S. 11) betont: „[D]ie Bildung verbreitet sich, die geistigen Kräfte gleichen sich an". Mill stimmt mit Tocquevilles Diagnose wachsender Gleichheit als der treibenden Kraft eines nahezu objektiven Demokratisierungsprozess überein.

6 Explizit nennt Mill (2013b, S. 403) die Demokratie im Zivilisationsaufsatz auch „Herrschaft der öffentlichen Meinung", eine Charakterisierung, die Habermas in seiner Schrift „Strukturwandel der Öffentlichkeit" am Beispiel Mills und Tocquevilles als ambivalent herausgestellt hat. Dabei tritt neben das Prinzip der Willensbildung, das Buchstein und Seubert (2013, S. 298) als deliberativen Zug in Mills Theorie identifizieren, ein „Zwang zur

ren Gewerkschaften" institutionalisiere (ebd.). Mills Hinwendung zum Schicksal der arbeitenden Klassen und ihrer Rolle in der entstehenden bürgerlichen Öffentlichkeit folgt dabei dem klassisch-liberalen Topos einer „Erziehung durch Arbeit"[7]. Im historischen Übergang vom „rohen Zustand" zur Zivilisation habe sich insbesondere die Arbeitsteilung als „große Schule der Kooperation" erwiesen (ebd., S. 399) und damit eine der entscheidenden Grundlagen für den weiteren Fortschritt der Menschheit gelegt.

Ganz in der Tradition Tocquevilles erscheint auch bei Mill die Befürwortung der Demokratie als Einsicht in historische Notwendigkeit. Die Frage nach der Integration der Massen in die bürgerliche Ordnung fällt daher mit der Frage nach der demokratischen Transformation dieser Ordnung zusammen. Den traditionellen antidemokratischen Einwand des klassischen Konservatismus, Demokratie sei unmöglich, weil sie ein gänzlich unrealistisches Menschenbild voraussetze, lässt Mill nicht gelten:

„Im Hinblick auf den Fortschritt der Demokratie gibt es für einen vernünftigen Menschen eine zweifache Möglichkeit der Stellungnahme, je nachdem er die Massen für reif oder nicht reif genug erachtet, um die erstrebte Gewalt über ihr Schicksal in einer Weise auszuüben, die eine Verbesserung gegenüber der bisher existierenden bedeutet. Wenn er sie für reif hält, wird er die demokratische Bewegung unterstützen […]. Wenn er dagegen die Massen für zu unreif hält, um die Kontrolle über ihre Regierung auszuüben […], so wird er seine Kräfte aufs äußerste anstrengen, um zu ihrer Reife beizutragen, indem er auf der einen Seite alle Mittel anwendet, um die Massen selbst klüger und besser zu machen, auf der anderen Seite alles daransetzt, um die schlummernde Energie der wohlhabenden und gebildeten Stände aufzurütteln, ihre Jugend zu erfüllen mit dem tiefsten und wertvollsten Wissen, alles, was an menschlicher Größe im Lande besteht oder erweckt werden kann, aufzurufen, damit eine Macht geschaffen werde, die teilweise die bloße Macht der Masse aufwiegen und einen heilsamen Einfluss auf diese zu ihrem eigenen Besten ausüben kann." (Ebd., S. 404)

Mill formuliert hier eine liberale Matrix von Demokratie und Bildung, die die Forderung nach einer Hebung der Volksbildung damit verbindet, den Einfluss der „Unreifen" begrenzen zu können. Dass Mill unter dem Eindruck der Lektüre Tocquevilles[8] seine zunächst radikalen demokratischen Positionen hin zu einem gemäßigteren Modell liberaler Repräsentativregierung verschob, wird

---

Konformität" (Habermas 1990, S. 214), der umso problematischer sei, da die „Herrschaft der öffentlichen Meinung" zugleich „als Herrschaft der Vielen und der Mittelmäßigkeit" erscheine (ebd., S. 213).

7 Vgl. zu diesem Motiv den Beitrag von Susanne Spieker (2022) zu John Locke.

8 Dass Mill Tocquevilles Amerikabände unmittelbar nach ihrem Erscheinen rezipierte, ist durch zwei ausführliche Rezensionen aus den Jahren 1835 und 1840 belegt (vgl. Mill 2013d; Mill 2013e).

in der Forschungsliteratur verschiedentlich hervorgehoben (vgl. Sullivan 2020, S. 105). Dieser demokratietheoretischen entspricht auch eine bildungstheoretische Akzentverschiebung. Mill bewegt sich innerhalb seiner eigenen Matrix von einer optimistischen zu einer pessimistischen Einschätzung des Reifegrades der Arbeiterklasse – mit weitreichenden Konsequenzen für die von ihm angestrebte Demokratie.

„In ihrer Funktion als Instrument der Erziehung müssen politische Institutionen, je nach dem Stand des bereits erreichten Fortschritts, radikal verschieden sein", schreibt Mill (2013c, S. 37). Im Zivilisationsprozess sei Demokratie erst ab einer gewissen Reife eine angemessene Regierungsform. Diese Maxime dient Mill nicht nur zur Rechtfertigung kolonialer Bevormundung und Unterdrückung. Auch die arbeitenden Massen können ihm zufolge erst durch erzieherische Einwirkung demokratiefähig werden. Das Ausmaß der diesen Massen eingeräumten Beteiligungsrechte müsse sich daher an ihrem Reifegrad orientieren. So formuliert Mill in seinem späten demokratietheoretischen Hauptwerk, den „Betrachtungen über die Repräsentativregierung", eine Reihe von Vorschlägen zur Beschränkung des Wahlrechts, um den Einfluss „unreifer" Massen gering zu halten: Ganz oder temporär von Wahlen ausgeschlossen werden soll jeder, „der nicht lesen und schreiben kann und ich würde noch hinzufügen, die Grundrechenarten nicht beherrscht" (ebd., S. 141). Dem Ausschluss entspricht das Privileg in Form eines „meritokratischen Pluralstimmrechts" (Buchstein/Seubert 2013, S. 311), das die Zahl von Stimmen, die ein Wähler (oder eine Wählerin) abgeben kann, an zuvor erworbene Bildungszertifikate knüpft (Mill 2013c, S. 149).

Dergestalt beweglich kann Mill in vielerlei Hinsicht über den in seinen Idealen konservativ gebliebenen Tocqueville hinausgehen. Zu erwähnen ist hier die für das viktorianische England unübliche Position Mills und seiner Gefährtin Harriet Taylor zur Gleichstellung der Geschlechter wie auch sein unbedingtes Eintreten für öffentliche und säkulare Bildungseinrichtungen[9]. Mills Urteil über die französische Februarrevolution und das von Louis Blanc vertretene „Recht auf Arbeit"[10] fällt gänzlich anders aus als der Bannfluch Tocquevilles[11], und anders als dieser zeigt sich Mill auch der Arbeiterbewegung gegenüber aufgeschlossen; er plädiert sogar dafür, streikende Arbeiter ernst zu nehmen, statt sich blindlings auf die Seite „der Arbeitgeber" zu schlagen (vgl. ebd., S. 53). Selbst genossenschaftlich-frühsozialistischen Programmen gegenüber bleibt er offen, solange es

---

9   „Von der Öffentlichkeit gewährte Bildung muss Bildung für alle sein, und um Bildung für alle zu sein, muss sie rein säkulare Bildung sein." (Mill 2013f, S. 237)

10   Zu erwähnen ist jedoch, dass Mill im seinerzeit vieldiskutierten „Recht auf Arbeit" lediglich die Wiederkehr eines Gesetzes erblickt, das im elisabethanischen England bereits einmal realisiert worden sei: „Das *droit au travail* ist nämlich das Armengesetz Elisabeths und gar nichts weiter." (Mill 2013g, S. 156)

11   Vgl. hierzu insbesondere Tocquevilles Erinnerungen an die 48er Revolution (vgl. Tocqueville 1954).

um ferne Zukunftsperspektiven und erzieherisch wertvolle Experimente in der Gegenwart geht, und schließt keineswegs aus, „dass der Kommunismus gegenwärtig bereits bei der Elite der Menschheit durchführbar ist und es mit der Zeit auch allgemein werden kann." (Mill 2013c, S. 52) All diese Überlegungen, Zugeständnisse und Gedankenspiele stehen bei Mill allerdings immer unter dem erwähnten Bildungsvorbehalt. Dabei bleibt es stets Sache der „Gebildeten und Wohlhabenden", die Kriterien festzulegen, mit denen sich der Reifegrad der Massen messen lässt. Daher wurde dieser bildungstheoretische Ansatz zu Recht als „intellectual paternalism of J. S. Mill himself and his own educated middle class" (West 1965, S. 142) bezeichnet.

3 Julius Fröbel: Volkserziehung zwischen Inklusionsoptimismus und Mehrheitspessimismus

Auch Julius Fröbel[12], einer der einflussreichsten Denker des Vormärz, blickt als Volkspädagoge mit einem optimistischen und einem pessimistischen Auge auf Demokratie. Der Bildung kommt auch bei ihm eine entscheidende Inklusionsfunktion zu[13]. Wie bei Mill begründet sie jedoch nicht nur die Befähigung zu politischer Partizipation, sondern auch den Ausschluss davon. Um das demokratische Mehrheitsprinzip, das zusammen mit dem allgemeinen Wahlrecht eine der Kernforderungen der 1848er war, realisieren zu können, braucht es für Fröbel vor allem Bildung, Erziehung und Disziplin[14], und über über diese Tugenden verfügt für ihn die Mehrheit nicht (vgl. Fröbel 1847b, S. 118 f.). Daher schränkt er das zentrale Gleichheitspostulat der 1848er Revolution aus Sorge vor einer Mehrheitstyrannei der unteren Klassen und deren zivilisationshemmenden Potentialen ein. Wie viele andere bürgerliche Liberale seit Tocqueville fürchtet auch Fröbel absolute Gleichheit als Konformitätstreiberin und Vorstufe zur Massen- bzw. Pöbelherrschaft[15]. Unter dem Primat des Individualismus sind ihm diffuse, ungebildete Kollektive ein Graus: „Es gibt freilich eine Tyrannei, ja es gibt eine Brutalität der Majoritäten, welche gefährlicher sein mag als die eines einzelnen

---

12 Für eine nähere Betrachtung von Fröbels Biographie vgl. Mommsen 1956 und Koch 2002.

13 Pädagogische Einflüsse erhielt Fröbel vor allem durch seinen Onkel, Friedrich Fröbel, seine Tätigkeit als Lehrer sowie seine enge Beziehung zu Alexander von Humboldt (vgl. Mommsen 1956, S. 499; Schneider 2016, S. 87).

14 Dieser Ansatz war ebenfalls innerhalb der radikalen Oppositionsparteien vertreten, vgl. Blättler 1995, S. 93.

15 „Freilich haben wir in Europa das demokratische Streben sich soweit verirren sehen daß es, statt die unteren Bestandtheile der Gesellschaft der Gleichheit auf dem höheren Niveau zuzuführen, diese Gleichheit auf dem untersten Niveau hat erzwingen wollen." (Fröbel 1857, S. 175 f.)

Despoten; dies beweist aber nur daß nicht nur Prinzen sondern alle Glieder des Volkes durch Erziehung von eigner Brutalität befreit werden müssen." (Ebd., S. 104)

Gegen den tyrannischen und konformistischen Gleichheitsdrang der Massendemokratie gibt Fröbel Bildung als Allzweckwaffe aus. Es gilt zu verhindern, dass es zu einer Herrschaft der Masse über das sittlich autonome Individuum komme. Daher tendiert Fröbels Demokratiekonzeption trotz aller radikalen Impulse zu einer autoritär-paternalistischen Integrationspolitik und verfällt in späteren Schriften in einen vehementen Pessimismus, der den Mills deutlich übersteigt.

Fröbel kämpft mit einer theorieimmanenten Ambivalenz: Er will die Demokratie[16], aber Demokratie beinhaltet auf Basis von Volkssouveränität und individuellem Interessenpluralismus auch das Mehrheitsprinzip, und Mehrheitsentscheidungen können bei politischer Gleichstellung aller, auch der Angehörigen unterer Klassen, einem stark plebiszitären Einfluss unterliegen (vgl. Fröbel 1848, S. 8 f.; Blättler 1995, S. 118 f.). Dagegen zieht Fröbel mit Bildung zu Felde, denn die „Entscheidung durch das Stimmenmehr ist bei der Rohheit der Massen unerträglich", die „Herrschaft der Majoritäten" ist „nur über einem gewissen Niveau der allgemeinen Bildung dauernd möglich" (Fröbel 1847b, S. 106 f.). Zur Sicherheit, dass die Mehrheit keine irrationalen Entscheidungen trifft, stellt Fröbel seiner direktdemokratischen Institution der Urversammlung, welche als Deliberationsort dienen soll, einen kontrollierenden Senat an die Seite. Dieser soll nicht gewählt werden, sondern aus „den bedeutenden Intelligenzen des Volkes" bestehen, sodass bei wichtigen Fragen des Gemeinwesens die „Rechten" gehört werden (Fröbel 1847b, S. 130 f.), denn die intellektuellen und sittlichen Voraussetzungen für einen aktiven Bürgerschaftsstatus in Mehrheitsentscheidungen erfüllen für ihn bei Weitem nicht alle.

Politische Freiheit und Beteiligungsrechte knüpft Fröbel an Selbständigkeit und Besitz: Erst Eigentum[17] und Bildung befähigen Menschen zu aktiven Staatsbürgern (Fröbel 1861, S. 85–87). An diesen Markern entscheidet sich demnach, wer teilnehmen darf, wer Teil des „vollberechtigten Volkes" ist (Fröbel 1848,

---

16 Prinzipiell rückt Fröbel nach dem Ende der 48er Revolution von seinen anfänglichen Ideen ab und verwirft den Gedanken einer Revolution als idealistische Utopie und nicht-kulturzweckmäßig. Eine „Ultrademokratie", wie er später direktdemokratische Systeme nennt, lehnt er schließlich ganz ab und verwirft damit seine anfänglichen radikaleren innenpolitischen Vorstellungen (vgl. Mommsen 1956, S. 505 f. und 529).

17 „Alle Menschen zu Besitzern werthvoller geistiger und materieller Güter zu machen, heißt alle Menschen achtbar machen, heißt alle Menschen zu politischer Bedeutung erheben. Vom Güterbesitz hängt die Verwirklichung der Forderung der Sittlichkeit und Freiheit ab. Erziehung und Oekonomie, als die beiden Quellen des Güterbesitzes, sind also auch die beiden Quellen der reellen Freiheit." (Fröbel 1847b, S. 349) Vgl. hierzu Blättler 1995, S. 100; Mommsen 1956, S. 505.

S. 5) – und wer ausgeschlossen bleibt. Dass ungebildete Unmündige „nicht an den Rechten der Souveränität Antheil haben können, versteht sich von selbst." (Fröbel 1847b, S. 118 f.)

> „Der Narr, der Verbrecher, der Taugenichts, der Wilde, sollen nicht frei sein, – der Vernünftige und der Unvernünftige, der Mann von Geist und Bildung und der Dumme und Rohe, sollen nicht die gleiche gesellschaftliche Stellung haben, – und zwischen edler Gesinnung und Gemeinheit soll keine Brüderschaft bestehen. Und dem Nichtsollen muß man auch noch das Nichtkönnen hinzufügen. Nicht alle Menschen können frei, nicht alle Menschen können gleich, nicht alle Menschen können Brüder sein." (Fröbel 1857, S. 135 f.)

Nach dem Scheitern der 1848er Revolution und seiner Emigration in die Vereinigten Staaten scheint Fröbel nicht mehr viel von revolutionären Gleichheitsversprechungen zu halten. Nun wird das Volk geteilt: Auf der einen Seite stehen die Gebildeten und politisch Berechtigten, auf der anderen Seite die Ungebildeten und politisch Unmündigen. Demokratie, als intellektuell anspruchsvolles System, verlange in ihren partizipativen Elementen Gleichheit der Bildungsstufe. Je demokratischer Beteiligungsrechte gedacht werden, desto aristokratischer müsse die Schwelle zur politischen Aktivität gestaltet sein (vgl. ebd., S. 175 f.). Politisch frei, weil durch Bildung gleich, seien nur die oberen Klassen (vgl. Fröbel 1864, S. 41).

Politische Inklusion ist für Fröbel folglich an eine Bildungshierarchie gekoppelt, die unvermittelt in eine soziale Hierarchie übergeht. Nur durch Bildung könnte eine Herrschaft der Mittelmäßigkeit sowie niedergebildete Konformität verhindert werden (vgl. Fröbel 1878, S. 89 f.). Die notwendige Bildungsstufe erreichten die unteren Gesellschaftsklassen, das Gros der Bevölkerung, jedoch noch nicht. Die Mehrheit der Unmündigen müsse zur Demokratie daher erst erzogen werden. Bis dahin müsse ihnen jegliche politische Mitgestaltung verwehrt bleiben. Die „naturwüchsige Masse", solange sie unmündig und ungebildet ist, kann für Fröbel nicht das Volk im politischen Sinne sein (vgl. Fröbel 1858, S. 14 f.).

> „In der nämlichen [unmündigen] Stellung befinden sich unter allen Umständen die gänzlich ungebildeten und unbemittelten Volksclassen. Sei man auch in einer Statsverfassung und einem Wahlgesetze noch so liberal […], in der Wirklichkeit werden die ganz armen Volksclassen ihre politische Gleichstellung nicht benutzen können, und denen welchen es an aller Bildung fehlt wird es in anderer Art nicht besser gehen. Mit dem Dürfen ist dem nicht gedient, welcher nicht kann." (Fröbel 1861, S. 277–280)

Schon hier schlägt Fröbels pessimistischer Blick durch. Bildungsmangel sei vornehmlich in unteren Gesellschaftsschichten gegeben, sodass diese, selbst wenn sie dürften, ihre politische Freiheit gar nicht nutzen könnten. Sie müssten daher politisch untätig sein.

Nach dem fast schon kampfrufartigen Motto „Unglücklicher! Du sollst erzogen werden!" (Fröbel 1864, S. 346) gibt Fröbel ein Programm der Volksbildung vor, welches zwischen Paternalismus und Zwangserziehung changiert. Alle, die moralisch oder intellektuell unfähig zu praktischer, ökonomischer oder politischer Freiheit seien, müssten der gesellschaftlichen und staatlichen Bevormundung unterstellt werden. Weil nur gebildete Menschen aktive Staatsbürger sein könnten, erhebt Fröbel das Recht auf Bildung zu einem elementaren Grundrecht (vgl. Fröbel 1847a, S. 102 f.). Sollten die „Unmündigen" von diesem Recht keinen Gebrauch machen, dann dürften sie „zwangsmäßiger" oder „bevormundender" Erziehung „so lange unfreiwillig ausgesetzt" werden, bis sie zur Freiheit fähig seien. Es ergebe sich ein „Zwang des noch Unfreien zur Freiheit" (Fröbel 1847a, S. 153 ff.). Wie dieses Programm realisiert werden soll, erläutert Fröbel nicht näher. Er geht allerdings davon aus, dass die paternalistische Teilexklusion unterer Schichten durchaus länger dauern kann:

> „Wir erinnern aber an den rohesten Theil des Pöbels unserer großen Städte und an das unter der Autorität halb stupider halb schlauer Pfaffen verdummte und verwilderte Volk in manchen unserer Landschaften. [...] Nicht nur bei den sogenannten Wilden, sondern auch bei unseren verwilderten oder noch in ursprünglicher Rohheit lebenden Volksclassen bedarf es der Erziehung durch mehrere Generationen, ehe eine edlere Menschlichkeit sich entwickeln kann." (Fröbel 1846, S. 19 f.)

Indem Fröbel untere Klassen als „Wilde" wertet, attestiert er ihnen Naivität, „gänzlichen Stumpfsinn", Rohheit, Beschränktheit und Unvollkommenheit (Fröbel 1857, S. 20 f., 87 f.). Wie die „Wilden" müssten auch die „rohen" Klassen zur Demokratie erst erzogen werden:

> „Wenn aus einem plumpen, rohen, unwissenden und brutalen Menschen unseres eignen Volkes unter anderen Umständen ein edlerer Mensch hätte werden können, – wenn die Nachkommen eines solchen Beispieles von Vernachlässigung oder Verwilderung durch eine sorgfältige Erziehung vielleicht hoch genug gehoben werden können um der edleren und gebildeteren Gesellschaft beigezählt zu werden, so folgt daraus nicht bloß daß auch jener gemeine Kerl, wie er nun einmal ist, zugelassen werden kann. [...] Es ist eine Pflicht der Höheren sie darin zu fördern, und die Vernachlässigung dieser Pflicht, wenn nicht gar ein absichtliches Zurückhalten, ist im Verhältniß der höheren Racen und Gesellschaftsclassen ein oftmals begründeter und immer schwerer Vorwurf." (Fröbel 1864, S. 40 ff.)

Fröbel legt fest, wer Erzieher sein soll: Die „höher befähigten Menschen" haben die Pflicht, als „Erzieher der Anderen" aufzutreten (Fröbel 1847a, S. 24 f.). Die

Denker, die Genies, die befähigten Schöpfer[18], die „entscheidende Minderzahl selbständig denkender Menschen" also sollen die „rohen Kreise der Gesellschaft" erziehen (Fröbel 1847b, S. 415 ff.). Die gebildeten und kultivierten Gesellschaftsteile sind demnach dafür zuständig, „gegen die Dummheit des großen Haufens" (Fröbel 1861, S. 257 f.) anzugehen. Der Staat als Volkserzieher tritt für Fröbel vor allem aus zivilisatorischen[19] Gründen auf der demokratischen Bühne auf. Die Regierung habe die Aufgabe, die Gesellschaft stets auf Fortschrittskurs zu halten und die erzieherischen Maßnahmen entsprechend anzupassen (vgl. Fröbel 1847b, S. 135 f.). Als „Obervormund" habe der Staat die Pflicht dazu, ein Bildungs- und Erziehungssystem zu etablieren, „welches geeignet ist ein verständiges, sittliches, fleissiges, geschicktes, ordnungsliebendes, wahrhaftes und politisch disziplinirtes Volk" (Fröbel 1878, S. 299) hervorzubringen.

Julius Fröbel startete als Skeptiker der ‚rohen' Mehrheitsdemokratie mit dem selbstgesteckten Bildungsauftrag in das Ringen um eine möglichst inklusive Demokratiekonzeption. Indem er jedoch Mündigkeit an Bildungsgrade und soziale Klassenlage koppelt, erhält seine Idee von Demokratie von Beginn an einen Hang zu paternalistischer Bevormundung im Sinne eines Bildungszwangs zur Freiheit. Praktische Freiheit gibt es nur als politische Selbstbestimmung, und diese kann erst ab einem gewissen Bildungsgrad unterstellt werden, den die unteren Volksklassen (noch) nicht erreicht haben. Seine zunächst vertretene Auffassung, dass politische Partizipation zugleich als gegenseitige Aufklärung sowie als Bildung zur Mündigkeit und damit selbst als „Volksschule" fungiert (vgl. Fröbel 1847b, S. 168 f.), verwirft Fröbel später als Luftschloss. Der Bildung kommt nun im Nexus von Demokratie und Zivilisation eine disziplinarische, fast schon autoritär anmutende Funktion zu. Erst über die Zähmung und Disziplinierung der eigenen Leidenschaften und Gelüste[20] könnten individuelle wie gesamtgesellschaftliche Fähigkeiten, Charakterzüge und technische Entwicklungen veredelt werden (vgl. Blättler 1995, S. 107; Fröbel 1847b, S. 49). Disziplinierungsbedürftig für das zivilisatorische Kulturziel seien dabei – kaum überraschend – die niederen Klassen (vgl. Fröbel 1848, S. 5; 1864, S. 72 f.). Untere Gesellschaftsklassen müssen für Fröbel nicht nur zur Demokratie erzogen werden, sondern über Bildung auch ihren kulturgemäßen Platz in der gesellschaftlichen Arbeitsteilung zugewiesen bekommen. Wie in diesem theoretischen Konstrukt ein sozialer oder Bildungsaufstieg

---

18 Fröbel konzipiert hier – ähnlich wie Mill – die Idee einer Leisure Class (vgl. Fröbel 1847b, S. 422).

19 Zivilisation sieht Fröbel als stufenweise Entwicklung der Menschheit vom Naturzustand hin zu einer sittlich-realistischen Ordnung, die primär von Europa und Nordamerika vorgegeben werde (vgl. Fröbel 1878, S. 4, 63 f.).

20 „Alle Erziehung aber soll auch den Menschen zu einem an bestimmter Stelle brauchbaren Gliede der Gesellschaft machen, welches für eine bestimmte Verrichtung in der gemeinsamen Arbeit des Menschengeschlechtes ausgebildet ist und für eine dieser Verrichtung entsprechende gesellschaftliche Stellung paßt" (Fröbel 1864, S. 32 f.).

zur politischen Freiheit möglich sein soll, lässt Fröbel zunächst offen. In seinen späteren Schriften wird er deutlich: Die „entbehrlichen Nullen" sollten als „dienende Arbeiter" von politischer Beteiligung lieber ganz ausgeschlossen werden (vgl. Fröbel 1878, S. 161 f., 307 f.; 1881, S. 76). Durch sein Bildungs- und Klassenprimat wird der Zirkel der politisch Befähigten und damit auch politisch Gleichen und Freien immer kleiner, elitärer und exklusiver. Bildung dient ihm schließlich nicht mehr als zumindest der Theorie nach potentielle Inklusionsmaßnahme zur Überwindung von Hierarchien, sondern zementiert diese.

4 Schluss und Fazit: Ist die(se) Geschichte zu Ende?

Historische Debatten lassen sich freilich nie eins zu eins in die Gegenwart übertragen. Die in den vorigen Abschnitten dargestellten Ansätze wurden in einer Zeit formuliert, in der sich der Liberalismus erst allmählich zur Demokratie öffnete. Die Hauptlinie des liberalen Kampfes verlief noch gegen die alten Mächte eines überkommenen Feudalsystems, gegen erbaristokratische Restaurationen und einen mächtigen Klerus. Für diese Kämpfe benötigte der Liberalismus die Unterstützung breiter Volksmassen. Zudem hatte das Bürgertum selbst ein zunehmendes Interesse an der Ausweitung des Bildungswesens: Die neuen Tätigkeitsfelder, die eine sich revolutionierende Arbeitswelt schuf, verlangten nach neuen Qualifikationen. Die sowohl von Tocqueville als auch von Mill herausgestellte Tendenz zur „Angleichung" der geistigen Kräfte verdankt sich nicht zuletzt diesen Bedürfnissen: „Herrschaftsinteresse und Bildung gewinnen mit der industriellen Revolution ihre bisher folgenreichste Interdependenz. Mit der schnell wachsenden Bedeutung der institutionalisierten Bildung wird der Griff der Macht fester, die mögliche Gefahr erkannt, der instrumentelle Wert." (Heydorn 2004, S. 154)

Zeitgleich mit Vormärz (Deutschland), viktorianischer Frühphase (England) und Julimonarchie (Frankreich) begann zudem die sozialistische Arbeiterbewegung ein Faktor in den sozialen Kämpfen der Zeit zu werden. Die Ambivalenz zwischen einem Interesse an allgemeiner Volksbildung und der Furcht vor einer aus dem Ruder laufenden Volksherrschaft der „Ungebildeten" überträgt den entstehenden Demokratiekonflikt zwischen bürgerlichem Liberalismus und proletarischem Sozialismus in die Sphäre des Bildungsbegriffs. „Bildung" soll einerseits integrieren, der Arbeiterklasse einen anerkannten Platz in der bürgerlichen Gesellschaft zuweisen und einhergehen mit einer Inklusion auch in die Mechanismen und Verfahren der politischen Entscheidungsfindung. Andererseits fungiert „Bildung" jedoch auch als Ausschlusskriterium, das diejenigen effektiv von den politischen Arenen fernhalten soll, denen die notwendigen Qualifikationen zum politischen Handeln abgesprochen werden. Entscheidend für beide Perspektiven ist, dass das liberale Bürgertum es sich jederzeit selbst vorbehält, darüber zu entscheiden, ob die Voraussetzungen für demokratische Partizipation erfüllt werden oder nicht. Es selbst bleibt im intendierten Bildungsprozess als Vorbild gesetzt. Die Arbeiterbewegungen des späten 19. und des 20. Jahrhunderts reagieren darauf mit ihren eigenen Schulungsprogrammen. Der Bildungsbegriff bleibt – wie die Demokratie selbst – umstritten[21].

Die Situation heute scheint den Konstellationen des 19. Jahrhunderts nahezu diametral entgegengesetzt. Demokratie ist längst nicht mehr ein oppositionelles Skandalon, das sich im Kampf gegen hergebrachte Mächte erst noch behaupten muss, sondern erlebt ihre derzeitige Krise in der Position einer etablierten Staatsform. Die Arbeiterbewegung erscheint heute nicht als kommende Herausforderin des Liberalismus, sondern befindet sich ihrerseits in einer tiefen programmatischen und organisatorischen Krise. Der Liberalismus oszilliert nicht mehr zwischen dem revolutionären Bestreben, die alten Ordnungen zu stürzen, und dem Anspruch, eine neue Ordnung zu stiften, sondern gerät nach einer Periode, in der er sich als Sieger der Geschichte sah, zusehends selbst in eine Sinnkrise. Und doch ist auffallend, dass gerade in dieser Situation erneut auf jene traditionellen Argumentationsmuster zurückgegriffen wird, die in „Bildung" nicht nur eine Antwort auf drängende Zeitprobleme wie „Politikverdrossenheit", „Populismus" oder „Polarisierung" sehen, sondern in ihr auch den Schlüssel zur Verteilung politischer Beteiligungsrechte ausmachen.

Erst vor wenigen Jahren erschien etwa Jason Brennans vieldiskutierter Band „Gegen Demokratie", dessen Untertitel „Warum wir die Politik nicht den Unvernünftigen überlassen dürfen" das darin ausformulierte Programm bereits skizziert: Brennan spricht sich offen für eine „Epistokratie", eine Herrschaft der Gebildeten, aus (vgl. Brennan 2017, S. 38 f.) und setzt sich in diesem Kontext ausführlich mit der These auseinander, politische Beteiligung fördere politische Kompetenz und gesellschaftliche Tugend. Die von Brennan als plausibler beurteilte Gegenthese zu diesem „Erziehungsargument", als dessen Urheber er Tocqueville und Mill ausmacht (vgl. ebd., S. 193 f.), schreibt er Schumpeter zu: Hier fördert Partizipation nicht Bildungsprozesse, sondern wirkt korrumpierend und (gegebenenfalls) fanatisierend. Dabei ist es gar nicht nötig, mit Schumpeter eine weitere Referenz einzuführen. Wie oben beschrieben, ist schon bei Mill die Matrix angelegt, in der sich Brennans epistokratischer Pessimismus ebenso bewegt wie ein demokratiepädagogischer Optimismus, der mit Wolfgang Edelstein sagen kann:

---

21 Oskar Negts Betonung einer prozessualen Einheit von Lernprozess und Demokratisierung ist selbst ein Ergebnis dieser Auseinandersetzungen. Nicht zufällig entstand sein berühmter Band „Soziologische Phantasie und exemplarisches Lernen" im Kontext gewerkschaftlicher Bildungsarbeit (vgl. Negt 1971).

„Demokratie als Wert, als emotional positiv besetzte und verinnerlichte Präferenz, bezeichnet die Verpflichtung auf demokratieförderliche Handlungsziele, im weiteren Sinne die Verpflichtung und den Willen, mit demokratiepädagogisch wirksamen Mitteln Demokratie zu realisieren. Um Demokratie zu realisieren, bedarf es überzeugter Demokraten, also solcher Menschen, die demokratisch handeln und demokratische Überzeugungen und Werte kultivieren. Zu Demokraten werden wir nicht geboren, zu Demokraten werden wir vor allem durch Erziehung und Bildung, durch nachhaltige Prozesse in Kindheit und Jugend, die unsere Kompetenzen prägen und unseren Erfahrungen ihre Bedeutung verleihen. Die Individuen werden vor allem durch eigene Erfahrung zu Demokraten, erwerben demokratische Überzeugungen und entwickeln einen demokratischen Habitus durch Bildungsprozesse in demokratisch gestalteten Lebenswelten." (Edelstein 2009, S. 8)

Die Option einer „Epistokratie", die immer schon weiß, worin die bürgerlich-demokratische Qualifikation der „Bürger" zu bestehen hat, ist dabei weniger das Gegenteil als die Schattenseite einer solchen „Werteerziehung". Einen möglichen Weg aus der Dichotomie von bürgerlicher Erziehungshybris und der ebenfalls wenig überzeugenden „Alternative", den Zusammenhang von Demokratie und bildendem Lernprozess überhaupt zu kappen, weist Oskar Negt: Krisen – selbst die großen Kriege der Vergangenheit – konnten und können als „Lernprovokationen" interpretiert werden, in deren Folge nationale und internationale Institutionen und Rechtsverhältnisse grundlegend zu verändern sind (Negt 2016, S. 124 f.). Demokratische Lernprozesse vollziehen sich nicht durch Belehrungen „von oben", sondern in Formen der Selbstorganisation. Der so verstandene demokratische Prozess freilich ist ebenso wenig abgeschlossen wie die Geschichte selbst.

Literatur

Blättler, Sidonia (1995): Der Pöbel, die Frauen etc. Die Massen in der politischen Philosophie des 19. Jahrhunderts. In: Münkler, Herfried: Politische Ideen. Bd. 3. Berlin: Akademie Verlag.

Buchstein, Hubertus/Seubert, Sandra (2013): Nachwort. In: Mill, John Stuart: Betrachtungen über die Repräsentativregierung. Berlin: Suhrkamp S. 289–326.

Edelstein, Wolfgang (2009): Demokratie als Praxis und Demokratie als Wert. In: Ders./Frank, Susanne/Sliwka, Anne (Hrsg.): Praxisbuch Demokratiepädagogik. Sechs Bausteine für die Unterrichtsgestaltung und den Schulalltag. Bonn: Beltz, S. 7–20.

Fröbel, Julius (1846): Neue Politik. In Zwei Theilen. Bd. 1. Mannheim: Grohe.

Fröbel, Julius (1847a): System der socialen Politik. Erster Theil. Mannheim: Grohe.

Fröbel, Julius (1847b): System der socialen Politik. Zweiter Theil. Mannheim: Grohe.

Fröbel, Julius (1848): Das Königthum und die Volkssouveränität, oder: Giebt es eine demokratische Monarchie? Berlin: Reuter & Stargardt.

Fröbel, Julius (1857): Aus Amerika. Erfahrungen, Reisen und Studien. Erster Band. Leipzig: Weber.

Fröbel, Julius (1858): Aus Amerika. Erfahrungen, Reisen und Studien. Zweiter Band. Leipzig: Weber.

Fröbel, Julius (1861): Theorie der Politik, als Ergebnis einer erneuerten Prüfung demokratischer Lehrmeinungen. Erster Band. Die Forderungen der Gerechtigkeit und Freiheit im State. Wien: Carl Gerold's Sohn.

Fröbel, Julius (1864): Theorie der Politik, als Ergebnis einer erneuerten Prüfung demokratischer Lehrmeinungen. 2, Die Thatsachen der Natur, der Geschichte und der gegenwärtigen Weltlage, als Bedingungen und Beweggründe der Politik. Wien: Carl Gerold's Sohn.

Fröbel, Julius (1878): Die Gesichtspunkte und Aufgaben der Politik. Eine Streitschrift nach verschiedenen Richtungen. Leipzig: Duncker & Humblot.

Habermas, Jürgen (1990): Strukturwandel der Öffentlichkeit. Frankfurt/Main: Suhrkamp.

Heydorn, Heinz-Joachim (2004): Werke. Bd. 3: Über den Widerspruch von Bildung und Herrschaft. Wetzlar: Büchse der Pandora.

Koch, Rainer (2002): Julius Fröbel (1805–1893). In: Heidenreich, Bernd (Hrsg.): Politische Theorien des 19. Jahrhunderts. 2. Aufl. Berlin: Akademie Verlag, S. 383–397.

Macpherson, C. B. (1973): Die politische Theorie des Besitzindividualismus. Von Hobbes bis Locke. Frankfurt/Main: Suhrkamp.

Mill, John Stuart (2013a): Autobiographie. In: Ders.: Ausgewählte Werke, Bd. 2. Hrsg. von Ulrike Ackermann und Hans Jörg Schmidt. Hamburg: Murmann, S. 25–229.

Mill, John Stuart (2013b): Zivilisation. In: Ders.: Ausgewählte Werke, Bd. 2. Hrsg. von Ulrike Ackermann und Hans Jörg Schmidt. Hamburg: Murmann, S. 393–430.

Mill, John Stuart (2013c): Betrachtungen über die Repräsentativregierung. Berlin: Suhrkamp.

Mill, John Stuart (2013d): Alexis de Toqueville über die Demokratie in Amerika I. In: Ders. Ausgewählte Werke Bd. 4. Hrsg. von Ulrike Ackermann und Hans Jörg Schmidt. Hamburg: Murmann, Hamburg, S. 89–150.

Mill, John Stuart (2013e): Alexis de Toqueville über die Demokratie in Amerika II. In: Ders. Ausgewählte Werke Bd. 4. Hrsg. von Ulrike Ackermann und Hans Jörg Schmidt. Hamburg: Murmann, S. 151–222.

Mill, John Stuart (2013f): Säkulare Erziehung. In: Ders.: Ausgewählte Werke, Bd. 2: Bildung und Selbstentfaltung. Hrsg. von Ulrike Ackermann und Hans Jörg Schmidt., Hamburg: Murmann, S. 235–240.

Mill, John Stuart (2013g): Rechtfertigung der Französischen Februarrevolution 1848. In: Ders.: Ausgewählte Werke, Bd. 5: Demokratie und Repräsentation. Hrsg. von Ulrike Ackermann und Hans Jörg Schmidt. Hamburg: Murmann, S. 113–178.

Mommsen, Wilhelm (1956): Julius Fröbel. Wirrnis und Weitsicht. In: Historische Zeitschrift 181, H. 3, S. 497–532.

Negt, Oskar (1971): Soziologische Phantasie und exemplarisches Lernen. Zur Theorie der Arbeiterbildung. 2. Aufl. Frankfurt/Main: Europäische Verlagsanstalt.

Negt, Oskar (2016): Der politische Mensch. Demokratie als Lebensform. Göttingen: Steidl.

Salomon, David (2016): Zeitdiagnostik und politische Bildung. Zur Funktion von „Basiskonflikten" in einer problemorientierten historisch-komparativen Politikdidaktik. In: Dreßler, Susanne (Hrsg.): Zwischen Irritation und Erkenntnis. Zum Problemlösen im Fachunterricht. Münster: Waxmann, S. 111–122.

Schneider, Katharina G. (2016): „Wege in das gelobte Land". Politische Bildung und Erziehung in Vormärz, Regeneration und Deutscher Revolution 1848/49. Bad Heilbrunn: Julius Klinkhardt.

Spieker, Susanne (2022): Erziehung als Arbeit in John Lockes Schriften. In: Jahrbuch für Pädagogik 2020, S. 36–50.

Sullivan, David (2020): Education, Liberal Democracy and Populism. Arguments from Plato, Locke, Rousseau and Mill. London und New York: Routledge.

Tocqueville, Alexis de (1954): Erinnerungen. Stuttgart: Koehler.

Tocqueville, Alexis de (1976): Über die Demokratie in Amerika. München: Deutscher Taschenbuch-Verlag.

Tocqueville, Alexis de (2006): Rede zur Frage des Rechts auf Arbeit. (12.09.1848) In: Ders.: Kleine politische Schriften. Hrsg. v. Harald Bluhm. Berlin: Akademie Verlag, S. 191–202.

West, E. G. (1965): Liberty and Education: John Stuart Mill's Dilemma. In: Philosophy 40, H. 152, S. 129–142.

II. Multiperspektivische Erinnerung

‚Postkoloniale' Erziehungswissenschaft?!

Transformationen der Disziplin Pädagogik im Lichte der Wiedervereinigungsprozesse nach 1990

Kerstin Jergus

Zusammenfassung: Dieser Beitrag richtet sein Augenmerk auf die disziplinpolitischen Nachwirkungen der deutsch-deutschen Wiedervereinigung im Feld der Wissenschafts- und Hochschullandschaft mit Fokus auf die hieraus hervorgegangenen Verschiebungen und Schwerpunktsetzungen in der disziplinären Kontur der Erziehungswissenschaft. Hierzu werden die Forschungszugänge und -befunde der letzten 30 Jahre zur Transformations- und Wissenschaftsforschung im Feld der akademischen Pädagogik daraufhin befragt, wie sie neben theoriegeschichtlichen Beschreibungen auch die erkenntnispolitischen Dimensionen in den Blick zu bringen vermögen.

Abstract: This article aims at the disciplinary-political aftermath of the post-reunification of Germany in the field of science and higher education with a focus on the resulting shifts and emphases in the disciplinary contours of educational science. For this purpose, the research approaches and findings of the last 30 years on transformation and science research in the field of academic pedagogy will be examined to see how they are able to bring the epistemological-political dimensions into view in addition to descriptions of the history of theory.

Keywords: Disziplingeschichte, Wissenschaftsforschung, Doing Theory, Allgemeine Pädagogik, Theoriebildung, Erkenntnispolitik

1   Einleitung

Aus unterschiedlichen Gründen erfahren die disziplingeschichtlichen Entwicklungen im Nachgang der deutsch-deutschen Wiedervereinigungsprozesse nach 1990 in den gegenwärtigen Debattenlagen um die Kontur und Disziplin der Erziehungswissenschaft kaum Berücksichtigung. Einer dieser Gründe liegt in der nicht selten anzutreffenden Geschichtslosigkeit vieler gegenwärtiger erziehungswissenschaftlicher Theorie- und Forschungslinien, die etwa im Lichte einer verstärkt empirischen Perspektivierung des pädagogischen Feldes und der pädagogischen Prozesse kaum noch auf die Gewordenheit – wie im Übrigen auch sonst auf die gesellschaftspolitische Rahmung – der zu erforschenden

Phänomene, Sachverhalte und Problemstellungen eingeht. Beispielhaft kann hier die sogenannte evidenzbasierte Bildungsforschung genannt werden, die ihrem Anspruch nach auf die Messung und Optimierung gegenwärtiger Lernleistungen konzentriert ist. Aus einem solch engen, auf bildungspolitische Steuerungsansinnen zielenden, Verständnis erziehungswissenschaftlicher Forschung wird auf die Klärung grundbegrifflicher Theoriefragen und deren geschichtlicher Verortung im Zusammenhang disziplinärer Verständigungen verzichtet, sodass ein Rückbezug auf die kontroversen, widerstreitenden und umstrittenen Positionen nachrangig erscheint.

Die tendenzielle Geschichtsvergessenheit jedoch ist kein Alleinstellungsmerkmal der evidenzbasierten Forschungsrationalität. Auch andere, enger an den disziplinären Horizont der Pädagogik anknüpfende Forschungszweige finden ihr Kernanliegen im empirischen Nachvollzug pädagogischer Praktiken und Settings, ohne hierbei auf die historisch-epistemologische Perspektivierung tragender Begriffe einzugehen – seien diese ‚einheimisch' etwa in der Untersuchung von Lernprozessen oder Bildungspraktiken angesiedelt oder stärker transdisziplinär gelagert wie etwa im Feld der Subjektivierungs- und Machtforschung (vgl. zum Überblick: Jergus 2020). Auch ist bemerkbar, dass weite Teile der gegenwärtigen Wissenschaftsforschung eher selten ihre Gegenstände aus einem erkenntnispolitischen Fragehorizont heraus bearbeiten, so dass die Modi und Praktiken des „Doing Theory" zwar auf der Ebene von Vollzugslogiken, kaum jedoch im Lichte umkämpfter Hegemonien um die Kontur und Systematik des Fachs betrachtet werden.

Neben diesen allgemeineren Entwicklungen steht die marginale Berücksichtigung der spezifischen deutsch-deutschen Konstellation in der akademischen Pädagogik auch mit dem historischen Zeitpunkt selbst in einem Zusammenhang: *Zu nah und gleichermaßen zu fern* scheinen die Geschehnisse und Auswirkungen um 1989/90, als dass ihnen ein geklärtes Verhältnis oder Begreifen zukäme. Ein unbeteiligter, neutraler Blick ist in dieser Frage schwerlich einzunehmen.

Der folgende Beitrag nun sucht nun nach einer Form der Auseinandersetzung mit den theoriegeschichtlichen Zusammenhängen, die sich diesen Geschehnissen und den damit verbundenen Fragen der Theoriebildung im Fach Erziehungswissenschaft aus dem Horizont der sozial- und disziplingeschichtlichen Rahmungen heraus nähert. Aus einem solchen Blickwinkel werden die Möglichkeiten der Theoriebildung mit der Analyse der disziplin- und erkenntnispolitischen Bedingungen der gegenwärtigen Erziehungswissenschaft verknüpft (vgl. Reichenbach u. a. 2011). Anders gesagt besteht das Anliegen dieses Beitrags in der Auseinandersetzung mit der Frage, wie das Verhältnis von Geschichte und Theorie für gegenwärtige kategorialanalytische Verständigungen fruchtbar gemacht werden kann. Das Geschehen um und nach 1989/90 steht hierfür exemplarisch, ist aber gleichwohl kein beliebiges Beispiel unter anderen: Eher ist es so, dass die Verschränkung von Zeitgeschichte mit Theoriebildung in einem disziplinhistorischen Zusammenhang an diesem spezifischen Beispiel in herausgehobener Weise erarbeitet werden kann. Der Beitrag sichtet in einem ersten Schritt die bestehenden Forschungen in disziplingeschichtlicher Hinsicht, um daran anschließend nach dem Zusammenhang von Disziplinhistorie und erkenntnispolitischen Dimensionen zu fragen. Im dritten Teil werden abschließend einige erkenntnistheoretische und methodologische Perspektiven eruiert, die einem Nachgehen der Disziplingeschichte der letzten 30 Jahre zuträglich sein könnten.

2 Forschungen zu den Umstrukturierungen im Feld der Pädagogik nach 1989

Auf einer oberflächlichen Ebene scheint es zunächst so, als ob die jüngere Disziplingeschichte mit den Umbrüchen nach 1968 und der westdeutschen Bildungsexpansion sowie den neueren Umstrukturierungen etwa im Kontext des Bologna-Prozesses weitgehend beschrieben wäre. Bei näherer Betrachtung ist jedoch festzustellen, dass eine erstaunlich umfangreiche Beforschung zu den Entwicklungen im Nachgang der Wiedervereinigung 1989/90 aufgefunden werden kann. Hervorzuheben sind hier die mittlerweile nur noch antiquarisch zu erhaltenden Berichte und Studien der „Kommission zur Erforschung des Sozialen und Politischen Wandels in den Neuen Bundesländern" („KSPW-Studien"), die unterschiedliche sozialgesellschaftliche Felder – Parteien, Gewerkschaften, Jugendarbeit etc. in ihren Wandlungsprozessen nach 1990 forschend begleitete. Diese Studien sind nicht nur deshalb hervorzuheben, weil sie einen nahezu dokumentarischen Blick auf die Wandlungsprozesse kurz nach den Umstrukturierungen werfen (vgl. Hormuth et al. 1996; Manning et al. 1996; Naßmacher et al. 1994). Bemerkenswert sind die KSPW-Studien vor allem auch, weil sie für sich genommen ein Versuch waren, eine Forschungsinfrastruktur aufzubauen, die Wissenschaftler:innen aus Westdeutschland und der ehemaligen DDR in eine gemeinsame Forschungsarbeit einzubinden suchte und auf diese Weise eine ‚Aufbaumaßnahme' ganz eigener Art sein sollte – ein Anliegen, das seitens der Verantwortlichen als gescheitert wahrgenommen wurde (vgl. Naßmacher et al. 1994).

Eine Vielzahl weiterer, sowohl vergleichend als auch bildungshistorisch vorgehender Studien richtete ihr Augenmerk auf unterschiedliche Bereiche des pädagogischen Feldes (vgl. u. a. Dudek/Tenorth 1993; Häder et al. 2001; Benner et al. 1996; Döbert 2002) und erstellte Untersuchungen etwa im Hinblick des Aufwachsens von Kindern und Jugendlichen (Häder et al. 2001; Löw et al. 1995; Krüger et al. 2002), zu Geschlechterverhältnissen (Schäfer 2003) und Elternschaftsverständnissen (Schiefer/Naderi 2018; Huinink 2012). Intensiv ist zudem der spezifische Wandel im Professionsverständnis von Lehrkräften erforscht worden (vgl. Fabl-Lamla 2004; Reh 2007; Dirks 2000) wie auch das Zusammenspiel von professionsbezogenen und institutionellen Transformationsprozessen im schulischen Feld (vgl. Helsper et al. 2001). Die individuellen Umbruchserfahrungen der ehemaligen DDR-Bürger:innen wurden zu einem herausgehobenen Gegenstand der sich seit den 1980er Jahren konsolidierenden Biographieforschung in der westdeutschen Erziehungswissenschaft (vgl. ex. Bock/Fiedler 2001; Wensierski 1994; Vollbrecht 1993).

Während also umfangreiche Forschungsaktivitäten zu den Entwicklungen der letzten 30 Jahre zu vielen pädagogischen und sozialen Zweigen vorliegen, kann eine vergleichbare Forschungsintensität für das wissenschaftliche Feld der Pädagogik nicht beobachtet werden. Dennoch liegen einige Auseinandersetzungen zu den disziplinären Entwicklungen vor, die sich nicht allein auf die Entwicklungen nach 1989/90 erstrecken, sondern auch vereinzelt Forschungen zu den disziplinären Ausformungen der SBZ und DDR beinhalten (vgl. Anweiler 1988; Cloer/Tappe 1998; Waterkamp 1987).

Für das Feld der akademischen Pädagogik finden sich zudem viele Betrachtungen aus wissenschaftstheoretischer Sicht, die übergreifend – ohne ausdrücklichen Bezug auf die Wiedervereinigungsfolgen – die disziplinären Konturierungen der Erziehungswissenschaft in den frühen 1990ern diskutieren und insbesondere die zu diesem Zeitpunkt intensiv geführte Debatte um die Allgemeine Pädagogik betreffen (vgl. u. a. Tenorth 1992; Keiner/Tenorth 2007; im Überblick: Kauder 2010; mit Blick auf die Wiedervereinigung: Eichler 2002). Daneben finden sich aber auch eine Reihe an Verständigungen, die ab Mitte der 1990er Jahre publiziert wurden und deren thematisches Anliegen in einer vergleichenden Sichtung der disziplinären Kontur der Pädagogik in Ost und West besteht (vgl. u. a. Röhrs/Pehnke 1994; Hoffmann/Neumann 1996; Kell/Olbertz 1997; Olbertz 1997; Benner et al. 1993). Bereits vor 1989 wurden mehrere Forschungen unternommen, die in der vormalig vergleichenden Perspektive Konturen der DDR-Pädagogik an einzelnen Universitäten bzw. Hochschulstandorten untersucht haben (vgl. Cloer 1995; Benner/Sladek 1998).

Angesichts der umfangreichen und in Teilen detaillierten Forschungslage stellt sich die Frage, wie diese für die gegenwärtigen Debatten aufgeschlossen und einer disziplintheoretischen Perspektive zugeführt werden kann. Der Blick auf die Entwicklungen nach 1989/90 erweckt aus heutiger Sicht den Eindruck, dass diese bei genauerem Hinsehen von der Forschung breit ausgeleuchtet wurden, aber scheinbar für die gegenwärtigen Debatten in der Disziplin oder zur Darstellung der Disziplingeschichte kaum Eigenes beizutragen hätten. Anders gesagt scheint es beinahe so, als ob ein historisches Kapitel der Disziplin einst aufgeschlagen und schon längst beendet wäre. Für eine solche Sichtweise sind schnell plausible Argumente zur Hand, schließlich sind die ersten Gründungsdekane und Neuberufenen der damaligen Generation bereits emeritiert und die übergroße Mehrzahl der gegenwärtig aktiven Wissenschaftler:innen in einem gemeinsamen Wissenschaftssystem ausgebildet worden. Auch sind in den vergangenen

30 Jahren weitere, für die Disziplin gravierende Entwicklungen vor sich gegangen, zu denen etwa die stark an Evidenzbasierung und Steuerungswissen orientierte Forschungsrationalität mit allen dahinter liegenden strukturellen Zugzwängen gehört. Zu nennen ist hier auch die bereits erwähnte Umstrukturierung des Fachs im Bologna-Prozess, deren Auswirkungen auf Schwerpunktsetzungen in der Disziplin und Ressourcenausstattung einzelner Zweige vergleichend mit der Etablierung des Diplomstudiengangs in Westdeutschland in Beziehung gesetzt werden kann – viele weitere Vorgänge wären hier zu erwähnen bis hin zur Frage nach den gegenwärtigen Neukonturierungen des Faches und der prekären Lage der Allgemeinen Erziehungswissenschaft (vgl. Bünger/Jergus 2021). Kann also tatsächlich von einem Ende *dieser* Geschichte gesprochen werden? Haben diese Forschungen zu den Umbrüchen der Wiedervereinigung nicht doch etwas zu den disziplingeschichtlichen Selbstverständigungen der Erziehungswissenschaft beizutragen? Und auf welcher Ebene könnte ein solcher Beitrag liegen? Die hier vertretene These lautet, dass die vor über 30 Jahren einsetzenden Umbrüche nicht nur auf einer institutionell-strukturellen, sozusagen äußeren Ebene der Theoriebildung und Fachkontur bewegten, sondern auch die Theorieinhalte betrafen, bzw. letztere auf die Veränderungen auf der strukturellen Ebene zurückwirkten. Dass sich diese Verschränkung am Beispiel der Wiedervereinigung nicht nur studieren lässt, sondern zudem eine entsprechende Selbstreflexion der Disziplin nur in Ansätzen geleistet wurde, soll im Folgenden deutlich werden.

3   Verschränkungen von Disziplingeschichte und Erkenntnispolitik

Eher selten finden sich in den Betrachtungen zu den Entwicklungen nach 1989/90 Perspektiven artikuliert, die den Zusammenhang von Wissenschafts-, Bildungs- und Theoriepolitik im Umkreis der Ausdifferenzierungs- und Umbauprozesse nach 1990 problematisierend aufgreifen (vgl. bspw. Gamm 1993a; Gamm 1993b). Zu bemerken ist, dass in diesem Zusammenhang auch das Narrativ der „Transformation" kritisch betrachtet wird. Hier ist etwa auf das Gründungsheft der Zeitschrift „Jahrbuch für Pädagogik" hinzuweisen, das die Praxen der Ausgestaltung und Etablierung der ostdeutschen Erziehungswissenschaft unter dem Motiv „zwischen Kolonisierung und Abwicklung" (vgl. Himmelstein/Keim 1992, S. 5) zum Gegenstand machte und im Jahr 2002 eine kritische Bilanz des Transformationsnarrativs vorlegte (vgl. Keim/Kirchhöfer/Uhlig 2002). Beide Ausgaben sind insofern singuläre Formen der Vergewisserung zu den Umbruchprozessen nach 1990, als sie den frühen Versuch unternehmen, disziplinpolitische Diskussion und historische Dokumentation in einer Weise zu verbinden, die beide Publikationen als Quellenmaterial und Diskursereignis zugleich erscheinen lassen. So finden sich im Gründungsheft Berichte – teils anonym, teils mit Dokumenten unterlegt – zu den Prozessen der Umstrukturierungen, die aus heutiger Sicht gleichermaßen unglaubliche Geschehnisse schildern als auch eine teils unbearbeitete Geschichte offenbaren.

Die als „Abwicklung" gekennzeichneten Prozesse sind für eine epistemologisch interessierte Wissenschaftsforschung insofern aufschlussreich, als sie anhand eines historischen Ereignisses die Verschränkung von Wissenschaftspolitik, Erkenntnispolitik und Zeitgeschichte zugänglich machen können.

Ein kurzes Beispiel für diese Verschränkung sei erläutert: Die „Abwicklung" der akademischen DDR-Pädagogik wurde wesentlich durch das Argument einer zu verabschiedenden „Staatspädagogik" (vgl. dazu Benner/Sladek 1998) gestützt, der eine reflektierende bzw. als „nicht-normativ" verstandene Pädagogik (vgl. etwa Benner/Lenzen 1991) gegenübergestellt wurde. Die Debatten um das Verhältnis von Staat, Wissenschaft und Pädagogik scheinen gegenwärtig kaum noch geführt zu werden, erhellen aber für den damaligen Zeitpunkt einen zentralen theorie- und disziplinpolitischen Aspekt. Die Abwicklung, Schließung und Umstrukturierung aller mit Pädagogik verbundenen Bereiche war insofern mit diesen theoretischen Debatten verschränkt, als im Zuge der politischen Dynamik im Jahreswechsel 1989/90 infolge der politischen Entscheidung, alle dem DDR-Volksbildungsministerium unterstehenden Bereiche kurzerhand – mit Bezug auf dieses Argument einer zu beseitigenden Staatspädagogik – geschlossen wurden (vgl. Häder/Wiegmann 2007), wodurch die von den Angestellten und Beteiligten innerhalb der pädagogischen und vor allem wissenschaftlichen Institutionen angebahnte und erhoffte Reform zum Erliegen kam.

Die Prozesse dieser Abwicklung sind in Teilen beschrieben und dokumentiert im Jahrbuch für Pädagogik 1992, die damit eine der wenigen öffentlichen Arenen darstellte, in denen ein problematisierender Blick auf die wissenschafts- und fachpolitischen Prozesse eingenommen und in die fachdisziplinären sowie öffentlichen Debatten eingebracht wurde (vgl. Himmelstein/Keim 1992). Zehn Jahre später pointiert die Erziehungswissenschaftlerin Christa Uhlig im Jahrbuch für Pädagogik 2002 diese Verschränkung theoriepolitischer und wissenschaftspolitischer Ebenen: Die „These von der Kontinuität zweier deutscher Diktaturen (dem Nazi-Regime und der DDR), der verspäteten Auseinandersetzung mit dem Faschismus in der alten Bundesrepublik und der Vorgabe, nun in Bezug auf die DDR diesen Fehler nicht wiederholen zu wollen" (ebd., S. 272), habe den Prozessen der umfassenden Prüfung und Schließung die Legitimation verschafft. Dieser zeitgeschichtliche Hintergrund verdient deshalb Beachtung, weil die beteiligten verantwortlichen Personen maßgeblich im Zusammenhang der westdeutschen Studierendenbewegung 1968 akademisch sozialisiert wurden. Das theoretisch-systematische Argument in der Vergewisserung um das Verhältnis von Staat und Pädagogik fand schließlich insbesondere Eingang in die Prozesse der wissenschaftlichen Prüfung ehemaliger Wissenschaftler:innen der Pädagogik, deren Weiterbeschäftigung und Anstellungsoption im wissenschaftlichen Feld nicht allein von ihrer fachwissenschaftlichen Expertise, sondern zugleich auch mit Blick auf ihre Positionierung im gesellschaftspolitischen Rahmen abhängig war.

Vor diesen Hintergründen entsteht der Eindruck einer Differenz in der Auseinandersetzung mit der Theoriegeschichte der Erziehungswissenschaft, die auf einer Trennung epistemologischer Fragestellungen gegenüber strukturellen Ebenen und gesellschaftlichen Bedingungen beruht[1]: Zwar werden die Umstrukturierungen nach 1989/90 unter dem Gesichtspunkt ihrer Auswirkungen auf die Gestalt pädagogischer Handlungsfelder und Adressat:innen zum Gegenstand gemacht bzw. als Gegenstand der historischen Analyse betrachtet. Es wird jedoch kaum die wissenschafts- und theoriepolitische Seite im Hinblick auf die Kontur und Gestalt der Disziplin „Pädagogik" und deren Involvierung in die Prozesse der Umgestaltung der (ost-)deutschen Pädagogik in den Blick gerückt. Es fehlt mit anderen Worten eine wissenschaftstheoretische und hochschulforschende Auseinandersetzung, die den Zusammenhang von Disziplinbildung und wissenschaftlichem Profil im Horizont zeitgeschichtlicher Prozesse ausleuchtet.

Eine umfangreiche methodologische Reflexion zu einer solchen, an der Disziplingeschichte interessierten Wissenschaftsforschung findet sich bei Ernst Cloer und Ralf Tappe, die im Kontext ihrer DFG-Forschung zur Wissenschaftsgeschichte der DDR bzw. SBZ entwickelt wird. Aufschlussreich ist dieser Forschungszugang, weil die „Orientierung auf die theoretische und soziale Gestalt der Disziplin [das] Erkenntnisinteresse […] in Richtung auf eine Sozialgeschichte pädagogischer Theorien/pädagogischer Denkformen und der Disziplinformierung" (ebd., S. 237) ausweitet. Es scheint für heutige Forschungsfragen zu diesem Feld lohnenswert, die aufgeworfenen methodologischen Problemstellungen einer solchen Untersuchung vor Augen zu führen. So verweisen die Autoren auf den Eindruck, dass „dichotome Lesarten" (ebd., S. 238) die Einschätzungen zur Wissenschaftsgeschichte der DDR beherrschen würden, die den analytischen Blick auf die wissenschaftlichen Artikulationen und Gestaltungsweisen des Pädagogischen an der Universität nicht nur verstellen, sondern verunmöglichen würden. Zu den methodologischen Herausforderungen jener Zeit zählt dabei nicht nur, dass die Erforschung der DDR-Pädagogik an der Universität und in ihren Praxisfeldern von einem „vormaligen Gegenstand der vergleichenden Erziehungswissenschaft zu einem solchen der historischen Bildungsforschung" (ebd., S. 238) wurde. Dies hat Folgen für die methodische Herangehensweise einer stärker historisierenden statt komparatistischen Untersuchungsrationalität, vor allem jedoch resultieren daraus weitaus stärker umkämpfte Deutungsfragen: In den Worten der Autoren sind diese kaum alleinig als theorieinterne Fragehorizonte zu behandeln, denn

---

1 Eine solche Differenz ist auch an anderen Stellen im Feld der akademischen Pädagogik zu vernehmen und dient auch hier einer Entpolitisierung der disziplinären Problemlagen, etwa mit Blick auf die Frage nach dem Umgang mit der Prekarität des sogenannten wissenschaftlichen Nachwuchses (vgl. Bünger/Jergus/Schenk 2015; Jergus/Bünger/Schenk 2017; Jergus 2017a).

als „politisch-gesellschaftliche Fragestellung ist es […] keineswegs gleichgültig, ob wir gegenwärtig die Geschichte der Pädagogik in der DDR generalisierend als Kollektivschuld- oder als Exkulpationsgeschichte oder ob wir sie als differenzierte Geschichte erzählen" (ebd., S. 240).

Die Betonung des erzählenden Charakters – der unterschiedliche Narrative und Motive zum Vorschein kommen lassen kann – ist aufschlussreich für die hier nur angedeutete erkenntnispolitische Dimension einer Wissenschaftsforschung, die (nicht nur) in diesem Fall in einem ihr nicht äußerlich bleibenden gesellschaftspolitischen Rahmen steht. Hieran lässt sich erläutern, worin eine erkenntnispolitische Perspektive von einer theorie- oder disziplingeschichtlichen Perspektive zu unterscheiden wäre oder anders gesagt, welche erweiternden Perspektiven eine erkenntnis- und disziplinpolitische Betrachtungsweise einzubringen hätte: Dass die Darstellungen von Wissenschaftsgeschichte, Disziplinentwicklung und Theoriegenese nie gänzlich aus einem rein immanent theoriesystematischen Horizont heraus gefasst und diskutiert werden, sondern stets in politische Dimensionen der Anerkennbarkeit, Normierung und Politik des Erzählbaren eingebunden sind, lässt sich an einer Vielzahl epistemologischer Problemstellungen in und außerhalb der Pädagogik ablesen, worauf beispielsweise die Perspektiven einer feministischen Wissenschaftskritik ebenso aufmerksam gemacht haben wie der ideologiekritisch-materialistische Fokus auf Wissenschaft. Die Verschränkung der Disziplinentwicklung mit kolonialistischen Momenten in Theorie und Geschichte, bspw. mit Blick auf rassistische Annahmen in vielen neuzeitlichen Pädagogiken, wäre hier ebenso zu nennen wie der Umstand, dass mit Blick auf den vorliegenden Gegenstand die Darstellungen und Narrationen niemals gänzlich aus einer unbeteiligten Perspektive vorgenommen werden. Es kommt also an dieser Stelle weiterführend darauf an, die methodologische Problemstellung dieses speziellen Gegenstandes der Wissenschaftsgeschichte in eben diesem Horizont seiner gesellschaftspolitischen Verschränkung einerseits und erkenntnispolitischen Dimensionierung andererseits einzuordnen. Eine solche „Rekonstruktion der Disziplinentwicklung und der Theoriegestalt(en)" (ebd., S. 239) bedarf einer Wissenschaftsforschung, die sich der Theoriedebatten in der akademischen Pädagogik weder aus der Engführung einer vermeintlich unbeteiligt vergleichenden Bildungsforschung heraus zuwendet noch sie als geschichtlich abgeschlossenen Gegenstand der historischen Bildungsforschung sortiert.

Weiterführend wären stattdessen Forschungsbemühungen, die den „Zusammenhang von Theoretiker-, Theorien- und Institutionengeschichte der universitären Pädagogik" (ebd., S. 235) mit Blick auf deren Spuren für die gegenwärtigen Debattenverläufe aufzuschließen vermag.

Erhellt werden kann dies auch an einem anderen Beispiel: Zu denken wäre hierbei etwa an die theorie- und disziplingeschichtlichen Rückwirkungen im Verständnis von Familialität, Elternschaft und Care-Tätigkeit, die in den westdeutschen Debatten um Kindertagesbetreuung in ideologischen Bahnen verlief, wie

Meike Baader in ihren Studien hervorhebt: „Die familienpolitische Reserviertheit gegenüber einem gut ausgebauten elementarpädagogischen Bereich hing in der alten Bundesrepublik sicherlich auch mit der Geschichte des Nationalsozialismus und seinem staatlichen Zugriff auf Kindheit und Familie, insbesondere aber auch mit der Systemkonkurrenz gegenüber der DDR zusammen, die bekanntlich über ein flächendeckendes, ganztägiges staatliches Kinderbetreuungssystem verfügte" (Baader 2007, S. 239). Der Ausbau der Frühpädagogik und auch die Konsolidierung einer akademischen Kindheitsforschung waren erst im Zuge eines längeren familienpolitischen Wandels möglich, der nach 1990 nochmal eigens begann (ebd.). Es gäbe weitere theoriepolitische Weichenstellungen aufzusuchen, die im Zusammenhang mit disziplinpolitischen Dynamiken stehen. Hier sei nicht nur auf die erwähnte Konsolidierung einer sozialwissenschaftlichen Ausrichtung der Pädagogik am Ausgang der Debatten um das Allgemeine der Erziehungswissenschaft erinnert, sondern auch auf die Marginalisierung materialistischer bzw. mit sozialistischen Argumenten in Verbindung stehenden pädagogischen Theoriekonzeptionen.

Insgesamt zeigt sich also eine enge Verzahnung gesellschaftspolitischer Rahmungen mit theoretischen Debattenlagen einerseits und disziplinären Verschiebungen andererseits, die eine erkenntnispolitische Perspektivierung der akademischen Pädagogik nahelegt.

4 Ausblick: Forschungsperspektiven zur erkenntnispolitischen Analyse von disziplin- und theoriegeschichtlichen Entwicklungen

Unter welchen Vorzeichen und mittels welcher Zugänge lässt sich eine Neubefragung der akademischen Transformationsprozesse der Disziplin Pädagogik nach 1989/90 – nicht zuletzt als gewinnbringend für gegenwärtige Debattenlagen – vornehmen? Es sollen hier abschließend drei mögliche Verbindungslinien aufgezeigt werden, die eine wissenschaftstheoretische Auseinandersetzung unter Einbezug der erwähnten Zugänge ermöglichen könnten.

Ein möglicher Zugang für das neuerliche Aufschließen der jüngeren deutsch-deutschen Geschichte läge im Aufgreifen ebenjener Chiffre, die sehr häufig für die Beschreibung der Vollzüge in der akademischen Pädagogik, aber auch in anderen öffentlichen Feldern wie Politik, Verwaltung und Bildungs- bzw. Sozialwesen herangezogen wird. Neben Abwicklung wird sehr häufig von „Kolonisierung" gesprochen (vgl. Dümcke/Vilmar 1996). Die spezifische Dynamik dieser Konstellation lässt etwa Sabine Reh (2007) auf Argumente der Cultural Studies zurückgreifen, um den herrschenden Bildern über ostdeutsche Lehrkräfte eine analytische Sichtweise entgegenzustellen, die ein problematisierend-distanzierendes Verhältnis gegenüber den spezifischen Identitätszumutungen und -angeboten einzunehmen erlaubt (vgl. ebd., S. 138 f. und 358 ff.). Reh schreibt hierzu, „auch wenn sie nicht vollständig unterschiedlichen Kulturen entstammen und auch nicht als Resultat kolonialistischer Beziehungen zu verstehen sind" (ebd., S. 359), seien die Raster der Selbstverständigung in herrschende gesellschaftspolitische Rahmungen eingespannt, die den jeweiligen Artikulationen biographischer Narrationen nicht äußerlich bleiben und bis in die Forschungssituation und -analyse hineinragen, wie in ihrer Studie bezogen auf die soziale Situation des Interview-Settings eindrücklich vor Augen geführt wird. Mit Bezug auf eine postkoloniale Perspektivierung wären folglich auch die epistemischen Gewichtungen in der Sprache und Beschreibung des Eigenen und Selbstverständlichen kritisch zu befragen. Gewonnen wäre so eine epistemologische Perspektivierung der Disziplingeschichte, die sich der politischen Dimensionen in der Verflechtung von Theorie-, Disziplin- und Erkenntnispolitik zuwenden und sich erkenntnistheoretisch an den Forschungen der postcolonial studies orientieren könnte (vgl. Jergus 2017b).

Ergänzt werden könnte ein solcher Zugang zweitens um die Perspektive einer historischen Epistemologie (Rheinberger 2007), die Erkenntnistheorie mit dem Anliegen verbindet, „die historischen Bedingungen der Produktion wissenschaftlicher Erkenntnisse und […] Brüche und Neuorganisationen in der Wissenschaftsentwicklung zu untersuchen" wie Edgar Forster und Tanja Obex (2019, S. 641) im Anschluss an Gaston Bachelard schreiben. Die Autor:innen halten fest, dass eine solche Zugangsweise über eine sich als beschreibende Beobachtung verstehende Wissenschaftsforschung hinausgeht (ebd., S. 647). Im hier vorliegenden Gegenstandsbereich zeigt sich, dass eine erkenntnistheoretische Problematisierung der Gewichtsverschiebungen ohne den Blick auf die Bedingungen der Theorieproduktion einerseits und deren Verflechtungen mit sozial- und zeitgeschichtlichen Rahmungen andererseits unvollständig bleibt.

Schließlich würde drittens die Verbindung dieser beiden Theorieperspektiven für die Erforschung der jüngeren disziplingeschichtlichen Entwicklungen und deren erkenntnispolitischen Effekte einen Beitrag zu einer Debatte leisten, die in den letzten Jahren Fragen der Theoriebildung im Hinblick auf ihre praktische Dimension als „Doing Theory" (vgl. Thompson 2017; Bünger 2021) präzisiert und ausgearbeitet hat. In dieser Hinsicht werden über die Einsätze einer theoretischen Forschung (vgl. Bellmann/Ricken 2019) hinausgehend die erkenntniskritischen, theoriepolitischen und disziplingeschichtlichen Verbindungen für die erziehungswissenschaftliche Theoriebildung aufgeschlossen und kritisch diskutiert (vgl. Thompson/Brinkmann/Rieger-Ladich 2021).

Dieser Zweig der Erziehungswissenschaft profitierte nicht allein von einer historischen Epistemologie und Verständigung zur Kolonisierungsgeschichte der Disziplin insgesamt (vgl. dazu Breinbauer/Krause 2023), die sich nicht erst mit der jüngeren Geschichte des Fachs auseinanderzusetzen hätte. Vielmehr wären auch 30 Jahre nach den deutsch-deutschen Vereinigungsprozessen die disziplinpolitischen Nachwirkungen im Feld der akademischen Wissenschafts- und Hochschullandschaft der Pädagogik mit Fokus auf die hieraus hervorgegangenen Verschiebungen und Schwerpunktsetzungen der Disziplin einzubeziehen. Wie also die spezifischen Gewichtungen disziplinärer Zugänge, Theoriebezüge und Themenstellungen in ein Korrespondenzverhältnis mit den 1990 erfolgten Umstrukturierungen in den (neuen) Hochschulstandorten gerieten und hierbei insbesondere im Blick auf die disziplinäre Kontur der Allgemeinen Erziehungswissenschaft Effekte zeitigten, wäre möglicherweise mit Blick auf die hier aufgerufenen Theoriebezüge zu erhellen.

Literatur

Anweiler, Oskar (1988): Schulsystem und Schulpolitik in der DDR. Opladen: Leske+Budrich.

Benner, Dietrich/Lenzen, Dieter (Hrsg.) (1991): Erziehung, Bildung, Normativität. Versuche einer deutsch-deutschen Annäherung. München und Weinheim: Juventa.

Benner, Dietrich/Merkens, Hans/Schmidt, Friedrich (Hrsg.) (1996): Bildung und Schule im Transformationsprozess von SBZ, DDR und neuen Ländern. Untersuchungen zu Kontinuität und Wandel. Erste Ergebnisse aus der an der Freien Universität Berlin und der Humboldt-Universität zu Berlin eingerichteten DFG-Forschergruppe. Berlin: Institut für Pädagogik, Arbeitsbereich Empirische Erziehungswissenschaft.

Benner, Dietrich/Schriewer, Jürgen/Tenorth, Heinz-Elmar (Hrsg.) (1993): Erziehungsstaaten. Historisch-vergleichende Analysen ihrer Denktraditionen und nationalen Gestalten. Weinheim: Deutscher Studienverlag.

Benner, Dietrich/Sladek, Horst (1998): Vergessene Theoriekontroversen in der Pädagogik der SBZ und DDR (1946–1961). Weinheim: Juventa.

Bock, Karin/ Fiedler, Werner (Hrsg.) (2001): Umbruch in Ostdeutschland. Politik, Utopie und Biographie im Übergang. Wiesbaden: Westdeutscher Verlag.

Breinbauer, Ines M./Krause, Sabine (2023): Lehrer*innenbildung de*kolonisieren!? Stuttgart: Klinkhardt (i. V.)

Bünger, Carsten (2021): „Eingreifendes Denken" – Überlegungen zur Praxis der Bildungstheorie. In: Thompson, Christiane/Brinkmann, Malte/Rieger-Ladich, Markus (Hrsg.): Praktiken und Formen der Theorie. Perspektiven der Bildungsphilosophie. Weinheim: Beltz/Juventa, S. 54–72.

Bünger, Carsten/Jergus, Kerstin/Schenk, Sabrina (2016): Prekäre Pädagogisierung. Zur paradoxen Positionierung des erziehungswissenschaftlichen Nachwuchses. In: Kessl, Fabian (Hrsg.): „Hamsterrad (Erziehungs-)Wissenschaft: prekär und beschleunigt?" Themenschwerpunkt Erziehungswissenschaft 53, H. 27, 2016, S. 9–19.

Bütow, Birgit/ Chassé, Karl August/ Maurer, Susanne (2006): Soziale Arbeit zwischen Aufbau und Abbau: Transformationsprozesse im Osten Deutschlands und die Kinder- und Jugendhilfe. Wiesbaden: VS Verlag.

Cloer, Ernst (Hrsg.) (1998): Theoretische Pädagogik in der SBZ und DDR. Eine Bilanzierung von außen. Weinheim: Dt. Studienverlag.

Cloer, Ernst (Hrsg.) (1994): Pädagogik in der DDR. Eröffnung einer notwendigen Bilanzierung. Weinheim: Dt. Studienverlag.

Cloer, Ernst/Tappe, Ralf (1999): Ausgewählte Aspekte der Wissenschaftsentwicklung in der Pädagogischen Fakultät der Universität Halle-Wittenberg im Zeitraum 1945–1963/64. In: Langewand, Alfred/v. Prondczynsky, Andreas v. (Hrsg.): Lokale Wissenschaftskulturen in der Erziehungswissenschaft. Weinheim: Beltz, S. 235–267.

Dirks, Una (2000): Wie werden EnglischlehrerInnen professionell? Eine berufsbiographische Untersuchung in den neuen Bundesländern. Münster u. a.: Waxmann.

Döbert, Hans/Fuchs, Hans-Werner/Weishaupt, Horst (Hrsg.) (2002): Transformation in der ostdeutschen Bildungslandschaft: Eine Forschungsbilanz. Opladen: Leske+Budrich.

Dümcke, Wolfgang/Vilmar, Fritz (1996) (Hrsg.): Kolonialisierung der DDR. Kritische Analysen und Alternative des Einigungsprozesses. Münster: Agendaverlag.

Eichler, Wolfgang (2002): Diskurs in der Allgemeinen Pädagogik– unter Beteiligung von Ost und West? In: Keim, Wolfgang/Kirchhöfer, Dieter/Uhlig, Christa (Red.): Kritik der Transformation – Erziehungswissenschaft im vereinigten Deutschland. Jahrbuch für Pädagogik. Frankfurt/M. u. a.: Peter Lang Verlag, S. 181–198.

Fabel-Lamla, Melanie (2004): Professionalisierungspfade ostdeutscher Lehrer: biographische Verläufe und Professionalisierung im doppelten Modernisierungsprozess. Wiesbaden: Verlag für Sozialwissenschaften.

Fuchs, Hans-Werner (1997): Bildung und Wissenschaft seit der Wende. Zur Transformation des ostdeutschen Bildungswesens. Opladen: Leske+Budrich.

Gamm, Hans-Jochen (1993a): Anmerkungen über die Schwierigkeiten gesamtdeutscher Identität und die Frage der Bildung. In: Tiedtke, Bianka/ Böttcher, Wolfgang (Hrsg.): Brüche – Dialoge – Utopien. Witterschlick und Bonn: Wehle.

Gamm, Hans-Jochen (1993b): Die „Abwicklung“ der Erziehungswissenschaft in der ehemaligen DDR. In: Lingelbach, Karl-Christoph/ Zimmer, Hasko (Red.): Öffentliche Pädagogik vor der Jahrhundertwende: Herausforderungen, Widersprüche, Perspektiven. Jahrbuch für Pädagogik, S. 283–284

Häder, Sonja/Tenorth, Heinz-Elmar (Hrsg.) (1997): Bildungsgeschichte einer Diktatur. Bildung und Erziehung in SBZ und DDR im historisch-gesellschaftlichen Kontext. Weinheim: Dt. Studienverlag.

Häder, Sonja/ Ritzi, Christian/ Sandfuchs, Uwe (Hrsg.) (2001): Schule und Jugend im Umbruch. Analysen und Reflexionen von Wandlungsprozessen zwischen DDR und Bundesrepublik. Baltmannsweiler: Schneider Verlag.

Häder, Sonja/Wiegmann, Ulrich (Hrsg.) (2007): Die Akademie der Pädagogischen Wissenschaften der DDR im Spannungsfeld von Wissenschaft und Politik. Bad Heilbrunn: Klinkhardt.

Helsper, Werner/Böhme, Jeanette/Kramer, Rolf-Torsten/Lingkost, Angelika (2001): Schulkultur und Schulmythos. Gymnasien zwischen elitärer Bildung und höherer Volksschule im Transformationsprozess. Rekonstruktionen zur Schulkultur I. Opladen: Leske+Budrich.

Himmelstein, Klaus/Keim, Wolfgang (Red.) (1992): Erziehungswissenschaft im deutsch-deutschen Vereinigungsprozess. Jahrbuch für Pädagogik. Frankfurt/M. u. a.: Verlag Peter Lang.

Hoffmann, Dietrich/Neumann, Karl (Hrsg.) (1996): Erziehung und Erziehungswissenschaft in der BRD und der DDR. Bd. 3: Die Vereinigung der Pädagogiken (1989–1995). Weinheim: Dt. Studienverlag.

Hormuth, Stefan E./Heinz, Walter R./Kornadt, Hans-Joachim/Sydow, Hubert/Trommsdorf, Gisela (1996): Individuelle Entwicklung, Bildung und Berufsverläufe, KSPW, Bd. 4 (Berichte der Kommission für die Erforschung des Sozialen und Politischen Wandels in den neuen Bundesländern, Bd. 4), Opladen: Leske+Budrich.

Huinink, Johannes (Hrsg.) (2012): Familie und Partnerschaft in Ost- und Westdeutschland. Ähnlich und doch immer noch anders. Opladen u. a.: Barbara Budrich.

Jergus, Kerstin (2017a): Leistung und Anerkennung. Zu Subjektivierungen im Feld der Wissenschaft. In: Bünger, Carsten/Mayer, Ralf/Schröder, Sabrina/Hoffarth, Britta (Hrsg.): Leistung – Anspruch und Scheitern. Wittenberger Gespräche IV, Halle: Martin-Luther-Universität Halle-Wittenberg, S. 125–143.

Jergus, Kerstin (2017b): ‚Postkoloniale‘ Erziehungswissenschaft(en)? Eine Skizze zum Doing Theory im Feld der (ost-)deutschen Erziehungswissenschaft nach 1990. In: Thompson, Christiane/ Schenk, Sabrina (Hrsg.): Zwischenwelten. Paderborn: Schöningh, S. 297–312.

Jergus, Kerstin/Bünger, Carsten/Schenk, Sabrina (Hrsg.) (2017): Politiken des akademischen Mittelbaus. Themenschwerpunkt der Berliner Debatte Initial 27, H. 1, S. 100–154.

Joas, Hans/Kohli, Martin (Hrsg.) (1993): Der Zusammenbruch der DDR. Soziologische Analysen. Frankfurt/M.: Suhrkamp.

Kauder, Peter (2010): Niedergang der Allgemeinen Pädagogik? Die Lage am Ende der 1990er Jahre. Bad Heilbrunn: Klinkhardt.

Keim, Wolfgang/Kirchhöfer, Dieter/Uhlig, Christa (Red.) (2002): Kritik der Transformation – Erziehungswissenschaft im vereinigten Deutschland. Jahrbuch für Pädagogik. Frankfurt/M. u. a.: Peter Lang Verlag.

Kell, Adolf/ Olbertz, Jan Hendrik (Hrsg.) (1997): Vom Wünschbaren zum Machbaren. Erziehungswissenschaft in den neuen Bundesländern. Enquete-Kommission „Erziehungswissenschaft in den neuen Bundesländern" der DGfE. Weinheim: Dt. Studienverlag.

Kollmorgen, Raj/Reißig, Rolf/Weiß, Johannes (Hrsg.) (1996): Sozialer Wandel und Akteure in Ostdeutschland. Empirische Befunde und theoretische Ansätze. Opladen: Leske+Budrich.

Krüger, Heinz-Hermann/Grunert, Cathleen/Kötters, Cathrin (2002): Kindheit im deutsch-deutschen Vergleich. Studienbrief für die Fernuniversität Hagen/FH Neubrandenburg. Hagen.

Krüger, Heinz-Hermann/Marotzki, Winfried (Hrsg.) (1994): Pädagogik und Erziehungsalltag in der DDR. Opladen: Leske+Budrich.

Krüger, Heinz-Hermann/Thomas, Sven (Hrsg.) (1995): Transformationsprobleme in Ostdeutschland. Arbeit, Bildung, Sozialpolitik. Opladen: Leske+Budrich.

Löw, Martina/Meister, Dorothee/Sander, Uwe (1995) (Hrsg.): Pädagogik im Umbruch. Kontinuität und Wandel in den neuen Bundesländern. Opladen: Leske+Budrich

Manning, Sabine (1996): Bildungsförderung durch EG-Programme in den neuen Bundesländern. KSPW: Berichte der Kommission für die Erforschung des Sozialen und Politischen Wandels in den neuen Bundesländern. Graue Reihe Bd. 902. Halle: KSPW.

Naßmacher, Hiltrud/Niedermeyer, Oskar/Wollmann, Hellmut (Hrsg.) (1994): Politische Strukturen im Umbruch. KSPW: Berichte der Kommission für die Erforschung des Sozialen und Politischen Wandels in den neuen Bundesländern. Bd.1. Berlin: Akad.-Verlag.

Olbertz, Jan H. (Hrsg.) (1997): Erziehungswissenschaft. Traditionen Themen Perspektiven. Opladen: Leske+Budrich.

Reichenbach, Roland/Ricken, Norbert/Koller, Hans-Christoph (Hrsg.) (2011): Erkenntnispolitik und die Konstruktion pädagogischer Wirklichkeiten. Paderborn: Schöningh.

Röhrs, Hermann/Pehnke, Andreas (1994): Die Reform des Bildungswesens im Ost-West-Dialog. Geschichte, Aufgaben, Probleme. Frankfurt/M: Lang.

Thompson, Christiane (2017): „Diesem Ding (es sey was es wolle) einen andern Nahmen zu geben". Theoriearbeit in der Erziehungswissenschaft. In: Dies./Schenk, Sabrina (Hrsg.): Zwischenwelten der Pädagogik. Paderborn: Schöningh, S. 111–124.

Thompson, Christiane/Brinkmann, Malte/Rieger-Ladich, Markus (Hrsg.) (2021): Praktiken und Formen der Theorie. Perspektiven der Bildungsphilosophie. Weinheim: Beltz Juventa.

Uhlig, Christa (2002): Die Herausbildung nichtinstitutionalisierter, informeller Wissenschaftskulturen in Ostdeutschland am Beispiel der Erziehungswissenschaft. In: Keim, Wolfgang/Kirchhöfer, Dieter/Uhlig, Christa (Red.) (2002): Kritik der Transformation – Erziehungswissenschaft im vereinigten Deutschland. Jahrbuch für Pädagogik. Frankfurt/M. u. a.: Peter Lang Verlag, S. 271–287.

Vollbrecht, Ralf (1993): Ost-west-deutsche Widersprüche. Ostdeutsche Jugendliche nach der Wende und im Westen. Opladen: Leske+Budrich.

Waterkamp, Dietmar (Hrsg.) (1987): Handbuch zum Bildungswesen in der DDR. Berlin: Berlin-Verlag Spitz.

Wensierski, Hans-Jürgen von (1994): Mit uns zieht die alte Zeit. Biographie und Lebenswelt junger DDR-Bürger im Umbruch. Opladen: Leske + Budrich.

Erinnerung, (Ver-)Schweigen und Leerstellen

Postsozialistische DDR-Geschichte in literarischen Texten

Meike Sophia Baader, Sandra Koch

Zusammenfassung: Die Grenzziehungen zwischen Ost und West sind von Grenzen zwischen den Generationen durchzogen, insofern interessieren wir uns für das (Ver-)Schweigen und die Leerstellen im Sprechen zwischen den Generationen. Im Rahmen von Erinnerungskultur und Generationenverhältnissen fragen wir danach, woran das Schweigen festgemacht wird, ob es zwischen den Generationen situiert wird, und mit welcher Sprache es beschrieben wird, was unaussprechlich ist und welche Emotionen dabei bedeutsam sind.

Anhand literarischer Erinnerungen an die DDR wird im Ergebnis deutlich, dass das Schweigen wesentlicher Bestandteil des Generationenverhältnisses ist, dass Leerstellen, Nichtthematisiertes und Sprachlosigkeit im generationalen Verhältnis hinsichtlich der Grenzziehungen zwischen Ost und West eine wichtige Rolle spielen. Deutlich wird aber auch, dass die Sprachlosigkeit expliziter und dadurch bearbeitbar wird. Eine Aufkündigung des Schweigens durch das Stellen von Fragen scheint wichtig zu sein. Da es keine gemeinsamen generationalen Erfahrungen zwischen Ost- und West gibt, stellt das Erzählen dieser Erinnerungen eine Brücke dar. Auch wenn neue Versuche des Sprechens immer wieder an Grenzen kommen, da sie fragil und riskant sind, so bleiben sie dennoch unerlässlich.

Abstract: The demarcations between East and West are permeated by borders between the generations, insofar we are interested in the (dis)silence and the voids in speaking between the generations. In the context of memory culture and intergenerational relations, we ask what is used to define silence, whether it is situated between counter-rations, and what language is used to describe it, what is unspeakable, and what emotions are significant.

On the basis of literary memories of the GDR, it becomes clear that silence is an essential component of the generational relationship, that voids, non-thematization and speechlessness play an important role in the generational relationship with regard to the demarcation between East and West. It also becomes clear, however, that speechlessness becomes more explicit and thus more workable. Breaking the silence by asking questions seems to be important. Since there are no common generational experiences between East and West, the telling of these memories represents a bridge. Even if new attempts to speak always come up against limits, as they are fragile and risky, they remain indispensable.

Keywords: Erinnerungskultur, DDR, Ost-West-Verhältnis, Generationenverhältnis, Schweigen

Einleitung

Gegenstand unseres Beitrags sind literarische Erinnerungen an die DDR und ihre Nachwirkungen aus den letzten Jahren. Da diese Erinnerungen weiterhin ein Sujet literarischer Bearbeitungen sind, zeigt sich, dass ein Ende der Geschichte der Grenzziehungen zwischen Ost und West nicht absehbar ist. Allerdings hat sich das Sprechen darüber verändert, es ist in mancher Hinsicht subtiler und weniger vereindeutigend geworden, in anderer Hinsicht werden Fragen expliziter angesprochen. Indem wir unseren Blick auf das Sprechen, das (Ver)Schweigen und die Leerstellen zwischen den Generationen richten, wird deutlich, dass die Grenzziehungen zwischen Ost und West zugleich von Grenzen und vom Schweigen im Gespräch zwischen den Generationen durchzogen sind.

Während in der direkten Nachwendezeit, wie in dem Buch „Zonenkinder" von Jana Hensel (2002), die vertrauten Dinge des DDR-Alltags betrauert werden oder in dem knapp zehn Jahre nach der Wiedervereinigung erschienenen Roman „Als wir träumten" von Clemens Meyer (2008) die Themen Verlust, Zerstörung und Gewalt bearbeitet werden, verändern sich sowohl die Erzählweise als auch die Fragen und Themen in der literarischen Bearbeitung der neueren Bücher. Unser Ansinnen ist, diesem möglichen Wandel in literarischen Texten nachzugehen und Veränderungen und Verschiebungen nachzuzeichnen. Dabei konzentrieren wir uns auf das Schweigen, da uns dieses Motiv als Gemeinsamkeit aufgefallen ist, das vielfach in den Texten aus den vergangenen zwanzig Jahren thematisch ist. Wir fragen danach, woran das Schweigen festgemacht, ob es wesentlich zwischen den Generationen oder zwischen Ost und West situiert, mit welcher Sprache es beschrieben wird und welche Emotionen dabei eine Rolle spielen. Welche Formen des Schweigens gibt es? Wann, warum und von wem wird geschwiegen? Und nicht zuletzt: Welche Auslassungen und Leerstellen produziert das Schweigen, was erweist sich möglicherweise als Tabu oder als Unmöglichkeit?

In einem ersten Schritt erläutern wir unsere theoretischen Zugänge, klären, was wir unter Erinnerungskulturen und Generationenverhältnissen verstehen und an welche Überlegungen zum Schweigen wir anknüpfen. Anschließend diskutieren wir, was uns bei der Auswahl der Texte geleitet hat, um dann zur Vorstellung der literarischen Texte zu kommen. Diese stellen wir nacheinander in verdichteter Form unter den uns interessierenden Aspekten vor. Wir fokussieren dabei auf Bildungsaspekte, Generationenverhältnisse und Motive des Schweigens und analysieren die Formen, möglichen Funktionen sowie die damit verbundenen Emotionen. Resümierend setzen wir uns übergreifend mit den vorgestellten

Werken auseinander und stellen Überlegungen zum möglichen Wandel von Schweigen und Leerstellen an. Insgesamt verstehen wir unseren Beitrag eher tentativ und im Modus von Fragen und Suchbewegungen als von eindeutigen und abschließenden Erkenntnissen.

Zugänge: Erinnerungskultur, Generationenverhältnisse, Schweigen

Literarische Texte der letzten Jahre, die sich mit Erfahrungen in der DDR und der Wendezeit befassen, können als Teil einer Erinnerungskultur an die DDR gefasst werden. Erinnerungskultur fragt danach, wie und mit welchen Formen und welchen Praktiken an die Vergangenheit, an zurückliegende Ereignisse oder an historische Konstellationen erinnert wird. Dass dabei von einer Kultur die Rede ist, weist über eine reine individuelle Dimension hinaus und unterstreicht die kollektive Praxis (Baader/Freytag 2015, S. 7). Diese wirft dann auch Fragen nach dem kollektiven Gedächtnis auf, womit kollektive Konstruktionen über die Vergangenheit und ein geteiltes Verständnis der Vergangenheit gemeint sind, die allerdings eine gewisse zeitliche Dauer aufweisen müssen, um schließlich vom kollektiven Gedächtnis sprechen zu können. Zwar ist der auf Maurice Halbwachs zurückgehende Begriff aus den 1920er Jahren immer wieder kritisiert worden, Aleida Assmann unterstreicht jedoch in ihrer Auseinandersetzung mit der Kritik, dass das kollektive Gedächtnis nicht durch „mystische Teilhabe", sondern durch „Erzählen, Vergegenwärtigen und kommunikativen Austausch" und damit auch bei Halbwachs in einem sozialen Prozess entstehe (Assmann 2006, S. 29). Das kollektive Gedächtnis resultiert somit aus Verdichtungen, die auf dem individuellen und persönlichen Gedächtnis basieren, aber in einem bestimmten „Zeithorizont" erfolgen, für den die generationale Abfolge bedeutsam ist. Geschichten und Erinnerungen werden in sogenannten „Erzählgemeinschaften", die nach Assmann drei Generationen umfassen, weitergegeben, was auch als „kommunikatives Gedächtnis" bezeichnet wird (ebd., S. 25). Nach achtzig bis hundert Jahren, in denen der Austausch auf der Kommunikation zwischen Personen verschiedener Generationen basiert, geht er von „lebendigen Trägern" auf die „dauerhaftere Stütze" durch „kulturelle Symbole und Zeichen" und damit ins kulturelle oder kollektive Gedächtnis über (ebd., S. 34). Zu diesen „symbolischen Stützen, die die Erinnerung in die Zukunft hinein" und damit „transgenerationell" stabilisieren, zählt Assmann Medien wie Texte, Bilder oder Monumente (vgl. ebd., S. 35). Damit wären Bücher, Texte und Bilder Medien, die an der Stiftung des kollektiven Gedächtnisses beteiligt sein können, denn sie überschreiten grundsätzlich das individuelle Gedächtnis, indem sie auf ein lesendes Publikum, auf Öffentlichkeit und auf Kommunikation zielen. Zugleich sind Texte und Bilder, die sich explizit mit der Be- oder Verarbeitung von Vergangenheit befassen, immer schon Bestandteil von Erinnerungskultur. Ob sie schließlich in das kollektive

Gedächtnis eingehen, wird sich, folgen wir Assmanns Zugang, jedoch erst nach achtzig bis hundert Jahren erweisen. Bezogen auf den Mauerfall und die Wende als einschneidendes historisches Ereignis kann also nach etwas mehr als dreißig Jahren noch nicht nach den Einschreibungen ins kollektive Gedächtnis, sondern nur ins kommunikative Gedächtnis gefragt werden. Zugleich kann festgehalten werden, dass das Generationenverhältnis und die transgenerationelle Weitergabe für Fragen der Erinnerung eine zentrale Rolle spielen. Assmann führt, zurückgehend auf Karl Mannheim, den Begriff des „Generationengedächtnisses" ein, wonach das individuelle Gedächtnis immer auch in den Zeithorizont generationaler Erfahrungen eingebettet ist. Dabei unterstreicht Assmann die von Mannheim identifizierte Bedeutung der Altersspanne von 12 bis 25 Jahren für „lebensprägende Erfahrungen" (ebd., S. 26). Jede Generation würde ihren „eigenen Zugang zur Vergangenheit" entwickeln, was wesentlich zur „Dynamik im Gedächtnis einer Gesellschaft" beitrage (ebd., S. 27).

Mit diesen Überlegungen haben wir deutlich gemacht, dass Bücher und Texte, die die Vergangenheit der DDR, die Wende- oder Nachwendezeit thematisieren, Teil von Erinnerungskulturen sind, die das individuelle Gedächtnis überschreiten, sich aktuell im Horizont eines kommunikativen Gedächtnisses bewegen und Bausteine für das kollektive bzw. kulturelle Gedächtnis bilden können. Zudem wurde die Bedeutung generationaler Zugehörigkeit für Fragen der Erinnerung an die Vergangenheit herausgearbeitet, was für die Auswahl unserer literarischen Texte bedeutsam ist, aber auch für unsere Frage nach der Thematisierung von Generationenverhältnissen in den ausgewählten Texten. Während bei Assmann das kommunikative Geschehen in der Abfolge der Generationen in Anlehnung an Karl Mannheim die Grundlage für sozialen Wandel und den Übergang des kommunikativen zum kulturellen bzw. kollektiven Gedächtnis darstellt, fragen wir auf der Basis unserer Texte nach dem Generationenverhältnis und der Art und Weise, wie dieses gestaltet wird, was die Generationen übereinander denken, wie sie miteinander kommunizieren, was sie nicht fragen können und damit beschweigen. Diese Perspektive, die Transgenerationalität einschließt, beschreiben wir mit dem Begriff des Generationenverhältnisses, das allerdings nicht im Mittelpunkt von Mannheims Überlegungen steht (vgl. Baader 2018). Einem solch relationalen Verständnis folgen wir auch, wenn wir auf Geschlechterverhältnisse blicken.

Die Frage nach dem Schweigen und dem Beschweigen ist ein zentraler Bestandteil des Nachdenkens über Erinnerungskulturen. Das Beschweigen kann in diesem Zusammenhang als eine Art kollektiver Übereinkunft beschrieben werden, etwas nicht zum Thema zu machen, es zum Tabu zu erklären. Dabei ist das Tabu wiederum etwas, wo man nicht hingeht, hinschaut oder das man nicht berührt. Assmann diskutiert im Zusammenhang mit ihren Ausführungen zum Beschweigen in der Erinnerungskultur das doppelte Beschweigen der Erinnerungen an den Massenmord und die Vertreibung der europäischen Juden sowohl in Deutschland als auch in Israel (Assmann 2006, S. 99). Hannah Arendt hat das

Schweigen der deutschen Nachkriegsgesellschaft als unerträglich und als Form der Komplizenschaft, sie spricht von „totaler Komplizität", beschrieben (ebd., S. 101 f.). Im Gegensatz zum Beschweigen als einer ritualisierten und möglicherweise auch unbewußten Praxis verstehen wir unter dem Verschweigen eine bewusste Nichtthematisierung, die durchaus intentional ist. Assmann diskutiert das Verschweigen auch als „Ausdruck fortgesetzter Macht" (ebd., S. 176). Darüber hinaus ist das Schweigen im Sinne des Gedenkens auch eine eingespielte Praxis in Erinnerungskulturen.

In erziehungswissenschaftlicher Hinsicht haben Veronika Magyar-Haas und Michael Geiss über das Schweigen als Phänomen und Bestandteil von und in Bildung und Erziehung nachgedacht (2015). Wir folgen ihrem Verständnis, dass Schweigen und Sprache oder Schweigen und Reden keine sich gegenüberstehenden Kontrapunkte, sondern diese wesentlich komplexer zu fassen sind. Denn im Schweigen, so Magyar-Haas und Geiss, „lagert sich all das Unsagbare und Ungesagte ein, ihm wohnt die Potentialität des Sagbaren inne, der es immer wieder trotzt oder trotzen muss, um *sein* zu können" (Magyar-Haas/Geiss 2015, S. 10, Herv. i. O.). Lediglich einer binären Logik von Schweigen und Sprache oder Schweigen und Reden zu folgen, würde auch heißen, „die kontextuelle, historische und kulturelle Vielfalt des Phänomens genauso wie […] die Historizität der Differenzierung selbst" (ebd., S. 11) nicht ausreichend zu berücksichtigen.

In dieser Hinsicht wird Schweigen von Magyar-Haas und Geiss als ambivalentes Phänomen im Zusammenhang mit den Aspekten von Macht und Ohnmacht sowie von Machtverhältnissen gebracht. Schweigen ist dabei mehr als der Verweis auf eine Leerstelle, sondern im Anschluss an Roloff (1973) ist es ein „*Mittel* sprachlichen Ausdrucks" (ebd., S. 12). In diesem Sinne schlagen die Autor:innen vor, die „Differenz von Sagbarem und Nicht-Sagbarem" (Ebd.) zu analysieren, da das Nicht-Gesagte zwar im Zusammenhang mit der Sprachlosigkeit und Ohnmacht steht, sich aber das, was nicht gesagt werden kann, was unaussprechlich ist, im „Schweigen *zeige*" (ebd.). Schweigen kann so auch auf ein Jenseits der Sprache, etwa auf Körper und Emotionen verweisen. Denn etwas oder jemand kann einem die Sprache verschlagen. Vor diesem Hintergrund interessieren wir uns im Folgenden für Schweigen, wie es in den literarischen Texten zur DDR-Geschichte aufgenommen ist, für Schweigen als „beredtes Nicht-Reden" (ebd., S. 13), für Gesagtes und Ungesagtes, für das Sprechen und für Unaussprechliches.

Literarische Texte zur DDR-Vergangenheit

Bei unserer Textauswahl haben wir literarische Texte aus den vergangenen zwanzig Jahren berücksichtigt, die sich mit der DDR-Geschichte, der Wende- bzw. der Nachwendezeit in einem weiten Verständnis befassen. In der DDR-Forschung ist in diesem Zusammenhang auch von der „langen Wende" die Rede. Literarische

Texte folgen dem Modus des „Erzählens", das Assmann in ihren erinnerungs-kulturellen Überlegungen als eine der drei Grundformen „historischer Präsen-tation" diskutiert (vgl. Assmann 2007, S. 150). Für unsere Analyse haben wir in besonderer Weise Texte ausgewählt, die mit dem Motiv des Schweigens arbeiten, Bildungsaspekte beinhalten sowie Generationenverhältnisse thematisieren. Die Bücher, die wir ausgewählt haben, lassen sich unterschiedlichen Genres zuord-nen. Es sind zum einen Romane, zum anderen aber auch autobiografische Erzäh-lungen. Wir werden die literarischen Texte zunächst vorstellen, dabei aber unter-schiedlich intensiv auf die Bücher eingehen, um sie dann auf Gemeinsamkeiten und Unterschiede bezogen auf die Aspekte: Formen des Schweigens, Generatio-nenverhältnisse und Wandel hin zu diskutieren.

Judith Schalansky: Der Hals der Giraffe. Bildungsroman (2011)

Judith Schalanskys Roman „Der Hals der Giraffe" wurde 2011 veröffentlicht und trägt den Untertitel „Bildungsroman". Hauptfigur ist die Biologielehrerin Ingrid Lohmark, „eine Lehrerin vom alten Schlag" (Klappentext) an einer Schule in Vor-pommern, im ländlichen Raum. Es handelt sich dabei um die letzte Klasse des „Charles-Darwin-Gymnasiums", da es für die nächsten Klassen nicht mehr ge-nug Schüler:innen geben werde. Der Verfall der Region, die Bauruinen sind im-mer wieder Gegenstand der Beschreibung (ebd., S. 65). Deshalb, so die Lehrerin, seien die vor ihr sitzenden Kinder keine Zukunft, sondern „genau genommen waren sie die Vergangenheit" in einem ländlich-schrumpfenden Raum (ebd., S. 14). An der Vergangenheit orientieren sich auch die Lehrmethoden Ingrid Lohmarks: „Ihre Lehrmethoden bestanden aus einer Reihe von Maßnahmen, die sie im Laufe des Lehrerlebens ausgebildet und immer mehr spezialisiert hatte" (ebd., S. 30). Ihre Praxis lässt sich mit guten Gründen als autoritär beschreiben. „Frau Lohmark unterrichtet frontal" (ebd., S. 47), stand in einem Bericht über sie. Ihre Reaktion: „Ja, wie denn sonst, Klugscheißer!" (ebd.), denn Gesprächs-kreise, Gruppenarbeit, das lehnte sie ab. „Nichts ging über Frontalunterricht", der Biologieunterricht war ein „Tatsachenbericht", der „durch keine Umstellung auf ein anderes politisches System hinfällig wurde" (ebd., S. 48). „Darüber gab es nichts abzustimmen. Das war echte Diktatur!" (Ebd., S. 49) Was zählte war „Höf-lichkeit, Pünktlichkeit, Sauberkeit". „Es war ein Jammer, dass es keine Kopfnoten mehr gab. Ordnung. Fleiß. Mitarbeit. Betragen. Ein Armutszeugnis für dieses Bildungssystem" (ebd., S. 11). „Schüler waren natürliche Feinde" (ebd., S. 202). Frau Lohmark folgt einer ausgeprägt sozialdarwinistischen Orientierung. „Der Mensch war ein flüchtiges Vorkommnis auf Proteinbasis". „Anpassung" ist ihre zentrale Orientierung. „Zum Opfer machte man sich immer nur selbst" (ebd., S. 71). Die „Destruenten", Organismen, die sich von Abgestorbenem ernähren, so Lohmark, seien „das Grundprinzip des Lebens". „Leben vom Tod anderer" (ebd.,

S. 190). „Aber das war ja tabu, das wollte keiner wahrhaben" (ebd.), so Lohmark in ihrem Plädoyer für die Macht der Zerstörung.

Sie redet „grundsätzlich nicht außerhalb des Unterrichts mit Schülern" (ebd., S. 71). „Zum professionellen Verhältnis gehörten keine Nähe, kein Verständnis" (ebd., S. 13). Emotionen lehnt sie generell ab. Als sie Gefühle für eine Schülerin entwickelt, weiß sie nicht mehr weiter. Als eine Kollegin meint, dass Gedankenaustausch „etwas sehr Schönes" sei (ebd., S. 159) und sie den „pädagogischen Eros" anspricht (ebd., S. 160), sagt Lohmark nichts. Als sie diese Schülerin entgegen ihren Prinzipien in ihrem Auto mitnimmt, da der Bus liegen geblieben ist, herrscht Sprachlosigkeit vor und Frau Lohmarks Phantasien sind gewalttätig. Auch als eine ihrer Schülerinnen misshandelt auf dem „Jungsklo" von einem Kollegen aufgefunden wird (ebd., S. 206), der sie auf ihre Verantwortung als Klassenlehrerin anspricht, reagiert sie nicht: „nur nichts anmerken lassen" (ebd., S. 204). Was sie wusste, bleibt offen, genauso wie eine mögliche eigene Gewalttätigkeit gegenüber der Schülerin, von der sie sich angezogen fühlte. „Das war nicht ihre Sache. Was hatte sie damit zu tun. Jeder war für sich selbst verantwortlich" (ebd., S. 207). Sie setzte stattdessen, nach der Unterredung mit dem Kollegen, bei der sie nichts sagte, ihren Unterricht über den Hals der Giraffe fort. Diese habe ihren langen Hals durch „hartnäckige Anstrengung" bekommen, sich immer weiter nach den noch höheren Blättern zu recken. „Anpassung ist alles". (Ebd., S. 201) „Über viele Generationen und lange Zeiträume hinweg haben sie diese unglaublich langen Hälse ausgebildet." (Ebd., S. 210) „Jede Generation erntet die Früchte der vorherigen". (Ebd.) „Wenn alle ständig überall Unterstützung bekommen, ist niemand mehr gefordert, für sich selbst zu sorgen. Jeder einzelne von uns muss sich strecken. Alles ist möglich, wenn wir uns nur anstrengen" (ebd., S. 211), so Lohmarks Worte an ihre Schüler:innen im Unterricht. Aber ihr Körper reagiert mit Erschöpfung und „Schwindel" auf den Vorfall (ebd.). In diesem Zusammenhang erfährt man auch etwas über den Umgang mit ihrer eigenen Tochter. Mutterschaft ist für Lohmark Pflichterfüllung. „Nur eine Frau, die ein Kind geboren hatte, war eine Frau" (ebd., S. 165). Ihre Tochter war einsam gewesen und in der Schule nicht beliebt, als sie in der Schule weinte, ließ ihre Mutter sie auf dem Boden liegen. „Claudia schrie nach ihr. Vor der ganzen Klasse. Natürlich war sie ihre Mutter. Aber zuallererst ihre Lehrerin. Sie lag nur da und konnte sich nicht beruhigen. Niemand ging zu ihr. Niemand tröstete sie. Auch sie nicht. Es ging nicht. Vor der ganzen Klasse. Nicht möglich. Sie waren in der Schule. Es war Unterricht. Sie war Frau Lohmark". (Ebd., S. 219) Abhängigkeit ist ein Naturgesetz: „Mit der Geburt tappte man in die Falle, aus der keiner mehr entkam. Sie alle waren Wesen, die Vater und Mutter hatten. Zwei Menschen, denen man über Jahre ausgeliefert war. Abhängigkeit durch langanhaltenden Freiheitsentzug." (Ebd., S. 151)

Härte, Unbeugsamkeit, Gefühlskälte, Sozialdarwinismus sind die Prinzipien. Der Härtere setzt sich durch, die „Sieger waren doch die Fähigsten. Wer siegte, hatte zu Recht gesiegt. In der Natur gab es kein Unrecht". Der Mensch ist ein Tier.

„Der Mensch ist das größte Nutztier". „Die sozialistische Persönlichkeit wird in erster Linie über den Arbeitsprozess geformt." (Ebd., S. 170) „Wer überlebt, überlebt." (Ebd., S. 217) Es gibt keinen Ausblick, keine Hoffnung auf Wandel. Thema sind die Langlebigkeit dieser Orientierungen, der lange Schatten der DDR und das Unvermögen, mit dem Wandel umzugehen. „Man sah immer noch, dass man hier im Osten war. Man würde es noch in fünfzig Jahren sehen. Um eine Beziehung zu verarbeiten, brauchte man doppelt so lange, wie sie gedauert hat." (Ebd., S. 206) Folgt man dieser Lesart, dann würden knapp fünfzig Jahre DDR-Geschichte hundert Jahre zu ihrer Verarbeitung brauchen. Damit wären wir bei dem von Assmann angesprochenen Zeithorizont von hundert Jahren für einen generationenbedingten Wandel. Etwa 2090 wäre also der Zeitpunkt, zu dem die DDR-Geschichte für die Subjekte verarbeitet sein könnte, also beim Übergang vom kommunikativen zum kollektiven bzw. kulturellen Gedächtnis. Bei Schalansky, deren Roman in der unmittelbaren Nachwendezeit angesiedelt ist, ohne eine genaue Zeitangabe zu machen, geht es um die Tradierungen von Mustern der Bildung, des sozialen Umgangs, des Subjektverständnisses, des Selbst- wie Generationenverhältnisses in der DDR und deren Ausläufer nach der Wende. Ein Gespräch der Elterngeneration mit der nächsten Generation findet nicht statt. Im Vordergrund steht dabei nicht das Unvermögen, sondern eine komplette und strikte Verweigerung. Diese sowie eine Ablehnung von Emotionen überhaupt, gehen Hand in Hand. Resonanz, Mitleid, Mitgefühl und fragende Zuwendung existieren nicht. Verständnis wird zurückgewiesen.

Die Figur Ingrid Lohmark verweigert das Gespräch und die Kommunikation mit den Kolleg:innen und den Schüler:innen. Ihre Erziehungsmethoden sind latent gewaltförmig. Eine Zukunftsdimension gibt es nicht, „einfach nur Verfall" (ebd., S. 207) und ein Wandel wird erst nach hundert Jahren wahrscheinlich. Lediglich im Willen und der Anstrengung des Einzelnen wären Überschreitungen denkbar. Veränderungen werden aber von der Hauptfigur abgelehnt, deshalb war sie auch geblieben. Auch der Begriff des Individuums wird zurückgewiesen, im alten wie im neuen System werden Anpassungen verlangt, dies plausibilisiert Lohmark über Rationalität, nicht über Emotionen. Deshalb gibt es auch keine Entwicklung oder Transformation, wie es der klassische bürgerliche Bildungsroman verlangt, so dass es sich um einen Anti-Bildungsroman oder eine Kritik am Bildungsroman handelt.

Sabine Rennefanz: Eisenkinder. Die Stille Wut der Wendegeneration (2013)

Während die Hauptfigur in Schalanskys „Bildungsroman" Emotionen sowieso ablehnt, wird in Sabine Rennefanz autobiografischer Erzählung das Gefühl „Wut" schon im Untertitel aufgerufen und zugleich mit Unausgesprochenem und Zurückgehaltenem in Verbindung gebracht, indem die Wut als „still" oder „unterschwellig" (Rennefanz 2013, S. 13) beschrieben wird. Mit dem Untertitel wird die Biografie der Autorin zugleich als Geschichte einer Generation erzählt und überschreitet damit die individuelle Erinnerung. Diese Generation war zur Zeit des Mauerfalls in der Pubertät, so wie Uwe Mundlos, an dessen Biografie sich Rennefanz abarbeitet und die sie in eine Beziehung zur eigenen setzt. Während Mundlos sich gemeinsam mit Uwe Böhnhardt und Beate Zschäpe zur radikalen „Zwickauer Terrorzelle" zusammenschloss, trat Rennefanz, nur wenig jünger, einer radikalen christlichen Sekte bei. In der Sehnsucht nach Radikalität sieht sie eine Gemeinsamkeit und geht dieser Spur in ihrem Buch nach. Während Schalanskys Roman aus der Sicht einer älteren erwachsenen Hauptfigur komponiert ist, erzählt Rennefanz die Geschichte Jugendlicher in der Spätpubertät nach der Wende. Für sie gab es eine Gemeinsamkeit im Generationenverhältnis zur älteren Generation, die sie als tiefsitzende Angst beschreibt: „die Angst, das unausgesprochene Agreement zu brechen, dass wir, die Jüngeren, die Älteren nichts fragen, was ihre Vergangenheit im untergegangenen Staat in Frage stellen könnte. Als wäre es besser, keine Wunden aufzureißen. Als wäre alles schon schwer genug. In all den Jahren, die wir das unausgesprochene Agreement gehalten haben, sind die Fragen, die wir nicht gestellt haben, größer und größer geworden." (Ebd., S. 23) Rennefanz sucht in Eisenhüttenstadt, der Stadt ihrer Kindheit, ihren alten Geschichtslehrer, Herrn Weise, auf, einen Wendehals, der vor und nach der Wende Schulleiter war. Bei den Stadtführungen, die er durchführt, ist seine Stimme „ohne jede Emotion. Kalt. Als hätte ihm die DDR nie etwas bedeutet" (ebd., S. 20). „Wie lebte er in der DDR. War er Dissident? Mitläufer? Täter? Kritisch oder angepasst? Weise läßt immer wieder Sätze fallen, die mal das eine, mal das andere zu belegen scheinen." (Ebd., S. 22) Rennefanz braucht ihren ganzen Mut, als sie ihn zu Hause aufsucht, um ihm die Frage zu stellen: „Wie war es als Geschichtslehrer für ihn, die Lügen in der DDR zu unterrichten?" (Ebd., S. 24) Nach einigem Hin- und Her gibt er zu, dass er sein „Mäntelchen in den Wind gehängt" (ebd.) habe. Er sei der einzige Lehrer, den sie erlebt habe, „der sich selbstkritisch [ge]äußert" (ebd.) habe. In diesem Satz könne man „Enttäuschung, Selbsthaß, Bitterkeit" hineinlegen. „Ich fragte ihn, ob er mit der Stasi zu tun hatte. ‚Natürlich' sagte er." (Ebd., S. 24)

Wie bei Schalansky spielt auch bei Rennefanz die Schule eine wichtige Rolle. Während Lohmark sich nach der Wende jedoch im gleichen Schulgebäude bewegte wie zu Zeiten der DDR, steht die Schule von Rennefanz nicht mehr, so dass der Ort der Erinnerung nicht mehr existiert. „Meine Schule, die Erweiterte Oberschule Clara Zetkin, gibt es nicht mehr. Die eigene Vergangenheit ist unauffindbar." (Ebd., S. 28) Thematisiert wird die Schule als Sozialisationsinstanz und Erfahrungsraum, als Einrichtung, die die Staatsräson der DDR verkörperte: „‚Jeder Junge und jedes Mädchen soll sich nach seinen Fähigkeiten entwickeln'. Leistungsdenken war Staatsräson." (Ebd., S. 33) Auch bei Rennefanz ist, wie bei

Schalansky, Schule durch Strenge und Härte und durch eine „feste Struktur fast wie in der Kaserne" (ebd., S. 44) gekennzeichnet. „In der Schule ging es so streng zu, wie mein alter Deutschlehrer prophezeit hatte. Der Staat zerfiel, der Führung rannte das Volk davon, aber die Lehrer in Eisenhüttenstadt ließen sich davon nicht beeindrucken. Die Produktion kleiner sozialistischer Persönlichkeiten musste weitergehen". „Lehrer an der EOS galten als Autoritäten, als Vorbilder und Repräsentanten des Staates, nur die Überzeugtesten durften hier unterrichten." (Ebd., S. 54)

Schweigen bzw. Nichtfragen, um die Frage nach der Mitarbeit in der Staatssicherheit nicht zu stellen, ist aber nicht erst ein Merkmal des Lebens nach der Wende in der DDR, sondern bereits des Lebens in der DDR, etwa in den Familien. „Wir waren keine Familie, in der man sich ständig fragte, wie geht's dir, was denkst du, wie war dein Tag?" (Ebd., S. 31) Auch, dass die Mutter ihren angestrebten Beruf Richterin nicht ausüben konnte, weil sie wegen ihres Engagements für die Junge Gemeinde unter Druck gesetzt worden war, erfuhr die Tochter nie von ihr selbst (vgl. ebd., S. 35). Schweigen erscheint hier als Schutz: „Meine Eltern waren vorsichtig. Alles wurde verklausuliert und flüsternd und in Andeutungen verpackt. Manchmal verstummten sie plötzlich, wenn ich den Raum betrat." (Ebd., S. 52) Sprechen und Schweigen markieren eingespielte Strategien der Vorsicht und Anpassung in der DDR. Anpassung als Orientierung werden bei Schalansky wie Rennefanz als Sprechen-Schweigen-Verhältnis ausbuchstabiert, Anpassung erfordert Schweigen.

„Wenn man mit offiziellen Stellen zu tun hat, musste man eine Rolle spielen. Ich war so erzogen worden, dass ich wusste, was ich sagen musste, um nicht aufzufallen. Die Phrasen gingen mir leicht von den Lippen. Dass wir zu Hause West-Fernsehen guckten und ich Erich Honecker für eine Witzfigur hielt, behielt ich für mich." (Ebd., S. 37) Nicht auffallen und keine eigene Meinung haben, lügen (vgl. ebd., S. 37 f.). Nichts sagen als Strategie. „Meistens war es in der DDR besser, sich zu schützen." (Ebd., S. 38) Diese Muster der Anpassung sind zugleich Rollen-Schemata, wie bei einer Theateraufführung. „Es ging einzig und allein darum, die Rollenverteilung aufrecht zu erhalten. Die DDR – ganz großes Volkstheater. Manche Rollen sollten noch sitzen als die DDR schon Vergangenheit war." (Ebd., S. 47) Die Rollen jedoch überdauern und damit auch die Muster des Sprechens und Schweigen.

Thematisiert werden auch typische Sprechweisen, die etwas auslassen und damit über die Produktion von Leerstellen, die Uneindeutigkeiten erzeugen, funktionieren. Schweigen als Offenlassen ist in der Nachwendezeit in den neuen Bundesländern ein Kommunikationsmerkmal; Dinge offen zu lassen und nicht zu benennen, wird als typisch für die Nachwendezeit beschrieben (vgl. ebd., S. 27). Aber Schweigen prägt auch die Kommunikation zwischen Ost und West.

Rennefanz tritt im Februar 2001 ihre Stelle an der Berliner Zeitung an. „2001 galt die Berliner Zeitung als einzigartiges ‚Ost-West-Labor', das heißt, es gab ebenso viele ostdeutsche wie westdeutsche Redakteure…Mein Büro teilte ich mir mit zwei Kollegen, einer kam aus Pankow, der andere aus Bonn. … Über Ost und West redeten wir erstmal nicht." (Ebd., S. 236 f.)

Und ein Stereotyp in der Sicht des Westens auf den Osten ist die Schuldzuweisung hinsichtlich der Produktion rechtsradikaler Orientierungen. Rennefanz thematisiert die Wut darauf, dass die „Zwickauer Terrororganisation" 2011 nur mit der DDR in Verbindung gebracht wurde – ein Motiv der einseitigen Schuldzuweisung, das sich auch bei Hendrik Bolz (2022) findet: die DDR gewissermaßen als Sündenbock und Projektionsraum für problematische Verhältnisse. Wut ist das vorherrschende Gefühl der Wendegeneration: „von Eltern und Lehrern alleingelassen" (ebd., S. 11). Angst hingegen ist das vorherrschende Gefühl in der Beschreibung der DDR-Zeit, während Scham insbesondere für die unmittelbare Nachwendezeit charakteristisch scheint (vgl. Baer 2020). Sie habe sich geschämt, zu sagen, dass sie aus dem Osten komme, so Rennefanz (Rennefanz 2013, S. 7). Die 1990er zeichnen sich durch „Leere", „Orientierungslosigkeit" (ebd., S. 8) und „tiefe Verunsicherung" aus (ebd., S. 11). Nostalgie empfindet Rennefanz nur für die frühe Zeit, den Optimismus der Aufbaujahre der DDR (vgl. ebd., S. 25), ansonsten wird die Erinnerung an die DDR „immer trister" (ebd., S. 25). Zu dieser Tristesse trägt auch das Verschwinden der Städte, der Orte der Erinnerung sowie der Menschen bei. „Wo sind die Menschen hin? Giftgas? Ein Bombenanschlag? Ein Erdbeben? Die Leere lässt die Architektur noch bombastischer wirken. Die Einwohnerzahl Eisenhüttenstadts hat sich in den vergangenen zwanzig Jahren fast halbiert." (Ebd., S. 14) Früher war Eisenhüttenstadt „ein Traum junger Leute gewesen. Zwei Generationen später glich sie einer Betonwüste" (ebd., S. 42).

Am Ende des Buches eröffnet sich jedoch eine neue Perspektive. Diese geht von der Mutter von Uwe Böhnhardt und ihren Fragen aus. „Ich bewundere den Mut und die Offenheit, mit der die Böhnhardts über ihr Scheitern reden, sich verletzlich machen. Es ist ihnen wichtig, dass es nie wieder einen Uwe Böhnhardt gibt" (ebd., S. 249). Die Hoffnung liegt schließlich darin, über Scheitern zu sprechen und Verletzlichkeit zu zeigen. Und so lautet der letzte Satz des Buches: „Ich habe etwas Banales wie Wichtiges gelernt: Die Wut wird weniger, wenn man über sie spricht. Das ist ein Anfang" (ebd., S. 249).

Lukas Rietzschel: Raumfahrer (2021)

In dem im Jahr 2021 erschienen Roman „Raumfahrer" verbindet der Autor Lukas Rietzschel mehrere Erzählstränge, um die komplexen generationalen Verwebungen der Nachwende- und Nachkriegsgenerationen literarisch zu bearbeiten. Das Sujet der fiktionalen Erzählung spielt in der sächsischen Provinz, in Kamenz und in Deutschbaselitz. Jan arbeitet als Pfleger in einem kurz vor der Schließung stehendem Krankenhaus, wohnt bei seinem Vater, allerdings in seiner eigenen kleinen Wohnung innerhalb des Hauses. Im Zentrum steht also ein junger männlicher Protagonist, der in der östlichen Provinz lebt. Er hat diese in der Nachwendezeit strukturschwache Region nicht verlassen, wie viele andere seiner Generation und der Generation seiner Eltern, sondern stellt sich, wie im Klappentext zum Buch zusammengefasst wird, den „Ruinen der DDR" und dem „Leerstand der Gegenwart". Hierin besteht eine Parallele zu den Büchern von Schalansky und Rennefanz, wenn der Verfall der Region und die damit zusammenhängende Abwanderung der Menschen in den Westen Deutschlands ausführlich erzählt wird.

In „Raumfahrer" werden drei Erzählstränge miteinander verwoben. Der erste Erzählstrang ist auf der familialen Ebene von Jan und seinen Eltern in der Nachwendezeit angesiedelt. Jans alkoholkranke Mutter ist mittlerweile verstorben, die Beziehung zwischen ihr und Jan wird durch Rückblenden aus der Erinnerung erzählt. Daneben spielt die Beziehung zwischen Jan und seinem nach der Wende frühpensioniertem Vater eine große Rolle. Der Vater arbeitete in der DDR-Zeit und auch noch kurze Zeit nach der Wiedervereinigung in einer Karpfenzucht. Die Verwerfungen zwischen Ost und West werden u. a. über das Auflösen dieses Betriebes erzählt: „An Weihnachten oder Neujahr kaufte doch mal jemand einen Karpfen. Irgendein westdeutscher Journalist hatte über Vater geschrieben, Überschrift: ‚Der letzte Fischer der Ostzone'. Natürlich stimmte das nicht. Das führte nur zu mehr Verwerfungen mit der Dorfgesellschaft und den ehemaligen Arbeitskollegen. Die wunderten sich ja ohnehin, dass Vater noch arbeiten durfte, während sie entlassen worden waren. Einige vermuteten dahinter ein Komplott, eine Verschwörung, mindestens die Stasi, alte Banden. Kurz nach der Wende stand ja jeder in Verdacht, ein Arschloch zu sein. Wahrscheinlich wollte Vater einfach nur weiter in Ruhe gelassen werden. Abstand. Sich fernhalten von den Leuten. Jetzt forderte er das von seinem Sohn. Jan wunderte sich nicht darüber. Er fragte nicht nach. ‚Noch ein Bier?' Jan nickte." (Rietzschel 2021, S. 38 f.) Die DDR-Vergangenheit, aber vor allem die Verwicklungen der Mutter mit der Stasi werden eher angedeutet als auserzählt und auf der interaktiven Ebene zwischen Jan und seinem Vater beschwiegen: „Die Bierflasche in der Hand. ‚Gute Nacht', sagte er. ‚Bis morgen', sagte Vater. Jan ging in den Keller, seine eigene Etage, seine eigene kleine Wohnung. Kochnische, ausziehbares Sofa. Als er den Fernseher anschaltete, hörte er, dass Vater über ihm die gleiche Sendung schaute." (Ebd., S. 39)

Der zweite parallel verlaufene Strang erzählt die Geschichte um die Brüder Baselitz, alias Kern. Der Künstler Georg Baselitz und dessen Bruder Günter sind in Deutschbaselitz, dem Nachbardorf von Kamenz aufgewachsen. Georg Baselitz, dessen Werke sich durch die Motive Zerstörung und männliches Heldentum auszeichnen, wechselt nach einem Verweis wegen mangelnder sozialistischer Reife seiner Kunst von der Ostberliner Kunsthochschule Weißensee an die Westberliner Hochschule für Bildende Künste, was er sowohl den Eltern als auch seinem Bruder verschweigt. Dies führt zu Verwerfungen zwischen den Generationen und später, nach der misslungenen Flucht von Günter, der zu seinem Bruder nach Westberlin wollte, auch zwischen den Brüdern, da ihre Briefe abgefangen werden. Aufgrund dieser unterbundenen Kommunikation entsteht also ein ungewollter Bruch zwischen den Brüdern, so dass sich im weiteren Verlauf der Geschichte um die Baselitz-Brüder die Lebensrealitäten in Ost und West stark unterscheiden und einander gegenübergestellt werden.

Die Verwerfungen und Disruptionen zwischen Jans Vater und Mutter, zwischen den Baselitz-Brüdern, aber auch zwischen Jan und seinen Eltern finden ihren Ausdruck im Schweigen, in Begegnungen, in denen das Unaussprechliche präsent wird und in den Leerstellen. Zum Bespiel, wenn Jans Mutter ihm Orte zeigen will, die für Jan keine Bedeutung haben: „Jan war es leid, hinterhergezogen zu werden. Dinge gezeigt zu bekommen, die er nicht kannte und zu denen niemand etwas sagte." (Ebd., S. 139) Oder auch als der Vater die Mutter verlässt, wird die Trennung als Trennung nicht ausgesprochen, Jan aber von der Mutter um Hilfe gebeten: „‚Warum flüsterst du? Was ist denn los?‘ ‚Ich will dich da nicht reinziehen.‘ ‚Wo denn reinziehen?‘ ‚Da ist was zwischen deinem Vati und mir.‘ ‚Mutti, sag es mir doch einfach.‘" (Ebd., S. 106) Auch zwischen Jan und seinem Vater gibt es Momente, in denen das Unaussprechliche präsent wird, in denen das Gespräch abbricht und die Vergangenheit damit beschwiegen bleibt. Und zwar an der Stelle als Jan Fotos und Briefe aus der Hinterlassenschaft von Günter Baselitz bekommt (s. u. den dritten Erzählstrang), die einerseits Hinweise auf die Stasitätigkeit der Mutter von Jan geben und anderseits die Frage nach dem leiblichen Vater von Jan aufwerfen. Mit diesen Unterlagen wird Jan von Thorsten, dem Sohn von Günter Baselitz, ungefragt konfrontiert und der Vater verwehrt sich dem Gespräch: „Vater sah ihn an. Das erste Mal so richtig an diesem Tag in die Augen. Vielleicht das erste Mal seit Wochen. ‚Was willst Du von dem?‘ ‚Der hat mich eingeladen‘, sagte Jan. ‚Ich kenne den nicht.‘ ‚Halte dich fern von dem.‘ Und als wäre das Thema damit beendet, aß Vater weiter." (Ebd., S. 37) Und dennoch bricht in dieser Form des Schweigens das Unsagbare auf, als der Vater auf die Mutter Bezug nimmt: „‚Ich glaube nicht‘, sagte der Vater, ‚dass die das gut gefunden hätte, dass Du mit diesen Leuten zu tun hast.‘" (Ebd., S. 53) Hieran zeigt sich das ambivalente Moment des Schweigens, so dass Jan sich wundert: „Er konnte sich nicht daran erinnern, wann Vater das letzte Mal über die geredet hatte" (ebd.).

Die beiden Familiengeschichten werden durch einen dritten Erzählstrang miteinander verknüpft. Thorsten, der Sohn des im Osten gebliebenen Günter Baselitz, konfrontiert Jan eher geheimnisumwoben mit den Verwebungen ihrer beiden Familien. Thorsten, der zwar gleich zu Beginn des Romans auftaucht, allerdings zunächst als Patient im Krankenhaus, und von Jan bezeichnet wird als „der Alte" (ebd., S. 11), zeigt ihm ein Foto und lädt ihn zu sich nach Hause ein. Dort gibt der „Alte" Jan einen „Schuhkarton" mit den Worten: „Mein Vater scheint das gesammelt zu haben" (ebd., S. 32). Zwischen Neugier und Unwillen beschäftigt sich Jan mit dem Inneren des Kartons, den Fotos und Briefen: „Immer und immer wieder nahm Jan weitere Seiten aus dem Karton. Er las sie, legte sie beiseite.

Immerzu ging es zurück, immerzu zog es ihn in die Vergangenheit. Nicht erst seit der Alte auftaucht ist." (Ebd., S. 104) Nach einem Streit mit seinem Vater will Jan den Karton und die bedrohliche Vergangenheit dem „Alten" zurückgeben: „Der Alte drehte sich zu ihm. Der ganze Raum dazwischen. [...] ‚Mein Vater ist nicht so alt geworden wie Ihrer', sagte er. ‚Was auch immer er Ihnen mitteilen wollte, lesen sie es. Das sind sie ihm schuldig.' ‚Gar nichts bin ich.' ‚Bitte', sagte der Alter leise." (Ebd., S. 126 f.) Doch neben dieser leisen Bitte werden auch Vorwürfe und Schuldzuweisungen von Thorsten an Jans Familie gerichtet: „Deine Familie ist der Grund für die ganze Scheiße hier." (Ebd., S. 193) Indem Jan ratlos, „Was auch immer das bedeuten sollte" (ebd.) und allein mit diesen Fragen zurückbleibt, bricht sich allerdings auch das Schweigen, jenes innerhalb und zwischen den Generationen. Der Schuhkarton mit den sich darin befindenden Gegenständen dokumentiert damit das Leben der Beteiligten und ist in dieser Geschichte zentraler Bestandteil einer unaufgearbeiteten und beschwiegenen Erinnerungskultur, obwohl alle Beteiligten – der Vater, die Mutter, Thorsten, Günther – bis auf Jan die geheim gehaltene Stasitätigkeit der Mutter, die Günter an die Stasi verraten und damit seine Flucht verhindert hat, kennen.

Auf diese Weise wird Jan (neben Thorsten) zum verbindenden Element zwischen den Generationen. Denn für Jan sind seine Eltern in einem Zwischenzustand: „Mutter, Vater. Für Jan waren sie Raumfahrer. Schwebten in einer Zwischenwelt, ihrem Ausgangspunkt entrissen. Während sie schwebten, hatte sich die Welt schon ein Dutzend Mal weitergedreht. Sie sahen dabei zu, streckten die Hände aus. Versuchten, vor- oder zurückzukommen. Hoch, runter. Aber wo sie sich befanden, gab es keine dieser Richtungen im Raum. Und Jan stand auf der Erde und richtete sein Fernglas auf sie." (Ebd., S. 196) Die Orte der Erinnerung und an das Leben in der DDR werden als eine Geschichte des Verfalls und des Verlustes erzählt: „Hin und wieder holte er Vater von der Arbeit ab. Dann liefen sie nebeneinander im Straßengraben. [...] Sie liefen durch das, was vom Neubaugebiet übrig geblieben war, und an den Baustellen der Einfamilienhäuser vorbei. ‚Alaska-Seelachs', sagte Vater mal. ‚Der bricht mir noch den Hals. Die ganzen Scheißkühltruhen sind voll damit.'" (Ebd., S. 195 f.)

Die Geschichten in Raumfahrer enden zwar mit Jans Einsicht: „Er gehörte dazu. Er war ein Raumfahrer wie sie" (ebd., S. 282), sie endet aber auch damit, was Georg Baselitz „nicht noch einmal malte: die Dorfschule, die Vögel des Deutschbaselitzer Großteichs, seinen Bruder" (ebd., S. 286).

Hendrik Bolz: Nullerjahre. Jugend in blühenden Landschaften" (2022)

Hendrik Bolzs Roman „Nullerjahre. Jugend in blühenden Landschaften" wurde 2022 veröffentlicht. Wie „Der Hals der Giraffe" ist dieses elf Jahre später erschienene Buch ein großer Publikumserfolg und beide akzentuieren Bildungs- und Generationenaspekte bereits im Titel. Bolz' Roman spricht mit seinem Untertitel zugleich explizit die Politik der Vereinigung an, indem er Helmut Kohls Diktum, Versprechen und Metapher der „blühenden Landschaften" aufgreift: beim Inkrafttreten der Währungsunion im Jahr 1990 sowie am Vorabend der Wiedervereinigung und schließlich durch den Slogan der CDU im Wahlkampf von 1998 als ökonomische Zukunftsperspektive für die neuen Bundesländer. Damit ist das Ost-West-Verhältnis selbst Thema, genau wie in den Texten von Judith Schalansky, von Sabine Rennefanz und von Lukas Rietzschel. Der Ich-Erzähler in Bolz' Erzählung, die stellenweise als Rap-Song geschrieben ist, ist 1988 in Stendal geboren, in Vorpommern, wo auch Schalansky's Roman verortet ist. Seinen Kommiliton:innen in West-Berlin kann er seine Jugenderfahrungen und wie man in seinem Milieu gelernt hatte, als Jugendlicher „gut durchs Leben" zu kommen, nicht vermitteln. „Am schlimmsten schmerzte es mich, wenn ich wirklich einmal anhob, ihnen genau das zu erzählen von den ostdeutschen Nullerjahren, von Drogen und Gewalterfahrungen, von Perspektivlosigkeit. ‚An der Ostsee, da hab ich doch letztens erst Urlaub gemacht' […] Hier gab es keine gemeinsame Sprache" (ebd., S. 11). Als im Kontext der sogenannten Flüchtlingskrise 2015 „in meiner westdeutsch und links geprägten Bubble […] die ganze Region abgeurteilt wurde […]. Und als es hieß der Osten solle sich doch endlich mal zusammenreißen […], diese hässlichen arbeitslosen Hinterwäldler, da fühlte ich mich plötzlich mitgemeint, fühlte mich fremd und ausgesondert und hatte das Bedürfnis, mich schützend vor meine Heimat zu stellen. Da bekam meine schöne urbane Wunderwelt mächtige Risse, da war ich verwirrt, gekränkt und gleichzeitig beschämt, denn das, was dort passierte, das fand ich ja selber auch furchtbar, das machte mir Angst und erinnerte mich an etwas, das ich doch so fein säuberlich vergraben hatte, etwas, das in den Untiefen meiner Hirnwindungen und Eingeweide ungeduldig auf seine Bearbeitung wartete." (Ebd., S. 13) Erzählanlass sind also die Schuldzuweisungen an den Osten, die die vergrabenen Erinnerungen an die Nullerjahre hochspülen. Damit wird die gesamte Erzählung im Modus der Bearbeitung einer toxischen und äußerst gewaltvollen Zeit und Jugend verortet. „Dass ich und viele andere Kinder meiner Generation in eine Ausnahmesituation hinein geboren wurden, mit Erfahrungen aufwuchsen, die sich doch von den allermeisten westdeutschen Altersgenossen unterschieden. Viel, viel zu lange bestand die Erzählung, dass es in unseren Jahrgängen zwischen Wessis und Ossis ja keine Unterschiede mehr gebe, dass jemand, der 1988 geboren ist, sich unmöglich noch ‚ostdeutsch' fühlen könne, einfach nur, weil, genau wie ich, keiner drüber sprach" (ebd., S. 15). Die getrennte generationale Erfahrung, die Illusion der Angleichung sowie die Sprachlosigkeit, das ist das große Thema von Bolz. Im Osten herrschten „Verstimmtheiten", die nicht durch Schlussstriche zu lösen seien. „Mittlerweile war mir klar geworden, dass es einen riesigen Diskursstau gibt und man, um gemeinsam vorwärts zu kommen, endlich miteinander ins Gespräch kommen muss. Und dass man dafür die eigenen Geschichten erzählen muss." (Ebd., S. 16). Die Nullerjahre werden als Umbruchszeit beschrieben, die den „neuen Bürgern" viel abverlangte, „zerrieben im Chaos der kollidierenden Systeme, mit all seinen Verwüstungen und Verwerfungen: Kalte mahlende Transformationsprozesse, luftleerer Raum, anomische Zustände, rechte Gewalt, Deindustrialisierung, leer stehende Fabrikhallen, Grasbewuchs auf rostigen Schienen, ausgepackte Ellenbogen, Vereinzelung, soziale Entmischung, Drogenschwemme, Diktaturprägung, Politikverdrossenheit, Resignation, Geburtenknick, Gangsterrap, ausblutende Landstriche, Massenarbeitslosigkeit, Abwertung, Abstieg, Scham, Schuld, Schweigen, Schweigen, Schweigen". (Ebd., S. 17) Ostdeutsche Geschichten müssen erzählt werden, um gegen die Verwerfungen und ihre Traumatisierungen anzugehen und daran nicht zu ersticken. Und so erzählt Bolz den Teil seiner Jugend, „von dem ich irgendwann nicht mehr sprechen wollte und nach dem niemand je ernsthaft gefragt hat" (ebd., S. 18). Das dreifach akzentuierte Schweigen muss gebrochen werden, um das Verborgene und Verschüttete der Bearbeitung zugänglich zu machen, einunddreißig Jahre nach der Wiedervereinigung. „Es ist 2021 und ostdeutsche Geschichten sind für mich das Spannendste auf der Welt. Hier ist meine." (Ebd., S. 19)

Resümee und Ausblick

Schweigen ist ein durchgängiges Thema in allen hier untersuchten literarischen Texten. Im Folgenden wollen wir versuchen, die verschiedenen Formen des Schweigens etwas genauer zu beschreiben und zu unterscheiden. Am stärksten ausgeprägt ist es in dem Text von Schalansky, innerhalb der Generation der Erwachsenen und gegenüber der jüngeren Generation, den Schüler:innen. Es ist gewissermaßen ein übergreifendes, totales Schweigen, das sich auf Unrecht, Gewalt, Zukunft, aber auch auf Emotionen bezieht. Dem totalen Schweigen steht eine Wahrnehmung des totalen Verfalls gegenüber. Eine Ausnahme bildet der Unterricht: ein eingespieltes Spiel von Fragen und Antworten gibt es nur im Unterricht und seinem Sach- und Fachbezug mit einer klaren Rollenteilung: die Lehrerin fragt, die Schüler:innen antworten. Im Unterricht schweigt Frau Lohmark nicht, sie monologisiert und referiert die Gesetze der Natur aus ihrer Machtposition heraus. Darin liegt eine Art der „Kontrolle" der Verhältnisse, denen man unweigerlich ausgeliefert ist und an die man sich anzupassen hat. Aber jenseits des Unterrichts verweigert sie das Gespräch.
 Bei Rennefanz wird Schweigen als Merkmal des Lebens in der DDR charakterisiert. Bei Rietzschel und bei Rennefanz wird dieses Schweigen in der Nachwendezeit als Frageverbot der jüngeren Generation thematisiert, um die älteren nicht in Bedrängnis zu bringen. Dies bezieht sich etwa auf Fragen bezüglich der Stasi-Tätigkeiten. Aber das internalisierte Frageverbot wird auch durchbrochen:

Rennefanz fragt und ihr Geschichtslehrer antwortet und bei Rietzschel werden Fragen durch auftauchende Hinterlassenschaften als Objekte der Erinnerung evoziert.

Und schließlich wird das Schweigen zwischen Ost und West angesprochen, bei Rennefanz im Redaktionsbüro, bei Rietzschel wird es durch die Verwerfungen und Brüche innerhalb von Familien akzentuiert, die verstrickt in eine wie auch immer geartete Stasitätigkeit sind. Am stärksten wird das Schweigen zwischen Ost und West bei Bolz fokussiert. Hier führt das Schweigen zu immer stärkeren „Schluckbeschwerden" (Bolz 2021, S. 18). In diesem Zusammenhang wird etwas ganz Wesentliches deutlich: Es gibt keine gemeinsamen generationalen Erfahrungen zwischen Ost- und West, dies wird am stärksten bei Bolz hervorgehoben.

Während bei Schalansky und Rietzschel Schweigen und Sprachlosigkeit im Text über Leerstellen und Nichtthematisiertes auftaucht, Fragen und Konstellationen nicht aufgeklärt werden, ist bei Bolz die Sprachlosigkeit selbst das Thema und wird explizit gemacht. Mit der Explizitheit wird die Sprachlosigkeit jedoch bearbeitbar. Der jugendliche männliche Held, der sich der Gewalt verschrieben hatte, kommentiert und reflektiert sich selbst am Ende des Romans. „Dass die Drogen, der Alkohol, die Gewalt meine Notlösung waren, um in einer Umgebung zu überleben, in der Schwäche nicht sein durfte, in der Schwäche bestraft wurde. Dass so ziemlich alle Menschen in meinem Umfeld solche Strategien nutzten, in einer Welt bestimmt von Umbruch, Niedergang, von Unsicherheit, von Vereinzelung und Sprachlosigkeit, in der alle versuchen, ihre Probleme mit sich selbst auszumachen. Ich denke an die Kinder von Schubert und Pavel und hoffe, dass sie heute mit anderen Werten aufwachsen, dass sie sich sicher fühlen, dass ihre Mitmenschen neugierig auf sie sind, verständnisvoll und freundlich" (ebd., S. 330). Mit diesem inneren Monolog der männlichen Hauptfigur gibt es zugleich eine Perspektive, diese liegt in der nächsten Generation und den anderen Werten des Aufwachsens und des Umgangs miteinander, eine Perspektive, die auf soziale Prozesse, soziale Umgangsweisen, Offenheit, Verständnis und Neugier und damit auf Fragen, auf Anerkennung von Vulnerabilität und somit auch auf Bildungsprozesse setzt. Das Verständnis, das Ingrid Lohmark grundsätzlich abgelehnt hat, wird hier mit einer Hoffnung auf Wandel verbunden.

In allen ausgewählten Texten ist das Generationenverhältnis ein zentrales Thema, Schweigen wird wesentlich im Generationenverhältnis situiert und ist vor allem Ausdruck von Schutz, Scham und von Angst, die sich auch in unsagbaren Fragen äußert. Aber es werden auch Vorwürfe formuliert, dass die Erwachsenen den Kindern und Jugendlichen nach der Wende keine Orientierung geboten und keine Gesprächsangebote gemacht und diese im Stich gelassen hätten. Hierzu formuliert Rennefanz mit den Worten „von Eltern und Lehrern alleingelassen" (Rennefanz 2013, S. 11), was Schalansky als Geschichte erzählt. Die Lehrerin spricht außerhalb des Unterrichts nicht mit ihren Schüler:innen und der Unterricht wurde so durchgeführt wie immer schon.

In allen Texten spielen aber auch brachliegende und ausblutende Landschaften, verlassene und öde Orte, der Verlust von Orten der Erinnerung, etwa des eigenen Schulgebäudes, leerstehende Fabriken und Wohnblöcke, sowie veränderte Berufsanforderungen eine Rolle. Und welche Ausblicke gibt es – bei aller Tristesse – jeweils am Ende, was wird in Aussicht gestellt, worauf könnten Hoffnungen liegen? Bei Schalansky bzw. Ingrid Lohmark wird ein Ausblick verweigert und Wandel erst in einem Zeithorizont von hundert Jahren avisiert. Bei Rennefanz liegt am Ende eine Hoffnung im Fragen stellen, sprechen und darin, sich verletzlich zu zeigen, gewissermaßen als Gegenstrategie zu einer des permanenten Schutzes, wie sie es für die DDR beschreibt. Das Fragenstellen geht von der Mutter von Böhnhardt aus. Damit übernimmt sie auch eine Form der Verantwortung der Erwachsenen, die vorher vermisst wird. Bei Bolz liegt die Hoffnung auf einem verständnisvolleren und freundlicheren Umgang mit der nächsten Generation, also der Eltern und Erwachsenen mit den Kindern und auch Rietzschel fokussiert die Verwobenheit der Generationen, die somit etwas teilen und an etwas Gemeinsamem teilhaben, über alle Schwierigkeiten der Vergangenheit hinweg. Die Ausblicke liegen im Erzählen der eigenen Geschichte, in der Aufkündigung des Schweigens, im Fragen. Dies ist aber, so wird bei Bolz deutlich, dringlich, um das Toxische und das Ersticken zu vermeiden. Bei Bolz schließt dies auch eine toxische Form der Männlichkeit ein. Zum Ausblick gehört jedoch nicht nur das Fragenstellen, das Erzählen der eigenen Geschichte, sondern insbesondere auch das Gespräch zwischen den Generationen, gerade auch über das, was schwierig und schmerzlich anzusprechen ist, jedenfalls als immer wieder neue Versuche des Sprechens, auch wenn diese riskant und fragil bleiben und neuerlich an ihre Grenzen kommen.

Literatur

Assmann, Aleida (2006): Der lange Schatten der Vergangenheit: Erinnerungskultur und Geschichtspolitik. München: C. H. Beck.

Assmann, Aleida (2007): Geschichte im Gedächtnis. Von der individuellen Erfahrung zur öffentlichen Inszenierung. München: C. H. Beck.

Baader, Meike Sophia (2018): „Mit einander sprechen, das ist r(w)ichtig." Generationale Ordnung, Generationenverhältnisse und Erziehung in der BRD seit den 1970er-Jahrenen. In: Betz, Tanja/Bollig, Sabine/Joos, Magdalena/Neumann, Sascha (Hrsg.): Childhood Studies zwischen Soziologie und Erziehungswissenschaft. Weinheim und Basel: Beltz, S. 78–93.

Baader, Meike Sophia/Freytag, Tatjana (2015): Erinnerungskulturen: eine pädagogische und bildungspolitische Herausforderung. In: Baader, Meike Sophia/Freytag, Tatjana (Hrsg.): Erinnerungskulturen: Eine pädagogische und bildungspolitische Herausforderung. Köln, Weimar und Wien: Böhlau, S. 7–9.

Baer, Udo (2020): DDR-Erbe in der Seele. Erfahrungen, die bis heute nachwirken. Weinheim und Basel: Beltz.

Bolz, Hendrik (2022): Nullerjahre. Jugend in blühenden Landschaften. Köln: Kiepenheuer und Witsch.

Hensel, Jana (2002): Zonenkinder. Reinbek bei Hamburg: Rowohlt Verlag.

Magyar-Haas, Veronika/Geiss, Michael (2015): Zur Macht der Ambivalenz. Schweigen in Erziehung und Bildung. In: Magyar-Haas, Veronika/Geiss, Michael (Hrsg.): Vom Schweigen. Zur Macht/ Ohnmacht in Bildung und Erziehung. Weilerswist: Velbrück Wissenschaft, S. 9–27.

Meyer, Clemens (2008): Als wir träumten. Frankfurt am Main: Fischer Verlag.

Rennefanz, Sabine (2013): Eisenkinder. Die Stille Wut der Wendegeneration. München: Luchterhand.

Rietzschel, Lukas (2021): Raumfahrer. München: dtv Verlagsgesellschaft.

Schalansky, Judith (2011): Der Hals der Giraffe. Berlin: Suhrkamp.

Gegenwartsbezüge in der Gedenkstättenpädagogik

Die ambivalente Institutionalisierung von NS-Gedenkstätten und die Gegenwart rechter Gewalt

Johannes Bretting

Zusammenfassung: Der Beitrag geht anhand von organisationsethnographischem Material aus einem laufenden Forschungsprojekt zur einrichtungsspezifischen Praxis von NS-Gedenkstätten der Frage nach, wie dort Gegenwartsbezüge organisiert werden. Die unerledigte Aufgabe einer Erziehung nach Auschwitz wird so entlang des Verhältnisses von Institutionalisierung und Organisation um eine organisationspädagogische Perspektive erweitert. Die empirische Grundlage ist *eine Gedenkwand in der Gedenkstätte*, die auf die Spannung zwischen den Gewissheiten einer deutschen Erinnerungskultur an den Nationalsozialismus und der Kontinuität rechter Gewalt seit 1945 verweist. Anders als in einem *Lernen aus der Geschichte* wird damit einerseits die Idee der Abgeschlossenheit von Geschichte in Frage gestellt, andererseits Erinnerung als aktiver Prozess in der Gegenwart begriffen, der dem Beschweigen und Ignorieren der Kontinuität rechter Gewalt entgegensteht und dies zum Gegenstand pädagogischer Arbeit in NS-Gedenkstätten gemacht.

Abstract: Using organizational ethnographic material from an ongoing research project on the organization-specific practice of NS-memorial sites, this article examines the question of how contemporary relevance is organized there. The unfinished task of education after Auschwitz is expanded by an organizational pedagogical perspective along the relationship between institutionalization and organization. The empirical inducement is *a memorial wall in the memorial site*, which points to the tension between the certainties of a German culture of remembrance of National Socialism and the continuity of right-wing violence since 1945. In contrast to the idea of *learning from history*, this work questions the idea of a concluded history on the one hand, and on the other hand it understands remembrance as an active process in the present that counters the de-thematization and ignoring of the continuity of right-wing violence and makes this the subject of pedagogical work in NS-memorial sites.

Keywords: Erziehung nach Auschwitz, Pädagogische Organisationsforschung, Gedenkstättenpädagogik, Ethnographie, Institutionalisierung

„Wir müssen uns dem stellen, dass es nie wieder passiert. Äh und man kann nicht auf der einen Seite sagen: Ah super, Gedenkstätten, äh und es passiert nie wieder und gleichzeitig werden hier Leute erschossen aus solchen Motiven. Und DAS war unser Statement zu sagen: Ey es ist auch unsere Aufgabe, an diese Menschen zu erinnern, weil die nämlich sonst auch vergessen werden, wenn man Pech hat."

1 Ausgangslage: Nie wieder. Schon wieder. Immer noch.

Die pädagogische Arbeit von NS-Gedenkstätten in Deutschland ist zentraler Bestandteil des gesellschaftlichen Selbstbildes, das davon ausgeht aus der Geschichte des Nationalsozialismus gelernt zu haben. Die Idee des *Nie wieder* wird in diesem Beitrag einleitend in seiner spannungsvollen Beziehung zur Gegenwart rechter Gewalt in Deutschland thematisiert, deren Bedeutung als rechter Terror über viele Jahrzehnte gesellschaftlich, politisch und wissenschaftlich weder erkannt noch bearbeitet wurde (vgl. Nerdinger 2017; Dietze 2020; Steinhagen 2021). Erst seit der öffentlichen Thematisierung des NSU-Komplex, der Ermordung von Walter Lübcke, dem Anschlag in Halle im Jahr 2019 und den Morden in Hanau im Februar 2020 zeichnet sich hier eine Veränderung ab, die von den Überlebenden und den Angehörigen der Opfer, wie z. B. Ibrahim Arslan oder Serpil Temiz Unvar angestoßen und getragen wird (vgl. Nobrega/Quent/Zipf 2021). Diese Entwicklung beschäftigt – dem einleitenden Zitat folgend – auch NS-Gedenkstätten, wenn dort die Erinnerung an die Opfer rechten Terrors als *Aufgabe* thematisiert wird und hierüber Gegenwartsbezüge hergestellt werden.

Das einleitende Zitat stammt aus einem Interview mit der Leitung einer NS-Gedenkstätte und wurde im Rahmen einer organisationsethnographischen Pilotstudie des in Kürze anlaufenden DFG-Projekts *Institutionalisierung von Wissen im Wandel* (InWiWa, unter Leitung von Nicolas Engel) geführt. Das Projekt untersucht die organisationale und institutionelle Verfasstheit des pädagogischen Umgangs mit historisch-politischem Wissen in und durch NS-Gedenkstätten und fragt nach der Rolle und Funktion von NS-Gedenkstätten als organisationale Arenen und Akteure (vgl. Bretting/Engel 2021; Engel 2021). Im Sinne einer theoretischen Empirie wird in diesem Beitrag die „beobachtungsleitende Annahme" (Kalthoff 2008, S. 12) einer widersprüchlichen und ambivalenten Institutionalisierung der NS-Gedenkstätten an das organisationsethnographische Material herangetragen. Ein konkretes Artefakt – eine Gedenkwand in besagter Gedenkstätte – wird entlang der Frage, wie NS-Gedenkstätten als organisationale Arenen und Akteure Gegenwartsbezüge organisieren, durch das Material hindurch verfolgt. Die unerledigte Aufgabe einer *Erziehung nach Auschwitz* (vgl. Andresen/Thompson/Nittel 2019), welche immer auch die Frage nach Gegenwartsbezügen berührt, wird so um eine organisationspädagogische Perspektive erweitert, die das Verhältnis von Institution(-alisierung) und Organisation in den Blick nimmt.

Es soll nun zuerst die ambivalente und widersprüchliche Institutionalisierung von NS-Gedenkstätten dargestellt werden (2). Daran anschließend wird organisationsethnographisches Material aus der Pilotstudie um das konkrete Artefakt – der *Gedenkwand in der Gedenkstätte* – angeordnet. Es werden so einrichtungsspezifische Praktiken der Gedenkstätte sichtbar gemacht (3 & 5), die sich auf den Begriff des Gegenwartsbezugs beziehen lassen (4).[1]

2 Institutionalisierung als ambivalenter und widersprüchlicher Prozess

Nach der sogenannten Wiedervereinigung befand sich die Bundesrepublik Deutschland in einer Phase der Aushandlung geschichtspolitischer Grundsätze, die eine „neue bundesrepublikanische Basiserzählung" (Siebeck 2015, S. 34; vgl. dazu Naumann 2004) hervorbrachte. Hierfür wesentlich war die Enquete-Kommission zur „Überwindung der Folgen der SED-Diktatur im Prozess der deutschen Einheit", die in ihrem Schlussbericht festhält, dass „[d]ie Notwendigkeit von Aufarbeitung und Erinnerung […] heute Teil des demokratischen Selbstverständnisses im vereinten Deutschland [ist]" (ebd. zit. nach Siebeck 2015, S. 34). Dieser Prozess ist Bestandteil einer „Neuerfindung Deutschlands" (Keil 2015, S. 188 ff.) als Renationalisierung nach 1990, welche mit dem Bedürfnis der Normalisierung „des Verhältnisses der Deutschen zu sich selbst und ihrer Geschichte" (ebd., S. 193) verbunden ist. In Anschluss an Wolfgang Meseth (2005) zeigt Katharina Rhein, inwiefern die Pädagogik innerhalb dieses Prozesses an der Etablierung „der Denkfigur der Läuterung der deutschen Nation, die aus der Vergangenheit gelernt hat und nun gestärkt und klüger daraus hervorgeht" (Rhein 2019, S. 162) beteiligt ist. Es wird deutlich, „dass sich die Pädagogik in einem erinnerungspolitischen Spannungsfeld bewegt, das eng mit der nationalen Identitätsbildung in Deutschland verknüpft ist" (ebd., S. 213), welche mit der Konstruktion von „Wir und Nicht-Wir-Konzepten" (Messerschmidt 2015, S. 46) und damit verbundener Gewalt und Ausschlüsse einhergeht.

Die geschichtspolitische Neuausrichtung der Bundesrepublik Deutschland mündete u. a. in die *Gedenkstättenkonzeption des Bundes* von 1999 bzw. deren Weiterentwicklung im Jahr 2008 (vgl. Deutscher Bundestag 2008), welche die staatliche Grundlage für die Entwicklung der NS-Gedenkstätten und der damit verbundenen Professionalisierung der Gedenkstättenpädagogik darstellt. Die NS-Gedenkstätten sind so zu „Institutionen mit öffentlichem Bildungsauftrag"

---

1 Ich danke Daniel Günther für zahlreiche wertvolle Hinweise und Gedanken zu diesem Text.

(Haug 2015, S. 157) und zu „staatstragende[n] Lernorte[n]" (Haug 2010, S. 33) geworden. Dies war insbesondere für die NS-Gedenkstätten der alten Bundesrepublik bemerkenswert, da diese zuvor starken gesellschaftlichen, wie politischen Widerstand erfahren hatte (vgl. Knoch 2020, S. 70 ff.). Sowohl von Überlebenden, aber auch von Aktivist:innen und den Verantwortlichen in den NS-Gedenkstätten wird immer wieder über diese Entwicklung und deren Deutung als Erfolgsgeschichte diskutiert (vgl. Siebeck 2016; Bock 2014).

Der beschriebene Prozess der Institutionalisierung soll hier in zweierlei Hinsicht als zentral begriffen werden: Der Analyse von Daniel Keil folgend gehe ich *erstens* davon aus, dass Institutionen auf die „grundlegenden Widersprüche kapitalistischer Vergesellschaftung bezogen bzw. von diesen durchzogen" (Keil 2015, S. 82) sind. Im Sinne einer herrschaftskritischen Perspektive bedeutet dies, deren Hervorbringung, deren Stellenwert und Praxis hinsichtlich der (Re-)Produktion von Staat und Nation, also der gesellschaftlichen Formprinzipien, zu betrachten. *Zweitens* spricht Keil von einer Dialektik der Institution, weil „systematisch kontingente Momente sich mit den grundlegenden [gesellschaftlichen, JB] [Strukturprinzipien] verschränken und gleichzeitig institutionalisiert eine gewisse Festigkeit erhalten und in die historisch konkrete Ausgestaltung mit eingehen" (ebd.). Greifbar wird dies anhand der Überraschung der Akteur:innen der Gedenkstättenbewegung beim Blick auf die Institutionalisierung der NS-Gedenkstätten und der damit verbundenen Erfolgserzählung der deutschen Erinnerungskultur (vgl. Behrens/Cuipke/Reichling 2013).

Diese Dialektik korrespondiert mit der erziehungswissenschaftlichen Institutionalisierungsforschung, welche die „Dialektik der Institutionalisierung" (Kessl 2020, S. 101) sowohl als Ermöglichung, wie als Begrenzung thematisiert und mit einer „Institutionalisierungsbedürftigkeit der Pädagogik" (ebd.) verknüpft. Pädagogische Felder (hier: die Gedenkstättenpädagogik) sind danach in ihrer Entwicklung auf Institutionalisierung (Prozesse der Standardisierung, Routinisierung etc.) angewiesen, die auch Begrenzungen mit sich führen. In De- und Re-Institutionalisierungsprozessen werden „alternative Handlungs- und Wissensordnungen" (Kessl/Richter 2021, S. 16) wirksam und verändern bisherige Muster und Ordnungen. Die Institutionalisierung von pädagogischen Feldern wird damit als ein ambivalenter und nicht-linearer Prozess begriffen, dessen Widersprüchlichkeit in konkreten Einrichtungen „als Scharnierstelle der Koordination menschlicher Akteure und institutioneller Vorgaben" (Engel 2020, S. 558) und deren organisationaler Praxis ausgetragen wird und nachvollzogen werden kann.

3   Einsatz I: „Warum hängt das hier?"

Das DFG-Projekt „Institutionalisierung von Wissen im Wandel" untersucht mittels der flexiblen und methodenpluralen Erkenntnisstrategie der pädagogischen

Organisationsethnographie NS-Gedenkstätten als pädagogische Einrichtungen (vgl. Bretting/Engel 2021). Methodologische Grundlage hierfür ist die „Organizational Ethnography" (Eberle/Maeder 2021), die sich aus Verfahren der teilnehmenden Beobachtung, der Sammlung und Analyse von Artefakten und Dokumenten sowie der Durchführung von ethnographischen Interviews zusammensetzt (Engel 2014). Die Frage nach der organisationalen Herstellung von Gegenwartsbezügen in der pädagogischen Arbeit von NS-Gedenkstätten soll hier anhand (a) der organisationalen Hervorbringung von Artefakten, (b) den einrichtungsspezifischen Formen der gedenkstättenpädagogischen Arbeit und (c) der kooperativen Praxis der Einrichtung fokussiert werden. Mit dem Prinzip des „following actors, acts and/or artefacts" (van Hulst/Ybema/Yanow 2017, S. 229) werden damit Alltagsabläufe multiperspektivisch erfasst. Erkenntnisleitend ist die methodologische Kategorie der Szene, welche die Möglichkeit eröffnet, sowohl Vollzüge einzelner Akteur:innen als auch die Interaktionen der Akteur:innen untereinander und deren Bezugnahme auf ein gemeinsames Drittes (hier: das Artefakt) zu beschreiben (vgl. Engel 2018). Durch die Institutionalisierungsforschung, verbindet sich der ethnographische Blick auf organisationale Praktiken mit der gesellschaftstheoretischen Frage, wie die „alltäglichen Praxismuster zu der (Re-)Produktion der gesellschaftlichen Form" (Kessl 2018, S. 284) beitragen, diese in Frage stellen oder transformieren. Konkret: Der Erfolgserzählung einer deutschen Erinnerungskultur, die durch die NS-Gedenkstätten institutionell abgesichert wird, stellt sich eine organisationale Praxis entgegen, welche deren Brüchigkeit zum Thema macht.

Die hier herangezogene „Gedenkwand" stammt aus Erhebungen in einer relativ jungen NS-Gedenkstätte, die sich bereits in ihrer Konzeption stark auf Gegenwartsbezüge ausrichtet. Als Anfang der empirischen Spurensuche wird folgendes Beobachtungsprotokoll aus einem mehrtägigen Aufenthalt in besagter Gedenkstätte identifiziert.

In einem Teil des Gebäudes, der nicht zur Ausstellung gehört, entdecke ich an der Wand eine Reihe mit laminierten A4-Zetteln. Auf diesen steht geschrieben: #saytheirnames, Mercedes Kierpacz, Said Nesar Hashemi, Hamza Kurtović, Ferhat Unvar, Gökhan Gültekin, Vili Viorel Păun, Kaloyan Velkov, Sedat Gürbüz, Fatih Saraçoğlu, Hanau, 19. Februar 2020. Und außerdem, getrennt durch eine Wandsäule: Arkan Hussein Khalaf, Celle, 07. April 2020.

Es wird damit deutlich, dass die Einrichtung der rassistisch motivierten Morde in Hanau und Celle, eine hinreichend große Bedeutung zumisst, um an die Opfer dieser dort zu erinnern. Es wird also die Entscheidung getroffen, das Thema des aktuellen rechten Terrors auszustellen. Ich konzentriere mich im Folgenden auf das, mit dieser Entscheidung, hervorgebrachte Artefakt und die damit verbundenen Praktiken der Mitarbeiter:innen. Eine erste Thematisierung des Artefakts findet sich in einem Interview mit Mitarbeiter:in A, welche dieses im Kontext der grundsätzlichen Ausrichtung ihrer gedenkstättenpädagogischen Arbeit anspricht.

> *„Ähm, ansonsten ist mir wichtig, dass so grundsätzliche Sachen rüberkommen. […] Die Leute merken sich keine Daten, sondern, ja, sie sollen anfangen, sich Gedanken zu machen, was sie für Fragen an den Ort stellen. Sie sollen verstehen, warum Rassismus für uns ein wichtiges Thema ist an dem Ort. Warum zum Beispiel wir auch diese Gedenkwand da haben."*

Das Artefakt wird hier als *Gedenkwand* benannt, in den Kontext der Thematisierung von Rassismus, als *grundsätzliche Sache* gesetzt und mit der Absicht verbunden, dass die Besucher:innen *anfangen, sich Gedanken zu machen*. Der Fokus der pädagogischen Arbeit wird darin weg von *Daten*, im Sinne historischen Wissens hin zu *sich Gedanken machen*, im Sinne einer eigenständigen Auseinandersetzung bewegt – was sich auch als eine Priorisierung der politischen Seite historisch-politischer Bildungsarbeit interpretieren lässt. Auf Nachfrage vertieft Mitarbeiter:in A ihre Ausführungen und konkretisiert die Bedeutung der Gedenkwand:

> *„Wenn du in [das Gebäude, JB] reinkommst links, ich ähm, da sind ähm Schilder angebracht mit Namen äh von den Opfern, von den rassistischen Morden in Hanau und Halle (sic!). Genau, das haben Mitarbeiter:innen [der Einrichtung, JB] halt gestaltet. Also bisher sind es nur, leider nur große laminierte Zettel, die da angebracht sind. Es soll wohl noch mal ein bisschen anders werden. Ja, aber ich stelle immer fest, dass viele Leute dann denken so: Hä? Warum hängt das denn hier? Und ähm, genau. Das ist halt auch vielleicht ein guter Moment, um sich zu fragen: Ja, warum hängt das hier? Was sind denn hier die großen Themen?"*

Es werden hier zwei Aspekte deutlich: Die *Gedenkwand* wird *erstens* in ihrer Form und Gestaltung als vorläufig begriffen. Dies steht in Verbindung mit einem *zweiten* Aspekt des Interviews, der auf das – von Mitarbeiter:in A als produktiv begriffene – Irritationspotential verweist. Davon ausgehend wird die Frage des Gegenwartsbezugs an die Besucher:innen zurückgegeben: *Ja, warum hängt das hier? Was sind denn hier die großen Themen?* Es ist damit nicht die Vermittler:in, welche die gültige und alleinige Antwort auf diese Fragen formuliert. Das Artefakt dient als Anlass der Adressierung der Besucher:innen, die mit Rückfragen selbst zum Nachdenken über die Gegenwart – sowohl des Ortes, als auch gesellschaftlich – angeregt werden sollen, womit über eine vereinfachende Idee des *Lernens aus der Geschichte* hinausgegangen wird. Der Interviewausschnitt thematisiert eine spezifische Weise, das Artefakt zu verwenden um so mit den Besucher:innen, mit der Geschichte des Ortes und der Gegenwart in Beziehung zu treten. Organisationspädagogisch werden Gegenwartsbezüge in der Gedenkstättenpädagogik als eine Beziehung von historischem Ort und gegenwärtiger organisationaler Praxis – im Sinne der Herstellung, Nutzung und Vermittlung des Artefakts – sichtbar. Diese Praxis möchte ich anhand des bisherigen Materials als *vorläufig* und *zu verhandelnd* beschreiben. Bevor dem Artefakt weiter nachgegangen wird, soll die Frage des Gegenwartsbezugs anhand von Perspektiven aus dem Feld der Gedenkstättenpädagogik vertieft werden.

4 Gedenkstättenpädagogik und Gegenwartsbezug

An die ambivalente Institutionalisierung von NS-Gedenkstätten sind Prozesse der Professionalisierung der gedenkstättenpädagogischen Arbeit geknüpft (vgl. Gryglewski et al. 2015), die immer wieder die Frage nach Gegenwartsbezügen berühren. Astrid Messerschmidt macht deutlich, dass diese Bezüge im Anschluss an Adorno „immer wieder mit der Beschwörung eines ‚Nie wieder!' ausgestattet worden" (Messerschmidt 2015, S. 38) seien. Dies wird von ihr „zum einen hinsichtlich der Beziehung zu den Teilnehmenden und zum anderen hinsichtlich eines politischen wachen Blicks auf die Gegenwart" (ebd.) als unangemessen beschrieben. Auch Gottfried Kößler schließt hier an: „Es führt nicht weiter zu sagen: ‚ihr habt jetzt zu lernen, dass es nie wieder den Nationalsozialismus geben soll', sondern es geht darum, herauszuarbeiten, was die Lernenden in Bezug auf gegenwärtige Fragen interessiert" (Kößler 2021, S. 240) – Lernen allein genügt nicht oder, im Sinne von Mitarbeiter:in A: *Warum hängt das hier?*

Im gedenkstättenpädagogischen Feld finden sich verschiedene Perspektiven, die sich mit der Frage des Gegenwartsbezugs beschäftigen. Es kann a) die Positionierung und Praxis der Vermittler:innen in der Gedenkstättenpädagogik zum Ansatzpunkt (vgl. Thimm et al. 2010) werden, wodurch auch der „Gedanke des:der allwissenden Vermittler:in hinterfragt" (Seidel 2021, o. S.) wird. Es kann b) die umkämpfte Geschichte der Erinnerung an die Zeit des Nationalsozialismus zum Thema gemacht werden. Dies ist „besonders relevant für die dritte und vierte Generation nach 1945, die Erinnerungsveranstaltungen und Gedenkstättenarbeit in Deutschland als etwas Staatstragendes erlebt, als etwas Etabliertes, über das sich Politik und Bildungsinstitutionen einig zu sein scheinen" (Messerschmidt 2017, S. 88). Hieran anschließend wird c) die politische Dimension der Bildungsarbeit in NS-Gedenkstätten stärker ins Zentrum gerückt. Trotz des Einspruchs gegen überhöhte Wirkungserwartungen an NS-Gedenkstätten, bietet der historische Ort in dieser Perspektive Möglichkeiten um die „Hintergründe und Entstehungsgeschichten aktueller gesellschaftlicher Probleme zu vermitteln und dabei – im Sinne der Multiperspektivität – auch die Perspektiven und Erfahrungen der unterschiedlichen Akteur:innen in den Blick zu nehmen" (Sturm 2015, S. 7).

Die verschiedenen Zugänge stimmen darin überein, dass die pädagogische Arbeit, die sich mit den Auswirkungen des Nationalsozialismus befasst, nicht als selbstverständlich und nicht als abgeschlossen erachtet wird. Mit der *Gedenkwand in der Gedenkstätte* wird ein Bezug zur Gegenwart hergestellt, der auf ein spezifisches und kontinuierliches Problem des postnationalsozialistischen Deutschlands verweist: Der Slogan „Nie wieder" ist eben nicht nur hinsichtlich der Beziehung zu den Teilnehmer:innen unangemessen, sondern auch weil „[i]m Schatten des ‚Nie wieder!' eine lange Geschichte rechter Gewalt nach 1945 beschwiegen [wird]" (Siebeck 2019, S. 28). Durch das empirische Material wird die Bearbeitung dieses Be- und Verschweigens, über die Haltung oder Praxis der individuellen Pädagog:innen hinaus, als einrichtungsspezifische Form des Gegenwartsbezuges erkennbar. Dem soll nun weiter nachgegangen werden.

5 Einsatz II: „Man muss klar machen, das das weitergeht."

Im Zuge meines Aufenthalts im Feld habe ich mehrere Rundgänge über das Gelände mit verschiedenen Mitarbeiter:innen und Gruppen von Besucher:innen begleitet. Die Gedenkwand begegnete mir dabei erneut, wenn auch in jeweils unterschiedlicher Weise. Im nun folgenden, etwas längeren Protokollausschnitt wird eine dieser Begegnungen als Szene wiedergegeben und zugleich die gedenkstättenpädagogische Praxis von Mitarbeiter:in B verdichtet dargestellt, den ich bereits am Vortrag mit einer anderen Gruppe begleitet hatte.

> *„Heute startet der Rundgang an der Gedenkwand. Ich bin neugierig, wie der Rundgangsleiter (RGL) hier einsteigt, nachdem wir gestern an einem anderen Ort gestartet waren. Der gestrige Einstieg bestand in einer umfassenden historischen Darstellung der Bedeutung des Lagers im Kontext der Rüstungsindustrie des Nationalsozialismus. Die Teilnehmer:innen (TN) der Gruppe sind alle über 70 Jahre alt. Ich bin gespannt, wie diese Gruppe den Einstieg über das Thema rechte Gewalt aufnimmt. Entgegen meiner Erwartung verbindet der RGL keine inhaltliche Absicht mit diesem Startpunkt. Seine Eingangserzählung gleicht der vom Vortag. Die Ortswahl begründet sich einzig durch die Vermeidung des schlechten Wetters und der weiten Fußwege, da einige TN schlecht zu Fuß sind. Die Gedenkwand wird dennoch von einigen TN wahrgenommen, kommentiert und auch in die Gruppe gefragt: „Warum ist das hier?" Aus der Gruppe ist zwar die Erklärung vernehmbar, dass es sich wohl um Opfer rechter Gewalt handle, da zumindest die Namen aus Hanau z. T. bekannt zu sein scheinen. Ob dies die Frage beantwortet, ist für mich nicht erkennbar. Das Gespräch ist letztlich nicht Gegenstand des Rundgangs, sondern eher ein Nebengespräch und die entstandene Irritation wird vom RGL nicht aufgenommen."*

Diese Beobachtung berührt Punkte aus Einsatz I, da die Gedenkwand zu einer Irritation im Rundgang führt: *Warum hängt das hier? Was sind denn hier die großen*

Themen? Die Fragen, von denen Mitarbeiter:in A sich wünscht, dass sie durch die Gedenkwand hervorgerufen werden, kommen hier vor, werden von Mitarbeiter:in B allerdings nicht aufgenommen. Es zeigen sich unterschiedliche Praktiken des Umgangs mit dem Artefakt. Mitarbeiter:in B lässt sich im Rundgang weder durch die Besucher:innen, noch durch das Artefakt irritieren. Mit anderen Worten: Die pädagogische Arbeit von Mitarbeiter:in B ist stärker auf die historische Bedeutung des Ortes, als auf die politische Seite der historisch-politischen Bildung ausgerichtet. Gegenwartsbezüge, im Sinne der Thematisierung der Position als Vermittler:in, der umkämpften Geschichte der Erinnerung oder die politische Dimension der Bildungsarbeit sind in der Szene nicht erkennbar. In einer auf die Vermittlung historischen Wissens zum eigentlichen Ort fokussierten Erzählung hat die Frage, *warum das hier hängt*, keine zentrale Bedeutung. Abschließend wird nun die Antwort der einleitend zitierten Leitung der Einrichtung auf diese Frage aufgerufen.

„Weil wir, weil wir alle das Gefühl hatten, dass es darum geht zu sagen: Hey, diese Verbrechen hängen mit dieser Geschichte hier zusammen, die ist nicht abgeschlossen. Ähm, das hier ist kein Museum, was eine Geschichte erzählt, die '45 endet da, also sie endet nicht mal mit den Nachkriegsprozessen, die ist immer noch virulent. Und die Motive, aus denen die Menschen in Hanau erschossen worden sind, aus denen Walter Lübcke erschossen worden ist, die sind nicht weg, ähm und wir wollten darauf hinweisen. Das ist, dass wir auch ein Ort sind, der diese Verbindung thematisiert, so. Und wir wollen das anders machen, weil das ist jetzt sozusagen relativ improvisiert. Ähm, wir wollen eigentlich, also das Projekt läuft darauf hinaus, dass wir allen Opfern von rechtsextremistischer Gewalt seit '45 einen Namen zurückgeben, eine Erinnerung zurückgeben, was aber nicht so ganz einfach ist, weil eigentlich ist es also ab '89 findest du relativ viel, vor '89 ist es wahnsinnig schwierig. Also, es ist wahnsinnig viel Rechercheaufwand, um zu sagen: Hey Leute, es ist nicht vorbei. (…) Und ich finde, man muss das, man muss das klar machen, dass das, dass das weitergeht, dass es immer noch da ist."

Die *Gedenkwand in der Gedenkstätte* und die mit ihr verbundene programmatische Zielsetzung wird hier, auch auf konzeptioneller Ebene, weiter ausgeführt. Im Sinne der Diagnose des Fortwirkens der gesellschaftlichen Bedingungen, die Auschwitz ermöglicht haben (vgl. Adorno 1971), wird deutlich, dass der die Zeit des Nationalsozialismus nicht als abgeschlossener historischer Gegenstand verstanden wird – was sich sodann auch auf die organisationale Praxis niederschlägt. Die inhaltliche Position, *dass es immer noch da ist* wird auch als Frage des Einrichtungstyps – nämlich als Spezifik der NS-Gedenkstätte, welche eben *kein Museum ist, das eine Geschichte erzählt* – aufgerufen. Es geht in der programmatischen Absicht der Leitung darum, *klarzumachen, dass es weitergeht.* Zugespitzt: Die *Aufgabe* der Ort des Gedenkens an die Opfer des Faschismus in Deutschland ist erstens nicht nur die Weitergabe historischen Wissens, sondern dessen Verhandlung und somit der Bezug zur Gegenwart, weil der Gegenstand des historischen Nationalsozialismus nur im Zusammenhang mit seinem gesellschaftlichen Fortwirken in rechten Bewegungen dies erforderlich macht. Zweitens macht das mit der Gedenkwand verbundene Projekt die vorläufige, unabgeschlossene und nicht-selbstverständliche Arbeit der Erinnerung sichtbar, wenn thematisiert wird, dass Namen und Geschichten vieler Opfer rechter Gewalt nach 1945 *wahnsinnig zu recherchieren schwierig* sind.

6 Abschluss

Aus einer institutionalisierungstheoretisch inspirierten, organisationspädagogischen Perspektive wird erkennbar, dass die Gegenwartsbezüge der Gedenkstättenpädagogik eingebunden sind in die Ambivalenz und Widersprüchlichkeit der Institutionalisierung des Feldes. Aus einer herrschaftskritischen Perspektive lässt sich ergänzen, dass die pädagogische Arbeit zum Gedenken an die Opfer des Nationalsozialismus seit 1990 zunehmend an das Selbstbild der Läuterung und „Wiedergutwerdung der Deutschen" (Geisel 2015) gekoppelt ist und dass dieses Selbstbild die tatsächliche Ignoranz gegenüber denjenigen, die von rechter Gewalt betroffen waren und sind, abspaltet (vgl. Bozey et al. 2016). Diese Spannung zwischen der institutionellen Gewissheit einer deutschen Erinnerungskultur mit ihren super Gedenkstätten und der Tatsache, dass Leute aus solchen Motiven erschossen werden wird durch die *Gedenkwand in der Gedenkstätte* sichtbar und damit zum Thema der pädagogischen Arbeit.

Ich folge Astrid Messerschmidts Plädoyer für eine Verschiebung des *Lernens aus der Geschichte* hin zu einem „Lernprozess innerhalb der Geschichte der Erinnerung" (vgl. Messerschmidt 2003, S. 228). Anders als im *Lernen aus der Geschichte* wird durch die Gedenkwand die institutionalisierte Idee der Abgeschlossenheit von Geschichte zur Verhandlung gestellt und de-institutionalisiert. Damit wird Erinnerung als aktiver und offener Prozess in der Gegenwart sichtbar und (re-)institutionalisiert, der dem Beschweigen und (institutionellen) Ignorieren rechter Gewalt entgegensteht. NS-Gedenkstätten können so als organisationale Arenen und Akteure der De- und Re-Institutionalisierung der Gedenkstättenpädagogik verstanden werden, welche einerseits deren Professionalisierung und Routinisierung vorantreiben und andererseits vereindeutigende Zuschreibungen und Lernerwartungen irritieren. Im Fall der Gedenkwand besteht die Irritation darin, dass die organisationale Praxis institutionelle Vorgaben verändert: *Die Geschichte, um die es hier geht, ist nicht abgeschlossen.* Es geht dort um das Fortwirken rassistischer, antiziganistischer und antisemitischer Gewalt bis in die Gegenwart, und die Kritik an den begrenzten Möglichkeiten dies pädagogisch zu bearbeiten. Eine Auseinandersetzung mit diesem Problem kann dabei niemals entkoppelt von gesellschaftlichen Strukturprinzipien, wie

Staat und Nation geschehen, sondern muss dem Verhältnis spezifischer Formen des Erinnerns zu deren Re-(Produktion) nachgehen. Gedenkstättenpädagogisch wird dies gegenwärtig z. B. anhand der Forderung nach einer Öffnung organisationaler Entwicklungsprozesse zum Thema, die explizit an antifaschistische und gesellschaftskritische Positionen anschließen (vgl. AK Räume Öffnen 2022). Lücken, Versäumnisse und Resultate staatlichen (Nicht-)Handelns können so zum Thema der pädagogischen Arbeit von NS-Gedenkstätten werden und damit Fragen gestellt werden, ohne dies mit dem Anspruch einer Lösung zu verbinden: Warum hängt das hier und wer fehlt auf der Gedenkwand? Warum müssen die Überlebenden und Hinterbliebenen in der *Initiative 19. Februar Hanau* immer noch um *Erinnerung, Gerechtigkeit, Aufklärung und Konsequenzen* kämpfen?

Literatur

Adorno, Theodor W. (1971): Erziehung nach Auschwitz. Frankfurt a. M.: Suhrkamp, S. 88–104.

AK Räume Öffnen – Redaktionskollektiv (2022): Arbeitende Gedenkstätten – Gedenkstätten sind Arbeit. Der Arbeitskreis Räume Öffnen: Eine Intervention von Redaktionskollektiv AK Räume Öffnen. In: Gedenkstättenrundbrief 205, S. 34–41.

Andresen, Sabine/Nittel, Dieter/Thompson, Christiane (Hrsg.) (2019): Erziehung nach Auschwitz bis heute: Aufklärungsanspruch und Gesellschaftsanalyse. Frankfurt a. M.: Fachbereich Erziehungswissenschaften, Goethe-Universität.

Behrens, Heidi/Cuipke, Paul/Reichling, Norbert (2013): „…und im Nachhinein ist man überrascht, wie viele Leute sich das auf die Fahnen schreiben und sagen, ich habe es gemacht." Akteursperspektiven auf die Etablierung und Arbeit von Gedenkstätten in Nordrhein-Westfalen. In: Gedenkstättenrundbrief 171, S. 3–18.

Bretting, Johannes/Engel, Nicolas (2021): Demokratie organisieren: Zur Rolle und Funktion von NS-Gedenkstätten als Agentinnen gesellschaftlicher Transformation. In: Vierteljahrsschrift für wissenschaftliche Pädagogik 97/4, S. 414–429.

Bock, Dennis (2014): „Erinnerung ist keine gemütliche, badewasserlaue Annehmlichkeit". Ruth Klügers Kritik an KZ-Gedenkstätten und –Museen. In: Hansen, Imke et al. (Hrsg.): Ereignis und Gedächtnis. Neue Perspektiven der Konzentrationslagerforschung, Berlin: Metropol, S. 176–216.

Bozey, Kemal/Aslan, Bahar/Mangitay, Orhan/Özfirat, Funda (Hrsg.) (2016): Die haben gedacht, wir waren das. MigrantInnen über rechten Terror und Rassismus. Köln: Pappy Rosa.

Deutscher Bundestag (2008): Unterrichtung durch den Beauftragten der Bundesregierung für Kultur und Medien. Fortschreibung der Gedenkstättenkonzeption des Bundes. Drucksache 16/9875.

Dietze, Carola (2020): Ein blinder Fleck? Zur relativen Vernachlässigung des Rechtsterrorismus in den Geschichtswissenschaften. In: Schanetzky, Tim et al.: Demokratisierung des Deutschen. Errungenschaften und Anfechtungen eines Projekts. Göttingen: Wallstein, S. 189–205.

Eberle, Thomas S./Maeder, Christoph (2021): Organizational Ethnography. In: Silverman, D. (Hrsg.): Qualitative Research. Theory, Method and Practice. London: Sage, S. 129–145.

Engel, Nicolas (2014): Die Übersetzung der Organisation. Pädagogische Ethnographie organisationalen Lernens. Wiesbaden: Springer VS.

Engel, Nicolas (2018): Szenen in Organisationen. Überlegungen zu einem praxistheoretischen Bezugsrahmen pädagogisch-ethnographischer Organisationsforschung. In: Ecarius, Jutta/Miethe, Ingrid (Hrsg.): Methodentriangulation in der qualitative Bildungsforschung. Opladen: Budrich, S. 155–172.

Engel, Nicolas (2020): Institution. In: Weiß, Gabriele/Zirfas, Jörg (Hrsg.): Handbuch Bildungs- und Erziehungsphilosophie. Wiesbaden: Springer VS, S. 549–560.

Engel, Nicolas (2021). Wissensbegegnung. Zur Vermittlung von Wissen unter Bedingungen post-globaler Verunsicherung. In: Thompson, Christiane et al. (Hrsg.): Erziehungswirklichkeiten in Zeiten von Angst und Verunsicherung. Weinheim: Beltz, S. 192–207.

Geisel, Eike (2015): Die Wiedergutwerdung der Deutschen. Essays und Polemiken. Berlin: Edition Tiamat.

Gryglewski, Elke et al. (Hrsg.): (2015). Gedenkstättenpädagogik: Kontext, Theorie und Praxis der Bildungsarbeit zu NS-Verbrechen. Berlin: Metropol.

Haug, Verena (2010): Staatstragende Lernorte. Zur gesellschaftlichen Rolle der NS-Gedenkstätten heute. In: Thimm, Barbara et al. (Hrsg.): Verunsichernde Orte. Selbstverständnis und Weiterbildung in der Gedenkstättenpädagogik. Frankfurt a. M.: Brandes & Apsel, S. 33–37.

Haug, Verena (2015): Am „authentischen" Ort: Paradoxien der Gedenkstättenpädagogik. Berlin: Metropol.

Kalthoff, Herbert (2008): Einleitung: Zur Dialektik von qualitativer Forschung und soziologischer Theoriebildung. In: Ders. et al. (Hrsg.): Theoretischer Empirie. Zur Relevanz qualitativer Forschung. Frankfurt a. M.: Suhrkamp, S. 8–32.

Keil, Daniel (2015): Territorium, Tradition und nationale Identität. Eine staatstheoretische Perspektive auf den Wandel nationaler Identität in der europäischen Integration. Münster: Westfälisches Dampfboot.

Kessl, Fabian (2018): Prolegomena zu einer Ethnographie der Raum(re)produktion oder: Exemplarisches Plädoyer für eine gesellschaftstheoretische Konstitution qualitativ-rekonstruktiver Forschung. In: Heinrich, Martin/Wernet, Andreas (Hrsg.): Rekonstruktive Bildungsforschung. Zugänge und Methoden. Wiesbaden: Springer, S. 281–295.

Kessl, Fabian (2020): Institutionalisierung – zur ›hellen und dunklen‹ Seite eines konstitutiven Moments der bürgerlichen Welt; oder: Von der Dialektik der Institutionalisierung am Beispiel der pädagogischen Felder. In: Widersprüche 157, S. 73–88.

Kessl, Fabian/Richter, Martina (2021): Zur Institutionalisierung der Kinder- und Jugendhilfe: Annäherung an die Perspektiven einer (De-)Institutionalisierungsforschung. In: ZSE. Jg. 2021/1, S. 10–22.

Knoch, Habbo (2020). Geschichte in Gedenkstätten: Theorie – Praxis – Berufsfelder. Stuttgart: utb.

Kößler, Gottfried (2021): Gedenkstättenpädagogik als kritische historisch-politische Bildung. In: Kaya, Z. Ece/Rhein, Katharina (Hrsg.): Rassismus, Antisemitismus und Antiziganismus in der postnationalsozialistischen Gesellschaft: Erziehungswissenschaftliche und pädagogische Auseinandersetzungen. Weinheim: Beltz, S. 228–241.

Meseth, Wolfgang (2005): Aus der Geschichte lernen. Über die Rolle der Erziehung in der bundesdeutschen Erinnerungskultur. Frankfurt a. M.: Goethe-Universität.

Messerschmidt, Astrid (2003): Bildung als Kritik der Erinnerung: Lernprozesse in Geschlechterdiskursen zum Holocaust-Gedächtnis. Frankfurt a. M.: Brandes & Apsel.

Messerschmidt, Astrid (2015): Erinnern als Kritik. Politische Bildung in Gegenwartsbeziehungen zum Nationalsozialismus. In: Widmaier, Benedikt/Steffens, Gerd (Hrsg.): Politische Bildung nach Auschwitz. Erinnerungsarbeit und Erinnerungskultur heute. Schwalbach: Wochenschau, S. 38–48.

Messerschmidt, Astrid (2017): Geschichtsbesetzungen in der pädagogischen Vermittlung der NS-Verbrechen. In: Kritische Pädagogik 4, S. 81–93.

Naumann, Klaus (2004): Institutionalisierte Ambivalenz. Deutsche Erinnerungspolitik und Gedenkkultur nach 1945. In: Mittelweg 36, S. 64–75.

Nerdinger, Winfried (Hrsg.) (2017): Nie wieder. Schon wieder. Immer noch. Rechtsextremismus in Deutschland seit 1945. Berlin: Metropol.

Nobrega, Onur Suzan/Quent, Matthias/Zipf, Jonas 2021 (Hrsg.): Rassismus. Macht. Vergessen. Von München über den NSU bis Hanau: Symbolische und materielle Kämpfe entlang rechten Terrors. Bielefeld: Transcript.

Rhein, Katharina (2019): Erziehung nach Auschwitz in der Migrationsgesellschaft: Nationalismus, Rassismus und Antisemitismus als Herausforderungen für die Pädagogik. Weinheim: Beltz Juventa.

Seidel, Ingolf (2021): Alle Erinnerungskultur nach Auschwitz ist Müll. Vom Nutzen und Scheitern der Aufarbeitung nationalsozialistischer Vergangenheit. www.lernen-aus-der-geschichte.de/Lernen-und-Lehren/content/15183 (Abfrage: 21.02.2022)

Siebeck, Cornelia (2015): 50 Jahre »arbeitende« NS-Gedenkstätten in der Bundesrepublik. Vom gegenkulturellen Projekt zur staatlichen Gedenkstättenkonzeption – und wie weiter? In: Gryglewski, Elke (Hrsg.): Gedenkstättenpädagogik. Kontext, Theorie und Praxis der Bildungsarbeit zu NS-Verbrechen. Berlin: Metropol, S. 19–43.

Siebeck, Cornelia (2016): Gedächtnisarbeit zur NS-Vergangenheit als gesellschaftspolitisches Projekt. Eine geschichtskulturelle Spurensuche. In: Aktives Museum. Mitgliederrundbrief 75, S. 4–11.

Siebeck, Cornelia (2019): „Ein Gespenst geht um im vereinten Deutschland". Ralph Giordano und die rechte Gewalt der frühen 1990er Jahre. In: Jalta 2/2019. VerUnEinigung. S. 23–28.

Steinhagen, Martin (2021): Rechter Terror: Der Mord an Walter Lübcke und die Strategie der Gewalt. Hamburg: Rowohlt.

Sturm, Michael (2015): Herausforderungen für die Gedenkstättenpädagogik. www.vielfalt-mediathek. de/wp-content/uploads/2020/12/gedenksttttenpdagogik_241115_ohne_demokratie_leben_1.pdf (Abfrage: 22.02.2022).

Thimm, Barbara et al. (Hrsg.) (2010): Verunsichernde Orte: Selbstverständnis und Weiterbildung in der Gedenkstättenpädagogik. 1. Auflage. Frankfurt a.M.: Brandes & Apsel.

Van Hulst, Martin/Ybema, Sierk/Yanow, Dvora (2017): Ethnography and Organizational Processes. In: Langley, Ann/Tsoukas, Haridimos: The Sage Handbook of Process Organization Studies. London: Sage, S. 223–236.

Über das Erinnern an die Shoah und das Abwehren von Antisemitismus

Schuldbewältigungsstrategien im postnationalsozialistischen Deutschland mit einem Fokus auf schulische Kontexte und muslimische Schüler:innen

Aslıhan Özcan

Zusammenfassung: Die zunehmende Wahrnehmung eines Antisemitismus, der „wieder" da sei, wird insbesondere mit medialen Berichterstattungen über antisemitische Vorfälle in Schulen befördert. Dabei stellt sich die Frage, ob es tatsächlich die Fälle sind, die sich gehäuft haben, oder ob Antisemitismus derweil lediglich sichtbarer geworden ist. Das Bundeskriminalamt verzeichnete 2020 einen Anstieg antisemitischer Straftaten um knapp 16 %, womit sich die Tendenz der vorherigen Jahre wiederholt und ein neuer Höchststand seit Beginn der Erfassung erreicht wurde. Dieser Umstand ist nicht nur eine bestürzende Entwicklung, und wieso es zu derartigen Rekordwerten kommen konnte, ist ein zentrales Problemfeld, das untersucht werden muss. Die Behauptung, dass der Antisemitismus angestiegen sei, impliziert jedoch, dass er irgendwann überwunden war. Erklärungsansätze werden in einer Täter-Opfer-Umkehrung gefunden. Eine Ursache für den wiederkehrenden Antisemitismus sieht man in der Haltung von Muslim:innen. Damit werden nicht nur muslimische Schüler:innen stigmatisiert, sondern es wird auch verhindert, dass Antisemitismus als gesamtgesellschaftliches Problem wahrgenommen wird.

Abstract: The increasing perception of a return of Anti-Semitism is promoted particularly by media reports on anti-semitic incidents in schools. This raises the question of whether the cases have actually increased or whether Anti-Semitism has merely become more visible in the meantime. The German Federal Criminal Police Office recorded an increase in anti-semitic crimes of almost 16 % in 2020, repeating the trend of previous years and reaching a new peak since recording began. This circumstance reveals not only a dismaying approach. Why such record levels could occur is one central topic that needs to be studied and problematized. However, the other problem is the public perception that Anti-Semitism has 'returned' to the center of society, which dangerously implies that it was overcome at some point. Explanations are found in a perpetrator-victim-reversal. It is assumed that Anti-Semitism returned especially because of Muslims.

This does not only lead to a stigmatization of Muslim students, but also prevents Anti-Semitism from being perceived as a problem of society as a whole.

Keywords: Erinnerungskultur, Antisemitismus, antimuslimischer Rassismus, Intersektionalität in der Schule

1 Ist Antisemitismus „wieder" in der Mitte der Gesellschaft?

Am 8. Mai 1985 zitierte Bundespräsident Richard von Weizsäcker zum 40. Jahrestag des Kriegsendes einen Ausspruch des legendären chassidischen Rabbis Baal Schem Tov: „Das Vergessenwollen verlängert das Exil, und das Geheimnis der Erlösung heißt Erinnerung". (Weizsäcker 1985) Mit diesem Zitat legte Weizsäcker gewissermaßen den Grundstein für den heute für viele manifesten bundesdeutschen Erinnerungsdiskurs (vgl. Czollek 2019, S. 20 f.). Anstelle des Vergessens und der öffentlichen Tabuisierung der nationalsozialistischen Verbrechen trat ein erinnerungskultureller Umgang, der sich unter anderem in der Abhaltung von Gedenktagen und -kundgebungen sowie der Errichtung von Schand- und Mahnmahlen äußert. Ein anderer wichtiger Bestandteil dieser Erinnerungskultur ist das Narrativ des Befreiens. Dabei wurde Deutschland nicht befreit, sondern besiegt, denn ein Großteil der deutschen Bevölkerung hat das nationalsozialistische Regime bis zum endgültigen Kriegsende und darüber hinaus unterstützt (vgl. ebd.). Ein Blick auf die öffentliche Auseinandersetzung über Schuld, Verantwortung und Antisemitismus bekräftigt das Bedürfnis eines Großteils der deutschen Mehrheitsgesellschaft nach Entlastung.

Wolfgang Benz arbeitet heraus, dass die Tabuisierung des öffentlichen Antisemitismus seit 1960 zur politischen Kultur Deutschlands gehöre. Wer dieses Tabu breche, verliere unmittelbar nach dem jeweiligen Vorkommnis Amt und Ansehen (vgl. Benz 1995, S. 7). Dieses Kommunikationsverbot, welches sich nicht nur in der Entfernung nationalsozialistischer Überreste materieller, sondern auch sprachlicher Natur äußerte, hatte nach Einschätzung des Frankfurter Instituts für Sozialforschung jedoch nicht zur Folge, dass antisemitische Denkweisen aus den Köpfen der Menschen verschwinden. Der damalige Mitarbeiter des Instituts Peter Schönbach führte im Winter 1959/1960 eine Befragung zur sogenannten antisemitischen Welle durch. Bezugnehmend auf einen primären Antisemitismus im nationalsozialistischen Deutschland führte Schönbach in seiner Monografie „Reaktionen auf die antisemitische Welle im Winter 1959/1960" den Begriff des „Sekundärantisemitismus" (Schönbach 1961) ein. Theodor W. Adorno übernimmt diesen Begriff und erklärt:

> „So hat es sich beispielsweise vor einiger Zeit bei einer Erhebung herausgestellt, daß Kinder aus kleinbürgerlichen und zum Teil auch aus proletarischen Kreisen eine gewisse Neigung zu antisemitischen Vorurteilen haben. Wir bringen das damit zusammen,

daß die Eltern dieser Kinder seinerzeit zu der aktiven Gefolgschaft des Dritten Reiches gehörten. Sie sehen heute nun sich gezwungen, ihren Kindern gegenüber ihre damalige Haltung zu verteidigen, und werden dadurch fast automatisch veranlaßt, ihren Antisemitismus aus den dreißiger Jahren aufzuwärmen. Unser Mitarbeiter, Peter Schönbach, hat dafür den recht glücklichen Ausdruck eines ,sekundären Antisemitismus' geprägt. Diesen Dingen wäre nachzugehen" (Adorno 1964, S. 89 f.).

Folgerichtig müsse nach Adorno von einem „Antisemitismus nicht trotz, sondern wegen Auschwitz" (Quindeau 2007, S. 162) die Rede sein. Dieser sei nie verschwunden, er durfte lediglich nicht mehr öffentlich kommuniziert werden. Etabliert wurden durch dieses Kommunikationsverbot allenfalls eine „Skandalisierungs- und Konfliktbereitschaft gegenüber antisemitischen Äußerungen" (Stender 2010, S. 11) und ein Frontenwechsel in offiziellen Einrichtungen (vgl. ebd.).

Aus Werner Bergmanns Meinungsforschungen der Jahre 1946 bis 1989 geht hervor, dass dieser Frontenwechsel auch einen Meinungswandel auf individueller Ebene hervorbrachte (vgl. Bergmann 1991, S. 36, 502 f.). Antisemitische Einstellungen der bundesdeutschen Bevölkerung seien spätestens ab Mitte der 50er Jahre langsam, aber stetig weniger geworden. Gleichzeitig äußert er jedoch auch seine Zweifel bezüglich eines tatsächlichen Verlernprozesses, denn die Einstellungsänderung habe sich nur für antisemitische Einstellungen feststellen lassen, nicht jedoch in Bezug auf Ressentiments gegenüber anderen Minderheiten (Stender 2010, S. 11). Bergmann definiert dies als „quasi abgespaltene[n] Lernprozess" (Bergmann 1991, S. 260). Doch selbst dieser abgespaltene Prozess des Verlernens antisemitischer Einstellungen scheint kein umfassender oder abgeschlossener zu sein. Die öffentliche moralische Ächtung solcher Einstellungen habe nämlich allenfalls die politisch-ideologischen Momente aus dem gesellschaftlichen Konsens an den rechtsextremen Rand gedrängt (vgl. Stender 2010, S. 12).

Es gebe jedoch empirisch nachweisbare Korrelationen dahingehend, dass gleichwohl das Bedürfnis nach Normalität, Schuldabwehr und gewisse antisemitische Einstellungen im gesellschaftlichen Mainstream bestehen blieben. Zu dieser Erkenntnis gelangte Bergmann unter anderem mithilfe repräsentativer Umfragen, in welchen 1990 noch fast die Hälfte der Befragten den Juden die Absicht unterstellten, um des eigenen Vorteils willen die Deutschen immerfort an ihre Schuld zu erinnern (vgl. Bergmann/Erb 1991, S. 260). In diesem Versuch einer sogenannten Täter-Opfer-Umkehr, ausgehend von einer gescheiterten Vergangenheitsbewältigung in Verbindung mit der einzigartigen Problematik der deutschen nationalen Identität und deren Herausbildung, sieht Bergmann den primären Antisemitismus einen Formwandel durchlaufen. Den aus diesem Formwandel hervorgehenden Antisemitismus betitelt Bernd Marin als einen „Antisemitismus ohne Antisemiten" (Marin 1983), der weitestgehend ohne Jüd:innen funktioniere. Anknüpfend daran und an Beobachtungen Bergmanns (vgl. Bergmann 1990, S. 160 ff.) formuliert Wolfram Stender:

„Bemerkenswert ist [...], dass die sekundär-antisemitischen Normalisierungsverfechter und Vergangenheitsbewältiger in der öffentlich-politischen Diskussion dazu tendieren, Antisemitismus in toto als ein Problem der Vergangenheit abzutun und antisemitische Erscheinungen der Gegenwart zu leugnen oder zumindest zu bagatellisieren oder aber in der Weise zu externalisieren, dass sie als eine Gefahr erscheinen, die von außen den anti-antisemitischen Grundkonsens der bundesrepublikanischen Demokratie bedroht." (Stender 2010, S. 12)

Rund 30 Jahre nach diesen Beobachtungen kann Samuel Salzborns und Alexandra Kurths zufolge die öffentliche Präsenz von Antisemitismus nicht (mehr) geleugnet werden. Die zunehmende Wahrnehmung von Antisemitismus wird insbesondere mit medialen Berichterstattungen über antisemitische Vorfälle in Schulen befördert (vgl. Bernstein 2020, S. 12 f.; El-Menouar 2019; Salzborn/Kurth 2020, S. 9; Stender 2010, S. 19 f.) Dabei stellt sich die Frage, ob es tatsächlich die Fälle sind, die sich gehäuft haben, oder ob sie derweil lediglich sichtbarer geworden sind (vgl. Salzborn/Kurth 2020, S. 9). Für Letzteres würden auch die zuvor diskutierten Beobachtungen Bergmanns und die empirischen Studien der Frankfurter Schule sprechen. Das heißt, auch wenn die von Bergmann beobachtete Kommunikationslatenz, also das Leugnen antisemitischer Aktualitäten in Deutschland, heute nicht mehr derart besteht, war seine Erkenntnis bezüglich einer externalisierenden Tendenz richtungsweisend.

2 Oder ist es ein muslimisches Problem?

Heute äußert sich diese externalisierende Tendenz in einem generalisierenden Verdacht, nämlich dass Muslim:innen und/oder als solche Gelesene[1] Antisemitismus „wieder" in die Mitte der Gesellschaft getragen haben. Befeuert wird diese sowohl antimuslimische als auch sekundär antisemitische öffentliche Wahrnehmung unter anderem durch journalistische Beiträge wie den Kommentar von Nicolaus Fest in der auflagenstarken „Bild am Sonntag":

> *Ich bin ein religionsfreundlicher Atheist. Ich glaube an keinen Gott, aber Christentum, Judentum oder Buddhismus stören mich auch nicht.* Nur der Islam stört mich immer mehr. Mich stört die weit überproportionale Kriminalität von Jugendlichen mit muslimischem Hintergrund. Mich stört die totschlagbereite Verachtung des Islam für Frauen und Homosexuelle. *Mich stören Zwangsheiraten, „Friedensrichter", „Ehrenmorde".*

---

1 Die Fremdbezeichnungen *Muslim:in* beziehungsweise *muslimisch* beruhen oftmals auf rassistischen Denkmustern, die davon ausgehen, dass Muslim:innen phänotypisch als solche auszusehen hätten. Mit dem Zusatz „und/oder als solche Gelesene" wird hier darauf hingewiesen, dass weder bestimmte Phänotypen noch Namen, Nationalitäten, eigene oder Familienbiografien über tatsächliche Glaubenszugehörigkeiten Auskunft geben.

Und antisemitische Pogrome stören mich mehr, als halbwegs zivilisierte Worte hergeben. *Nun frage ich mich:* Ist Religion ein Integrationshindernis? Mein Eindruck: nicht immer. Aber beim Islam wohl ja. Das sollte man bei Asyl und Zuwanderung ausdrücklich berücksichtigen! *Ich brauche keinen importierten Rassismus, und wofür der Islam sonst noch steht, brauche ich auch nicht.*" (Fest 2014, Herv. im Original)

Problematisch ist hierbei nicht die Thematisierung eines islamistischen Antisemitismus[2] an sich, sondern zum einen das komplette Ausblenden der eigenen Antisemitismen und zum anderen die stigmatisierende und essentialisierende Annahme, dass Muslim:innen per se antisemitisch seien (vgl. Attia 2009, S. 84; Bernstein 2020, S. 450 f.; Stender 2010, S. 24). Antisemitismus ist fraglos auch ein virulentes Problem unter Muslim:innen, jedoch gibt es aufgrund unpräziser Kategorisierungen und qualitativ unausgeglichener Fragestellungen in Studien keine belastbaren Forschungsergebnisse, geschweige denn repräsentative Erhebungen, die solch eine Tendenz bestätigen könnten (vgl. Schäuble/Scherr 2006, S. 51–79; Stender, S. 20, 25 f.).

In ihrer soziologisch-qualitativen Untersuchung zu Antisemitismus an Schulen in Deutschland thematisiert Julia Bernstein auch die Wahrnehmung des Antisemitismus von Muslim:innen. Sie konstatiert, dass die Mehrheit der von körperlichen Angriffen betroffenen Jüd:innen ihre Angreifer:innen als Muslim:innen identifiziert, problematisiert jedoch auch diese öffentliche Wahrnehmung (vgl. Bernstein 2020, S. 12). Denn solche Pointierungen von Muslim:innen im Kontext von Antisemitismus rücken

„eine Dimension des gegenwärtigen Antisemitismus in Deutschland in den Fokus, die in öffentlichen und politischen Debatten entweder ausgespart oder fälschlicherweise als alleiniges Problemfeld dargestellt wird. In beiden Fällen wird der gegenwärtige Antisemitismus in Deutschland relativiert und bagatellisiert; einmal indem sein offener gewalttätiger Ausdruck und die fehlende Reaktion darauf in der aktuellen gesellschaftlichen Konstellation nicht thematisiert werden, einmal indem seine historische Kontinuität, seine gruppen- und milieuübergreifende Verbreitung und gesellschaftliche Verankerung nicht thematisiert werden. Mehr noch, im scheinbaren Kontrast zum Antisemitismus von Menschen, die aufgrund der tatsächlichen oder vermeintlichen Religionszugehörigkeit oder Herkunft nicht der ‚deutschen Wir-Gruppe' zugerechnet werden, findet eine Verschiebung des gesamtgesellschaftlichen Problems auf eine Minderheit und dadurch ein Entlastungsbedürfnis einen Ausdruck" (ebd.).

---

2   In manchen Beiträgen auch muslimischer oder islamischer Antisemitismus genannt, werden diese Bezeichnungen in diesem Beitrag abgelehnt, da sie implizieren, dass Muslim:innen per se eine antisemitische Haltung haben.

Gesamtgesellschaftliche Narrative über antisemitische Muslim:innen sind demnach unpräzise und diffizil. Sie werden den „transnationalen Vergemeinschaftungen" und „hybridisierten Identitätskonstruktionen" (Stender 2010, S. 10), ja den Mehrfachzugehörigkeiten von Muslim:innen nicht gerecht. Der Fokus auf eine angenommene Religionszugehörigkeit verneint schlussendlich vielfältige Realitäten und hat keinen sinnvollen Nutzen. Iman Attia konkretisiert diesen Gedanken und stellt fest, dass sich „die deutsch-türkische Migrationsgeschichte grundsätzlich von der palästinensisch-libanesischen Flüchtlingsgeschichte, dem irakischen StudentInnenaustausch in die DDR oder der Exilierung iranischer Oppositioneller" (Attia 2009, S. 84) unterscheidet.

Diese exemplarisch benannte Diversität einer vermeintlichen Einheit gibt einen Hinweis auf andere Faktoren als die der unterstellten Religionszugehörigkeit. Ein differenzierter Blick auf ein vermeintliches muslimisches Ganzes ermöglicht es, einem Antisemitismus, der von diesem Ganzen zugeordneten Personen ausgeht, insgesamt besser greifen und folglich besser entgegenwirken zu können. Entscheidender als die Religionszugehörigkeit erscheinen der eigene sowie der Bildungsgrad der Eltern und die sozialstrukturell jeweils damit verbundene Milieuzugehörigkeit, Faktoren, die auch über finanzielle und weitere soziale Ressourcen Auskunft geben können.

3 Let's talk about anti-Muslim racism!

Wer von Rassismus spricht oder liest, meint oder denkt oftmals an die Ideologie der nationalsozialistischen Rassenhygiene oder an die Apartheid in Südafrika. Mithilfe rassistischer Erklärungsansätze rechtfertigten diese Regime, aber auch andere Gesellschaften mit kolonialen und imperialen Bestrebungen, „warum sie einem großen Teil der Erdbevölkerung den Status des Menschseins absprachen, obwohl sie doch gerade alle Menschen zu freien und gleichen erklärt hatten" (Rommelspacher 2011, S. 25 f.). Insbesondere Bürgerrechtsbewegungen und der wachsende Einfluss der Kultursoziologie auf geistes- und sozialwissenschaftliche Fächer in der sogenannten *Post-World-War Era* trugen zur Aufarbeitung von Gräueltaten bei, weshalb auch deren Vehemenz und ideologischer Hintergrund nicht länger geleugnet oder ignoriert werden konnte. Für muslimische Marginalisierte gibt es keine derartigen Referenzpunkte in der jüngeren Vergangenheit. Dass antimuslimischer Rassismus noch immer nicht als strukturelle Diskriminierungsform anerkannt wird, mag auch in der klassischen und inhärent rassistischen Annahme begründet sein, dass Rassismus Menschen vor allem nach ihren Hautfarben hierarchisiert.

Stuart Hall misst vermeintlichen biologischen Unterschieden keine konstitutive, sondern eine funktionale Rolle bei. Der trotz gegenläufiger naturwissenschaftlicher Erkenntnisse andauernde Ausschluss bestimmter Menschengruppen von Zugängen zu Ressourcen zeigt zum einen, dass es bei rassistischen Eigenschaftszuschreibungen nie um „objektive Bezugspunkte" (Mecheril/Scherschel 2011, S. 42) ging und geht, sondern dass sie „Resultat von Definitionsprozessen" (ebd.) sind. Rassismus kann also auch andere oder weitere Bezugspunkte als vermeintlich biologische haben.

In seinem zu den Gründungsdokumenten Postkolonialer Theorie gehörenden Werk „Orientalism" (1979) legt Edward W. Said den Grundstein für die theoretische Erfassung von antimuslimischem Rassismus. Unter anderem mit Foucaults Diskursanalyse arbeitet Said den Konstruktionscharakter des sogenannten Orients heraus und definiert die Mechanismen des Andersmachens *(othering)* (vgl. Castro Varela/Dhawan 2007, S. 32). Es ist ein

„komplexer Prozess des Fremd- oder Different-Machens, der über eine dualistische Logik funktioniert, an dessen Ende die ‚Anderen' vis-à-vis dem ‚abendländischen Selbst' stehen. Die Beschreibung und Analyse dessen, was Said als Orientalismus bestimmt hat, eröffnet mithin Einblicke in die Produktion des hegemonialen Westens" (ebd., S. 31).

Der „Orient" sei eine Konstruktion europäischer Gelehrter, die mit der Entstehung der akademischen Disziplin des Orientalismus im späten 18. Jahrhundert anfingen, systematisch den konstruierten Raum des Orients zu beschreiben. Saids Kritik an diesen Beschreibungen, welche als Wissbegier des Kennenlernens kommuniziert wurden, die er jedoch als „Herrschaftslegitimierung und -stabilisierung" (ebd., S. 33) benennt, gilt insbesondere der Selektivität der Narrative über den „Orient" und seine Primitivisierung durch Homogenisierung (vgl. ebd.).

Sicherlich sind Narrative zwangsläufig immer selektiv, dem widerspricht auch Said nicht. Seine Beanstandung richtet sich an eine spezielle Selektivität, etwa eine solche, die Kontexte des „Orients" erforscht und beschreibt, durch welche die „positionelle Höherstellung" (Said 1999, S. 7) *(positional superiority)* Europas hergestellt und manifestiert wird. Zusätzlich zu der speziellen Selektivität dieser Narrative legt Said mit seinem Konzept des Orientalismus weitreichende Homogenisierungen des Orients dar und macht sie dadurch sichtbar (vgl. Castro Varela/Dhawan 2007, S. 33).

Der geografische Raum „von Nordafrika und der arabischen Halbinsel über den Nahen und Mittleren bis hin zum Fernen Osten" (Attia 2007, S. 7) wurde zu einem großen Ganzen zusammengefasst, wodurch nicht nur vielfältige Geschichten, Kulturen, Sprachen, Ethnien, Nationen und Weltanschauungen homogenisiert, sondern globaler Reichtum primitivisiert wurde. Der Dualismus des Andersmachens ließe sich, ähnlich wie bei der räumlichen Konstruktion Westen vs. Orient, demnach auch bei der Konstruktion sozialer Gruppen wiederfinden (vgl. Castro Varela/Dhawan 2007, S. 32 f.).

Im Grunde arbeitet Said globalgesellschaftliche Strukturen vor dem Hintergrund des sogenannten *discourse of power* des „Westens" heraus und postuliert anknüpfend daran die Wirkmächtigkeit von „westlichen" Grundannahmen über „den Orient" und „die Muslim:innen". Während das Andersmachen des Orients eben als Orientalismus bezeichnet wird, kann das *othering* von Muslim:innen als Muslimisierung bezeichnet werden, die auf naturalisierenden Diskriminierungsprozessen basiert.

Die zuvor konstatierte Arbitrarität des klassischen Rassismus wird an dieser Stelle erneut deutlich. Denn der Ausschluss und die Abwertung von Muslim:innen wird essentialistisch mit Verweis auf ihre Kultur und ihre Religion begründet. Bezugspunkt ist hier also eine vermeintlich homogene Kultur und die angenommene Religionszugehörigkeit zum Islam. Sie dienen gewissermaßen als Ersatz für den diskreditierenden Rassenbegriff und erfahren ihre Anwendung in rassifizierenden Diskriminierungsprozessen (vgl. Mecheril/Melter 2011, S. 16). Rommelspacher schreibt über antimuslimischen Rassismus:

> „Dieser Rassifizierungsprozess ist keineswegs abgeschlossen und vielfach uneinheitlich und inkonsistent. So lässt sich derzeit lediglich sagen, dass je mehr ‚der' Islam zu einem Differenzierungsmerkmal gemacht wird, das das ‚Wesen' aller Muslime zu durchdringen scheint und sich wie eine biologische Eigenschaft von einer Generation auf die andere weitervererbt, desto eher kann man auch den antiislamischen Rassismus als einen Rassismus bezeichnen; je mehr also die ‚Andersheit' der Muslime in ihre ‚Natur' eingeschrieben wird und je mehr dies der Legitimation gesellschaftlicher Hierarchien und Herrschaftsverhältnissen dient" (Rommelspacher 2011, S. 28).

Nicht zuletzt in Statistiken und mittlerweile gut dokumentierten Studien zeigen sich solche Diskriminierungserfahrungen von Muslim:innen in der Praxis, beispielsweise auf dem Wohnungsmarkt (vgl. BR Data/SPIEGEL online 2017), auf dem Arbeitsplatz und bei der Arbeitsplatzsuche (vgl. Peucker 2010, S. 19 f.). Weitere Beispiele sind journalistische Berichte und Darstellungen in Filmen, in welchen Muslim:innen in einen Zusammenhang mit Konflikten gesetzt werden (vgl. Hafez/Schmidt 2020). Dabei stellt sich nicht nur die Frage danach, weshalb negative Erzählmuster die deutsche Medienlandschaft dominieren, sondern auch, weshalb auf der expliziten Bezeichnung als Muslim:in beziehungsweise muslimisch überhaupt bestanden wird, wenn diese ohnehin keine adäquate Repräsentation muslimischer Lebensrealitäten darstellt. Es mag zunächst den Anschein haben, dass dies der Präzisierung halber geschieht; dabei ist eine unterstellte Religionszugehörigkeit in diesem Fall ähnlich aussagekräftig wie im Falle christlichen Glaubens (vgl. Stender 2010, S. 22). Zu folgern ist, dass „Muslim:in" und „muslimisch" als Abgrenzungsmarker für die nicht-muslimische eigene Gruppe fungieren sollen und rassistischen Denkmustern entspringen.

4 Antisemitismen und *white privilege* in Deutschland

Beschäftigt man sich mit Antisemitismus, kommt man wohl an Adornos Zitat nicht vorbei: „Der Antisemitismus ist das Gerücht über die Juden" (Adorno 2001 [1951], S. 200). Auch wenn damit die Eigenart des Antisemitismus nicht gänzlich gefasst werden kann, ist mit dem so bezeichneten Gerücht ein konstitutives Merkmal antisemitischer Ausdrucksformen benannt. Ähnlich wie bei Rassismen handelt es sich mindestens um vorurteilsbehaftete Ressentiments, um eine Diskriminierungsform. Nichtsdestoweniger unterscheidet sich Antisemitismus konzeptionell von vorurteilsbehafteten Ressentiments und muss deshalb auch klar von rassistischen Diskriminierungspraxen getrennt werden, denn

> „Antisemitismus ist eine Verbindung aus Weltanschauung und Leidenschaft, eine grundlegende Haltung zu [sic!] Welt, mit der sich diejenigen, die ihn als Weltbild teilen, alles in der Politik und Gesellschaft, das sie nicht erklären oder verstehen können oder wollen, zu begreifen versuchen. […] Antisemitismus zielt als kognitives und emotionales System auf einen weltanschaulichen Allerklärungsanspruch: Er bietet als Weltbild ein allumfassendes System von Ressentiments und (Verschwörungs-)Mythen, die in ihrer konkreten Ausformulierung wandelbar waren und sind. Sie richten sich immer gegen Jüdinnen und Juden, da der Antisemitismus auf Projektionen […] basiert. Antisemitismus ist zu verstehen als eine Verbindung aus Weltanschauung und Leidenschaft, als eine spezifische Art zu denken und zu fühlen." (Salzborn 2020, S. 13)

Salzborns Definition verschafft ein besseres Verständnis des Umfangs von Antisemitismus, ist jedoch inhaltlich relativ vage definiert. Lars Rensman und Julius H. Schoeps postulieren, Antisemitismus stelle

> „eine Struktur feindlicher Vorstellungen gegenüber Juden als Kollektiv dar, welche sich in Einstellungen, Mythen, Ideologie, Folklore, Bildern und Handlungen – soziale oder rechtliche Diskriminierung, politische Mobilisierung gegen Juden, kollektive und staatliche Gewalt – manifestiert, die dazu führen und darauf abzielen, Juden zu distanzieren, zu vertreiben und zu töten. Er stellt zudem eine moderne und politisch-kulturell situierte Form der Stereotypenbildung [und ein] Ensemble von Vorurteilen, Klischees, fixierten kollektiven Bildern, binären Codes und kategorialen Attribuierungen sowie diskriminierenden Praktiken gegenüber Juden [dar], die sich zur politischen Ideologie und zum Weltbild verdichten können." (Rensmann/Schelter 2008, S. 12)

Beiden Definitionen zufolge steht insbesondere die Feindschaft gegenüber Jüd:innen und ihre Mystifizierung im Vordergrund. Demnach lässt sich festhalten, dass es sich bei Antisemitismus – anders als bei Rassismen – insbesondere um die aktive Konstruktion der „Anderen" handelt und nicht um die Identitätsstiftung der Mehrheitsgesellschaft. Oder wie es Barbara Schäuble und Albert Scherr formulieren:

> „Rassistische Konstruktionen beinhalten i. d. R. Bewertungen, die die Minderwertigkeit der Fremdgruppe und die Höherwertigkeit der Eigengruppe belegen. [...] Dagegen sind antisemitische Konstruktionen oft mit der Idee der Höherwertigkeit und einer besonderen, international operierenden sowie unsichtbaren Macht verbunden. [...] Die Logik des Antisemitismus entspricht also nicht einem Rassismus, der als Begründung und Rechtfertigung sozialer Hierarchien fungiert, in denen rassisch als minderwertig definierten Gruppen die unteren Positionen zugewiesen sind. Moderner Antisemitismus zielt in der Regel nicht auf Ein- und Unterordnung, sondern auf Abgrenzung, Ausgrenzung oder Vernichtung." (Schäuble/Scherr, S. 290 f.)

Neben dem zuvor thematisierten sekundären Antisemitismus als Erscheinungsform von Antisemitismus gibt es weitere Formen antisemitischer Diskriminierung. Beispielhaft wären primärer beziehungsweise nationalsozialistischer Antisemitismus, Krypto-Antisemitismus oder islamistischer Antisemitismus zu nennen.

> „Der islamische Antisemitismus hat sich im 19. und 20. Jahrhundert als Verbindung vom islamischen Antijudaismus und modernem Antisemitismus europäischer Prägung entwickelt. [...] Jüdinnen und Juden werden in den Schriften des Islam sowohl positiv als auch negativ dargestellt. [...] Seine Verbreitung wurde durch Propaganda des nationalsozialistischen Deutschlands gefördert." (Bernstein 2020, S. 55)

Anzuerkennen, dass es sich bei islamistischen Antisemitismen um ein virulentes Problem unter Muslim:innen handelt, ist ein erster bedeutender Schritt für die Anti-Antisemitismusarbeit. Jedoch darf bei dieser Arbeit der Entstehungskontext des Phänomens und somit der europäische Einfluss nicht unberücksichtigt bleiben, andernfalls entstünde die Gefahr, dass bei anti-antisemitischen Anstrengungen gleichzeitig antimuslimische Rassismen reproduziert werden. Um dies zu vermeiden, muss zum einen die strukturelle Diskriminierung von Muslim:innen in Deutschland anerkannt werden und zum anderen die Frage danach gestellt werden, wer in Deutschland strukturell privilegiert ist.

Nicht nur in öffentlichen, sondern auch in akademischen Kontexten scheinen solche kritischen Denkanstöße noch immer auf Abwehrreaktionen zu stoßen. Beispielhaft steht hierfür die am 25.01.2021 ausgestrahlte WDR-Sendung „Die letzte Instanz", in welcher fünf Weiße, einflussreiche Personen des öffentlichen Lebens unermüdlich ihr vermeintliches Recht verteidigen, weiterhin rassistische und diskriminierende Ausdrucksformen pflegen zu dürfen. Unmittelbare Kritik an ihren Aussagen führte dazu, dass zwei der fünf dafür um Entschuldigung baten. Redaktion und Produktion jedoch störten sich anscheinend nicht an den angebrachten

Beanstandungen, und die Sendung wurde am 29.01.2022 erneut ausgestrahlt (vgl. Thorwarth 2021). In akademischen Zusammenhängen äußern sich etwaige Abwehrstrategien darin, dass Wissenschaftler:innen, die mit postkolonialen und kritischen Theorien arbeiten, ideologische Befangenheit unterstellt wird (vgl. Dirim/ CastroVarela/Heinemann et al. 2016). Diese abwehrenden Vorwürfe werden oftmals damit begründet, dass Deutschland nie eine bedeutende Kolonialmacht gewesen sei, weswegen die Beschäftigung mit diesen Theorien ideologischen Intentionen entspringe (vgl. Attia 2009, S. 80). Vergewissert man sich, dass Rassismus oftmals ausschließlich als Mittel für und Ergebnis von kolonialen Bestrebungen verstanden wird, verwundert es nicht, dass ein Großteil der in Deutschland lebenden Weißen Personen sich nicht als solche verstehen und sich daher auch nicht in einer gegenüber nicht-Weißen Personen privilegierten Position sehen. Dabei bezeichnet ,Weißsein' beziehungsweise ,Weiß' keine biologische Eigenschaft

> „sondern eine politische und soziale Konstruktion. Mit Weißsein ist die dominante und privilegierte Position innerhalb des Machtverhältnisses Rassismus gemeint, die sonst zumeist unausgesprochen und unbenannt bleibt. Weißsein umfasst ein unbewusstes Selbst- und Identitätskonzept, das Weiße Menschen in ihrer Selbstsicht und ihrem Verhalten prägt und sie an einen privilegierten Platz in der Gesellschaft verweist, was z. B. den Zugang zu Ressourcen betrifft." (Akhtar 2012, S. 17)

Wie solche sozialen Konstrukte funktionieren und wie sich deren intersektionale Verflechtungen äußern, wird im folgenden Exkurs exemplarisch dargelegt.

5 Exkurs: Soziale Differenzkategorien und deren intersektionale Verflechtungen

Um Diskriminierung nachhaltig entgegenwirken zu können, bedarf es einer strukturellen Antidiskriminierungsarbeit. An deren Anfang steht, dass neben direkten auch indirekte Diskriminierungsformen anerkannt und in ihren Funktionsweisen erkannt werden. Werden soziale Kategorien definiert, werden diese indirekten strukturellen Diskriminierungspraxen sichtbar. Wichtig ist dabei, dass soziale Kategorien nicht arbiträr sind, sondern globalgesellschaftlichen Machtverhältnissen entspringen. Machtvoll sind sie deshalb, weil sie einen normativen Charakter haben, indem sie bestimmte Personen(gruppen) als Normalfall repräsentieren (vgl. Walgenbach 2017, S. 66 f.). Dadurch werden nach Said alle ,Anderen' nicht nur als nicht normal durch das Raster fallen, sondern in einer binär oppositionellen Logik als ,anders' beschrieben und degradiert (vgl. Castro Varela/Dhawan 2007, S. 31).

Einen Konsens bezüglich der Kategorien, die in herrschaftskritische Sozialanalysen einbezogen werden müssen, gibt es nicht. Zu begründen ist dies mit der historischen und kontextuellen Wandelbarkeit von Herrschaftsverhältnissen. Donna Haraway stellt fest: „Some differences are playful; some are poles of world historical systems of domination. ‚Epistemology' is about knowing the differences." (Haraway 1999, S. 281)

In der folgenden Tabelle werden geläufige Kategorien und deren Grunddualismen aufgelistet:

Kategorie	Grunddualismus
race	weiß – *Person of Color*, schwarz
Sprache	Erstsprachler:innen – Zweit- und Fremdsprachler:innen
gender	männlich – weiblich, divers, trans, non-binary
Sexualität	hetero – LGBTQAI+
Soziale Schicht	Akademiker:innen – Arbeiter:innen
Gesundheit	gesund – krank ohne Behinderung – mit Behinderung
Alter	Erwachsene – Kinder alt – jung
(angenommene) Religionszugehörigkeit	christlich – nicht-christlich

Paul Mecheril führt in diesem Zusammenhang den Begriff der „Differenzordnungen" (2007) ein und stellt dar, wieso soziale Zugehörigkeiten nicht nur in einem Grunddualismus, also binär oppositionell funktionieren, sondern auch machtvoll sind. Er stellt fest, dass jede Person im Zuge ihrer jeweiligen Subjektwerdung sich diesen Differenzordnungen und damit einhergehend entsprechenden Privilegien oder Deprivilegien nicht entziehen kann. Nachdem man jedoch nicht nur einer privilegierten oder deprivilegierten Gruppe einer jeweiligen Kategorie zugehörig ist, bedarf es ein Konzept, das Mehrfachzugehörigkeiten fassen und dadurch Mehrfachdiskriminierungen sichtbar machen kann (vgl. ebd.). Der Ansatz der Intersektionalität ermöglicht dies, indem er soziale Zugehörigkeiten nicht voneinander isoliert konzeptualisiert, sondern als miteinander verflochten versteht. Begründerin des Konzepts ist Kimberlé Crenshaw, die Diskriminierung mit einer Straßenverkehrsmetapher verdeutlicht. Eine Person, die an einer Straßenkreuzung *(intersection)* steht, könne von einem, aber auch von mehreren, aus verschiedenen Richtungen kommenden Autos umgefahren werden (vgl. Crenshaw 1989, S. 149). Crenshaws Überlegungen zur Intersektionalitätstheorie fußen unter anderem auf der politisch-theoretischen Genealogie der angloamerikanischen *Black Feminism Theory* und der *Critical Race Theory* (vgl. Walgenbach 2012, S. 1). Hierbei wird oftmals auf die Gründung des *Combahee River Collective* 1974 in Boston als wegbereitendes Momentum für die Intersektionalitätsforschung verwiesen (vgl. ebd., S. 3). In ihrer 1977 veröffentlichten Erklärung positionieren sich die Autor:innen als Schwarze, lesbische und sozialistische Feminist:innen und postulieren:

„The most general statement of our politics at the present time would be that we are actively committed to struggling against racial, sexual, heterosexual, and class oppression, and see as our particular task the development of integrated analysis and practice based upon the fact that the major systems of oppression are interlocking. The synthesis of these oppressions creates the conditions of our lives. As Black women we see Black feminism as the logical political movement to combat the manifold and simultaneous oppressions that all women of color face." (Combahee River Collective 2017 [1977], S. 15–27)

Wie sich Mehrfachzugehörigkeiten und Mehrfachdiskriminierung in schulischen Kontexten äußern können, wird im Folgenden konkretisiert.

6 Das Ineinanderwirken von Antisemitismus und antimuslimischem Rassismus in schulischen Kontexten

Wird die zuvor unter anderem durch Berichterstattungen beförderte Homogenisierung muslimischer Diversität auch ähnlich undifferenziert, etwa als simplifizierende Kategorie der sogenannten muslimischen Schüler:innenschaft, auf schulische Kontexte undifferenziert angewandt und unreflektiert benutzt, werden sich ebendiese Schüler:innen in einer ausgrenzenden Zuschreibung wiederfinden. Zusammenfassungen der muslimischen Schüler:innenschaft zu einem großen Ganzen untersucht Florian Kuhne in seinem Beitrag „Die Kategorie ‚race' als Dilemma der geschichtsdidaktischen Forschung" und zeigt die Handhabung solcher Kategorien konkret auf. In Studien, die beispielsweise über den Themenkomplex „Nationalsozialismus – Shoa – Nahostkonflikt" Auskunft geben, ist der Unterrichtsgegenstand „in hohem Maße ‚der muslimische, männliche Jugendliche'" und „der ‚problemhafte' Schüler aus der Türkei oder dem arabischen Raum" (Kuhne 2016, S. 134 f.).

Zu kritisieren seien an dieser Stelle, so Kuhne, nicht nur die unpräzisen Kategorisierungen, sondern der Fokus auf einer muslimischen Kategorie per se. Das Verhältnis, in welchem muslimische Schüler:innen beziehungsweise Nationalitäten, die einer solchen Kategorie zugeordnet werden, und nicht-muslimische Nationalitäten in Studien untersucht werden, sei exorbitant ungleichgewichtig, weshalb muslimische Schüler:innen in Stichproben stets auffallen.

Man möchte meinen, dass es doch den Rezipient:innen freistünde, Berichterstattungen und Studien, die ein negativ überstrapaziertes Bild von Muslim:innen vermitteln, schlicht und einfach als defizitär und unprofessionell abzulehnen. Jedoch handelt es sich nicht, wie angedeutet, um einzelne unmaßgebliche Berichte oder Studienergebnisse, sondern um ein gesellschaftlich dominantes Narrativ einer, wie behauptet, gefährlichen Religion; sie habe Antisemitismus wieder salonfähig gemacht. Diese Annahme hat derweil auch Eingang in schulische

Kontexte gefunden. Im Rahmen des Forschungsprojekts von Guido Follert und Stender schildert eine Schulsozialarbeiterin zur konstatierten Problematik:

„Ich habe das Gefühl, dass, wenn man nicht aufpasst, (…) dass sich das auch verselbständigt. Weil ich's jetzt immer öfter gehört hab. Das hab ich vor ein paar Jahren gehört. Und das kann mit diesen Konflikten, denk ich schon … ich glaube nicht, dass das zurückzuführen ist auf unsere Vergangenheit so direkt, sondern dann doch eher auf das Problem zwischen Israel und, und, äh, und den, äh, Palästina und, äh, so. Denk ich mal" (in Follert/Stender 2010, S. 205).

Auch eine Lehrerin äußert sich in einem Interview und beschreibt: „das kommt nicht von Deutschen (aha), ne gar nicht, also das ist gar kein Thema, das kommt jetzt wirklich nur aus der muslimischen Welt" (ebd., S. 210). Mit diesen Darstellungen weisen beide Akteur:innen nicht nur Schuld und Verantwortung im Sinne einer Spielart sekundären Antisemitismus von sich, sondern konstruieren eine muslimische Problemgruppe in direkter Opposition zur unsichtbaren nicht-muslimischen Gruppe. Die von Bernstein durchgeführten Interviews unter anderem mit Lehrer:innen und Sozialarbeiter:innen zeugen ebenfalls von abwehrenden, sekundär antisemitischen und zugleich stigmatisierenden antimuslimischen Aussagen:

„Keine Ahnung ja ehhh [… Könnte auch sein, dass der Migrationsanteil hier an der Schule weniger gering ist, als zum Beispiel in kleineren Städten, Nähe der Großstadt […] Ich könnte mir vorstellen, dass aus der Ecke der Muslime vielleicht noch mehr Vorurteile gegenüber vorhanden sind und Antisemitismus herrscht. Könnte ja sein, dass es da so ein Gefälle gibt, ne. Wir sind hier ländlicher geprägt, die Menschen hier haben nichts gegen Juden" (in Bernstein 2020, S. 163 f.).

„Ich hab immer das Gefühl, dass Antisemitismus in [Großstadt x] keinen Raum hat, da [Großstadt x] multikulti ist. Wenn da jemand kommt mit irgendeinem Hass, also ganz ehrlich, der wird dann auch verprügelt, denk ich mir dann immer. Das ist hier viel mehr in den Käffern" (ebd., S. 164).

„Generell kann man die Äußerungen, kann man das an der Herkunft unserer Schüler festmachen, es sind mittlerweile größtenteils Türken, aber auch sonstige Muslime. Und ich bild mir ein, dass überwiegend von muslimischen Schülern antisemitische Äußerungen kommen" (ebd., S. 165).

Diese Ausführungen sind insofern antimuslimisch rassistisch, als sie muslimische Schüler:innen homogenisieren, abwerten, essentialisieren, der deutschen Wir-Gruppe als anders gegenüberstellen und sie schließlich für Antisemitismus an Schulen verantwortlich machen. Sie lenken vom eigentlichen Problem ab und verdecken dabei ein anderes, denn

„[w]enngleich aktuelle Erscheinungsformen des Antisemitismus unter muslimisch geprägten Menschen virulent sind, verkehrt es die gesellschaftliche Realität vollends, wenn man das Problem auf eine wie auch immer konstruierte nationale, ethnische oder religiöse Gruppe beschränkt. […] Dennoch muss eine zeitgemäße Anti-Antisemitismusarbeit im globalisierten Klassenzimmer spezifische Emotionen und Kontexte im Auge behalten, die durch Jugendliche mit muslimisch geprägtem Migrationshintergrund in den Unterricht getragen werden können." (Niehoff 2010, S. 255 f.)

Vor diesem Hintergrund muss es auch der Anspruch von Schule sein, Lebensrealitäten und Orientierungsbedürfnisse auch muslimischer Schüler:innen zu berücksichtigen und sie nicht nur als „passiven Untersuchungsgegenstand" (Kuhne 2016, S. 143) anzusehen. Nur so kann Antisemitismus und antimuslimischem Rassismus der Nährboden entzogen werden und Deutschland als Einwanderungsland gelingen.

7 Ausblick

Die Entfernung von Nationalsozialismus und Shoa wird für Schüler:innen mit jedem vergehenden Jahr größer. Das macht es für sie schwierig nachzuvollziehen, wieso die Verbrechen des NS-Regimes für sie heute bedeuten, dass sie bestimmte Denk- und Ausdruckweisen nicht pflegen sollten. Insbesondere muslimische Schüler:innen sehen sich außerhalb eines historischen Verweisungszusammenhangs von Antisemitismus in Deutschland und legitimieren damit, sich einer Beschäftigung mit der Shoa zu entziehen und deren Relevanz in Frage zu stellen (vgl. Bernstein 2020, S. 452). Dadurch wird die Kontinuität und die eigene Verwobenheit in ihr dissoziiert. Das Desinteresse von muslimischen Schüler:innen, sich mit Antisemitismus zu beschäftigen, lässt sich auch damit erklären, dass ihnen entsprechende Bezüge zur deutschen Gesellschaft fehlen. Das erfahrene *othering* und die Exklusion aus der Mehrheitsgesellschaft aufgrund ihrer (angenommenen) Religionszugehörigkeit trifft diese Schüler:innen im Zentrum ihrer Lebensrealitäten. Denn ganz gleich, ob das Individuum Religion theologisch, spirituell, philosophisch oder nur als identitätsstiftende Tradition sieht, sie ist eine soziale Determinante, die zur Identitätsstiftung beitragen kann. Ein schulisches Umfeld, in dem der Islam vor allem als aggressiv oder regressiv charakterisiert wird, kann demnach nicht förderlich für pädagogische Zwecke sein. Viel zu lange wurden die Augen vor Abhängigkeitsverhältnissen jenseits von Tafel und Sitzreihe verschlossen, geleitet von einer Wunschvorstellung subjektiver Souveränität der zu Unterrichtenden (vgl. Lücke/Messerschmidt 2020, S. 54). Deshalb sind auch kritische Zugänge derart elementar, wenn Diskriminierung in schulischen Kontexten entgegengewirkt werden soll. Demnach bedarf es neben inklusiven und diversitätssensiblen Materialien auch eine Beschäftigung mit den sozialen Positionen und Positionierungen einzelner Individuen im Klassenzimmer. Die Theorien der Intersektionalitätsforschung stellen sich für dieses Vorhaben als aussichtreich heraus. Sie beschäftigen sich nämlich nicht nur mit den einzelnen sozialen Kategorien, sondern eben auch mit deren intersektionalen „Differenzordnungen" (Mecheril 2007). Insbesondere die Nähe zu den *Postcolonial Studies* und der herrschaftskritische Ansatz dieser Theorien scheinen in pädagogischen und fachdidaktischen Kreisen noch immer zu beunruhigen, weshalb sie in schulischer Praxis bisweilen wenig Anwendung finden. Dabei ist eine Auseinandersetzung mit Differenzordnungen und den damit einhergehenden strukturellen Privilegien beziehungsweise Deprivilegien unabdingbar, möchte man allen Schüler:innen einen gleichberechtigten und gerechten Zugang zu Bildung und Gesellschaft gewährleisten.

Es ist unstrittig, dass vor dem Hintergrund der nationalsozialistischen Vergangenheit Deutschlands die Shoa nach wie vor einen Sonderstatus behalten muss, damit ihre „Wirkmächtigkeit als singuläres Ereignis" nicht abnimmt und sie nicht „in Relation zu anderen Genoziden oder staatlichen Verfolgungs- und Ermordungsprogrammen" (Kuhne 2016, S. 137) gestellt wird. Das darf jedoch weder Weiße Schüler:innen noch Weiße Lehrer:innen entlasten und dazu führen, weitere marginalisierte Schüler:innen und ihre Anliegen zu ignorieren oder sie lediglich an passender Stelle als passiven Unterrichtsgegenstand zu gebrauchen. Abschließend hierzu ein Zitat von Czollek, der die Komplexität intersektional wirkender sozialer Kategorien zusammenfasst: „Wer sich ein Deutschland ohne Muslim*innen wünscht, der wünscht sich auch ein Deutschland ohne Jüdinnen und Juden" (Czollek 2019, S. 76).

Literatur

Adorno, Theodor W. (2001 [1951]): Minima Moralia: Reflexionen aus dem beschädigten Leben. Frankfurt/M.: Suhrkamp.

Adorno, Theodor W. (1964): Zur Bekämpfung des Antisemitismus heute. In: Das Argument, Jg. 6, H. 2: Schule und Erziehung I. Berlin, S. 88–104.

Akhtar, Mostafa (2012): Rassismus wird gemacht. Eine Hausbau-Geschichte zur Bedeutungskonstruktion. In: Berliner Entwicklungspolitischer Ratschlag e. V. (Hrsg.): Wer anderen einen Brunnen gräbt… Rassismuskritik//Empowerment//Globaler Kontext. Berlin.

Attia, Iman (2009): Die „westliche Kultur" und ihr Anderes. Zur Dekonstruktion von Orientalismus und antimuslimischem Rassismus. Bielefeld: transcript.

Benz, Wolfgang (1995): Einleitung. Alltäglicher Antisemitismus in der Bundesrepublik. In: Ders. (Hrsg.): Antisemitismus in Deutschland. Zur Aktualität eines Vorurteils. München: dtv.

Bergmann, Werner (1990): Der Antisemitismus in der Bundesrepublik Deutschland. In: Ders./ Strauss, Herbert A./Hoffmann, Christhard (Hrsg.): Der Antisemitismus der Gegenwart. Frankfurt a. M., New York: Campus.

Bergmann, Werner (1997): Antisemitismus in öffentlichen Konflikten. Kollektives Lernen in der politischen Kultur 1949–1989. Frankfurt a. M., New York: Campus

Bergmann, Werner/Erb, Rainer (1991): Antisemitismus in der Bundesrepublik Deutschland. Ergebnisse der empirischen Forschung von 1946–1989. Opladen: Leske + Budrich.

Bernstein, Julia (2020): Antisemitismus an Schulen in Deutschland. Befunde – Analysen – Handlungsoptionen. Weinheim: Beltz Juventa.

BR Data/SPIEGEL online (2017): Wir müssen draußen bleiben. Warum Hanna zur Besichtigung eingeladen wird und Ismail nicht. www.interaktiv.br.de/hanna-und-ismail/index.html (Abfrage 24.01.2022).

Castro Varela, María do Mar/Dhawan, Nikita (2007): Orientalismus und postkoloniale Theorie. In: Attia, Iman (Hrsg.): Orient- und Islambilder. Interdisziplinäre Beiträge zu Orientalismus und antimuslimischem Rassismus. Münster: Unrast, S. 31–44.

Combahee River Collective ([1977]): The Combahee River Collective Statement. In: Taylor, Keeanga-Yamahtta (Hrsg.): How we get free. Black feminism and the Combahee River Collective. Chicago: Haymarket Books, S. 15–27.

Crenshaw, Kimberlé (1989): Demarginalizing the Intersection of Race and Sex: A Black Feminist Critique of Antidiscrimination Doctrine, Feminist Theory and Antiracist Politics. In: University of Chicago Legal Forum, Volume 1989. Issue 1, S. 139–167. Chicago, S. 139–167.

Czollek, Max (2019): Desintegriert euch! München: Hanser.

Dirim, İnci/Castro Varela, María do Mar/Heinemann, Alisha M. B./Khakpour, Natasha/Pokitsch, Doris/Schweiger, Hannes (2016): Nichts als Ideologie? Eine Replik auf die Abwertung rassismuskritischer Arbeitsweisen. In: Castro Varela, María do Mar/Mecheril, Paul (Hrsg.): Die Dämonisierung der Anderen. Rassismuskritik der Gegenwart. Bielefeld: transcript.

El-Menouar, Yasemin (2019): Religiöse Toleranz weit verbreitet – aber der Islam wird nicht einbezogen. Bertelmanns Stiftung. www.bertelsmann-stiftung.de/de/themen/aktuelle-meldungen/2019/juli/religioese-toleranz-weit-verbreitet-aber-der-islam-wird-nicht-einbezogen (Abfrage 08.12.2021).

Fest, Nicolaus (2014): Islam als Integrationshindernis. In: Bild am Sonntag. www.bild.de/news/standards/religionen/islam-als-integrationshindernis-36990528.bild.html (Abfrage 16.04.2021).

Follert, Guido/Stender, Wolfram (2010): „das kommt jetzt wirklich nur aus der muslimischen Welt". Antisemitismus bei Schülern in der Wahrnehmung von Lehrern und Schulsozialarbeitern. Zwischenergebnisse aus einem Forschungsprojekt. In: Stender, Wolfram/Follert, Guido/Özdoğan, Mihri (Hrsg.): Konstellationen des Antisemitismus. Antisemitismusforschung und sozialpädagogische Praxis. Wiesbaden: VS.

Haraway, Donna (1999): A Cyborg Manifesto. In: During, Simon (Hrsg.): The Cultural Studies Reader. London, New York: Routledge.

Hafez, Kai/Schmidt, Sabrina (2020): Rassismus und Repräsentation. Das Islambild deutscher Medien im Nachrichtenjournalismus und im Film. www.bpb.de/lernen/digitale-bildung/bewegtbild-und-politische-bildung/314621/islambild-deutscher-medien#01 (Abfrage 24.01.2022).

Kuhne, Florian (2016): Die Kategorie ‚race' als Dilemma der geschichtsdidaktischen Forschung. Reflexionen über Studien zu Geschichtsunterricht im Themenfeld Nationalsozialismus und Holocaust in ‚multikulturellen' Lerngruppen. In: Brüning, Christina/Deile, Lars/Lücke, Martin (Hrsg.): Historisches Lernen als Rassismuskritik. Schwalbach/Ts.: Wochenschau, S. 133–146.

Lücke, Martin/Messerschmidt, Astrid (2020): Diversität als Machtkritik. Perspektiven für eine intersektionales Geschichtsbewusstsein. In: Barsch, Sebastian/Degner, Bettina/Kühberger, Christoph/Lücke, Martin (Hrsg.): Handbuch Diversität im Geschichtsunterricht. Inklusive Geschichtsdidaktik. Frankfurt a. M.: Wochenschau.

Marin, Bernd (1983): Ein historisch neuartiger „Antisemitismus ohne Antisemiten". In: Bunzl, John/ders.: Antisemitismus in Österreich. Sozialhistorische und soziologische Studien. Innsbruck: Inn, S. 171–192.

Mecheril, Paul (2007): ‘Diversity'. Differenzordnungen und Modi ihrer Verknüpfung. Heinrich Böll Stiftung. www.heimatkunde.boell.de/2008/07/01/diversity-differenzordnungen-und-modi-ihrer-verknuepfung (Abfrage 25.01.2021).

Mecheril, Paul/Melter, Claus (2011): Rassismustheorie und -forschung in Deutschland. Kontur eines wissenschaftlichen Feldes. In: Melter, Claus/Mecheril, Paul (Hrsg.): Rassismuskritik. Band 1: Rassismustheorie und -forschung. Schwalbach/Ts.: Wochenschau

Mecheril, Paul/Scherschel, Karin (2011): Rassismus und „Rasse". In: Melter, Claus/Mecheril, Paul (Hrsg.): Rassismuskritik. Band 1: Rassismustheorie- und forschung. Schwalbach/Ts.

Niehoff, Mirko (2010): Handlungsbedingungen einer Pädagogik gegen Antisemitismus im globalisierten Klassenzimmer. In: Stender, Wolfram/Follert, Guido/Özdoğan, Mihri (Hrsg.): Konstellationen des Antisemitismus. Antisemitismusforschung und sozialpädagogische Praxis. Wiesbaden: VS.

Peucker, Mario (2010): Diskriminierung aufgrund der islamischen Religionszugehörigkeit im Kontext Arbeitsleben – Erkenntnisse, Fragen und Handlungsempfehlungen. Bamberg. www. antidiskriminierungsstelle.de/SharedDocs/downloads/DE/publikationen/Expertisen/expertise_ diskr_aufgrund_islam_religionszugehoerigkeit_sozialwissenschaftlich.pdf?__blob=publication-File&v=6 (Abfrage 25.01.2021).

Rensmann, Lars/Schoeps, Julius H. (2008): Antisemitismus in der Europäischen Union: Einführung in ein neues Forschungsgeld. In: Dies. (Hrsg.): Feindbild Judentum. Antisemitismus in Europa. Berlin: VBB.

Rommelspacher, Birgit (2011): Was ist eigentlich Rassismus? In: Melter, Claus/Mecheril, Paul (Hrsg.): Rassismuskritik. Band 1: Rassismustheorie und -forschung. Schwalbach/Ts.: Wochenschau.

Said, Edward W. (1979): Orientalism. New York. Vintage.

Said, Edward W. (1999): Die Konstruktion des Anderen. In: Burgmer, Christoph (Hrsg.): Rassismus in der Diskussion. Berlin: Elefanten Press

Salzborn, Samuel/Kurth, Alexandra (2020): Antisemitismus in der Schule. Erkenntnisstand und Handlungsperspektiven. In: Salzborn, Samuel (Hrsg.): Schule und Antisemitismus. Politische Bestandsaufnahme und pädagogische Handlungsmöglichkeiten. Weinheim: Beltz.

Schäuble, Barbara/Scherr, Albert (2006): „Ich habe nichts gegen Juden, aber..." Widersprüchliche und fragmentarische Formen von Antisemitismus in heterogenen Jugendszenen. In: Fritz Bauer Institut & Jugendbegegnungsstätte Anne Frank (Hrsg.): Neue Judenfeindschaft? Perspektiven für den pädagogischen Umgang mit dem globalisierten Antisemitismus. Frankfurt/M., New York: Campus, S. 51–79.

Schäuble, Barbara/Scherr, Albert (2009): Politische Bildungsarbeit und Antisemitismus bei Jugendlichen. In: Wiebke Scharathow/Leiprecht, Rudolf: Rassismuskritik. Bd. 2: Rassismuskritische Bildungsarbeit. Schwalbach/Ts.: Wochenschau.

Schönbach, Peter (1961): Reaktionen auf die antisemitische Welle im Winter 1959/1960. Frankfurt a. M.: Europäische Verlagsanstalt.

Stender, Wolfram (2010): Konstellationen des Antisemitismus. In: Stender, Wolfram/Follert, Guido/ Özdoğan, Mihri (Hrsg.): Konstellationen des Antisemitismus. Antisemitismusforschung und sozialpädagogische Praxis. Wiesbaden: VS: S. 7–40.

Thorwart, Katja (2021): „Alles völlig überzogen". In „Die letzte Instant" kehren privilegierte Weiße Rassismus unter die Teppich. www.fr.de/meinung/kommentare/wdr-die-letzte-instanz-weisse-rassismus-gottschalk-beisenherz-kunze-tv-kritik-sprache-diskriminierung-90187639.html (Abfrage 09.04.2022).

Quindeau, Ilka (2007): Schuldabwehr und nationale Identität – psychologische Funktionen des Antisemitismus. In: Brosch, Matthias/Elm, Michael/Geißler, Norman/Simbürger, Brigitta E./Wrochem, Oliver von (Hrsg.): Exklusive Solidarität. Linker Antisemitismus in Deutschland. Vom Idealismus zur Antiglobalisierungsbewegung. Berlin: Metropol.

Walgenbach, Katharina (2012): Intersektionalität – Eine Einführung. www.portal-intersektionalität.de (Abfrage am 09.04.2022).

Walgenbach, Katharina (2017): Heterogenität – Intersektionalität – Diversity in der Erziehungswissenschaft. Opladen, Toronto: Barbara Budrich.

Weizsäcker, Richard von (1985): Gedenkveranstaltung im Plenarsaal des Deutschen Bundestages zum 40. Jahrestag des Endes des Zweiten Weltkrieges in Europa. www.bundespraesident.de/ SharedDocs/Reden/DE/Richard-von-Weizsaecker/Reden/1985/05/19850508_Rede.html (Abfrage 27.03.2022).

Zur Verdrängung der Moderne als Epoche

Oder: Warum (nicht nur) die Fachdidaktik der Politischen Bildung die Einsichten ihrer klassischen Lektüren am Ende doch immer wieder einholen

Sven Rößler

Zusammenfassung: Ausgehend vom exemplarischen Rezeptionsschicksal der „epochalen Schlüsselprobleme" Klafkis wird die Annahme des Verlustes eines Epochenbegriffs innerhalb hegemonialer (fach-)didaktischer Diskurse in der Spätmoderne entfaltet. Einer genuin fachdidaktischen Theoriebildung käme dabei die Aufgabe zu, und zwar in der Vergegenwärtigung längst in den klassischen Schriften der Disziplin formulierter Einsichten, Geschichtslosigkeit überhaupt als selbst epochal wirkmächtigen Imperativ ansichtig werden zu lassen und so auch Politischer Bildung als bloß einer *Didaktik in der Moderne* dazu zu verhelfen, als eine *Didaktik der Moderne* ihrem Bildungsbeitrag letztlich gerecht zu werden.

Abstract: Based on the exemplary reception fate of Klafki's "epochal key problems", the assumption of the loss of a concept of epoch within hegemonic didactic discourses in late modern times will be developed. A genuinely didactic theory formation would have the task, namely in the visualisation of insights long formulated in the classical writings of the discipline, of making historicity visible as an imperative that is itself epochally effective, and thus also helping political education as merely a *didactics in the modern age* to ultimately do justice to its educational contribution as a *didactics of the modern age.*

Keywords: Moderne, Spätmoderne, Didaktik, Klassikerlektüren, Zivilisationsbruch

Einleitung

Noch geläufiger als Theodor W. Adornos (2002 [1969]) weit über die Politische Bildung hinaus in Anspruch genommene Forderung einer *Erziehung zur Mündigkeit* ist wohl die spätere Redeweise von den *epochalen Schlüsselproblemen* bei Wolfgang Klafki (2007).[1] Beide teilen jedoch, als vermeintlich nur zierende „Feiertagsdidaktiken" (Mayer 1980, S. 179–187), auch das Schicksal einer enthistorisierenden Rezeption. Wird bei Adorno die gesellschafts- wie bildungstheoretisch bedeutsame Forderung nach einer *Erziehung* – und so der Verantwortung der Lehrenden für sie – gerne überhört[2], weil eben auf die emphatische *Ausbildung* von Mündigkeit *aus den Subjekten* selbst *heraus*, durch welche schließlich die gesellschaftlichen Verhältnisse mitten hindurchgehen (vgl. Behrens 2002), aus guten, nämlich *historischen* Gründen – der *Faktizität* der Zivilisationsbarbarei des nationalsozialistischen Genozids im 20. Jahrhundert – nicht verlassen werden kann, so werden auch die *Schlüsselprobleme* Klafkis in den Begründungszusammenhängen von Bildungsprozessen, selbst wenn sie mehr und anderes sein wollen als bloße Lehr-/Lern-Prozesse, allzu oft und reflexhaft als eben genau dies benannt: bloße *Probleme*.

Diese wären jedoch, anders als *(politische) Konflikte* (vgl. Giesecke 1965), nicht nur grundsätzlich *technisch* lösbar, sondern drängten sich vor allem in ihrer *existenziellen* – und darin kaum vernünftig zu bestreitenden – *Aktualität* erst auf, ohne jedoch das *Epochale* der *epochalen Schlüsselprobleme* ernsthaft in den Blick zu nehmen. Entsprechend kommt am Ende der durch Problemorientierung angeleiteten pädagogischen Auseinandersetzung mit beispielsweise Umweltzerstörung, in einer zudem häufig aufs Moralische banalisierten *Betroffenheit* (vgl. Gagel 2005, S. 100), zwar angesichts der Dramatik eher enttäuschend, jedoch folgerichtig in der Regel doch nur *Mülltrennung* heraus. *Selbstwirksamkeit*: so wichtig!

Vor solchen sinnverkehrenden Verkürzungen bewahrt dabei nicht, dass sich die Forderung des einen explizit damit begründet, dass „[j]ede Debatte über Erziehungsideale [...] nichtig [ist] und gleichgültig diesem einen gegenüber, daß Auschwitz nicht sich wiederhole" (Adorno 2007 [1966], S. 674), genauso wenig, wie das wesentliche Kriterium des anderen in der Auswahl von sich in *intentionalen* Bildungskontexten gegenüber potenziell unendlichen Alternativen besonders eignenden Gegenständen klar durch „ein geschichtlich vermitteltes Bewußtsein von zentralen Problemen der Gegenwart und – soweit voraussehbar – der Zukunft" bestimmt ist und nur *insofern* „[a]bkürzend [...] von der Konzentration auf epochaltypische Schlüsselprobleme unserer Gegenwart und der vermutlichen Zukunft" (Klafki 2007, S. 56) gesprochen werden kann.

Nun ist „[d]er Ort, den eine Epoche im Geschichtsprozeß einnimmt, [...] aus der Analyse ihrer unscheinbaren Oberflächenäußerungen schlagender zu bestimmen als aus den Urteilen der Epoche über sich selbst", denn, „[j]ene

---

1   Von Klafkis Dissertation zur *Theorie der kategorialen Bildung* (1959) sind entscheidende Impulse zur Be-*Gründung* einer Fachdidaktik der Politischen Bildung als eigenständiger akademischer Disziplin ausgegangen (vgl. Giesecke 1965).

2   Von der beredten Verwechslung mit *Müdigkeit* in den Autokorrekturen des algorithmisch unterstützten Schreibens (vgl. Behrens o. J.) einmal ganz abgesehen.

gewähren ihrer Unbewußtheit wegen einen unmittelbaren Zugang zu dem Grundgehalt des Bestehenden" (Kracauer 2002 [1927], S. 50). Es darf davon ausgegangen werden, dass die exemplarisch beschriebenen Rezeptionsschicksale – vor allem, wenn sie sich als typische *ausprägen*, und zwar wortwörtlich (vgl. Art. „Charakter" 2002) – selbst schon solche sind, die ihren Ursprung im Charakter ihrer Epoche haben. Und entgegen aller Beteuerungen einer Post- oder sonst wie anderen Moderne – erst seit 2007 lebt die Mehrheit der Menschen in Städten (vgl. United Nations 2014, S. 7), im *globalen Maßstab* fängt die Moderne gerade erst an! – behalten die (kritischen) Theorien der Moderne (also nicht nur die mit großem K geschriebene) weiterhin ihren Orientierungswert, bleiben weiterhin weniger ihre Einsichten als vielmehr die Verhältnisse, an denen sie sich bildeten, wirkmächtige Faktoren unserer Gegenwart: „Wie jeder Gesellschaftskritiker oder Philosoph, der seine Sache gut gemacht hat, so hat auch Adorno seinen Schülern und Amtsnachfolgern nichts als Arbeitslosigkeit hinterlassen. Was es über diese Epoche zu denken und zu sagen gibt, kann man in seinen Büchern lesen, und eine andere Epoche, in welcher Adorno veraltet oder überflüssig sein würde, ist leider nicht in Sicht" (Pohrt 2010a [1984], S. 137). *Unsere* Moderne ist *wesentlich* die gleiche wie zu Beginn des 20. Jahrhunderts. Und das heißt eben auch: *die* Moderne, *aus der heraus* die *Zivilisationsbarbareien* sich ereignen konnten, sich also *prinzipiell* – unbeschadet ihrer nur *bisherigen* Singularität – wiederholen können. 1945 warnt Hannah Arendt umgehend und hellsichtig: „[D]er Faschismus wurde dieses eine Mal besiegt: aber wir haben noch lange nicht das Erzübel unserer Zeit ausgerottet. Denn dessen Wurzeln sind stark, und sie heißen – Antisemitismus, Rassismus, Imperialismus" (Arendt 2014a [1945], S. 48). „Politische Bildung muß", nicht zuletzt deshalb, „darauf abzielen, die Gegenwart als historische Epoche und menschliches Handeln in seiner geschichtlichen Bedingtheit zu verstehen, und zwar so, daß Geschichte als etwas vom Menschen Gestaltetes und Gestaltbares erkannt wird" (Schmiederer 1967, S. 123). An diesem (Selbst-) Anspruch ist sie weiterhin zu messen, *gerade*, nachdem sich Schmiederers Schüler_innenzentrierung als didaktisches Prinzip und genuin politische Praxisform selbst in der neoliberalen Menschen-Führung des Classroom-Managements längst ins Gegenteil einer motivationalen Technik der *Schüler_innen-Orientierung* verkehrt hat.

(Fach-) Didaktische Theoriebildung als das Ekrasit gegen die *Kontinuität der Geschichte*

Es stellt sich Politischer Bildung dann die Aufgabe, die Walter Benjamin einmal dem historischen Materialismus aufgetragen hatte: Er „muss das epische Element der Geschichte preisgeben. Er sprengt die Epoche aus der dinghaften *Kontinuität der Geschichte* ab. Er sprengt aber auch die Homogenität der Epoche auf. Er durchsetzt sie mit Ekrasit, d.i. Gegenwart" (Benjamin 1992 [1927–1940], S. 592 f., N 9 a, 6). Hingegen nicht ausdrücken lässt sich das in der Kunstsprache der curricularen Verwaltungsvorschriften. Entgegen der bloß Traditionen, und zwar die schlechten, weil nicht mit der wirklichen Praxis vermittelten (und auch ohne den Anspruch), pflegenden Prosa ihrer einleitenden Vorbemerkungen geht es in ihren letztlich entscheidenden Operatorenpuzzles weniger um ein konkretes und qualitatives *Verstehen* denn um ein abstraktes und quantifizierbares *Wissen*; die unvermeidbare und bewertete Lernstandsfeststellung als Vehikel vermeintlich „gerechter Zuweisung ungleicher Lebenschancen" (vgl. Holzkamp 1992, S. 3) wartet am Ende jeder (Unterrichts-) Einheit.

Als zeitgenössischer Systematiker der klassischen Moderne mutet Max Weber die in ihr vollends zum politischen Prinzip entfaltete Verwaltung als Verwirklichung der eng mit der bürgerlichen Gesellschaft verknüpften rationalen Herrschaft an, wie Marianne Weber notiert:

„Warum gibt es nur im Okzident rationale Wissenschaft, die beweisbare Wahrheiten produziert? Warum nur hier rationale harmonische Musik, eine sich rationaler Konstruktionen bedienende Bau- und Bildkunst? Warum nur hier den Ständestaat, die fachgeschulte Beamtenorganisation, das Fachmenschentum, das Parlament, das politische Parteiwesen, überhaupt den Staat als politische Anstalt mit rational gesatzter Verfassung und ebensolchem Recht?" (Weber 1984 [1926], S. 349)

Für Hannah Arendt ist 1969/70 die Bürokratie

„die jüngste und vielleicht furchtbarste Herrschaftsform […][,] die Herrschaft, welche durch ein kompliziertes System von Ämtern ausgeübt wird, bei der man keinen Menschen mehr, weder den Einen noch die Wenigen, weder die Besten noch die Vielen, verantwortlich machen kann, und die man daher am besten als Niemandsherrschaft bezeichnet. (Im Sinne der Tradition, welche die Tyrannis als die Herrschaft definierte, der man keine Rechenschaft abfordern kann, ist die Niemandsherrschaft die tyrannischste Staatsform, da es hier tatsächlich Niemanden mehr gibt, den man zur Verantwortung ziehen könnte. Ein Hineintreiben in solche Niemandsherrschaft kennzeichnet heute nahezu überall die politische Situation; es ist einer der stärksten Faktoren in der Rebellion, die um die Welt geht, und trägt viel zu ihrem oft chaotischen Charakter bei. Die Unmöglichkeit, die verantwortlichen Stellen auch nur zu ermitteln und den Gegner zu identifizieren, führt theoretisch [also in der Theorie, S. R.] zu jenen Verallgemeinerungen, in denen alles Partikulare verschwindet und die dann nichts mehr besagen, und in der Praxis zu einem Amoklaufen, das alles und vor allem die eigene Organisation vernichtet)" (Arendt 1998 [1969], S. 39 f.).

Und 1987 beschreiben Rainer Bremer und Andreas Gruschka das weiter fortgeschrittene Verhältnis von *Bürgerlicher Kälte und Pädagogik* (Bremer/

Gruschka 1987) – oder besser: die Mechanismen bürgerlicher Kälte am Beispiel von Pädagogik – auf eine Weise, die sich heute erst in ihrer Tragweite entbirgt, nach der notabene Real-Erfahrung wöchentlich in Provinzstädtchen sich im *Widerstand* wähnender zigzehntausender Seuchenvögel, die schließlich auch über Leichen gehen (von den Toten der Pandemie ganz zu schweigen) – und, das ist entscheidender: letztendlich politischer Mehrheiten, die sich 2022 dieser Wirklichkeitsverleugnung einfach beugen…

Mit zugegeben notwendig zu grobem Strich, um annähernd Geltung beanspruchen zu können, aber um vielleicht doch mithilfe von Schlaglichtern in Form weniger verweisender Zitate ein wenig für die Plausibilität des Gedankens werben zu können, deuten sich hier epochale Pfadabhängigkeiten an, die – aller alltäglich erfahrenen Wechselfälle zum Trotz – über die *longue durée* ins Recht setzen, was Karl Marx als Theoretiker der Moderne 1852 schon zu bedenken gab: „Die Menschen machen ihre eigene Geschichte, aber sie machen sie nicht aus freien Stücken, nicht unter selbstgewählten, sondern unter unmittelbar vorgefundenen, gegebenen und überlieferten Umständen. Die Tradition aller toten Geschlechter lastet wie ein Alp auf dem Gehirne der Lebenden" (Marx 1960 [1852], S. 115)[3]. Was sich auch in den kulturell ausagierten identitätspolitischen Spiegelfechtereien der regressiven Moderne (vgl. Nachtwey 2018) regelmäßig zeigt – entgegen der politischen Notwendigkeit, die „demokratische Inhaltlichkeit des historischen Emanzipationsprozesses" (Giesecke 1976, S. 126) als eine vor allem erst noch zukünftige (!) bewusst zu halten.

---

3   Und wenn wir schon einmal beim achtzehnten Brumaire des Louis Bonaparte sind: Mit dem als „Entnazifizierung" von ihren „drogensüchtigen (jüdischen) Eliten" begründeten imperialistischen Angriffskrieg des putinschen Russlands scheint sich in der Tat die Tragödie des 20. im 21. Jahrhundert als Farce zu wiederholen (mit offenem Ausgang), aber eben nicht als postsowjetischer Wachstumsschmerz, sondern wesentlich als weiteres Integrationsversagen des nach dem Ende der Systemkonkurrenz vereinsamten (vgl. Salomon 2012) und schnell wieder zu alter Höchstform auflaufenden Liberalismus, der seit jeher im Zweifel lieber mit einer überschaubaren nationalen Bourgeoisie ungleichen Handel treibt, als die transformationsgesellschaftlichen sozialen Verwerfungen, die sie mitverantwortet, zu lindern oder gar politisch zu einer demokratischen Zivilgesellschaft zu verhelfen. Es bleibt zu hoffen, dass und wenn dieser Wahnsinn einmal vorbei sein sollte, insbesondere in der Bundesrepublik die Erinnerung daran noch präsent ist, wie sie selbst einmal für koloniale Verbrechen, die Verantwortung für zwei Weltkriege, darunter ein beispielloser Vernichtungskrieg in Osteuropa, und schließlich einen historisch singulären industriellen Massenmord (nicht nur) an den europäischen Jüd_innen sowie Sinti_zze und Romn_ja nicht nur umgehend mit einem Wirtschaftswunder belohnt worden ist – von dem wohlgemerkt vor allem die Täter_innen profitierten, die anderen waren ja ums Leben gebracht worden –, sondern innerhalb weniger Jahrzehnte auch unangefochtene Hegemonialmacht just in jener Europäischen Union geworden, deren Gründung einmal der Versuch war, den Kontinent nie wieder zur Geisel dieses Deutschlands werden zu lassen.

Von einer Didaktik *in der* Moderne zur Didaktik *der* Moderne

Das die Entwicklungen bloß *nachholende* Eingeständnis, dass sich „[i]nzwischen allerdings zeigt […], dass die Kompetenzorientierung sich im Zuge ihrer Durchsetzung im Schulsystem verwandelt und von einem Mittel zur Befreiung von Stoffzwängen zu einem Instrument der umfassenden Steuerung und Kontrolle zu werden droht, bei dem am Ende die Schüler vielleicht nicht mehr für die klassische stofforientierte Klassenarbeit, dafür aber für den kompetenzorientierten Test lernen" (Sander 2016, S. 185), lässt die – sicher nur kurzzeitig enttäuschte – Fortschreibung eines genuin modernen Imperativs der grundsätzlichen *Machbarkeit* (vgl. Oeftering 2013) samt des impliziten Festhaltens an einer kognitiv zweifellos längst verworfenen linearen Fortschrittsvorstellung nicht nur bei den vormalig engagiertesten Verfechter:innen der Kompetenzorientierung sichtbar werden. Das unter dem Eindruck des öffentlichen *PISA-Schocks* ,endlich' gezündete bildungspolitische „Reform-Gewitter" (Gruschka 2011, S. 7) liefert so schließlich nur ein weiteres Beispiel der hoffnungslosen Selbstüberschätzung vor allem der bundesdeutschen Pädagogik: „Auch wenn sich viele Schulen von sich aus um die Verbesserung ihrer pädagogischen Arbeit bemühten, kamen die meisten Veränderungen doch auf Anweisung von außen" (ebd.).

Hier wird der Gebrauchswert einer Theoriebildung erkennbar, die mit offenem Blick durch die Welt zu gehen beansprucht, und erst das *ist* dann auch *Theorie*, nämlich Anschauung (vgl. Art. „Theorie" 2002), und bereit ist, wenn nötig, „ihre bislang nicht in Frage gestellten Grundannahmen über den Lauf der Welt und über das menschliche Verhalten zu überdenken" (Arendt 2014b [1950], S. 7). Damit meine ich gerade nicht die soeben ansichtig gewordene Binse, dass *hinterher* alle immer schlauer sind, denn die Aufgabe einer akademischen Fachdidaktik der Politischen Bildung als *Profession*, ihre Verantwortung und sicher auch Anmaßung wäre doch vernünftigerweise zwar gewiss nicht, es *vorher* bereits *wissen* zu müssen. Es würde schon genügen, wenigstens nicht allzu blauäugig in die gesellschaftlichen Kämpfe einzutreten und ernsthaft überrascht zu sein, dass es doch anders als gedacht gekommen ist – nämlich so, wie zu erwarten war: und zwar schlecht… Arendt zumindest begreift und anders als augenscheinlich Sander „in Anlehnung an Hobbes die Gewalt als konstitutives Element der bürgerlichen Gesellschaft" (Pohrt 2010b [1986], S. 260 f.).

Ein bereits früh und in dezidiert emanzipatorischer Absicht formuliertes Verständnis von Kompetenz, die eben nicht einem unterkomplexen Freiheitsbegriff von individuell vorgestellter Autonomie erliegt, findet sich bei Oskar Negt: *gesellschaftliche Kompetenzen – und wie sie sich mit Schlüsselqualifikationen verbinden lassen* (vgl. Negt 2011, S. 218–234). In seiner Didaktik lautet das oberste Lernziel: *Zusammenhang herstellen!* (Vgl. ebd., S. 207–218) Als historische Kompetenz (vgl. ebd., S. 232–234) werden hierin die Qualitäten einer Erinnerungs- und Utopiefähigkeit verhandelt:

„Die Zerstörung der Erinnerungsfähigkeit ist jedoch für jede Emanzipationsbewegung absolut ruinös. [...] Soziales Gedächtnis und Utopiefähigkeit sind zwei Seiten derselben Sache. Sich begrifflich mit dem Vergangenen auseinanderzusetzen, bedeutet nicht die Wiederholung alter Tatbestände und Fehler, sondern im Gegenteil: Es setzt den Blick nach vorn frei für Konstruktionen in der Zukunft und für eine politische Gegenwartsbewältigung. Erfahrene eigene Lebensgeschichte in Lernprozessen weiterzuführen, die einen Begriff von allgemeiner Geschichte vermitteln, wäre daher der Weg, sich historische Kompetenz anzueignen" (ebd., S. 233).

Wie wenig die eigene Lebens*geschichte* jenseits einer dem Marketing gleich aufs Affektive zielenden Lebensweltorientierung in administrativ gesteuerten (Holzkamp 1992) und didaktisierend überformten (Gruschka 2011) Lernprozessen ihren Ort hat – und wie sehr gerade Politische Bildung dagegen anzugehen hätte, soll im Folgenden abermals nur verweisend noch angerissen sein. 1925 merkt Siegfried Bernfeld bereits ironisch an:

„Die weitaus überwiegenden Einzeltätigkeiten, aus denen sich unsere gesellschaftliche Wirtschaftsarbeit zusammensetzt, sind von Kindern zwischen acht und zwölf nach kürzester Lernzeit, ja ohne sie leistbar. [...] Der Jugendliche erlernt die Wirtschaftstätigkeit in wenigen Wochen, in längstens ein bis zwei Jahren, ohne daß sein Kindheitsleben irgendwelcher spezieller Vorbereitungen bedurft hätte. Nur ganz wenige, übrigens ökonomisch sehr unwichtige Berufe bedürfen einer spezifischen Vorbereitung in der Kindheit, das Seiltanzen, Pianovirtuosentum und erbmonarchische Regieren etwa" (Bernfeld 2012 [1925], S. 94).

Warum also mehr als ein Lebensjahrzehnt darauf ver(sch)wenden? 1966 beschreibt Pierre Bourdieu detailliert die Mechanismen der *konservativen Schule*, die den Zusammenhang zwischen ungleicher sozialer Herkunft und Lebenschancen qua Bildungstitel nicht nur nicht zu überwinden vermag, wie es ihrem demokratischen Selbstanspruch entspräche (‚Chancengleichheit' ist ja bereits das Eingeständnis, dass daran nicht zu rühren ist), sondern ihn vielmehr durch den Maßstab eines bürgerlichen Bildungs- wie Verhaltensideals mit bewirkt: „Indem es [das Erziehungssystem] den kulturellen Ungleichheiten eine formell mit den demokratischen Idealen übereinstimmende Sanktion erteilt, liefert es die beste Rechtfertigung für diese Ungleichheiten" (Bourdieu 2001 [1966], S. 46). Kurz darauf entwickelt Louis Althusser (2010[1969]) nicht zufällig anhand der *Schule*, als dem ideologischen Staatsapparat in der Moderne schlechthin, eine Subjekttheorie, in welcher die ideelle Reproduktion der Arbeitskraft als entscheidendes Moment der Reproduktion der Gesellschaft sich gerade jenseits eines Know-hows schlichter Qualifikation vollzieht. Gerade für in der Regel die Abkömmlinge der privilegierten Mittelschichts-Milieukulturen aber, aus denen sich erst die angehenden Lehrkräfte in der ersten Phase rekrutieren, dann auch die Kollegien in den weniger privilegierten Schulformen, bestünde *Professionalität* ausdrücklich darin, das strukturelle Moment von Ungleichheit erst sich selbst und schließlich den ihnen anvertrauten Lernenden auffällig werden zu lassen, und wäre so für die eigenen meritokratischen Illusionen der Leistungsgerechtigkeit in einer – zumindest für die Vielen – marktvermittelten, also Wettbewerbsgesellschaft, die neben einigen Gewinner_innen *notwendig* mehr und immer mehr Verlierer:innen hervorbringt, weniger anfällig.

Gerade im Zeichen eines identitätspolitischen Kulturkampfes, der ein von der antiliberalen Neuen Rechten initiierter ist (die darin auch erfolgreicher sein wird), kann die demokratische Antwort hierauf wiederum nicht sein, den (vermeintlich) Privilegierten ihre Privilegien ad personam vorzuwerfen (eine der Urformen des Antisemitismus), sondern muss dem *politischen* Prinzip der Konfliktfähigkeit folgen – das Ekrasit, siehe oben –, um getreu dem Beutelsbacher Konsens die Lernenden je in die Lage zu versetzen, eine *politische Situation* und ihre eigene Interessenlage zu analysieren sowie nach Mitteln zu suchen, die vorgefundene politische Lage im Sinne ihrer Interessen *zu beeinflussen* (vgl. Wehling 2016 [1977], S. 24).

Was nun könnte der *Politischen* Bildung wie *Bildung* überhaupt – denn „es gibt nur *eine* Politische Bildung, die hier dem *einen* Begriff der Bildung verpflichtet ist" (Fischer 1965, S. 38, zitiert nach Sander 1988, S. 233), in welchem jene also eine Querschnittsaufgabe darstellt – die Vergegenwärtigung „alter Tatbestände", die Wiederholung der immer gleichen Fehler (siehe Negt oben) vermeiden helfen? Ein erster Schritt wäre bereits, anzuerkennen, dass die Voraussetzungen ihres Gelingens *außerhalb* ihrer Verfügung stehen – und daher nur als Kritik daran überhaupt eine Zukunftsperspektive eröffnen kann.

Mit unter anderem Klafki eröffnete dieser Beitrag, mit seinem Lehrer soll er nun enden. Theodor Litt, der anders als sein Gegenspieler Theodor Wilhelm bzw. *Friedrich Oetinger* (vgl. Grammes 2011) unbelastet durch den Nationalsozialismus zugleich noch in der Bundesrepublik eine entscheidende Rolle in der Vorgeschichte der akademischen Fachdidaktik der Politischen Bildung gespielt hat, sprach sich vor 100 Jahren schon leidenschaftlich gegen jegliche (falsche und letztlich brandgefährliche) Gemeinschafts-Sehnsucht aus:

> „Und da bekenne ich nun offen: es scheint mir ein Grundgebrechen nicht nur der bei uns traditionellen Erziehungsweisheit, sondern auch vor allem und ganz besonders der jetzt auf allen Gassen gepredigten ‚neuen' Pädagogik zu sein, daß sie auf nichts so sehr bedacht ist wie auf die Planierung der Unebenheiten, harmonischen Ausgleich der Widersprüche, Beschönigung der Konflikte. Allzuoft klingt es so, als ob die Menschen doch nur einmal recht brav, vernünftig, gesittet und brüderlich sein müßten, dann werde die Welt eitel Friede, Behagen, Wohlgefallen sein. [...] Ist es nicht eine wunderliche Verirrung, daß gerade *die* Epoche, die innerhalb der weiteren und engeren Kulturkreise, in Völkergesellschaft, Staat und Nation und bis tief in alle Sonderzirkel

hinein Klüfte ohne Zahl aufgerissen zeigt – daß gerade sie mit einer pädagogischen Verkündung heimgesucht wird, die unter der Parole ‚Gemeinschaft' das harmonische Ineinanderverfließen von Persönlichkeit und gesellschaftlichem Ganzen, das restlose Verschwinden aller inneren Konflikte dieser Herkunft als möglich, als Ziel der neuen Erziehung proklamiert!" (Litt 1970 [1923], S. 72)

Literatur

Adorno, Theodor W. (2002 [1969]): Erziehung zur Mündigkeit. In: ders.: Erziehung zur Mündigkeit. Vorträge und Gespräche mit Hellmut Becker 1959–1969. 18. Auflage. Frankfurt am Main: Suhrkamp, S. 133–147.

Adorno, Theodor W. (2007 [1966]): Erziehung nach Auschwitz. In: ders.: Kulturkritik und Gesellschaft. Gesammelte Schriften, Bd. 10.2. 2. Auflage. Frankfurt am Main: Suhrkamp, S. 674–690.

Althusser, Louis (2010[1969]): Ideologie und ideologische Staatsapparate. (Notizen für eine Untersuchung). In: ders.: Ideologie und ideologische Staatsapparate. Gesammelte Schriften, Bd. 5.1. Hamburg: VSA, S. 37–102.

Arendt, Hannah (Arendt 1998 [1969]): Macht und Gewalt. 13. Auflage. München: Piper.

Arendt, Hannah (2014a [1945]): Antisemitismus und faschistische Internationale. In: dies.: Nach Auschwitz. Essays & Kommentare. 2. Auflage. Berlin: Edition Tiamat, S. 31–48.

Arendt, Hannah (2014b [1950]): Die vollendete Sinnlosigkeit. In: dies.: Nach Auschwitz. Essays & Kommentare. 2. Auflage. Berlin: Edition Tiamat, S. 7–30.

Art. „Charakter" (2002): In: Friedrich Kluge (Hg.): Etymologisches Wörterbuch der deutschen Sprache. 24. Auflage. Berlin: de Gruyter, S. 168.

Art. „Theorie" (2002): In: Friedrich Kluge (Hg.): Etymologisches Wörterbuch der deutschen Sprache. 24. Auflage. Berlin: de Gruyter, S. 915.

Behrens, Roger (o. J.): Erziehung zur Müdigkeit. Ein Korrekturfehler. Vier Anmerkungen zur Bildungskritik und Ideologie. txt.rogerbehrens.net/muedigkeit.pdf (Abfrage: 09.05.2022).

Behrens, Roger (2002): Kritische Theorie. Hamburg: EVA.

Benjamin, Walter (1992 [1927–1940]): Aufzeichnungen und Materialien. Konvolut N, [Erkenntnistheoretisches, Theorie des Fortschritts]. In: ders.: Das Passagen-Werk, Bd. 5. 2. Auflage. Frankfurt am Main: Suhrkamp, S. 570–611.

Bernfeld, Siegfried (Bernfeld 2012 [1925]): Sisyphos oder die Grenzen der Erziehung. 12. Auflage. Frankfurt am Main: Suhrkamp.

Bourdieu, Pierre (2001 [1966]): Die konservative Schule. Die soziale Chancenungleichheit gegenüber Schule und Kultur. In: ders.: Wie die Kultur zum Bauern kommt. Über Bildung, Schule und Politik. Hamburg: VSA, S. 25–52.

Bremer, Rainer/Gruschka, Andreas (1987): Bürgerliche Kälte und Pädagogik. In: Pädagogische Korrespondenz, H. 1, S. 19–33.

Fischer, Kurt Gerhard (1965): Politische Bildung – Eine Chance für Demokratie. Linz: Oberösterreichischer Landesverlag.

Gagel, Walter (2005): Entstehung und Systematik einer didaktischen Konzeption – das Beispiel Wolfgang Hilligen. In: Weißeno, Georg (Hg.): Politik besser verstehen. Neue Wege der politischen Bildung. Wiesbaden: VS Verlag für Sozialwissenschaften, S. 99–112.

Giesecke, Hermann (1965): Didaktik der politischen Bildung. München: Juventa Verlag.

Giesecke, Hermann (1976): Didaktik der politischen Bildung. Neue Ausgabe. 10. Auflage. München: Juventa Verlag.

Grammes, Tilman (2011): Kooperation. Demokratie leben im sozialen Nahraum bei Friedrich Oetinger. In: Schattschneider, Jessica/May, Michael (Hg.): Klassiker der Politikdidaktik neu gelesen. Originale und Kommentare. Schwalbach am Taunus: Wochenschau, S. 49–65.

Gruschka, Andreas (2011): Verstehen lehren. Ein Plädoyer für guten Unterricht. Stuttgart: Reclam.

Holzkamp, Klaus (1992): Die Fiktion administrativer Planbarkeit schulischer Lernprozesse. In: Braun, Karl-Heinz/Wetzel, Konstanze (Hg.): Lernwidersprüche und pädagogisches Handeln. Bericht von der 6. Internationalen Ferien-Universität Kritische Psychologie, 24. bis 29. Februar 1992 in Wien. Marburg: Verlag Arbeit und Gesellschaft, S. 91–113.

Klafki, Wolfgang (1959): Das pädagogische Problem des Elementaren und die Theorie der kategorialen Bildung. Weinheim: Beltz.

Klafki, Wolfgang (2007): Neue Studien zur Bildungstheorie und Didaktik. Zeitgemäße Allgemeinbildung und kritisch-konstruktive Didaktik. 6. Auflage. Weinheim: Beltz.

Kracauer, Siegfried (2002 [1927]): Das Ornament der Masse. In: ders.: Das Ornament der Masse. Essays. 8. Auflage. Frankfurt am Main: Suhrkamp, S. 50–63.

Litt, Theodor (1970): Die philosophischen Grundlagen der staatsbürgerlichen Erziehung. In: Fischer, Kurt Gerhard (Hg.): Politische Bildung in der Weimarer Republik. Grundsatzreferate der „Staatsbürgerlichen Woche" 1923. Frankfurt am Main: EVA, S. 55–73.

Marx, Karl (1960 [1852]): Der achtzehnte Brumaire des Louis Bonaparte. In: ders./Engels, Friedrich: Werke, Bd. 8. Berlin: Dietz Verlag, S. 111–207.

Meyer, Hilbert (1980): Leitfaden zur Unterrichtsvorbereitung. Königstein/Ts: Scriptor.

Nachtwey, Oliver (2018): Die Abstiegsgesellschaft. Über das Aufbegehren in der regressiven Moderne. 8. Auflage. Berlin: Suhrkamp.

Negt, Oskar (2011): Der politische Mensch. Demokratie als Lebensform. Schriften, Bd. 4. 2. Auflage. Göttingen: Steidl.

Oeftering, Tonio (2013): Das Politische als Kern der Politischen Bildung. Hannah Arendts Beitrag zur Didaktik des politischen Unterrichts. Schwalbach am Taunus: Wochenschau.

Pohrt, Wolfgang (2010a [1984]): Der Staatsfeind auf dem Lehrstuhl. In: ders.: Gewalt und Politik. Ausgewählte Reden & Schriften 1979–1993. Berlin: Edition Tiamat, S. 137–151.

Pohrt, Wolfgang (2010b [1986]): Gewalt und Politik. In: ders.: Gewalt und Politik. Ausgewählte Reden & Schriften 1979–1993. Berlin: Edition Tiamat, S. 258–274.

Salomon, David (2012): Demokratie. Köln: PapyRossa.

Sander, Wolfgang (1988): Die Einheit der Politischen Bildung. Zusammenhang und Unterscheidung von Politischer Bildung in Schule und Erwachsenenbildung. In: George, Siegfried/Sander, Wolfgang (Hg.): Demokratie-Lernen als politische und pädagogische Aufgabe. Für Kurt Gerhard Fischer zum 60. Geburtstag. Stuttgart: Metzler, S. 233–245.

Sander, Wolfgang (2016): Die Bezeichnung ‚Politische Bildung' steht aus meiner Sicht für die *Bildungsperspektive* eines sozialwissenschaftlichen Integrationsfaches. In: Pohl, Kerstin (Hg.): Positionen der politischen Bildung 2. Interviews zur Politikdidaktik. Schwalbach am Taunus: Wochenschau, S. 178–195.

Schmiederer, Rolf (1967): Zur Theorie der politischen Bildung. In: Das Argument 9, H. 43, S. 117–127.

United Nations (2014): World Urbanization Prospects: The 2014 Revision. population.un.org/wup/publications/files/wup2014-report.pdf (Abfrage: 09.05.2022).

Weber, Marianne (1984): Max Weber. Ein Lebensbild. Tübingen: Mohr Siebeck.

Wehling, Hans-Georg (Wehling 2016 [1977],): Konsens à la Beutelsbach? Nachlese zu einem Expertengespräch. [Nachdruck aus: Schiele, Siegfried/Schneider, Herbert (Hg.) (1977): Das Konsensproblem in der politischen Bildung. Anmerkungen und Argumente. Stuttgart, S. 173–184]. In: Widmaier, Benedikt/Zorn, Peter (Hg.): Brauchen wir den Beutelsbacher Konsens? Eine Debatte der politischen Bildung. Bonn, S. 19–27.

III. Vergessene Möglichkeitsräume

Kein Ende der Geschichte, aber ein Ende der Alternativen?

Kapitalistischer Realismus und Erziehungstheorie

Lasse Clausen

Zusammenfassung: Seit dem Fall des realsozialistischen Ostblocks ist der Kapitalismus global zum scheinbar alternativlosen System geworden. Mark Fisher, dessen Schriften bisher in der deutschen Erziehungswissenschaft keine Beachtung finden, beschrieb den Umstand dieser vordergründigen Alternativlosigkeit als „kapitalistischen Realismus", eine alles durchdringende Atmosphäre, die es nicht zulässt, sich abseits der gegebenen Wirtschaftsordnung eine Vorstellung davon zu machen, wie eine Gesellschaftsordnung gestaltet werden könnte, die weder die Natur als Grundlage menschlichen Lebens zerstört, noch Menschen zu Lohnarbeit zwingt, die nicht ihnen, sondern dem Akkumulationsprinzip dient.

Der Beitrag zeichnet die Beobachtungen Mark Fishers nach und untersucht deren Auswirkungen für eine Theorie der Erziehung. Wenn die Vergangenheit nur aus gescheiterten Alternativen zu bestehen scheint und die Zukunft nicht als eine bessere antizipiert werden kann, fehlt es der Erziehung im Hier und Jetzt an „begründbaren (zukunftsfähigen) Prinzipien" (Mollenhauer), die bei der Auswahl der zu überliefernden kulturellen Bestände maßgeblich sind.

Abstract: Since the end of the so called real-socialist Eastern bloc, capitalism has become the globally dominating system. Mark Fisher – whose writings have so far received no attention in German educational science – described the circumstance of this lack of thinkable alternatives as „capitalist realism", an all-pervasive atmosphere that does not allow the imagination of a social order that neither destroys nature as the basis of human life nor forces people into wage labor that serves the principle of accumulation rather than them.

The paper traces Mark Fisher's observations and explores their implications for a theory of education. If the past seems to consist only of failed alternatives and the future seems to be no better, education lacks „justifiable (future-oriented) principles" (Mollenhauer) that are crucial in the selection of cultural stocks to be passed on to growing generations.

Keywords: Erziehungstheorie Zeitlichkeit Kapitalismus Alternativen Generationenverhältnis

1 Einleitung

Mit dem Zusammenbruch des realsozialistischen Ostblocks verschwand der größte Alternativentwurf zum Kapitalismus. Dessen Siegeszug war nun nicht mehr fraglich und er trotzt bis heute systemimmanenten Krisen wie der Finanzkrise von 2007 ff. In seiner aktuell neoliberalen Formierung ist der Grad der Individualisierung scheinbar so hoch wie nie zuvor, bei gleichzeitig noch nie dagewesener Konformität durch die globalisierte Gleichförmigkeit verfügbarer Waren. Doch die Ausbeutung des Globalen Südens durch den Norden kann nicht mehr ohne Widerspruch und unleugbar sichtbare Folgen stattfinden: Die Schädigung der Natur durch den um jeden Preis wachstumsorientierten Kapitalismus, bewaffnete Konflikte und ungleiche Verteilung von Gütern und Lebenschancen führen zu einer Krisenstimmung und bedrohen vor allem das Leben und die Lebensgrundlage der Ausgebeuteten, die zur Flucht aus Herkunftsländern gezwungen werden, um überleben zu können (vgl. Lessenich 2018).

Gleichzeitig fehlen breit getragene emanzipatorische Alternativentwürfe und jegliche radikalere Kritik wird unter Verweis auf den gescheiterten Realsozialismus abgeschmettert. Schon Anfang der 1990er Jahre beschrieben Beiträge in der Erziehungswissenschaft „die Einsicht, daß es jenseits von parlamentarischer Demokratie und Marktwirtschaft jedenfalls auf absehbare Zeit keinen gänzlich anderen gesellschaftlichen Zustand zum Besseren geben werde", als „antiutopischen Schock" (Brumlik 1992, S. 529). Dieser Schock manifestiert sich auch in dem, was Mark Fisher „kapitalistischen Realismus" (vgl. Fisher 2017) nennt, der abseits des Bestehenden das Denken einer anderen, einer vernünftigeren Einrichtung der Gesellschaft nicht zulässt. Insofern ist das „Ende der Geschichte" (vgl. Fukuyama 1992) nicht eingetreten[1], jedoch konstatiert Fisher ein Ende der Alternativen. Fisher (1968–2017) war Kulturwissenschaftler und lehrte am Goldsmith College in London. Beobachtungen aus seiner Lehrtätigkeit, die er in Bezug auf von ihm unterrichtete Lernende machte, flossen in seine Überlegungen zum Zeitgeist nach dem Fall der Sowjetunion und dem damit einhergehenden Sieg des Kapitalismus über das letzte „alternative System" ein.

Diese (vermeintliche) Alternativlosigkeit soll im vorliegenden Beitrag Anlass sein, zu fragen, inwiefern Pädagogik ohne diese Möglichkeit des zukünftig Anderen, Besseren auskommen kann. Hierzu werden zunächst Fishers Beobachtungen des kapitalistischen Realismus dargelegt und sein Werk insbesondere an den Punkten ausführlicher dargestellt, in denen es um pädagogisch-relevante Sachverhalte geht, also denjenigen, die das Verhältnis der älteren zur jüngeren

---

1 Fukuyama fühlte sich im Übrigen völlig missverstanden und versucht dies in seinem jüngsten, höchst kulturalistischen Werk unter dem bezeichnenden Titel „Identität" (vgl. Fukuyama 2019) zu belegen.

Generation betreffen. Es folgt im Anschluss die Darstellung der erziehungstheoretischen Grundlagen Klaus Mollenhauers, der in der Präsentation und Repräsentation der Lebensform der Erwachsenen gegenüber der nachwachsenden Generation zwei Grundbedingungen von Erziehung formuliert hat (vgl. Mollenhauer 1983). Schließlich soll erörtert werden, inwiefern diese grundständigen erziehungstheoretischen Phänomene durch den von Fisher konstatierten Zeitgeist des kapitalistischen Realismus ihrer Grundlage beraubt werden. Der Beitrag schließt mit Vorschlägen, wie die Erziehungswissenschaft dennoch weiterhin zukunftsgerichtet sinnvoll arbeiten kann, ohne beim Status einer reinen Funktionsträgerin des neoliberalen Kapitalismus zu verweilen. Mollenhauers Theorie könnte dabei, wenn sie zur Analyse gegenwärtiger pädagogischer Phänomene herangezogen wird, als Instrumentarium zur kritischen Betrachtung von Pädagogik in neoliberal-kapitalistischen Gesellschaftsumständen behilflich sein.

2 Kein „Ende der Geschichte" – jedoch ein Ende von Alternativen?

Das Konzept des kapitalistischen Realismus, das Fisher in seiner Flugschrift (so der Untertitel) „Kapitalistischer Realismus ohne Alternative?" (vgl. Fisher 2017) erörtert, meint die Unmöglichkeit, Alternativen zum Kapitalismus auch nur zu denken. Es beschreibt ein Unbehagen, das seit dem „Sieg" des Kapitalismus vorherrscht; „das Gefühl, dass es nichts Neues gibt" (ebd., S. 13), beeinflusse das alltägliche Leben. Evident sei diese Stagnation des Neuen zunächst mit Blick auf die kulturelle Sphäre der Musik: Während in der zweiten Hälfte des 20. Jahrhunderts eine musikalische Innovation der nächsten folgte und ältere Generationen immer wieder ein „Kulturschock" ob der zuvor nie dagewesenen Klänge ereilte, stagniert diese Zukunftsgerichtetheit seit den 2000er Jahren. Gerade im Bereich der elektronischen Musik, die sehr stark vom Futurismus geprägt war, sei dies auffällig: „electronica was no longer capable of evoking a future that felt strange or dissonant" (Fisher 2012, S. 16). „There was no leading edge of innovation any more" (ebd.). Diese „Malaise" (Fisher 2017, S. 13) breite sich seit dem Fall des realexistierenden Sozialismus zunehmend aus und münde in das Phänomen des kapitalistischen Realismus. Dieser beschreibt „das weitverbreitete Gefühl, dass der Kapitalismus nicht nur das einzig gültige politische und ökonomische System darstellt, sondern dass es mittlerweile fast unmöglich geworden ist, sich eine kohärente Alternative überhaupt *vorzustellen*" (ebd., S. 8, Hervorh. i. O.).

Im Sinne der „Dialektik der Aufklärung", die das Zurückschlagen der europäischen Aufklärung in den voraufklärerischen Mythos beschreibt (vgl. Adorno und Horkheimer 1944/2013, S. 17), ist der kapitalistische Realismus als „anti-mythischer Mythos" (Fisher 2017, S. 18) „eine Art alles durchdringender *Atmosphäre*, die nicht nur die Produktion von Kultur bestimmt, sondern auch die Regulation von Arbeit und Bildung. Er wirkt [...] wie eine unsichtbare Barriere, die unser Denken und Handeln einschränkt" (ebd., S. 24, Hervorh. i. O.). Durch den nicht mehr vorhandenen großen Gegenentwurf des real existierenden Sozialismus kann dabei auf aktive kapitalistisch-propagandistische Ideologie verzichtet werden. Fisher sieht drei „Aporien des kapitalistischen Realismus" (ebd., S. 27), die sich durch diese verdeckte Ideologie alle im individuellen Denken manifestieren und so maßgeblich auch Erziehungs- und Bildungsprozesse beeinflussen: *erstens* Ökologie, *zweitens* psychische Gesundheit und *drittens* Bürokratie. Die verdeckte kapitalistische Ideologie manifestiert sich nun über die Individualisierung systemisch produzierter Problemlagen und „verbirgt, dass die Wirkungsweise des Kapitals nicht von einem subjektiv angenommenen Glauben abhängt" (ebd., S. 20).

Dies funktioniert in Bezug auf die *erste Aporie*, die Ökologie, indem Verantwortung für den Klimawandel auf die Individuen übertragen wird und diesem durch persönliches Verhalten, Kaufentscheidungen sowie dem Greenwashing von Firmen vermeintlich sinnvoll begegnet werden kann. Doch gerade die Nichtbeachtung der Verantwortung des wirtschaftlichen Systems, das Akkumulation um jeden Preis betreiben muss, führt zu lediglich symbolischen Akten des Klimaschutzes, die am Ende nicht reichen werden, die Umwelt zu erhalten, auf die alles Leben angewiesen ist. Fisher vermutet „dahinter eine Struktur in ihrer totalisierendsten Form" (ebd., S. 78). Die Zuschreibung individueller Verantwortung verschleiert, „dass niemand dafür verantwortlich ist und dass genau darin das Problem besteht. [...] Der Grund für die Ökokatastrophe liegt in einer unpersönlichen Struktur [...]" (ebd., S. 79).

Die Leerstelle in der Verantwortlichkeit ist der Nährboden für Verschwörungserzählungen, die diese Lücke mit gierigen Drahtziehern im Hintergrund füllen, die sich gegen den Rest der Menschheit verschworen haben. Verborgen bleibt den Gläubigen dieser Erzählungen, dass auch die Produktionsmittel-Besitzenden „vom Kapital – der ursächlichen Kraft, die keine Subjektform annimmt – zum Handeln gezwungen" (ebd., S. 83) werden und nicht aus intrinsisch-egoistischen Motiven mit einem bösen Plan im Hintergrund handeln.

Insbesondere in Bezug auf die ökologische Aporie, den Klimawandel und die prognostizierte Katastrophe für die terrestrischen Ökosysteme zeigt sich die ideologische Flexibilität des Kapitalismus: „Der Klimawandel und das drohende Ende von natürlichen Ressourcen werden nicht verschwiegen, sondern sind fester Bestandteil von Werbung und Marketing" (ebd., S. 26). Durch sie wird suggeriert, dass gerade im Kapitalismus mit nur genügend Spenden- und Verzichtbereitschaft der Einzelnen diese Katastrophe verhindert werden könne – Schlagworte wie Nachhaltigkeit und Achtsamkeit, Labels wie Bio und Fair Trade beruhigen das Gewissen und sichern die fortdauernde Akkumulation des Kapitals. In kapitalistischer Produktionslogik wird jedoch ein Abwenden des verheerenden Klimawandels nicht möglich sein, denn das Kapital strebt „nach einer ,konstanten Ausdehnung des Marktes', sein ,Wachstumsfetisch' bedeutet, dass seine Prinzipien unvereinbar mit jeglichem Begriff von Nachhaltigkeit sind" (ebd., S. 27).

Die *zweite genannte Aporie* des neoliberalen Kapitalismus ist die psychische Gesundheit der Individuen: Durch die immerwährende Individualisierung von eigentlich systemischen Problemlagen entstehen starke individuelle Belastungen, die nicht selbst bearbeitet werden können und schließlich zu psychischen Erkrankungen wie Depression führen. Anstatt nun aber die Ursache auf systemischer Seite zu bearbeiten, wird im Individuum nach Erklärungen und Auslösern für diese Erkrankungen gesucht, was „jede Möglichkeit der Politisierung dieses Zustands bereits im Ansatz verhindert" (ebd., S. 30). Ähnlich der Verantwortungsabwälzung der ersten Aporie findet hier ebenfalls eine Verschleierung der eigentlichen Auslöser statt. Denn die Wahrscheinlichkeit, in einer sich immer weiter automatisierenden Gesellschaft die eigene menschliche Arbeitskraft am Markt erfolgreich verkaufen zu können, wird immer geringer und trotzdem ist (Lohn)Arbeitslosigkeit nach wie vor negativ behaftet und wird immer stärker sanktioniert – ein Grund, warum viele am neoliberalen Kapitalismus zwangsläufig „scheitern". Gerade das hohe Aufkommen psychischer Krankheiten sei ein sehr starker Indikator für die Dysfunktionalität des kapitalistischen Systems – mit exorbitanten Kosten für die in ihm lebenden Menschen, um „die Illusion seiner Funktionsfähigkeit" (ebd., S. 28) aufrechtzuerhalten.

Neben diesen ersten beiden sieht Fisher schließlich die Bürokratie als *dritte Aporie* des kapitalistischen Realismus. Während die stark hierarchisch bürokratisierte Verfasstheit des Realsozialismus Ansatzpunkt neoliberaler Kritik an ihm war, sei sie im Neoliberalismus nicht obsolet geworden, sondern durch ihre Dezentralisierung allgegenwärtig (vgl. ebd., S. 28, S. 60 f.). Im Unterschied zum zentralisierten Modell, in dem zumindest zu jeder Zeit klar gewesen sei, wo Verordnungen und Regelungen bürokratisch ihren Ursprung fanden, führte die Dezentralisierung zu einem autonomen Wachstum von Zuständigkeiten, die den Ursprung und Sinnhaftigkeit bürokratischer Entscheidungen undurchsichtig werden lassen (vgl. ebd., S. 61).

Das Bildungssystem „als der Maschinenraum einer Reproduktion sozialer Realität" (ebd., S. 35) habe eine maßgebliche Komplizenschaft inne, da es „direkt mit den Inkonsistenzen des kapitalistischen Feldes konfrontiert wird" (ebd.), diese aber ebenfalls nicht aufzudecken und zu bearbeiten vermag, sondern vielmehr zu deren Erhaltung beitrage. Insbesondere die dezentralisierte Bürokratie schlage sich in ihm in Form von Evaluationen und Prüfungen nieder. Durch permanente Evaluationen und Lernstandserhebungen sollen einerseits die Konkurrenzfähigkeit der Schüler*innen (bzw. Studierenden) unter Beweis gestellt, andererseits die Effektivität des Lehrens bewiesen werden. Diese zunehmende Orientierung an der Verwertungslogik des Kapitals steigere die Quantität von Kontrollen, wobei eine Abnahme der Qualität der vermittelten Kompetenzen wahrscheinlich werde: Gelehrt und gelernt wird immer stärker auf Leistungsvergleiche hin, wodurch bei Lehrenden der „Eindruck [entstehe, LC], dass ihre Arbeit in zunehmendem Maße darauf ausgerichtet ist, den großen Anderen zu beeindrucken, der diese ‚Daten' sammelt und konsumiert" (ebd., S. 61). Durch Internalisierung dieser permanenten Kontrolle zur Leistungsvergleichbarkeit übernehmen die Individuen im Neoliberalismus die Funktion, Kontrolleur*innen ihrer selbst zu werden. Dadurch gilt, neben der permanenten Selbstüberwachung, das Prinzip des unendlichen Aufschubs: lebenslanges Lernen, ständige Fortbildungen während der Arbeit, „im Home Office arbeiten oder im Büro zu Hause sein" (ebd., S. 32). Fisher beschreibt dies als „‚unendlichen' Modus der Macht" (ebd.) – „eine Überwachung durch Externe [wird] von einer inneren Form der Überwachung abgelöst" (ebd.). Zusätzlich verschiebe sich die Rolle der Lehrenden, die gezwungen werden, „wie Ersatzeltern zu handeln" (ebd., 36), da im Postfordismus nun alle ihre Arbeitskraft an den Markt tragen müssen und Modelle der*des Einzelverdiener*in nicht mehr ausreichen, Familien genug Einkommen zum Überleben zu sichern. Dies führt zu einer paradoxen Situation der Familie: „Der Kapitalismus benötigt die Familie als eine zentrale Instanz der Reproduktion und Sorge von Arbeitskraft und als Balsam für die Seele, die durch die anarchischen sozio-ökonomischen Bedingungen verletzt wird, selbst dann noch, wenn er sie aushöhlt." (Ebd., S. 43)

Und all dies geschehe unter dem nach wie vor vorherrschenden meritokratischen Credo, alle bekämen die gleiche, faire Behandlung; allein durch Leistung könne es jede*r schaffen, genug für das eigene (Über)Leben zu erwirtschaften und ein erfülltes Leben zu führen (vgl. zum meritokratischen Mythos auch Pasuchin 2013).

Fisher diagnostiziert zusammengefasst einen Verlust der Zeitlichkeit, ein Verhaftet-Bleiben im kapitalistischen Jetzt, in dem Optimierung zum Selbstzweck wird und individualistische Verantwortungszuschreibungen das Subjekt voll und ganz in die strukturelle Optimierungs- und Verwertungslogik einbinden. Gerade die Alternativlosigkeit nutzt der Erhaltung des Kapitalismus und die verdeckte kapitalistische Ideologie nutzt dem Akkumulationszwang des Kapitals, bei gleichzeitiger Einschränkung der Entwicklungs- und Bildungspotenziale nicht nur der Individuen, sondern gerade auch der Verbesserung der gesellschaftlichen Verhältnisse, in der diese leben.

Insbesondere die Zeitlichkeit ist ein immer wiederkehrendes pädagogisches Motiv – einerseits durch eine Überlieferung der Vergangenheit, andererseits für etwaige in die Zukunft gerichtete Entwicklungsmöglichkeiten der Educand*innen. Bevor der von Fisher konstatierte Zeitgeist bezüglich seiner Auswirkungen auf pädagogische Theorie befragt werden kann, werden im folgenden Abschnitt zunächst in aller Kürze die allgemein-erziehungstheoretischen Grundlagen dargestellt, die dazu herangezogen werden sollen. Der Fokus liegt dabei vorwiegend auf eben jener Dimension der Zeitlichkeit innerhalb ausgewählter Fragmente. Insbesondere Klaus Mollenhauers „Vergessene Zusammenhänge" (1983) bietet

Anknüpfungspunkte zur Beantwortung der Frage, inwiefern die temporalen Aspekte von Vergangenheit und Zukunft essenzielle Bestandteile einer Theorie der Erziehung sind, die nicht nur auf die erfolgreiche Partizipation der nachwachsenden Generation am vorherrschenden ökonomischen Gesellschaftsmodell zielt, sondern sich selbst der Verantwortung bewusst ist, die eigene Lebensform kritisch zu reflektieren und so die nachwachsende Generation zu gesellschaftlichem Fortschritt zu befähigen.

3 Vergangenheit und Zukunft in einer allgemeinen Theorie der Erziehung

Erziehung beschreibt zwar einen Vorgang im Hier und Jetzt, kann jedoch weder auf die Vergangenheit noch auf die Zukunft verzichten. Klaus Mollenhauer konstatierte, „daß *Zukunft die integrale pädagogische Kategorie ist, von der alles abhängt*" (Mollenhauer 1980, S. 100, Hervorh. i. O.; vgl. auch Bünger et al. 2022, S. 9 f.), denn es geht im Pädagogischen um das zukünftige Leben der nachwachsenden Generation, die Ermöglichung ihrer Selbständigkeit: Pädagogik ist also immer „Schauplatz der Zukunft in der Gegenwart" (Gruschka 2001, S. 37). Zugleich werden Kinder immer in eine Welt hineingeboren, die schon vor ihrer Geburt besteht und über ihr eigenes Leben hinausreichen wird. Mit Arendt (1958) gesprochen, ist Erziehung dadurch per definitionem ein konservatives Moment eingeschrieben, denn in ihr gilt es immer, „etwas zu hegen und zu schützen – das Kind gegen die Welt, die Welt gegen das Kind, das Neue gegen das Alte und das Alte gegen das Neue" (ebd., S. 273). Dabei ist „Erziehung nicht nur ein von sozialen Determinanten strukturierter Vorgang" (Dietrich/Müller 2010, S. 11), sondern auch „Auseinandersetzung mit der kulturellen Überlieferung" (ebd.).

Aus diesen Überlegungen kann gefolgert werden, dass Erziehung sich aus einem komplexen Konglomerat von Vergangenheit, Gegenwart und Zukunft zusammensetzt. Mollenhauer (1983, S. 10) konstatiert daher, „Pädagogik muß an kultureller und biographischer Erinnerung arbeiten; sie muß in dieser Erinnerung die begründbaren (zukunftsfähigen) Prinzipien aufsuchen". Mit Blick auf die Zukunft muss immer auch die Vergangenheit berücksichtigt, die Nachwachsenden in das schon Bestehende eingeführt, unablässig daher auch die Frage gestellt werden, was aus den kulturellen Beständen zu überliefern ist, was es für die Zukunft zu bewahren gilt und was die alte Generation vor der neuen noch für die Zukunft verantworten kann und was nicht.

Dieses Geflecht und die daraus von Mollenhauer abgeleiteten Aufgaben für die Pädagogik stellen die Grundlage für seine „Skizze für das, was ‚Allgemeine Pädagogik' heute sein könnte" (ebd., S. 20) dar, die er in „Vergessene Zusammenhänge – über Kultur und Erziehung" entfaltet. Nachdem Mollenhauers erziehungstheoretische Überlegungen in den 1970er Jahren mit sozialwissenschaftlichen und psychoanalytischen Theorieanleihen angereichert waren (vgl. Mollenhauer 1974; Mollenhauer et al. 1975), strebt er nun über eine hermeneutische Interpretation kultureller Erzeugnisse (autobiographische Dokumente; Kunstwerke) zu entschlüsseln an, „nach welchen Regeln ‚Erziehungswirklichkeit' sozial konstruiert wurde" (Mollenhauer 1983, S. 41).

Es lassen sich mit Mollenhauer zwei Grundmodi der Erziehung formulieren. *Erstens* die Präsentation: Da die Erwachsenen sich „als gesellschaftliche Existenzen nicht auslöschen" (ebd., S. 20) können, sie sich und die eigene Involviertheit in Gesellschaft also immer darstellen (d.h. präsentieren), kommt Mollenhauer zur ersten Prämisse von Pädagogik: „Kein pädagogischer Akt ist denkbar, in dem der Erwachsene nicht etwas über sich und seine Lebensform mitteilt, willentlich oder unwillkürlich." (Ebd.) Dies geschieht zunächst im Lernen der Sprache als Bezeichnung von Gegenständen und Phänomenen: Das Kind lernt eine erste Ordnung der Welt und mit ihr auch geschichtlich gewachsene Verhältnisse. Je komplexer jedoch die Verhältnisse werden, in die das Kind eingeführt werden soll, desto größer ist die Notwendigkeit von Filtern, was dem Kind wann wie zugemutet werden kann, um es nicht zu überfordern. Hierdurch wird eine Institutionalisierung der Erziehung notwendig, die Mollenhauer spätestens mit der allgemeinen Schulpflicht im 20. Jahrhundert datiert und so als *zweiten Grundmodus* der Pädagogik die Repräsentation anführt: In sich differenzierenden Gesellschaften, deren Komplexität nicht ad hoc zu überblicken ist und in denen der Nahbereich der Familie nicht ausreicht, das notwendige Wissen für die eigene Zukunft zu erlangen, Lebensläufe also nicht qua Geburt bestimmt werden durch z.B. relativ starre Standeshierarchien, müssen „die der kindlichen Erfahrung unzugänglichen Teile der gesellschaftlich-historischen Kultur in irgendeiner Weise zur Kenntnis zu bringen" (ebd.) sein. Diese Auswahl relevanter Kultur- bzw. Wissensbestände nennt Mollenhauer Repräsentation, welche wiederum zwei grundsätzliche Fragen nach sich zieht: „die Frage nach der rechten Lebensform und die Frage nach der richtigen Repräsentation dieser Lebensform" (ebd., S. 69).

Beide Modi, Präsentation und Repräsentation, sind auf ihre je eigene Art mit Zeitlichkeit verknüpft: Während die Präsentation maßgeblich durch das tatsächliche Leben im Hier und Jetzt bestimmt wird und somit auch stark von der Vergangenheit als Vorbereiterin des jeweiligen Jetzt abhängt, geht es der Repräsentation insbesondere um die Zukunft der sie durchlebenden Individuen. Mit ihnen sind zwei Grundstufen, zwei „historisch fundamentale Bedeutungsschemata" (Mollenhauer 1977, S. 55) benannt, die sich nach der jeweiligen Einrichtung der Gesellschaft spezifisch ausformen und unter Berücksichtigung der je historisch konkreten Lage ausformuliert werden müssen. Bezogen auf die historische Lage des (Spät)Kapitalismus konstatiert Mollenhauer, „daß Pädagogik […] innerhalb der bürgerlichen Gesellschaft in der Regel in Form eines Systems affirmativer Handlungs- und Erkenntnisregeln aufgetreten" (Mollenhauer 1974, S. 9) ist. Statt evidente Ungleichheiten in den durch das Erziehungs- und Bildungssystem verteilten Lebenschancen von einer solchen „theoretischen Basis" (ebd.) aus zu re- und dekonstruieren, durch die „das Denken einer gesellschaftlichen Alternative notwendig zu ihrem Geschäft gehörte" (ebd.), sei die Trennung des Nachdenkens über Erziehung von politischen Fragestellungen aufrechterhalten worden, um Pädagogik „den Herrschaftsinteressen dienstbar zu erhalten" (ebd., S. 12). Denkt man die Beobachtungen Fishers zum kapitalistischen Realismus nun mit den erziehungstheoretischen Grundlagen zusammen, erscheint die von Mollenhauer 1974 konstatierte Diagnose der Pädagogik aktueller denn je. Denn wenn die (Re)Präsentation der Lebensform darauf hinausläuft, dass der Kapitalismus das einzig denkbare ökonomische System ist, welches wiederum alle Teile des Lebens strukturiert und bestimmt, gleichzeitig dieses System die Zukunft dystopisch erscheinen lässt, bis hin zur Zerstörung aller Lebensgrundlagen und damit des menschlichen Lebens überhaupt, fehlt die eigentlich notwendige Begründungsfähigkeit der Pädagogik: Fehlt ein überhaupt das Leben ermöglichender Zukunftsentwurf, ist Erziehung nicht mehr sinnvoll durchführbar.

4 Erziehung ohne begründbare Zukunftsfähigkeit

Der Verlust der Zeitlichkeit entzieht der Erziehung ihre trivialste Grundlage: Wenn diejenigen kulturellen Inhalte überliefert werden, die dafür sorgen, dass in Zukunft das Ökosystem zusammenbricht oder wenn ein Arbeitsethos überliefert wird, das für viele unerreichbar bleibt, da schlicht nicht genug Lohnarbeitsplätze vorhanden sind, kann nicht weiter von einer Zukunftsfähigkeit ausgegangen werden, die durch die Erziehung vermittelt wird. Fishers These, dass die Vergangenheit keine Arbeit an einer besseren Alternative zum vorherrschenden System bereithält, auf die sich positiv bezogen oder aus der ein vernünftiger Zukunftsentwurf abgeleitet werden kann, lässt die erzieherischen Konzepte von Präsentation und Repräsentation in Bezug auf die gegenwärtige Lage fragwürdig erscheinen.

In Bezug auf Arbeit ist diese Erkenntnis der aporetischen Entwicklung jedoch keineswegs neu. Seit der Erfindung des Bruttoinlandsprodukts konkurrieren Nationalstaaten in vergleichenden Skalen (vgl. Zelik 2020, S. 162 ff.), und insbesondere die (Aus)Bildung spielt hierfür eine erhebliche Rolle – Vergleichbarkeit in Form von PISA und anderen Leistungserhebungen, die Bildungsexpansion für eine höhere Quantität der (vermeintlich) besserqualifizierten Abschlüsse sind die hauptsächliche Aufgabe des Bildungssystems, auf das die Erziehung schon hinzuarbeiten hat. Damit geht die Definition des gesellschaftlichen Selbstwertes mit Lohnarbeit einher (vgl. Reckwitz 2020, S. 68), die in der sich immer weiterentwickelnden Autonomisierung von Arbeitsschritten jedoch immer knapper wird (vgl. hierzu auch Suzman 2021). Bereits in den 1980er Jahren wurde über die „Krise der Arbeitsgesellschaft" (vgl. Matthes 1983) diskutiert, insbesondere unter Rückgriff auf Arendts schon 1960 getätigten Prognose, dass das Konstituens des homo laborans verloren gehen würde (vgl. Arendt 1967/2016, S. 158, 410). Und trotzdem werden die nachwachsenden Generationen weiterhin auf die Notwendigkeit des Verkaufes ihrer eigenen Arbeitskraft hin erzogen, da die vorherrschende ökonomische Logik dies erforderlich macht. Dies führt im Zusammenhang mit dem kapitalistischen Realismus nach Fisher nicht nur zur Krise individueller Lebensentwürfe, die aufgrund systemischer Widersprüche für Individuen in Depressionen münden (s. o.), sondern ganz grundsätzlich in eine Fragwürdigkeit der mit Mollenhauer ausgeführten Grundeigenschaften der Erziehung.

Denn wenn der Kapitalismus als vorherrschendes, globalisiertes System konkurrenzlos und somit eine Verbesserung der allgemeinen Lebensbedingungen des Menschen nicht unmittelbar denkbar ist, dann fehlt eine zukunftsfähige Perspektive. Was, kann zugespitzt formuliert werden, ist denn überhaupt wert, überliefert und in die Zukunft fortgeführt zu werden, wenn gar nicht genug Lohnarbeitsplätze vorhanden sind und noch dazu das aktuelle menschliche Leben zu einer Vernichtung der Lebensgrundlagen, der Natur, führt? Sofern weiterhin gelten soll, „daß der geschichtliche Weg im Wechsel der Generationen (wenigstens) auch von der jeweils älteren verantwortet werden muß, in Kontinuität zur Tradition und im Vorgriff auf Künftiges" (Mollenhauer 1996, S. 34 f.), muss Pädagogik als „ein Teil der Selbstauslegungsbemühungen unserer Kultur" (ebd., S. 34) zur Erhellung dessen beitragen, „was das für Verhältnisse und Verhalten bedeutet" (ebd., S. 35).

Mit dem Konzept des kapitalistischen Realismus wird die Problematik auf den Punkt gebracht, dass „Zukunft als Verwirklichung von Erwartungen in der kommenden Zeit […] zutiefst durch die bürgerlich kapitalistische Gesellschaftsformation geprägt [ist]" (Gruschka 2001, S. 49). Was Gruschka schon 2001 konstatierte, hat sich in den folgenden Jahren noch zugespitzt. Zwar ist mittlerweile auch im politischen Mainstream die Erkenntnis angekommen, dass die bisherigen (zaghaften) Bemühungen, dem Klimawandel zu begegnen, nicht ausreichen und durch politische Entscheidungen wie den Kohleausstieg nicht erreicht werden können. Jedoch bleiben diese Bemühungen durch ökonomische Machtverteilungen weiterhin im Wachstumsinteresse der neoliberal-kapitalistischen Wirtschaftsordnung (vgl. Lobby Control 2021) und es wird weiterhin im Interesse der Wirtschaft, jedoch nicht im Interesse des Klimaschutzes und der Menschen gehandelt.

Und so lange der vorherrschende Bildungsbegriff definiert wird durch das formale Bildungssystem, das „als Maschinenraum" (Fisher 2017, S. 35) der herrschenden ökonomischen Verhältnisse dient, in dem „vereinzelte Einzelne […] in der Konkurrenz mit den Mitschülern" (Gruschka 2001, S. 55) versuchen, diejenigen „strategischen Register zu entwickeln, die das persönliche Fortkommen sichern können" (ebd.), könnte eine Rückbesinnung auf den Erziehungsbegriff eine mögliche Aktualisierung des kritischen Potenzials des Nachdenkens über Pädagogik bedeuten.

5 Schlüsse für die Pädagogik

Da „die Ungleichverteilung materieller Güter und Lebenschancen nicht mehr durch einen Mythos gerechtfertigt werden kann" (Mollenhauer 1996, S. 33 f.), sollte die Pädagogik in Theorie und Praxis die Aspekte einbeziehen und erhellen, die eine faktische Chancengleichheit aller und somit auch eine Verbesserung der Lebensumstände verhindern – der Kapitalismus kennt keine Bedürfnisbefriedigung aller, er ist angewiesen auf Verlierer*innen, damit es Gewinner*innen geben kann. Diese Einsicht allerdings „stellt eine schwer zu ertragende Bildungsaufgabe dar" (Gruschka 2001, S. 59), da, solange die aktuellen Verhältnisse vorherrschen, „weder die Person für sich noch durch ihren Eingriff in die Gesellschaft davon ausgehen kann, es wäre möglich zu tun, was sein soll" (ebd.).

Burghardt (2018) plädiert daher für eine Beschäftigung mit „der sachlichen Herrschaft des absurden Verwertungszwangs" (ebd., S. 224) und der Erhellung des Umstandes, „dass nicht die Bedarfsdeckung oder Bedürfnisbefriedigung, sondern die Kapitalverwertung der unmittelbare Zweck der kapitalistischen Produktionsweise ist" (ebd.). Das Prinzip der Erziehung der nachwachsenden Generation zu mündigen Erwachsenen wird durch diesen Verwertungszwang zur „Nötigung zur Verwertung der Ware Arbeitskraft gesetzt" (Gruschka 2001, S. 52) und somit als pädagogisches Prinzip ad absurdum geführt. Die Erziehungspraxis „geschieht innerhalb eines komplizierten, mal dichter, mal weitmaschiger geknüpften Netzes von materiellen, sozialstrukturellen, institutionellen und symbolisch-kulturellen Bedingungen, die die ‚Pädagogik' als akademische Disziplin zwar beschreiben und aufklären, nicht aber im engagierten Zugriff verändern können muß" (Mollenhauer 1996, S. 18). Jedoch darf sie sich nicht auf das konservative Moment der Erziehung zurückziehen. Wenn selbst das Prinzip der Mündigkeit und der Emanzipation für eine Konservierung bestehender Verhältnisse sorgt, indem in pädagogischer Präsentation und Repräsentation ein nicht-zukunftsfähiger Lebensentwurf tradiert wird und die nachwachsende Generation sich somit nur von den Erziehungs- und Bildungsinstitutionen emanzipiert, nicht aber von der Herrschaft der Verwertungslogik des Kapitals, kann die gleichzeitige Aufgabe der Pädagogik, *„in der heranwachsenden Generation das Potential gesellschaftlicher Veränderung hervorzubringen"* (Mollenhauer 1968, S. 67, Hervorh. i. O.), nicht erfüllt werden. Bei gleichzeitiger Einsicht, dass der Kapitalismus „ein menschenverachtendes und dem Menschen absolut unwürdiges System darstellt, welches nicht nur die ökonomischen, sondern ebenso die demokratischen Grundpfeiler unserer Gesellschaft zu zerschmettern droht" (Pasuchin 2013, S. 195), also auch die Konservierung der bisherigen Verhältnisse zwangsläufig scheitern muss, wenn die Natur als Grundlage allen Lebens hierfür keinen zukünftigen Bestand haben kann, bleibt nur noch Raum für Dystopien. Durch die Befragung der Vergangenheit auf die Aspekte hin, die in die

Atmosphäre des von Fisher beschriebenen „Kapitalistischen Realismus" geführt haben, könnten diese jedoch im Jetzt reformuliert werden und so zu einer besseren Zukunft beitragen.

Gerade hier kann eine Rückbesinnung auf die in diesem Beitrag herangezogene Erziehungstheorie Mollenhauers, die sich an gesellschaftlich-kulturell gewachsenen Umständen orientiert, bei der Formulierung erziehungstheoretischer Überlegungen helfen, die eben jene aporetische Situation im neoliberalen Kapitalismus zu re- und dekonstruieren versucht. Und werden diese Grundlagen einer allgemeinen Erziehungstheorie in ernsthafter Auseinandersetzung an ihre kritischen Potenziale rückgebunden und im Lichte der aktuellen historischen Lage betrachtet, bieten sich vermutlich auch wieder Möglichkeiten des Weiterdenkens außerhalb dessen, was Fisher den kapitalistischen Realismus nannte.

Durch Bewegungen wie Fridays for Future gelangt die Pädagogik heute in die paradoxe Situation einer Umkehrung der Generationenverhältnisse: Anstatt der nachwachsenden Generation mit der eigenen Lebenserfahrung und dem daraus resultierenden Wissensvorsprung aufzuzeigen, welche kulturellen Bestände eben nicht überlieferungswürdig sind, sondern in eine lebensunwerte, da lebensfeindliche Zukunft führen, wird diese Aufgabe derzeit von der nachwachsenden Generation selbst übernommen. Die Aufgabe der Erziehungswissenschaft müsste sein, diese Prozesse zu begleiten und ernst zu nehmen, wodurch das Konzept der Generationalität eine Aktualisierung erfahren könnte. Diese Überlegungen rücken die vielzitierte marxsche Feststellung erneut in den Fokus, dass auch die Erziehenden zunächst Erzogene sind (vgl. Marx 1845, S. 339 f.) und sich daraus die Aufgabe ergibt, die schon Erzogenen zur kritischen Reflexion der bestehenden Verhältnisse zu führen, statt der nachwachsenden Generation die Verbesserung der Welt allein aufzubürden – ohne ihr das notwendige Werkzeug an die Hand zu geben. Insofern ist es also für den Fortbestand der Welt unerheblich, ob wir Bio und Fairtrade kaufen oder nicht – aber der sich dadurch ausdrückende Wille, die Welt doch noch zu retten, könnte, zumindest mit Blick auf die Erziehung der nachwachsenden Generation, doch alles bedeuten.

Literatur

Adorno, Theodor W./Horkheimer, Max (1944/2013): Dialektik der Aufklärung. Philosophische Fragmente. 21. Auflage. Frankfurt am Main: Fischer.
Arendt, Hannah (1958): Die Krise in der Erziehung. In: Dies. (2020): Zwischen Vergangenheit und Zukunft. Übungen im politischen Denken I. 5. Auflage. München: Piper, S. 255–276.
Arendt, Hannah (1967/2016): Vita activa oder Vom tätigen Leben. 17. Auflage. München: Piper.
Brumlik, Micha (1992): Zur Zukunft pädagogischer Utopien. In: Zeitschrift für Pädagogik 38, H. 4, S. 529–546.
Bünger, Carsten/Czejkowska, Agnieszka/Lohmann, Ingrid/Steffens Gerd (2022): Editorial: Zukunft – Stand jetzt. In: Dies. (Red.): Jahrbuch für Pädagogik 2021. Zukunft – Stand jetzt. Weinheim und Basel: Beltz, S. 9–14.

Burghardt, Daniel (2018): Kritische Pädagogik nach Marx. Zum westlichen Marxismus, der Neuen Marxlektüre und den pädagogischen Anschlüssen. In: Vierteljahrsschrift für wissenschaftliche Pädagogik 94, H. 2, S. 215–231.

Dietrich, Cornelie/Müller, Hans-Rüdiger (2010): Die Aufgabe der Erinnerung in der Pädagogik. Zur Einführung. In: Dies. (Hrsg.): Die Aufgabe der Erinnerung in der Pädagogik. Bad Heilbrunn: Klinkhardt, S. 9–21.

Fisher, Mark (2012): What is Hauntology? In: Film Quarterly 66, H. 1, S. 16–24.

Fisher, Mark (2017): Kapitalistischer Realismus ohne Alternative? Eine Flugschrift. 2. Auflage. Hamburg: VSA.

Fukuyama, Francis (1992): Das Ende der Geschichte. Wo stehen wir? München: Kindler.

Fukuyama, Francis (2019): Identität. Wie der Verlust der Würde unsere Demokratie gefährdet. Hamburg: Hoffmann und Campe.

Gruschka, Andreas (2001): Die Zukunft der Erziehungswissenschaft in menschlicher Absicht. In: Bracht, Ulla/Keiner, Dieter (Red..): Jahrbuch für Pädagogik 2001. Zukunft. Frankfurt am Main: Peter Lang, S. 37–64.

Lobby Control e. V. (2021): Lobbyreport 2021. www.lobbycontrol.de/publikationen/lobbyreport/ (Abfrage: 24.02.2022).

Lessenich, Stephan (2018): Neben uns die Sintflut. Wie wir auf Kosten anderer leben. 2. Auflage. München: Piper.

Marx, Karl (1845): Thesen über Feuerbach. In: Ders. (1953): Die Frühschriften. Herausgegeben von Siegfried Landshut. Stuttgart: Kröner, S. 339–341.

Matthes, Joachim (1983) (Hrsg.): Krise der Arbeitsgesellschaft? Verhandlungen des 21. Deutschen Soziologentages in Bamberg 1982. Frankfurt/New York: Campus.

Mollenhauer, Klaus (1968): Pädagogik und Rationalität. In: Ders: Erziehung und Emanzipation. Polemische Skizzen. 2. Auflage. München: Juventa, S. 55–74.

Mollenhauer, Klaus (1974): Theorien zum Erziehungsprozeß. 2. Auflage. München: Juventa.

Mollenhauer, Klaus (1977): Interaktion und Organisation in pädagogischen Feldern. In: Blankertz, Herwig (Hrsg.): Interaktion und Organisation in pädagogischen Feldern. Zeitschrift für Pädagogik, 13. Beiheft (Bericht über den 5. Kongreß der DGfE). Weinheim und Basel: Beltz, S. 39–56.

Mollenhauer, Klaus (1980): Einige erziehungswissenschaftliche Probleme im Zusammenhang der Erforschung von „Alltagswelten Jugendlicher". In: Lenzen, Dieter (Hrsg.): Pädagogik und Alltag. Methoden und Ergebnisse alltagsorientierter Forschung in der Erziehungswissenschaft. Stuttgart: Klett-Cotta, S. 97–111.

Mollenhauer, Klaus (1983): Vergessene Zusammenhänge. Über Kultur und Erziehung. Weinheim, München: Juventa.

Mollenhauer, Klaus (1996): In Erinnerung an die Geisteswissenschaftliche Pädagogik. Wozu Pädagogik? Versuch eines thematischen Profils. In: Gruschka, Andreas (Hrsg.): Wozu Pädagogik? Die Zukunft bürgerlicher Mündigkeit und öffentlicher Erziehung. Darmstadt: WBG, S. 15–35.

Mollenhauer, Klaus/Brumlik, Micha/Wudtke, Hubert (1975): Die Familienerziehung. München: Juventa.

Pasuchin, Iwan (2013): Bildungsgesellschaft als kapitalistisches Manifest. In: Vierteljahrsschrift für wissenschaftliche Pädagogik 89, H. 1, S. 177–199.

Reckwitz, Andreas (2020): Das Ende der Illusionen. Politik, Ökonomie und Kultur in der Spätmoderne. 4. Auflage. Berlin: Suhrkamp.

Suzman, James (2021): Sie nannten es Arbeit. Eine andere Geschichte der Menschheit. München: C. H. Beck.

Zelik, Raul (2020): Wir Untoten des Kapitals. Über politische Monster und einen grünen Sozialismus. 2. Auflage. Berlin: Suhrkamp.

Pädagogische Historiographie als kritisches Kunstwerk?

Vergessener Stil und erinnerte Geschichtsschreibung

Clemens Bach

Zusammenfassung: Der Beitrag versucht die These zu verteidigen, dass pädagogische Historiographien als literarische Kunstwerke zu begreifen sind. Das theoretisch konstruierte Modell erlaubt es nicht nur, Geschichtsschreibungen zur Bildung und Erziehung selbst als pädagogisch zu verstehen, es ermöglicht zudem auch eine Analytik der narrativen, argumentativen und ideologischen Implikationen solcher Erzählungen. Plädiert wird zudem für ein doppeltes kritisches Verständnis von pädagogischen Historiographien. Zum einen könnten sich ihre AutorInnen selbstreflexiv der eigenen Literarizität kritisch widmen, um damit den ästhetischen Konstruktionscharakter ihrer Erzählungen offenzulegen und diskutabel zu machen. Zum anderen wäre die positive Bezugnahme auf die Funktion der genealogischen Kritik innerhalb von pädagogischen Geschichtsschreibungen dazu in der Lage, einer bloß auf Selbstreflexivität ausgerichteten Profession eine Praxisnähe wiederzugeben, gegen die sich oftmals aus Gründen der fachspezifischen Legitimation ostentativ immunisiert wird.

Abstract: The article attempts to defend the thesis, that pedagogical historiographies are to be understood as literary works of art. The theoretically constructed model not only allows historiographies of education to be understood as pedagogical themselves. It also enables an analysis of the narrative, argumentative and ideological implications of such narratives. A case is also made for a double critical understanding of pedagogical historiographies. On the one hand, they could be self-reflexively critical of their own literacies, thereby revealing their aesthetic constructional character and making it debatable. On the other hand, it is also necessary to defend the function of genealogical criticism in pedagogical historiographies, in order to restore the profession's practical relevance.

Keywords: Kunstwerk, pädagogische Historiographie, Ideologie, genealogische Kritik, Emplotment

Einleitung

Nur weil eine erzählte Geschichte ein Ende hat, heißt das nicht, dass man dieses Ende akzeptieren muss, geschweige denn, die Geschichte selbst vergessen sollte. Eine Geschichte, an der sich beiderlei Momente gut exemplifizieren lassen, geht so: Vor 30 Jahren wurde von Francis Fukuyama von einem „Ende der Geschichte" (Fukuyama 1992) unter dem Vorzeichen des Sieges der liberalen Demokratie gegenüber den realsozialistischen Staatssystemen berichtet (vgl. Fukuyama 1989/2020), und das mittels einer spezifischen Erzählform, deren romantischer Plot nicht nur heute, sondern auch in der Rückschau auf diese Jahre in mehreren Hinsichten irritieren mag. Politische und gleichsam ökonomische Krisen kennzeichneten damals eine globale Entwicklung, deren Ausgang bis heute nicht abgeschlossen ist und die keineswegs darauf hindeutet, dass nun, nach dem Ende dieser Geschichte vom Ende der Geschichte eine Situation eingetreten ist, die den damals in Aussicht gestellten optimistischen Ausgang einer „Universalgeschichte" im Sinne einer hegelschen Entwicklung der Geschichte bezeugt (vgl. Fukuyama 1992, S. 12 ff. und 434 ff.). All dies wurde und ist nicht vergessen, gerade die gegenwärtigen globalen Krisen des fortgeschrittenen Kapitalismus nötigen zu einem mindestens analytischen Blick auf die Geschichte ihrer Entstehung und Transformation. Akzeptiert wurde auch nicht, dass mit dem Postulat vom Ende der Geschichte die ihr zugehörige Wissenschaft und die mit ihr verknüpfte pädagogische Bedeutung sich nun erledigt habe: Geschichtswissenschaft, Geschichtsdidaktik, Erinnerungskultur und Historische Bildungsforschung haben so in keiner Weise ihren geschichtlichen Bezug verloren, vielmehr konnten sich ihre Konzepte, Verfahrensweisen und Gegenstandsbereiche stetig ausdifferenzieren und erweitern (vgl. Tenorth 2018, S. 157; Kluchert et al. 2021).

Fukuyamas Geschichte vom Ende der Geschichte wurde also weder akzeptiert, noch wurden deren Inhalt bzw. die Rolle der Geschichte für die verschiedenen Wissenschaften vergessen. Was jedoch fast vergessen wurde, sind die spezifischen Weisen solcher Geschichtsschreibungen, die als narrative Strukturen zu identifizieren sind und deren Topologie von dem Historiker und Literaturwissenschaftler Hayden White (1928–2018) in seiner *Metahistory* (1973) in Bezug auf die prominenten Geschichtsschreibungen des 19. Jahrhunderts konzeptualisiert wurde (vgl. White 1973/2015). Fukuyamas Geschichte liest sich somit in dieser Hinsicht als ein Paradebeispiel einer Romanze, deren Plot – also der Sieg des Guten über die Totalitarismen des 20. Jahrhunderts und deren Widersprüche – einerseits an ihre ideologischen Implikationen, andererseits hauptsächlich an einen Grundzug erinnert, der jede Historiographie nach White begleitet: Mit *literarischen* Mitteln sei sie überhaupt erst in der Lage, einen Sinn in der Geschichte zu formen, zu vermitteln und verstehbar zu machen. Bisher Unbekanntes könne so entdeckt, Bekanntes neu gesehen und schließlich beider Bedeutungen für die Gegenwart diskursiv in Aussicht und zur Diskussion gestellt werden (vgl. White 1974/1986). Innerhalb der deutschsprachigen Geschichtswissenschaft wurden diese Reflexionen in Folge des sogenannten *linguistic turn* wiederum kaum vergessen, was besonders die ab dem Ende der 1980er Jahre rege geführten Streitgespräche um die Theorien Whites in Bezug auf die Wissenschaftlichkeit von Historiographien mit begünstigten (vgl. Koselleck 1986). Sogar bis in das neue Jahrtausend hinein wurden die Vor- wie Nachteile einer solchen Reflexion auf das literarische Zustandekommen einer Geschichtsschreibung diskutiert (vgl. Baberowski 2014, S. 204 ff.; Sarasin 2018, S. 25 f.). Das Zusammenspiel von Fiktionalität, Faktizität, methodischem Vorgehen und die damit verbundenen Intentionen wurden hier nicht schlicht bestritten oder vorschnell unterkomplex affirmiert (vgl. Kiesow/ Simon 2000). Anders verhält es sich jedoch mit Blick auf die Historische Bildungsforschung: Abgesehen von wenigen Ausnahmen, in denen Whites Überlegungen zumeist in Fußnoten gestreift wurden (vgl. Hoffmann-Ocon 2009, S. 22; Berner 2010, S. 18; Baader 2010, S. 215; Garske 2015, S. 15; Tenorth 1996, 2018, S. 168), blieb eine ausführliche methodologische wie grundlagentheoretische Reflexion in dieser Fachrichtung bisher aus. Und andererseits: Im Zusammenhang mit der narrativen Struktur der Geschichtsschreibung ist gegenwärtig auch ihr kritischer Impetus fast verschwunden; weder in den Geschichten zur Bildung und Erziehung der letzten Jahre (vgl. Böhm 2004, Benner/Brüggen 2011, Caruso 2019) noch in aktuellen Konzepten der deutschsprachigen Historischen Bildungsforschung (vgl. Kluchert et al. 2021) finden sich Ansätze, die den Konnex von Kritik und der literarischen Form von Geschichtsschreibung diskutieren bzw. überhaupt thematisieren. Es scheint, als habe gar die Verbindung von Kritik, Normativität, Geschichte, Gegenwart und Zukunft einer Sichtweise auf Geschichte Platz gemacht, die differenziert auf Geschichte blickt, um hauptsächlich und fast ausschließlich die „Selbstreflexivität der Erziehungswissenschaft" (vgl. ebd., S. 22) zu fördern.

Der Beitrag möchte von dieser Beobachtung ausgehend nicht nur in Erinnerung rufen, dass zur Selbstreflexivität in Anlehnung an White auch gehört, der eigenen literarischen Konstruktion einer Geschichte der Bildung und Erziehung inne zu sein, die sich mit dem Modell Whites skizzenhaft fassen lässt (1). Erinnert werden soll auch daran, welche Chancen und Schwierigkeiten das Verständnis einer pädagogischen Historiographie als Kunstwerk mit sich bringt und was es bedeutet, eine so gefasste Geschichtsschreibung als Kunstwerk zu verstehen (3). Diese Überlegungen sollen durch die Frage nach der Rolle der Kritik innerhalb pädagogischer Geschichtsschreibungen erweitert werden (3). Es gilt dafür zu plädieren, die Kritik nicht vollständig der Bemühung um Wissenschaftlichkeit in Form von Distanzierung und bloßer Selbstreflexion der eigenen Profession zu opfern. Wie eine *pädagogische Historiographie als kritisches Kunstwerk* sich überhaupt konzipieren lässt und welche Applikationen damit verbunden sind, soll zuletzt diskutiert werden (4).

1 Die narrative Modellierung der Geschichte

Dem Konzept Whites der narrativen und damit literarischen Modellierung von Geschichtsschreibung wurde keineswegs kritiklos begegnet (vgl. etwa Young 1997; Warakomska 2014), zudem wurde es etwa durch die Arbeiten Frank Ankersmits erweitert (vgl. Warakomska 2014), mit essayistischer Verve verteidigt (vgl. Barberi 2000) oder sogar des Geschichtsrevisionismus und des Postmodernismus geziehen (vgl. Chartier 1994). Ein näheres Hinsehen auf die Grundannahmen Whites bietet jedoch einen etwas weniger aufgeregten Zugang zu seinen Überlegungen.

In der Auseinandersetzung mit dem kanadischen Literaturwissenschaftler Northrop Frye (1912–1991) entwickelte White die Formen der narrativen Strukturierung von Geschichte: Die *Romanze* erzähle das Drama des Sieges des Guten über das Böse, die *Satire* wiederum das Gegenteil (als Drama der unversöhnlichen Trennung), die *Komödie* andererseits wisse von diesem Konflikt und lasse ihn im Gegensatz zur *Tragödie* als graduell versöhnbarer erscheinen (vgl. White 1973/2015, S. 22 ff.). Hier sind zusätzlich die ideologischen Implikationen entscheidend, die eine jede Geschichte nach White enthält und die mit einer bestimmten Absicht verknüpft sind. Karl Mannheim (1893–1947) folgend bestimmt White den Ideologiebegriff als „Bündel von sozialen Verhaltensregeln und Handlungsgeboten […], die mit einer bestimmten Position gegenüber der gegenwärtigen Gesellschaft und im Hinblick auf soziales, an Veränderung oder Aufrechterhaltung des Status quo orientiertem Handeln verbunden sind." (Ebd., S. 38) Zu identifizieren sind demnach vier Ideologien: Der *Konservatismus* und der *Liberalismus* betrachten die Grundverfassung der Gesellschaft als funktionsfähig, beide halten den Wandel einer Gesellschaft dann für erfolgversprechend, wenn nicht ihre Struktur, sondern ihre Teile einer Veränderung unterworfen werden; der Konservatismus steht hierbei für den Erhalt der Ordnung auch im Sinne einer misstrauischen Bezugnahme auf Veränderungen insgesamt, der Liberalismus billigt dem fortschrittlichen Wandel mehr Vertrauen zu. *Radikalismus* und *Anarchismus* brechen hingegen mit dem Status quo und favorisieren nach White einen utopischen Gesellschaftsentwurf, der entweder auf die Abschaffung der Gesellschaft zugunsten einer humanistischen Gemeinschaft (Anarchismus) oder auf die Errichtung einer vollkommen neuen Gesellschaft (Radikalismus) zielt (vgl. ebd., S. 40 ff.). Zu den ideologischen Motiven und den narrativen Modellierungen einer Geschichtsschreibung zählt White noch ein zusätzliches Moment hinzu, und zwar das der formalen Argumentation bzw. das des methodischen Vorgehens (vgl. ebd., S. 29 ff.). Ein *formativistisches* Konzept liege demnach dann vor, wenn zahlreiche historische Gegenstände in ihren unverwechselbaren Merkmalen dargestellt werden und damit detailreich und nahezu als zerstreut erscheinen. Im Gegensatz dazu gehen *organizistische* Darstellungen vereinfachend und ostentativ synthesierend vor; es seien Ideen oder Prinzipien innerhalb der

Geschichte, die diese Darstellungsweise rechtfertigten. Anders verhält es sich mit der *mechanistischen* Annahme, in der zwar auch verschiedene Daten integriert, aber als Reduktion einer geschichtlichen Triebkraft im Sinne eines Kausalgesetzes verstanden werden. Und schließlich kann der *Kontextualismus* als eine Form der Argumentation angesehen werden, mithilfe derer der ausgewählte historische Gegenstand über den Kontext erklärt werden soll, also unter Berücksichtigung zahlreicher weiterer historischer Faktoren, die „sich stillschweigend auf Kombinationsregeln stütz[en]", um die „tatsächlichen Verhältnisse" (ebd., S. 34) zu beschreiben.

Anhand dieser kurzen Skizzierung sollte deutlich geworden sein, dass nicht nur Mischformen innerhalb der drei Ebenen auftreten – etwa komödiantische Romanzen, anarchistisch-radikale Ideologien oder ein organizistischer Kontextualismus –, sondern diese nach dem Modell Whites untereinander auf komplexe Weise miteinander verquickt sein können. Im Falle der Geschichtsschreibung Fukuyamas vom Ende der Geschichte ließe sich so beispielsweise behaupten: Als organizistisch argumentierende (Hegels Fortschrittsgeschichte vom zu sich selbst kommenden Geist steht hier Pate) romantisch-komödiantische Erzählung (vom Widerstreit zwischen westlicher Freiheit und Totalitarismus mit dem Triumph der ersteren über den letzteren) verschreibt sie sich der Ideologie des Liberalismus, um mit dieser Geschichte die Absicht zu verteidigen, der zufolge die bestehende Gesellschaftsform über feinjustierte Reformen einer noch besseren Zukunft entgegenstrebe.

Gerade in Bezug auf die narrative Modellierung und die verschiedenen argumentativen Schlussverfahren formuliert White in *Metahistory* eine Theorie der Tropen, deren Kernelemente – Metapher, Metonymie, Synekdoche und Ironie – die Art und Weise der Erklärung einer Geschichtsschreibung in einer poetischen Stoßrichtung maßgeblich figurieren. Er selbst entwickelte diese Theorie der Tropen weiter (vgl. White 1986a) und räumte zudem ein, dass – ähnlich wie er es im Falle der Ideologien, der Schlussverfahren und der narrativen Strukturierung tat – diese auch einer Erweiterung und Differenzierung zugeführt werden könnten. Ohne nun hier genau auf diese reichhaltigen Ergebnisse einzugehen, muss ein viel grundlegenderes Verhältnis zumindest benannt werden, um die Frage zu klären, inwiefern eine Geschichtsschreibung auch ein literarisches Kunstwerk sein kann. Es handelt sich dabei um das Verhältnis von Fakten (historischen Daten) und Fiktionen (narrativen Modellierungen), welches nach White dazu führt, dass der „historische Text als literarisches Kunstwerk" (White 1974/1986) zu verstehen ist. Was ist damit gemeint? Es sind nicht die historischen Daten, die White mit der Fiktion gleichsetzt – was im Übrigen den Unterschied zwischen Fakten und Fiktion auch überflüssig machte –, es sind die Auswahl, die Anordnung, die Chronologie und der Kontext der jeweiligen Fakten, mit denen aus ihnen eine literarische Erzählung konstruiert werden kann (vgl. ebd., S. 114). Ein Anfang, ein Ende, eine dramatische Struktur, tropische Elemente, Wendungen,

Vereinfachungen, Andeutungen und vieles mehr bilden somit eine komplexe Erzählung, die sich nicht einfach aus den Fakten oder Quellen heraus entwickelt, sondern mit verschiedenen ideologischen und argumentativen Strategien erstellt wird. White geht es hierbei nicht nur um den Aufweis, dass eine Geschichtsschreibung poetisch geformt und damit nicht schlicht auf der Seite reiner Wissenschaft zu verorten sei (vgl. White 1986b), es sind vor allem die erklärenden, unterhaltenden und somit pädagogischen Aspekte, über die die über Geschichte schreibenden Personen formal wie inhaltlich nachzudenken hätten (vgl. White 1974/1986). Es ist, so White, das Zusammenwirken von ästhetischer Wahrnehmung und kognitiver Operation, das eine Geschichtsdarstellung immer begleitet und ihr in manchen Fällen den Schein der bloßen Deskription und Analyse verleiht (vgl. White 1973/2015, S. 44). Dies mag nur eine pädagogische Strategie von vielen sein. Viel dringlicher stellt sich hier allerdings die Frage, was nun dieses Ästhetische überhaupt ausmacht.

2 Geschichte als Kunstwerk menschlicher ästhetischer Praxis

Eine erste Antwort auf diese Frage lässt sich bei der niederländischen Kulturwissenschaftlerin Mieke Bal ausfindig machen, deren theoretische und methodologische Überlegungen nicht nur zu Teilen auf die Reflexionen Whites referenzieren, sondern zudem das Pädagogische von (allgemeinen) kulturellen Narrationen in den Blick nehmen (vgl. Bal 2020a, S. 9). Bal insistiert in ihren Schriften auf der engen Verbindung zwischen den erzählenden, intersubjektiven, pädagogischen und expositorischen Elementen eines kulturellen Artefakts, welches eben auch eine historische Erzählung sein kann (vgl. Bal 2020b, S. 36 ff.). Aus dem Verhältnis eines Subjekts zu dessen eigener Erinnerung und einer überlieferten Geschichte entstehe das Narrativ als menschliche Handlung, die eine Vermittlung von Inhalten und Formen grundlegend ermögliche (vgl. Bal 2016, S. 103). Obwohl bei Bal das Ästhetische selbst etwa als *Performativität* (vgl. ebd., S. 121) oder als *Serendipity* (vgl. ebd., S. 143 ff.) zu benennen wäre und in Bezug auf den ästhetischen Zugang des *Framings* von Geschichte in ihren Texten durchaus Hinweise auf Prozesse der ästhetischen Bildung und Erziehung zu dechiffrieren sind (vgl. Kantawala 2020), ist bei ihr der Begriff des Ästhetischen nicht klar gefasst.

Eine präzisere begriffliche Rahmung ist der von dem Philosophen Georg W. Bertram verfassten Studie *Kunst als menschliche Praxis* zu entnehmen. Die mit dem Titel klar ausgesprochene Grundannahme führt Bertram hinsichtlich zahlreicher Positionen innerhalb der Kunsttheorie und Kunstphilosophie ins Feld, um deren Beharren auf einem von allen anderen menschlichen Praktiken streng unterschiedenen Kunstbegriff zu kritisieren. Kunstwerke und die mit ihnen verbundenen Praktiken werden aus der Sicht der VertreterInnen des sogenannten „Autonomie-Paradigmas" (Betram 2018, S. 20) als vollkommen autonom, d. h.

als absolut distinkt zu anderen menschlichen Praktiken und deren Objektivationen begriffen. Bertram schlägt hingegen vor, dass Kunst als Praxis sich auch heteronom, d. h. in produktiver Weise zu anderen menschlichen Praktiken verhalten kann (vgl. ebd., S. 24) und damit zu einer Praxis wird, in der Unbestimmtheit mit Bestimmtheit zusammenfällt (vgl. ebd., S. 57). Aber was versteht Bertram nun genau unter dem Kunstwerkbegriff? Kunstwerke können das Ergebnis reflexiver menschlicher Praktiken sein, die zum einen leibliche, emotionale, symbolische und Wahrnehmungsaktivitäten als Grundlage besitzen und diese über das Kunstwerk selbst wieder vermitteln (vgl. ebd., S. 140 f.). Zum anderen stiften sie damit diverse Sichtweisen auf andere Praktiken, mit denen Neues gelernt und erschlossen werden kann; Kunstwerke evozieren damit ästhetisch interpretative Aktivitäten und stoßen Neuaushandlungen anderer Praktiken an (vgl. ebd., S. 143). Damit wird ein Kunstwerk zur Objektivation der Kunst als Reflexionspraxis, deren Grad der Thematisierung von ästhetischer Erfahrung und Wahrnehmung höher ist als derjenige anderer Praktiken; und somit kommt ihr die Qualität einer besonderen Praxis zu, deren Wert darin zu suchen ist, dass sie die übrigen Praktiken in einer spezifischen (ästhetischen) Weise herausfordert (vgl. ebd., S. 16). Bertram hält abschließend fest: „Kunstwerke leisten einen Beitrag zur Freiheit dadurch, dass sie menschliche Praxis herausfordern. Sie werfen die Frage auf, welche Ausprägung einzelne menschliche Praktiken haben sollen. Dazu bedarf es der Kunstwerke als herausfordernde Gegenstände oder Ereignisse." (Ebd., S. 216)

Diese ebenfalls sehr grob gezeichnete Skizze der philosophischen Ästhetik Bertrams verweist nun auf zwei wichtige Aspekte. Einerseits wurde schon angedeutet, dass gerade über den Begriff des Lernens die herausfordernde Rolle von Kunstwerken auch grundsätzlich als eine pädagogische zu verstehen ist. Bertram führt diese Bestimmung weder explizit begrifflich noch en passant aus, vielmehr lassen sich implizit zahlreiche (metaphorische) Hinweise bei ihm darauf finden, dass dem Kunstwerk als Vermittlungsinstanz eine pädagogische Wirkung bescheinigt wird (vgl. ebd., S. 105, 122, 128, 141, 168 f.). Wer mag, kann darin auch eine implizite Theorie einer pädagogischen Ästhetik dekuvrieren oder aber die Arbeit Bertrams als Beitrag zur Diskussion eines konflikthaften theoretischen Verhältnisses von Pädagogik und Ästhetik hinzuziehen (vgl. Willat 2019). Andererseits bietet die allgemeine Definition des Kunstwerks bei Bertram auch die Möglichkeit, speziell pädagogische Historiographien in Anschluss an Whites Konzept der narrativen Modellierung als ein Ergebnis der menschlichen Praxis Kunst anzusehen: In ihnen werden nicht nur über die ästhetischen Mittel der Sprache (Tropologie), sondern ebenso über die Plotstruktur und die verschiedenen Schlussverfahren Geschichten erzählt, die ästhetisch wie kognitiv selbstreflexiv Angebote bereitstellen, welche andere Sichtweisen provozieren bzw. bestimmte andere und neue menschliche Praktiken (politische, ethische, pädagogische, ästhetische) herausfordern. Dies kann im literarischen Stil einer neutralen und mehr wissenschaftlichen Darstellung und ebenso in einer betont auf Unterhaltung und Spannungsreichtum abzielenden Erzählweise geschehen. Eine absolute Grenze wäre hier nicht zu ziehen, allein ein graduelles Verhältnis dieser beiden Pole zueinander würde dann die Spezifizität der jeweiligen bildungshistorischen Erzählung als Kunstwerk konturieren.

3 Erinnerte kritische Geschichtsschreibung

Wie eingangs erwähnt, macht sich innerhalb der gegenwärtigen Historischen Bildungsforschung nicht nur ein Reflexionsmangel in Bezug auf die ästhetische und damit literarische Formung von Geschichtsschreibung kenntlich, darüber hinaus scheint indes der Stellenwert einer kritischen Geschichtsschreibung – als mithin ideologisches Element – ins Hintertreffen geraten zu sein. Obwohl der Begriff der *Kritik* seine ubiquitäre Verwendung findet, bleibt entweder seine inhaltliche Stoßrichtung weitestgehend unbestimmt, oder aber er bleibt in methodologischer Hinsicht einer epistemologischen Leerstelle diskursanalytischer Programmatiken verhaftet, bei denen oft nicht einsehbar ist, warum und wozu überhaupt eine Kritik geäußert werden soll (vgl. etwa Sarasin 2018; Wedde/Thole 2021). Der Begriff der Kritik selbst wird in soziologischen und vor allem philosophischen Auseinandersetzungen (vgl. Wesche 2019) zwar immer noch diskutiert, ein Blick in die Geschichte der pädagogischen Historiographie macht hingegen deutlich, dass der Begriff der Kritik in der Vergangenheit wie in der Gegenwart äußerst selten in methodologischer Hinsicht exponiert wurde und wird (vgl. Gonon 1999; Kluchert et al. 2021).

Wie lässt sich nun eine Verbindung zwischen dem Kunstwerkcharakter von pädagogischen Historiographien und deren möglichem kritischen Gehalt ziehen? Der Philosoph Martin Saar hat in seiner umfangreichen Arbeit zur Genealogie als Kritik bei Friedrich Nietzsche und Michel Foucault gezeigt, dass die genealogische Kritik nicht nur auf einer Analyse, Beschreibung und Beurteilung bestimmter Machtformen und deren Auswirkungen auf Subjekte basiert (vgl. Saar 2007). Es ist zum einen ihre stilistische Form, die zumeist appellativ und hyperbolisch modelliert ist und damit zugleich eine „Botschaft" (Saar 2019, S. 253) artikuliert, die in Gestalt der genealogischen Erzählung existenzielle wie ethische Unsicherheiten stiftet, die nicht als „Klugheitsregeln" daherkommen, sondern deren Absicht unterbestimmt ist und damit eine Transformation des Subjekts in Bewegung setzen kann (vgl. ebd., S. 254). Als Gewordenheits-, Macht-, Selbst- oder sogar als Gesellschaftskritik (vgl. ebd., S. 252, 262) widmet sich die genealogische Kritik zum anderen ausnahmslos der Geschichte und ihrer selektiv ausgewählten Gegenstände, da sie von der Gegenwart nicht unmotiviert ausgeht und über die Geschichte Dramatisierungen und Übertreibungen konstruiert, die als „Zumutung" zur Eröffnung einer „futurischen Freiheit" (vgl. ebd.,

S. 264 f.) auf den Plan treten. Gleichwohl diese betont antimetaphysische Fassung der genealogischen Kritik paradoxerweise der „Hoffnung" vertraut, „dass nicht alles so bleiben muss, wie es geworden ist" (265), lässt sich hier ohne Umschweife betonen, dass auch eine pädagogische Historiographie in diesem Sinne genealogische Kritik betreiben kann: Sie kann von der Gegenwart ausgehend Werte und Normen, Gesellschaften, Institutionen oder Praktiken hinterfragen, indem sie deren Gewordensein über die Geschichte hervorhebt und kritisiert, um damit Möglichkeiten, Chancen, Fehlentwicklungen oder neue Weisen von Bildung, Erziehung und Lernen anzuregen.

4   Pädagogische Historiographie als kritisches Kunstwerk?

Mithilfe des erfolgten theoretischen Durchgangs lässt sich nun die Behauptung von der ästhetischen Formung pädagogischer Historiographien als literarische Kunstwerke folgendermaßen präzisieren: Als narrative Modellierungen mit ihren rhetorischen Elementen, ihren methodischen Schlussverfahren, und ihrem Plot stehen sie wie alle Geschichtsschreibungen (White) vor einer unüberschaubaren Menge von historischen Fakten und Quellen, die sie auf verschiedenen Ebenen – etwa sozial-, kultur-, diskurs- oder ideengeschichtlich – im Sinne einer ideologischen Absicht rahmen, sortieren und damit dramatisieren. Allgemein als menschliche Narration (Bal) verstanden, sind sie gleichsam ästhetische Erzeugnisse, da sie nicht nur schlicht auf kognitiven Anordnungen basieren und diese darstellen, sondern sie müssen sich, um intendierte Wirkungen beispielsweise als Zumutung oder Herausforderung auf andere menschliche Praktiken zu entfalten, des ästhetischen Arsenals von Sprache und Dramaturgie bedienen (Bertram). So verstanden kann es keine Geschichtsschreibung geben, die nicht als Kunstwerk zu begreifen ist. Die Gewichtung von verschiedenen Schlussverfahren, die Menge an Quellen sowie der Grad an methodischer Reflexion wären dann die Kriterien dafür, wo sich eine bestimmte Historiographie zwischen den Polen der bloßen Fiktion und einer rein objektiv-wissenschaftlichen Darstellung verorten ließe. Zu betonen ist, dass die von White hervorgehobenen Elemente der unterschiedlichen Erzählformen und ideologischen Implikationen durchaus erweitert werden könnten. Zu denken ist hier etwa an eine stärker differenzierte Konzeption des Ideologiebegriffs (vgl. Wayand 2021) oder an eine präziser ausgearbeitete Systematik von verschiedenen Erzählweisen. Mit Saar ließe sich so ergänzen, dass eine genealogische Kritik mit dem Zweck der praktischen wie theoretischen Perspektive des pädagogischen „Anderen" gegenüber der Geschichte und Gegenwart eine Mischform der skizzierten Ideologeme darstellt, die gerade über die Erzählform der Übertreibung ihre Wirkung entfalten könnte. Vorstellbar sind, wie White (2000) betont, gesteigerte selbstreflexive ästhetische Verfahren innerhalb von Geschichtsschreibungen, die – je dem Gegenstand angemessen – mehr

Witz, Schrecken, Erschütterung oder Skepsis erzeugen könnten. Diese graduell höhere Einstufung einer Historiographie als Kunstwerk würde allerdings wohl heute von den meisten VertreterInnen der Historischen Bildungsforschung eher der Unwissenschaftlichkeit bezichtigt.

Abschließend stellt sich nun die Frage, welche Applikationen ein solch allgemein-theoretisches Verständnis von pädagogischen Historiographien als literarischen Kunstwerken überhaupt beinhalten kann. Dreierlei Aspekte stechen hier hervor. Zum einen eignet sich dieses – und noch weiter auszubauende – Konzept dazu, pädagogische Geschichtsschreibungen auf ihre narrativen Modellierungen, ihre rhetorischen Mittel, ihre ideologischen Implikationen und ihre damit zusammenhängenden Schlussverfahren hin zu analysieren und gegebenenfalls zu kritisieren. Einmal beispielsweise als konservativ-organizistische Romanze (vgl. Reble 1951/1993), als radikal-mechanizistische Tragödie (vgl. Blankertz 1982), als liberal-formalistische Satire (vgl. Benner/Brüggen 2011), als liberal-organizistische Komödie (vgl. Caruso 2019) oder gar als eine in Form einer Geschichte der Historischen Bildungsforschung selbst formulierten konservativ-kontextualistischen Satire (vgl. Kluchert et al. 2021) gedeutet, können so Geschichten zur Pädagogik mit ihren über die ästhetische Form transportieren Intentionen entschlüsselt, verglichen, kritisiert und zur Diskussion gestellten werden.

Zum anderen ist durch die Interpretation der pädagogischen Historiographie als Kunstwerk auch deutlich geworden, dass alle versammelten TheoretikerInnen die ästhetische Formung von historischen Fakten und Daten explizit und meist implizit mit pädagogischen Überlegungen in Verbindung setzen. Etwas besser oder anders zu verstehen (White), es als kommunikative Form in pädagogischer Absicht (Bal) zur Disposition zu stellen oder es als Zumutung (Saar) oder Herausforderung (Bertram) zum Zweck des Lernens zu modellieren bedeutet, eine narrative Formung von Geschichte mit einer bestimmten pädagogischen Absicht zu versehen, deren Inhalt wie Gestaltung dabei enorm unterschiedlich ausfallen können.

Schließlich kann das so konturierte Verständnis der Literarizität pädagogischer Geschichtsschreibung in einem doppelten Sinne Reflexionen ermöglichen, die in einer anderen Stoßrichtung kritisch sein können. Einerseits ist dies ausgedrückt in der Selbstreflexion und damit Offenlegung des eigenen literarisch-historiographischen Standpunktes. Sichtbar wird damit, dass das Schreiben über eine Geschichte der Erziehung und Bildung eben auch ästhetischen Regeln unterliegt, die als „Narrative" (vgl. Caruso 2019, S. 26) oder sogar als „Science Fiction, nur rückwärts" (vgl. Koerrenz et al. 2017, S. 8) transparent gemacht werden. Andererseits, und das machen die Einlassungen von Saars Verständnis einer genealogischen Kritik deutlich, könnten pädagogische Geschichtsschreibungen auch dazu dienen, radikale Hinterfragungen des Gewordenseins von pädagogischen Werten, Normen, Institutionen und Verhältnissen zuzumuten. Angesprochen ist damit auch der traditionsreiche Zusammenhang von bildungshistorischer Forschung und praktisch-pädagogischer Reflexion und Handlung, von dem die einen meinen, er sei überwunden oder müsse überwunden werden (vgl. Kluchert et al. 2021), und wiederum andere die Ansicht vertreten (etwa Tenorth 1996), er könne nicht einfach aufgelöst werden. Selbst das l'art pour l'art der Historischen Bildungsforschung, welche keine solche kritische Praxis anvisiert und bloß die „Selbstreflexivität der Erziehungswissenschaft" (Kluchert et al. 2021, S. 22) vor Augen hat, bleibt im Sinne der hier angeführten AutorInnen hochgradig ästhetisch und damit ebenso pädagogisch. Man kann dies mit den Mitteln des formalistisch-kontextuellen Schließens, der konservativ-ideologischen Fundierung der ideologiefreien Wissensproduktion oder mithilfe der ironischen Distanzierung und dem Plot der Satire tun: Ein Kunstwerk bleibt jedwede Geschichtsschreibung weiterhin, und es bleibt nur fraglich, welche Wirkungen von ihr auszugehen vermögen.

Einen anderen Weg schlug, und damit endet hier diese Erzählung, Francis Fukuyma mit seiner Geschichte vom Ende der Geschichte ein, die bis heute nicht vergessen ist. Erinnert werden sollte, dass diese prominente Erzählung auch aufgrund ihres Kunstwerkcharakters in das kollektive Gedächtnis der westlichen Welt einging und dieser innerhalb der Historischen Bildungsforschung kaum thematisiert wurde. Die Bedeutung des Stils einer pädagogischen Geschichtsschreibung mag zwar fast vergessen sein. Doch mit der Erinnerung an ihn ist noch lange nicht entschieden, ob eine Historiographie der Erziehung und Bildung dadurch schlicht unterhaltsamer wird, verzerrend und fälschend agiert oder möglicherweise doch einen Erkenntnis- und Handlungsgewinn stiftet, der heutiger Historischer Bildungsforschung gelegentlich zu wünschen wäre.

Literatur

Baader, Meike Sophia (2010): Historische Bildungsforschung als Erinnerungsarbeit: 68 und die Pädagogik. In: Dietrich, Cornelie/Müller, Hans-Rüdiger (Hrsg.): Die Aufgabe der Erinnerung in der Pädagogik. Bad Heilbrunn: Klinkhardt, S. 209–225.

Barberi, Alessandro (2000): Clio verwunde(r)t. Hayden White, Carlo Ginzburg und das Sprachproblem der Geschichte. Wien: Turia + Kant.

Baberowski, Jörg (2014): Der Sinn der Geschichte. Geschichtstheorien von Hegel bis Foucault. 3. Auflage. München: C. H. Beck

Bal, Mieke (2016): Lexikon der Kulturanalyse. Wien/Berlin: Turia+Kant.

Bal, Mieke (2020a): Wandernde Begriffe, sich kreuzende Theorien. Von den cultural studies zur Kulturanalyse. In: Fechner-Smarsly, Thomas/Neef, Sonja (Hrsg.): Mieke Bal. Kulturanalyse. Frankfurt a. M.: Suhrkamp, S. 7–27.

Bal, Mieke (2020b): Das Subjekt der Kulturanalyse. In: Fechner-Smarsly, Thomas/Neef, Sonja (Hrsg.): Mieke Bal. Kulturanalyse. Frankfurt a. M.: Suhrkamp, S. 28–43.

Benner, Dietrich/Brüggen, Friedhelm (2011): Geschichte der Pädagogik. Vom Beginn der Neuzeit bis zur Gegenwart. Stuttgart: Reclam, S. 352–363.

Berner, Esther (2010): Im Zeichen von Vernunft und Christentum. Die Zürcher Landschulreform im ausgehenden 18. Jahrhundert. Köln/Weimar/Wien: Böhlau.

Bertram, Georg W. (2018): Kunst als menschliche Praxis. Eine Ästhetik. 2. Auflage. Berlin: Suhrkamp.

Blankertz, Herwig (1982): Die Geschichte der Pädagogik: Von der Aufklärung bis zur Gegenwart. Wetzlar: Büchse der Pandora.

Böhm, Winfried (2004): Geschichte der Pädagogik. Von Platon bis zur Gegenwart. München: C. H. Beck.

Caruso, Marcelo (2019): Geschichte der Bildung und Erziehung. Medienentwicklung und Medienwandel. Paderborn: Schöningh.

Chartier, Roger (1994): Zeit der Zweifel. Zum Verständnis gegenwärtiger Geschichtsschreibung. In: Conrad, Christoph/Kessel, Martina (Hrsg.): Geschichte schreiben in der Postmoderne. Ditzingen: Reclam, S. 84–97.

Fukuyama, Francis (1989/2020): Das Ende der Geschichte? Übersetzt aus dem Englischen von Alexander Görlitz & Paul Stephan. Leipzig: Edition Halkyon.

Fukuyama, Francis (1992): Das Ende der Geschichte. Wo stehen wir? München: Kindler.

Garske, Lucas Frederik (2015): Geschichtsbilder sehen. Narrative Formen als Gegenstand des Lernens mit Geschichten. In: Bildungsforschung 12, H. 1, S. 12–33.

Gonon, Philipp (1999): Historiographie als Erziehung. Zur Konstitution der pädagogischen Geschichtsschreibung im 19. Jahrhundert. In: Zeitschrift für Pädagogik 45, H. 4, S. 521–530.

Hoffmann-Ocon, Andreas (2009): Schule zwischen Stadt und Staat. Steuerungskonflikte zwischen städtischen Schulträgern, höheren Schulen und staatlichen Unterrichtsbehörden im 19. Jahrhundert. Bad Heilbrunn: Klinkhardt.

Kantawala, Ami (2020): Re-framing the Past: Framing as a Stance in the Writing of History. In: Studies in Art Education 61, H. 3, S. 254–266.

Kiesow, Rainer Maria/Simon, Dieter (Hrsg.) (2000): Auf der Suche nach der verlorenen Wahrheit. Zum Grundlagenstreit in der Geschichtswissenschaft. Frankfurt a. M.: Campus.

Kluchert, Gerhard/Horn, Klaus-Peter/Groppe, Carola/Caruso, Marcelo (2021): Einleitung. In: Ders. (Hrsg.): Historische Bildungsforschung. Konzepte – Methoden – Forschungsfelder. Bad Heilbrunn: Klinkhardt, S. 13–27.

Koerrenz, Ralf/Kenklies, Karsten/Kauhaus, Hanna/Schwarzkopf, Matthias (2017): Geschichte der Pädagogik. Paderborn: Schöningh.

Reble, Albert (1951/1993): Geschichte der Pädagogik. 17. Auflage. Stuttgart: Klett Cotta.

Saar, Martin (2009): Genealogische Kritik. In: Wesche, Tilo/Jaeggi, Rahel (Hrsg.): Was ist Kritik? Frankfurt a. M.: Suhrkamp, S. 247–265.

Saar, Martin (2019): Genealogie als Kritik. Geschichte und Theorie des Subjekts nach Nietzsche und Foucault. Frankfurt a. M.: Campus.

Sarasin, Philipp (2018): Geschichtswissenschaft und Diskursanalyse. In: Ders.: Geschichtswissenschaft und Diskursanalyse. Frankfurt a. M.: Suhrkamp, S. 10–60.

Tenorth, Heinz-Elmar (1996): Lob des Handwerks, Kritik der Theorie. Zur Lage der pädagogischen Historiographie in Deutschland. In: Paedagogica Historica 32, H. 2, S. 343–361.

Tenorth, Heinz-Elmar (2018): Historische Bildungsforschung. In: Tippelt, Rudolf/Schmidt-Hertha, Bernhard (Hrsg.): Handbuch Bildungsforschung. Band 1. Wiesbaden: Springer VS, S. 155–185.

Warakomska, Anna (2014): Die narrativen Modelle der Geschichtsschreibung in den Theorien von Hayden White und ihre Kritik. In: Zeitschrift des Verbandes polnischer Germanisten 3, H. 1, S. 89–101.

Wayand, Jan (2021): Die Wissenssoziologie und das Problem der Ideologie. In: Beyer, Heiko/Schauer, Alexandra (Hrsg.): Die Rückkehr der Ideologie. Zur Gegenwart eines Schlüsselbegriffs. Frankfurt a. M./New York: Campus, S. 61–84.

Wedde, Sarah/Thole, Friederike (2021): Historische Bildungsforschung schreibt Wissensgeschichte. In: Thole, Friederike/Wedde, Sarah/Kather, Alexander (Hrsg.): Über die Notwendigkeit der Historischen Bildungsforschung. Wegbegleiter*innenschrift für Edith Glaser. Bad Heilbrunn: Klinkhardt.

Wesche, Tilo (2019): Reflexion, Therapie, Darstellung. Formen der Kritik. In: Ders./Jaeggi, Rahel (Hrsg.): Was ist Kritik? Frankfurt a. M.: Suhrkamp, S. 193–220.

White, Hayden (1973/2015): Metahistory. Die historische Einbildungskraft im 19. Jahrhundert in Europa. 2. Auflage. Frankfurt a. M.: Fischer.

White, Hayden (1974/1986): Der historische Text als literarisches Kunstwerk. In: Ders./Koselleck, Reinhart/Stierle, Karlheinz (Hrsg.): Auch Klio dichtet oder Die Fiktion des Faktischen. Stuttgart: Klett-Cotta, S. 101–122.

White, Hayden (1986a): Einleitung: Tropologie, Diskurs und die Formen des menschlichen Bewußtseins. In: Ders./Koselleck, Reinhart/Stierle, Karlheinz (Hrsg.): Auch Klio dichtet oder Die Fiktion des Faktischen. Stuttgart: Klett-Cotta, S. 7–35.

White, Hayden (1986b): Die Fiktionen der Darstellung des Faktischen. In: Ders./Koselleck, Reinhart/Stierle, Karlheinz (Hrsg.): Auch Klio dichtet oder Die Fiktion des Faktischen. Stuttgart: Klett-Cotta, S. 145–160.

White, Hayden (2000): Historische Modellierung (emplotment) und das Problem der Wahrheit. In: Kiesow, Rainer Maria/Simon, Dieter (Hrsg.): Auf der Suche nach der verlorenen Wahrheit. Zum Grundlagenstreit in der Geschichtswissenschaft. Frankfurt a. M.: Campus, 142–167.

Willatt, Carlos (2019): Das Pädagogische im Schatten der ästhetischen Differenz. In: Bach, Clemens (Hrsg.): Pädagogik im Verborgenen. Bildung und Erziehung in der ästhetischen Gegenwart. Wiesbaden: Springer VS, S. 27–44.

Young, James E. (1997): Hayden White, postmoderne Geschichte und der Holocaust. In: Stückrath, Jörn/Zbinden, Jürg (Hrsg.): Metageschichte. Hayden White und Paul Ricœur. Baden-Baden: Nomos, S. 139–165.

„It's the end of the world as we know it[1] / and they feel fine" – Überlegungen zur Bedeutung geschichtsrevisionistischer Umdeutungen im Kontext coronabezogener Verschwörungserzählungen

Jana Sämann

Zusammenfassung: In dem Beitrag werden zunächst Bezugspunkte aktueller coronabezogener Verschwörungserzählungen skizziert, um die geschichtsrelativierende Nutzung von Symboliken und Vergleichen herauszustellen, welche im Spektrum des Protestes gegen die Corona-Schutzmaßnahmen auszumachen sind. Die dabei identifizierten Anknüpfungen an Verfolgungs- und Widerstandsgeschichte bieten diesem Spektrum eine Möglichkeit zum Versuch der moralischen Aufwertung der eigenen Position und eine scheinbare Legitimation des daraus begründeten Handelns. Verweigerungspraxen in Bezug auf die Corona-Schutzmaßnahmen werden stilisiert als scheinbar notwendige, vermeintlich widerständige Handlungen. Anschließend wird dargestellt, wie diese Entwicklungen die politische Bildung vor Herausforderungen stellen, wenn klassische Schlüsselbegriffe wie Freiheit und Mündigkeit in der aktuellen Debatte egoistisch-verkürzend vereinnahmt werden. Der Beitrag schließt mit Überlegungen zur politischen Bildungsarbeit im Kontext der Coronaleugner:innen-Proteste.

Abstract: The article outlines current COVID-19-related conspiracy narratives, highlighting comparison and symbolism that can be discerned in the spectrum of protest against the COVID-10-protection measures, which are marked as historically relativizing. The connections to the history of anti-Semitic persecution and antifascist resistance during the German National Socialism identified in this context offer this spectrum an opportunity to attempt a moral revaluation of their position and a seeming legitimization of the actions based on it. Practices of refusal about the corona protection measures are characterized as seemingly necessary, supposedly 'resistant' actions against a constructed enemy

---

[1] „It's the End of the World as We Know It (And I Feel Fine)" von R. E. M. wurde erstmals 1987 veröffentlicht. Am 15. März 2020, zu Beginn der ersten pandemiebedingten Lockdowns in Deutschland, erschien der Song nach Langem wieder in den Charts.

176

image striving for 'the end of the world as we know it', which affects scientists, politicians, journalists and stakeholders of the civil society in various nuances and ostensibly legitimizes anti-Semitic attacks. Subsequently, it is drafted how these developments pose challenges to political education when key terms such as freedom and maturity are selfishly and abridgedly appropriated in the current debate. The article concludes with reflections on civic education in the context of the COVID-19-denier protests.

Keywords: Relativierungen, Umdeutungen, Querdenken, Antisemitismus, Verschwörungserzählungen

Einleitung

Wenn heute von Verschwörungstheorien gesprochen wird, sind sowohl Erzählungen zu Ursprung und Verbreitung des COVID-19-Virus bis zur Leugnung seiner Existenz als auch Impflügen häufige Assoziationen. Aber auch andere, etwa die zunächst in den USA populär gewordene Erzählung um QAnon oder die Nichtanerkennung der BRD durch die Reichsbürger:innenszene, sind in jüngerer Vergangenheit bekannter und sichtbarer gewordene Phänomene. Diese Erzählungen eint die Vorstellung, dass eine konspirative Gruppe im Geheimen das Weltgeschehen zu eigenen Zwecken beeinflusst, worin ein verbindendes antisemitisches Narrativ deutlich wird.

Im Folgenden werden zunächst Bezugspunkte aktueller coronabezogener Verschwörungserzählungen skizziert und die geschichtsrelativierende Nutzung von Symboliken und Vergleichen herausgestellt, welche im Spektrum des Protestes gegen die Corona-Schutzmaßnahmen auszumachen sind. Die dabei identifizierten Argumentationsfiguren bieten diesem Spektrum zum einen eine Legitimation für als notwendig erscheinende widerständige Handlungen gegen ein konstruiertes Feindbild, das vermeintlich „das Ende der Welt, wie wir sie kennen" anstrebt, welches in unterschiedlichen Nuancen auf Wissenschaftler:innen, Politiker:innen, Journalist:innen und zivilgesellschaftliche Akteur:innen projiziert wird. Zum anderen sind sie anschlussfähig an gezielte Bestrebungen einer extremen Rechten, durch Verkürzung, Umdeutung und Aneignung die gesellschaftliche Wahrnehmung von historischen Gegebenheiten und Entwicklungen umzudeuten. Anschließend wird dargestellt, wie diese Entwicklungen die politische Bildung vor Herausforderungen stellen, wenn klassische Schlüsselbegriffe wie Freiheit und Mündigkeit in der aktuellen Debatte von antipluralistischen und völkisch-nationalistischen Akteur:innen vereinnahmt werden. Der Beitrag schließt mit Überlegungen zur politischen Bildungsarbeit im Kontext der Coronaleugner:innen-Proteste.

Zur Aktualität von Verschwörungserzählungen im Zuge der COVID-19-Pandemie

Pandemien stellten historisch betrachtet schon immer auch besondere Momente der Konjunktur von Verschwörungsgeschichten über Entstehung, Verbreitung und vermeintlich gezielte Nutzung der jeweiligen Krankheit dar, etwa zur britischen Choleraepidemie im 19. Jahrhundert oder zur Spanischen Grippe Anfang des 20. Jahrhunderts (vgl. Honigsbaum 2020). In Bezug auf die aktuelle COVID-19-Pandemie stellen Pia Lamberty und Jonas Rees fest, dass mit 9,8 % jede:r Zehnte in Deutschland glaube, dass „die Coronapandemie durch geheime Mächte verursacht wurde" (2021, S. 292 f.). Unter dem Aspekt, dass Verschwörungserzählungen auch ein subjektives Bedürfnis nach Kontrolle bedienen können, werden sie in Krisensituationen potentiell relevanter, da sie Verstehen und Handlungsfähigkeit suggerieren (Lamberty/Imhoff 2021, S. 204). Akteur:innen aus der extremen Rechten schließen hieran an, wobei „nicht die Frage nach dem besten Umgang mit der Pandemie im Zentrum [steht], sondern nach dem größtmöglichen Nutzen, den man aus ihr schlagen kann" (Hentges/Wiegel 2021, S. 182).

Im April 2020, in einer Zeit, als sich nach einer Phase enger Kontaktbeschränkungsmaßnahmen abzeichnete, dass die antizipierten katastrophalen Auswirkungen der COVID-19-Pandemie in Deutschland wahrscheinlich nicht im befürchteten Ausmaß eintreten würden, begannen selbsternannte Retter:innen der Demokratie auf städtischen Marktplätzen Präsenz zu zeigen. Sie warnten vor einer bevorstehenden Gesundheitsdiktatur und verteilten die Taschenbuchausgabe des Grundgesetzes. Öffentlich breiter wahrgenommen wurden ab Sommer 2020 Veranstaltungen von sogenannten Querdenker:innen, welche sich, nach dem Vorbild einer ersten Gruppe in Stuttgart, auch in weiteren Kommunen und Städten organisierten und als durchaus heterogenes Akteursspektrum (vgl. Nachtwey et al. 2020) gegen die staatlichen Maßnahmen zur Pandemiebekämpfung demonstrierten. Dabei teilten sich unter anderem Esoteriker:innen, Anthroposoph:innen, Reichsbürger:innen und Holocaustleugner:innen die Straße.

Der scheinbare Widerspruch zwischen einer Querfront von alternativ-bürgerlichen Milieus und völkisch-nationalistischen Akteur:innen ist dabei nicht wirklich überraschend. Andreas Speit spricht von schon länger im esoterischen Milieu aktiven Akteur:innen einer „dritten Lebensreformbewegung" (2021, S. 12), die ebenso wie ihre beiden Vorläufer der 1920er und 1968er Jahre problematische Bezüge zu Antimodernismus und Irrationalismus pflegt. Neu-rechtes Denken und esoterisches Denken eint, dass beide auf die immer komplexer werdende moderne Gesellschaft mit dem Angebot einer vermeintlich natürlichen Ordnung reagieren, welche von den einen spirituell, von den anderen ethnisch begründet wird. Diese Such- und Gegenbewegungen zur industriellen Moderne, teilweise auch zu Humanismus und Emanzipation, finden Anschluss an das Krisenphänomen einer globalen Corona-Pandemie, welche existenzielle Sorgen und diffuse Ängste auslöst, und haben in diesem Zuge an Masse, aber auch an Sichtbarkeit zugenommen. Antisemitismus wirkt dabei als „Kitt, der unterschiedlichste Akteure und Akteur_innen zusammenbringt" (Balandat et al. 2021, S. 102).

Vergleiche, Relativierungen und Revisionen

Spätestens mit dem Rückgriff auf das in diesem Kontext als durchaus beliebtes Protestplakat zu beobachtende Motiv einer Corona-Diktatur, gern auch in Frakturschrift, wird deutlich: Der hier geäußerte Protest wird rhetorisch zum Widerstand erhöht. Wenn die Existenz oder drohende Gefahr einer Diktatur behauptet wird, ist der Protest dagegen nicht mehr nur eine Ausdrucksform von Widerspruch, sondern ein als notwendig und legitim imaginierter Widerstand. Dies zeigt sich auch in der Wahl von Personen, die zur Illustration des eigenen Anliegens herangezogen werden. Wenn etwa aufgrund geltender Kontaktbeschränkungsmaßnahmen der geheim veranstaltete Kindergeburtstag in derselben Situation inszeniert wird, wie Anne Frank sie im Versteck im Hinterhaus in der Amsterdamer Prinsengracht erlebte, setzen die Akteur:innen sich mit einer der bekanntesten Verfolgungsgeschichten der deutschen Erinnerungskultur gleich. Wenn eine Sprecherin auf einer Querdenken-Demonstration sich selbst „wie Sophie Scholl" fühlt, nimmt sie damit Bezug auf ein tradiertes Widerstandsnarrativ. Wenn die Schutzmaßnahmen-Gesetze mit dem Ermächtigungsgesetz von 1933 gleichgesetzt werden, wird diese Politik durch den Vergleich dämonisiert. Und wenn Teilnehmer:innen von Coronaleugnungsveranstaltungen demonstrativ einen gelben Stern mit dem Aufdruck „ungeimpft" tragen, vergleichen sie sehr plakativ die eigene Situation mit der von im Nationalsozialismus markierten, verfolgten und ermordeten Jüdinnen:Juden. Diese Gleichsetzungen sind einerseits als Versuch zu betrachten, das eigene Anliegen aufzuwerten/andererseits verharmlosen sie die Verfolgungs- und Vernichtungspolitik des Nationalsozialismus.

Dabei ist keineswegs nur mangelndes geschichtliches Wissen als Ursache auszumachen, schließlich hatten die angeführten Personen ausreichend Verständnis der historischen Tatsachen, um daraus, wenn auch verzerrte und verkürzte, Bezugnahmen zur eigenen Situation zu konstruieren. Vielmehr ist von einer bewussten Nutzung von Symbolen auszugehen, denn diese Bezugnahmen erfüllen für das Querdenken-Spektrum mehrere Funktionen: Die Identifikation mit den Verfolgten des Nationalsozialismus ermöglicht eine moralische Aufwertung der eigenen Person und Position und verleiht dem eigenen Anliegen Legitimität. Durch den Vergleich der Akteur:innen des heutigen Nationalstaats mit denen des historischen Nationalsozialismus wird auch das Gegenüber diskreditiert und dessen Coronamaßnahmen werden delegitimiert. Die Erzählung der Kritik an der Diktatur legitimiert zudem sämtliche Formen widerständigen Handelns.

Neben den diversen Funktionen für die Akteur:innen wirken diese Bezugnahmen auch dezidiert relativierend hinsichtlich nationalsozialistischer Verbrechen. Die Mehrheit der Menschen in Deutschland geht nicht ernsthaft davon aus, dass die Politiken der Corona-Pandemie mit denen der nationalsozialistischen Verfolgung und Vernichtung gleichzusetzen wären. In der aktuellen MEMO-Studie zur Erinnerungskultur in Deutschland wird die Aussage, dass es „berechtigt sei, das Leiden der deutschen Bevölkerung während der Corona-Pandemie mit dem Leid von Menschen während der NS-Zeit zu vergleichen", von fast 80 % der Befragten abgelehnt. Immerhin stimmen knapp 4 % aller Befragten der Aussage zu, und weitere 6 % lehnen sie zumindest nicht ausdrücklich ab (vgl. IKG 2021, S. 27).

Für die völkisch-nationalistischen Akteur:innen im Spektrum der Querdenker:innen ist das eine Situation, in welcher sie in mehrfacher Hinsicht Erfolge verbuchen können: Das eigene Anliegen wird auf die Straße getragen und findet Anschluss in Milieus, die dafür zuvor nicht, zumindest nicht öffentlichkeitswirksam, empfänglich waren. Es findet keine Abgrenzung im Akteursspektrum der Demonstrationen statt, die eigenen Ziele werden breiter geteilt und legitimiert, und gleichzeitig erfolgt eine revisionistische Bezugnahme auf NS-Verbrechen. Andreas Häusler und Beate Küpper konstatieren in den Einstellungsforschungen der Mitte-Studie, extrem rechte Akteur:innen sähen sich bestätigt im Bild eines Aufstandes gegen eine Diktatur, und die Situation der Pandemie werde stilisiert als der „von der extremen Rechten lange herbeigesehnte ‚Ausnahmezustand'", welcher „als Gelegenheit zur Entfachung einer völkisch-autoritären Rebellion gedeutet [wird]" (Häusler und Küpper 2021, S. 233). Hier verschiebt sich der Deutungshorizont der gegenwärtigen Herausforderung: Nicht die global auftretende Pandemie bedeutet ein Ende der Welt, wie wir sie kennen, sondern das im verzerrten historischen Vergleich stilisierte Regierungshandeln wird zum Ausgangspunkt eines erhofften breiter getragenen Widerstands zur Durchsetzung eigener Deutungsperspektiven und Interessen.

Semantische Umdeutungen: ‚Freiheit', ‚Widerstand', ‚Mündigkeit'

Zentrale demokratische Konzepte, wie der Bezug auf Grund- und Freiheitsrechte, werden zum Teil bis in ihr Gegenteil hinein verkehrt (vgl. Hentges/Wiegel 2021, S. 213). Die grundlegende Funktion der Bezugnahme auf Widerstand besteht darin, Unzufriedenheit, Unstimmigkeit und Protest gegen die Pandemiepolitik durch diese Stilisierung aufzuwerten, entsprechende Handlungen als notwendig zu legitimieren und das Gegenüber zu dämonisieren. Die Weigerung, einen Mund-Nasen-Schutz zu tragen oder sich impfen zu lassen, gilt dabei nicht als unsolidarische Handlung, sondern als widerständige Praxis zum Schutz vermeintlich verletzter Freiheitsrechte. Denn auch der Begriff der Freiheit erfährt eine grundlegende Umdeutung. ‚Freiheit' in der Verwendung der Querden-ker:innen ist eine moralisch aufgeladene Umdeutung egoistischer, rücksichtslo-ser (Verweigerungs-)Praxen, die in ihrer Konsequenz ein Recht des Stärkeren durchsetzen, indem sie Solidarität für besonders Schutzbedürftige verweigern. Das ist anschlussfähig an Rhetoriken der extreme Rechten, die Freiheit nicht als freie Entfaltung des Individuums, als Schutz der Menschenwürde oder des de-mokratischen Rechtsstaats interpretieren, sondern als Kampfbegriff gegen eben-diesen wendet.

Auch der in der bildungsphilosophischen Auseinandersetzung so zentrale Begriff der Mündigkeit hat im Querdenker:innen-Spektrum eine semantische Umdeutung erfahren. Die Forderung nach Achtung der Mündigkeit des Ein-zelnen stellt dabei den Versuch dar, sich auf ein zentrales Konzept bürgerlicher Demokratie zu beziehen, um sich den kollektiv verordneten Corona-Schutzmaß-nahmen zu entziehen.

Dabei wurde ignoriert, dass gerade in der zu Beginn sehr unklaren Pande-miesituation bestimmte Schutzmaßnahmen wie das Abstandhalten, Masketragen und die Aufforderung zur Kontaktreduktion nur als kollektiv adressierte Maß-nahmen zu organisieren gewesen sind. Der Mündigkeitsbegriff wird hier als Rechtfertigung für eigenverantwortliches Handeln zur Solidaritätsverweigerung instrumentalisiert. Mündigkeit bedeutet aber „keineswegs ein bedingungsloses Herausgelöstsein aus allen gesellschaftlichen Bezügen" (Goll 2021, S. 94). Wenn-gleich Mündigkeit „im öffentlichen Sprachgebrauch auf das engste verbunden (ist) mit der Vorstellung von Freiheit und Selbstbestimmung" (ebd., S. 83), ist doch zu berücksichtigen, dass Freiheit im gesellschaftlichen Zusammenleben nie absolut existiert, sondern immer auch als die Freiheit der Anderen zu denken ist. Bei aller Notwendigkeit, die Einschränkung grundlegender Freiheitsrechte kri-tisch zu begleiten, ist Verantwortung in der Situation der Pandemie dennoch als eine überindividuelle Dimension zu betrachten, denn „alles, was mir widerfährt, widerfährt mir zusammen mit Anderen, mit denen ich, einmal mehr, einmal we-niger, die Welt teile" (Waldenfels 2020, S. 98, zit. n. Platzer 2021, 19 f.).

Die aus dieser verkürzten Bezugnahme konstruierte Selbst- und Weltansicht beinhaltet Potentiale zur Enthemmung. Die Erzählung einer Diktatur sowie die Selbststilisierung der eigenen Position als Widerständler:in zur Verteidigung von Freiheitsrechten konstruiert eine Situation, in welcher auch gewalttätiges Han-deln im Glauben an eine vermeintliche Notwehrsituation als gerechtfertigt ima-giniert wird (vgl. Lamberty/Rees 2021, S. 297).

Antisemitische Übergriffe

Im Zuge der coronaleugnenden Proteste ist eine Zunahme antisemitischer Vor-fälle und Übergriffe verzeichnet worden. So beobachtete das Recherche- und

Informationszentrum RIAS allein für die ersten drei Monate der pandemiebedingten Maßnahmen im Frühjahr 2020 die deutlichen antisemitischen Konnotationen, die im Zuge der entstehenden sogenannten Hygiene-Demonstrationen auf die Straße getragen wurden. Sie zeigten sich vor allem im Aufkommen antisemitischer Mythen zur Entstehung und Verbreitung des Virus, im Imaginieren einer die (Pandemie-)Geschehnisse lenkenden Verschwörungselite sowie in antisemitischen Bezugnahmen in den Vergleichen und Äußerungen zu staatlichen Maßnahmen zur Eindämmung der Pandemie (vgl. Bundesverband RIAS 2020, 2022).

Auch die Verschränkung mit der zunächst eher in den USA populären Verschwörungserzählung um QAnon, als Erzählung von einer geheimen Elite, welche sich an einer aus dem Blut von Kindern gewonnenen Droge ,Adrenochrom' verjünge, hat mittlerweile auch in Deutschland Anhänger:innen gefunden (vgl. AJC/Leemhuis 2021). Das Q als Erkennungssymbol der Verschwörungswissenden findet sich als Symbol auch auf Veranstaltungen der Coronaleugner:innen. Deutlich erkennbar sind hier die Bezüge zu antisemitischen Motiven wie Ritualmordlegenden, der Vorstellung eines jüdischen Staates im Staate oder einer globalen jüdischen Weltverschwörung (vgl. ebd., S. 26). Und so absurd sie auch klingen, sind auch die aktuellen Verschwörungserzählungen nicht weniger gefährlich als ihre Vorgängerinnen, bilden sie doch nicht nur eine individuelle Interpretation von Ereignissen, sondern stellen für ganze Kollektive eine scheinbar plausible Weltansicht dar. Solche kollektiv geteilten Vorstellungen einer personifizierbaren Bedrohung legitimieren gewalttätige Handlungen bis hin zu antisemitischen Anschlägen und Mord, welche als vermeintlich unausweichlich zur Abwendung der Bedrohung stilisiert werden.

Konjunktur von Verschwörungslegenden

Das heterogene Spektrum, welches sich bei den Demonstrationen gegen die Corona-Schutzbestimmungen versammelt, findet eine Schnittmenge in einer „relative[n] Neigung zum Antisemitismus" sowie einer „hohe[n] Neigung zum verschwörungstheoretischen Denken" (Nachtwey et al. 2020, S. 53). Ob diese dabei als vermeintlich einfachere Erklärungslinien einer zunehmend komplexer erscheinenden modernen Welt herangezogen werden, als personifizierende Reaktion auf ein schwer zu fassendes Bedrohungsszenario wie das der globalen Pandemie fungieren oder aber in ihrer ihnen eigenen Komplexität und Unvorstellbarkeit einen Geltungsdrang der sie durchschauenden Anhänger:innen befrieden, mag situativ unterschiedlich ausfallen. Abgesehen von der Funktion, die sie für ihre Anhänger:innen erfüllt, zeigt sich in den aktuell präsenten Formen von Verschwörungsgläubigkeit deutlich die Fortführung alter antisemitischer Erzählungen. Wie Theodor W. Adorno zum Antisemitismus als dem „Gerücht über die Juden" (1951 [2001], S. 200) formulierte, kommen auch aktuelle antisemitische

Verschwörungserzählungen ohne konkrete Benennung von Jüdinnen:Juden aus. Dabei ist, wie oben skizziert, in dem sich auf entsprechende Narrative beziehenden Akteursspektrum von einer bewussten, strategisch motivierten Bezugnahme auszugehen, welche um die Effekte der verwendeten Motive und Symboliken durchaus weiß.

Historisch-politische Bildungsarbeit als Prävention revisionistischer Narrative?

Die Vorstellung, es brauche letztlich nur ein Mehr an geschichtlicher Bildung, greift daher zu kurz – schließlich verfügen die genannten Protagonist:innen über ausreichend historisches Wissen, um die (wenn auch verkürzten und verdrehten) Bezüge zu Personen, Ereignissen und Symboliken herstellen zu können. Historisches Wissen allein verhindert fehlerhafte Deutungen nicht. Notwendig wäre ein reflexives Geschichtsbewusstsein, welches historische Entwicklungen nicht nur als Ereignisse beschreibt, sondern sie in ihren Ursachen und auch den Auswirkungen auf folgende Entwicklungen wahrnimmt. Hier zeigt sich allerdings ein Defizit in der deutschen Geschichtswahrnehmung. Die aktuelle MEMO-Studie zur Situation von Erinnerung(sarbeit) in Deutschland konstatiert, dass mit 19,6 % knapp jede:r fünfte Befragte die Ansicht vertritt, dass die deutsche Bevölkerung keine Mitverantwortung für die Verbrechen des NS-Regimes trug. Mit 17,8 % sind fast ebenso viele der Meinung, dass die deutsche Bevölkerung während der NS-Zeit genauso sehr gelitten habe wie die Gruppen, die durch das NS-Regime verfolgt wurden (vgl. IKG 2021, S. 21). Tendenzen dazu, die deutsche Bevölkerung in der NS-Zeit eher in einer Rolle als Opfer denn in ihrer Rolle als Täter:innen und Mitläufer:innen hervorzuheben, zeigten sich schon in den Vorgängerstudien. Die Studienergebnisse von 2020 etwa wiesen darauf hin, dass zwar extrem rechte Revisionierungen in Form von „Relativierung des NS-Terrors und der Verunglimpfung von Opfergruppen des Nationalsozialismus [als] auch die Glorifizierung deutscher Täter:innen und die Überbetonung deutscher Opferschaft" (IKG 2020, S. 27) in der Breite nicht auf Zustimmung stoßen. Jedoch lasse sich „kritisch festhalten, dass sie zumindest implizit anschlussfähig waren", und dass teilweise „Perspektiven und Narrative über die NS-Zeit und den Zweiten Weltkrieg in der deutschen Gesellschaft verbreitet sind, die sich mit historischen Fakten nur schwer in Einklang bringen lassen" (ebd.). In der aktuellen Auflage wurden zudem diejenigen Teilnehmer:innen miteinander verglichen, die sich in der Studie zustimmend oder ablehnend gegenüber Verschwörungserzählungen geäußert hatten. Dabei zeigt sich, „dass Befragte, die Verschwörungserzählungen stärker zustimmen, eine tendenziell weniger intensive Auseinandersetzung mit der Zeit des Nationalsozialismus erkennen lassen" (IKG 2021, S. 27 f.).

Antisemitische Selbstviktimisierung und Schuldabwehr, die Samuel Salzborn als Verleugnung der „deutsche[n] Täterschaft im Nationalsozialismus", verbunden „mit dem Wunsch nach eigener (kollektiver) Unschuld, dem Phantasma des eigenen Opferstatus" (2020, S. 113) beschreibt, finden in den auf den Querdenken-Demonstrationen zu beobachtenden Selbstinszenierungen eine neue Form. Selbstmitleid, ein Gefühl des Aufmerksamkeitsdefizits sowie der Wille, sich selbst in einer Position der Guten zu sehen, lassen den historischen Vergleich attraktiv erscheinen, zumal die Stilisierung als Quasi-Verfolgte die größtmögliche Aufwertung der eigenen Person und des eigenen Anliegens ermöglicht.

Wenn sich aber jemand als Opfer fühlt, braucht es auch eine:n Täter:in dazu. Im Anschluss an die oben skizzierten Diktatur-Vergleiche sind es im Querdenker:innen-Spektrum ‚die da Oben' und ‚die Politiker:innen', ‚die Medien' oder Gewalttätige Übergriffe auf Politiker:innen (vgl. Hähnig et al. 2022), Journalist:innen (vgl. Hoffmann/Knoll 2022) oder Juden:Jüdinnen (vgl. AJC/Leemhuis 2021, S. 17 ff.) mit einem erkennbaren Motiv coronabezogener Verschwörungsgläubigkeit sind vermehrt dokumentiert worden.

Fazit: Politische Bildungsarbeit zum Kontext der Coronaleugner:innen-Proteste

Wie aktuelle Meinungsforschung zeigt, sind relativierende und revisionistische Geschichtsbezüge, wie sie aktuell auf Querdenker:innen-Veranstaltungen präsentiert werden, mit knapp 20 % zwar eine häufige, aber keine mehrheitlich geteilte Position (vgl. IKG 2021, S. 27). Das bedeutet jedoch nicht, dass die Präsenz und die Vehemenz dieser Artikulationen keinen weiterführenden Einfluss besäßen. Tom Uhlig interpretiert die Studienergebnisse dahingehend, „dass der Großteil der Bevölkerung nicht mit den Verharmlosungen der Querdenker einverstanden ist, eine beträchtliche Menge jedoch die darin enthaltene Apologetik und den Geschichtsrevisionismus teilt" (Uhlig 2021, o. S.). Da die zu Grunde liegende völkische Argumentation aber als „geschichtlich desavouiert" betrachtet werden müsse, müsse diese Geschichte durch revisionistische Bestrebungen „umgeschrieben" (ebd.) werden.

Was diese Entwicklungen für die Bildungsarbeit bedeuten, wird auf mehreren Ebenen deutlich. Zunächst muss die angesichts der Relativierungen schnell formulierte Forderung nach einem Mehr an (historisch-)politischer Bildungsarbeit auch in einer Tradition gesehen werden, die politische Bildungsarbeit angesichts aktueller Krisenmomente in einer Art Feuerwehr-Funktion anruft. Die Situation ist aber kein in erster Linie pädagogisches Problem, sondern ein politisches.

Daneben können aber Auftreten und Öffentlichkeitsarbeit der diversen lokalen Querdenken-Gruppierungen für politische Bildungsarbeit sehr wohl ein Anlass sein, sowohl die jeweiligen konkreten Vergleichsversuche als Relativierungen einzuordnen, als auch eine Reihe grundlegender Themen anzusprechen: die Verbreitung von Antisemitismus gerade auch im Kontext von Verschwörungserzählungen/eine Verkürzung von Geschichtsbezügen im Versuch von Entlastung oder Aufwertung der eigenen Position; auch das kritische Hinterfragen von Politik/ die Aufforderung zur freien Meinungsäußerung und zum politischen Handeln/ die Organisation in Interessenszusammenschlüssen/schließlich Provokation als Mittel der Platzierung eigener Interessen im Kampf der Aufmerksamkeitsökonomie – sie alle stellen mögliche Aspekte der politischen Bildungsarbeit dar (vgl. Widmann 2021, S. 39).

Mit der vermeintlichen Politikverdrossenheit, die sich als Ablehnung parlamentarischer Demokratie und in direkter Feindseligkeit gegenüber Politiker:innen als Personen äußert, in der als Medienskepsis getarnten Übergriffigkeit auf Journalist:innen, in den Versuchen der Verhinderung unabhängiger Berichterstattung und in der als Suche nach alternativen Fakten beschönigten Wissenschaftsfeindlichkeit sind jedoch Phänomene verfestigt, die wahrscheinlich auch über die Situation der Pandemie hinaus Wirkung entfalten werden.

Literatur

Adorno, Theodor W. (2001 [1951]): Minima Moralia. Reflexionen aus dem beschädigten Leben. Frankfurt am Main: Suhrkamp.

AJC/Leemhuis, Remko (2021): Das Beispiel Qanon. Antisemitische Verschwörungsmythen in Zeiten der Coronapandemie. American Jewish Committee Berlin Lawrence und Lee Ramer Institute. Berlin. report-antisemitism.de/documents/Antisemitische_Verschwoerungsmythen_in_Zeiten_der_Coronapandemie.pdf (Abfrage: 18.02.2022).

Balandat, Felix/Schreiter, Nicolai/Seidel-Arpacı, Annette (2021): Die Suche nach dem „Schuldigen". Antisemitismus als zentrales Ideologieelement bei den Coronaprotesten, in: Kleffner, Heike/ Meissner, Matthias (Hrsg.): Fehlender Mindestabstand. Die Coronakrise und die Netzwerke der Demokratiefeinde. Freiburg: Herder.

Bundesverband RIAS (2020): Antisemitismus im Kontext der Covid-19-Pandemie. Bundesverband der Recherche- und Informationsstellen Antisemitismus. Berlin. www.report-antisemitism.de/documents/2020-09-08_Rias-bund_Antisemitismus_im_Kontext_von_covid-19.pdf (Abfrage: 01.03.2022).

Bundesverband RIAS (2022): Antisemitische Vorfälle und Erscheinungsformen im Kontext der aktuellen Proteste gegen die Corona-Maßnahmen in Deutschland. Bundesverband der Recherche- und Informationsstellen Antisemitismus. Berlin. www.report-antisemitism.de/documents/2022-01-28_rias-bund_Monitoring_CoronaProteste.pdf (Abfrage: 28.02.2022),

Goll, Thomas (2021): Kant, Adorno und Covid-19 – Politische Mündigkeit in den Zeiten der Pandemie. In: Deichmann, Carl/Partetzke, Marc (Hrsg.): Demokratie im Stresstest. Reaktionen von Politikdidaktik und politischer Bildung. Wiesbaden: Springer, S. 87–102.

Hähnig, Anne/Middelhoff, Paul/Schmidt, Christina/Zimmermann, Fritz (2022): Querdenker auf Telegram: Politik im Visier. In: DIE ZEIT, 11.02.2022. www.zeit.de/2022/07/querdenker-telegram-bedrohung-politik-polizei (Abfrage: 13.05.2022).

Häusler, Alexander/Küpper, Beate (2021): Rechtsextreme Widerstandspostulate und völkisch-autoritäre Rebellion. In: Zick, Andreas/Küpper, Beate (Hrsg.): Die geforderte Mitte. Rechtsextreme und demokratiegefährdende Einstellungen in Deutschland 2020/21. Bonn: Dietz, S. 225–245.

Hentges, Gudrun/Wiegel, Gerd (2021): Die Instrumentalisierung der Corona-Pandemie durch die extreme Rechte. In: Hentges, Gudrun/Gläser, Georg/Lingenfelder, Julia (Hrsg.): Demokratie im Zeichen von Corona. Berlin: Metropol, S. 182–214.

Hoffmann, Martin/Knoll, Roberta (2022): Feindbild Journalist VI: Hass vor der Haustür. Europäisches Zentrum für Presse- und Medienfreiheit (ECPMF). www.ecpmf.eu/wp-content/uploads/2022/04/Feindbild-Journalist-2021.pdf (Abfrage: 13.05.2022).

Honigsbaum, Mark (2020): The Pandemic Century – A History of Global Contagion from the Spanish Flu to Covid-19. Cambridge, MA: Penguin.

IKG, Institut für interdisziplinäre Konflikt- und Gewaltforschung (2020): MEMO. Multidimensionaler ErinnerungsMonitor. Studie III. Bielefeld. www.stiftung-evz.de/assets/4_Service/Infothek/Publikationen/EVZ_Studie_MEMO_2020_dt_Endfassung.pdf (Abfrage: 01.03.2022).

IKG, Institut für interdisziplinäre Konflikt- und Gewaltforschung (2021): MEMO. Multidimensionaler ErinnerungsMonitor. Studie VI. Bielefeld. www.stiftung-evz.de/assets/1_Was_wir_f%C3%B6rdern/Bilden/Bilden_fuer_lebendiges_Erinnern/MEMO_Studie/MEMO_4_2021/EVZ_Studie_MEMO_2021_dt.pdf (Abfrage: 01.03.2022).

Lamberty, Pia/Imhoff, Roland (2021): Verschwörungserzählungen im Kontext der Coronapandemie. In: Psychotherapeut, Jg. 66, H. 3, S. 203–208.

Lamberty, Pia/Rees, Jonas H. (2021): Gefährliche Mythen: Verschwörungserzählungen als Bedrohung für die Gesellschaft. In: Zick, Andreas/Küpper, Beate (Hrsg.): Die geforderte Mitte. Rechtsextreme und demokratiegefährdende Einstellungen in Deutschland 2020/21. Bonn: Dietz, S. 283–300.

Nachtwey, Oliver/Schäfer, Robert/Frei, Nadine (2020): Politische Soziologie der Corona-Proteste. www.osf.io/preprints/socarxiv/zyp3f/download (Abfrage: 27.11.2021).

Platzer, Barbara (2021): Verantwortung in der Pandemie. Über die Unzulänglichkeit individueller Verantwortung und blinde Flecken des Pandemie-Diskurses. In: Krause, Sabine/Breinbauer, Ines Maria/Proyer, Michelle (Hrsg.): Corona bewegt – auch die Bildungswissenschaft. Bildungswissenschaftliche Reflexionen aus Anlass einer Pandemie. Bad Heilbrunn: Julius Klinkhardt, S. 19–32.

Salzborn, Samuel (2020): Kollektive Unschuld. Die Abwehr der Shoah im deutschen Erinnern. Berlin, Leipzig: Hentrich & Hentrich Verlag.

Speit, Andreas (2021): Verqueres Denken. Gefährliche Weltbilder in alternativen Milieus. Berlin: Ch. Links Verlag.

Uhlig, Tom (2021): „Ich fühle mich wie Sophie Scholl". Anmerkungen zu Geschichtsrevisionismus und Verschwörungsmythen in der Querdenken-Bewegung. www.lernen-aus-der-geschichte.de/Lernen-und-Lehren/content/15188 (Abfrage: 01.03.2022).

Waldenfels, Bernhard (2020): Virus als Pathos. In: Philosophische Rundschau, Jg. 67, S. 96–100.

Widmann, Peter (2021): Auf der Suche nach dem gemeinsamen Boden. Populistische Verschwörungserzählungen und die politische Jugendbildung. In: Benz, Wolfgang (Hrsg.): Querdenken. Protestbewegung zwischen Demokratieverachtung, Hass und Aufruhr. Berlin: Metropol, S. 35–47.

Historisches Stichwort

Expansive Bildungspolitik

Hauke Brunkhorst

Die Expansion des Bildungs- und Wissenschaftssystems ist weit fortgeschritten. Bis tief in das Glück und die Karriere ihrer Klientel. Seit geraumer Zeit werden zu diesem Zweck an deutschen Graduate Schools Wochenendseminare mit dem Titel *Happy Career Days* angeboten.

Die Expansion des wissenschaftsgetriebenen Bildungssystems begann vor 222 Jahren mit Kants Schrift über den *Streit der Fakultäten* von 1798, 1793 geschrieben, dann zweimal an der Zensur gescheitert, bevor sie veröffentlicht werden konnte. Sie ist an das politische Publikum adressiert und drängt auf Umsetzung der Errungenschaften der Französischen Revolution in der Universität. In dieser bemerkenswerten Schrift stürzt der Autor als erstes die überkommene Hierarchie der Fakultäten. Die dogmatischen Buchwissenschaften, die Theologie, seit 600 Jahren an der nun *alt*europäisch gewordenen Spitze, dann Jura und Medizin, purzeln haarscharf an der Guillotine vorbei auf eine Stufe mit dem Vierten Stand, der philosophischen Fakultät. Sie beherbergt alle *neu*europäischen Erfahrungswissenschaften, Physik, Chemie, die schon weit entwickelte biologische Evolutionstheorie, Anthropologie, Pädagogik etc., einschließlich der Metaphysik, die Kant selbstbewusst mit seiner eigenen Transzendentalphilosophie identifiziert, denn sie ist für ihn und eine rasant wachsende akademische Anhängerschaft die einzige Metaphysik, die zur Erfahrungswissenschaft passt, weil sie die Grenze der Erfahrung niemals überschreitet, den Erfahrungswissenschaften und sich selbst aber, am Grenzzaun stehend, den Blick ins diesseitige Inland gerichtet, eine unüberschreitbare Grenze zieht, um sie daran zu erinnern, bei aller Spezialisierung das Ganze nicht aus dem Auge zu verlieren.

Für Kant war diese begrifflich konstruierte, gerade noch erfahrbare Grenzlinie deshalb der Standort einer revolutionären, *verfassungsgebenden Gewalt*. Deren erstes Gesetz normiert die Gründung einer akademischen Nationalversammlung nach dem Vorbild der französischen. Die dogmatischen Auslegungswissenschaften landen wie die Girondisten auf der rechten, konservativen Seite, die philosophischen Erfahrungswissenschaften wie die Jakobiner auf der linken, progressiven Seite. Von der akademischen Linken erwartete Kant sich *im Streit* mit der juristischen Fakultät einen wesentlichen Beitrag zum Fortschreiten des menschlichen Geschlechts zum Besseren. Damit beginnt die bis heute strittige Geschichte des politischen Mandats der Universität, das in den 1960er Jahren wiederentdeckt wurde.

Dieses umstrittene Mandat ist seit 1798 das *normative Triebwerk expansiver Bildungspolitik*. Um das Ziel der jakobinischen Aufklärung, der Kant sich selbst zurechnet, zu erreichen: die Volkssouveränität individuell autonomer Individuen (Autonomie=Selbstgesetzgebung), muss die Erziehung einer*und*eines jeden zur Autonomie gesichert sein, und das setzt eine kognitiv durchtrainierte („gebildete"), des Lesens, Schreibens, Diskutierens und Politisierens mächtige Bevölkerung voraus: die Population aller Normadressaten als diskutierendes und gesetzgebendes Publikum. Letzteres fällt bei Kant und – richtig ausgelegt auch im Grundgesetz der Bundesrepublik – letztendlich mit dem menschlichen Geschlecht im Ganzen zusammen, was eine der französischen folgende Weltrevolution (Revolution aller Völker) voraussetzt (Kant, *Streit der Fakultäten*, Suhrkamp Werkausgabe XI, S. 361 f.). Sie macht noch keine fertige Aufklärung, setzt sie aber ein Stück weit voraus – so weit wie es das *Ancien Regime* den Pariser Sansculotten erlaubt, ein „geistreiches Volk" zu sein (S. 358). Aber die erfolgreiche Revolution (oder Reform, das ist Kant, wenn es geht, lieber) ist die Bedingung der Entfesselung und Vollendung der Aufklärung in einer kulturellen „Revolution der Denkungsart" (Kant, *Was ist Aufklärung*, Suhrkamp Werkausgabe XI, S. 53), ohne die die revolutionären Errungenschaften nicht genutzt werden könnten.

Dass eine solche Revolution der Denkungsart nie zum Ende kommt, haben erst die europäischen Linkshegelianer und die amerikanischen Pragmatisten erkannt und daraus die Konsequenz gezogen, dass das eine höchst langwierige Angelegenheit ist. Sie verstehen die politische und soziale Revolution der Gesellschaft (Volkssouveränität) und die kulturelle Revolution ihrer Denkungsart (Autonomie) nicht mehr als einen *status*, einen „stehenden Stand" (Marx), einen „unzerstörbaren Staat" (Weber), sondern als permanente Revolution: als ein *unvollendetes und immer wieder neues Projekt*, das sich selbst in immer wieder neuen Begriffen interpretiert, so dass auch Demokratie, Volkssouveränität, Autonomie, Kommunismus und Kommunikationsgemeinschaft keine Letztbegriffe mehr sind. Mit John Dewey gilt deshalb, wenn Demokratie und emanzipatorische Erziehung keine „vorwärtslebenden" (Kierkegaard), „revolutionären, praktisch-kritischen" (Marx) Projekte mehr sind, ist es mit ihnen schon vorbei. Dieses im 18. und 19. Jahrhundert ausgebrütete *normative Projekt* expansiver Demokratie- und Bildungspolitik hat eine ungeheure Energie zur Veränderung der Welt freigesetzt, deren User sich zurecht von immer mehr Demokratie und Erziehung einen großen Fortschritt zum Besseren versprechen, auch wenn es nicht immer zum Besseren ausgegangen ist und die weiße auch eine im mittlerweile mehrfachen Sinn der Worte schwarze Pädagogik war.

Aber das normative Projekt, das die *ideellen Interessen* an expansiver Bildungspolitik formt, wäre ohne das gleichzeitig durch ungeplante Vernetzung *funktionaler Mechanismen* getriebene *materielle Interesse* der Staatenwelt an ihrer Bildungspolitik in sich zusammengebrochen.

Revolutionäre Impulse haben die Rechte auf Autonomie, Demokratie und eine entsprechende Erziehung hervorgebracht und Menschen mobilisiert, die sie in immer neue Formationen von *Aufhebungsrechten* (Tim Wihl) verwandelt und ein devolutionäres Zurück erst einmal blockiert haben. Aber als der Zug der Rechte Ende des 18. Jahrhunderts abgefahren war, war die große Mehrzahl der Beschäftigten und formell Berechtigten immer noch in unfreien Arbeitsverhältnissen, während die Staaten in die ersten großen *Weltkriege* verwickelt waren, den Siebenjährigen Krieg (1756–1763) und die Revolutionskriege um Amerika (1775–1783, 1812–1815), Haiti (1791–1804) und Frankreich (1792–1815). Diese Kriege sprengten die schon lange durch stehende Heere überstrapazierten Staatskassen, und die vielen entlassenen Soldaten machten privatwirtschaftlich weiter und bürgerkriegsähnliche Zustände permanent.

Da wurden die Staaten (als *Agencies*) erfinderisch. Sie erfinden teils aus revolutionären, meist aus konterrevolutionären Gründen die *Allgemeine Wehrpflicht*, die fast alle Probleme mit einem Schlag löst. Kriege werden billiger. Der Platz an der Sonne sicherer. Die koloniale Entsorgung von Überschussbevölkerungen einfacher, profitabler. Der Preis für den europäischen Angreifer höher. Die Bürgerkriegsgefahr sinkt gegen Null. Die bereits dürstenden freien Arbeitsmärkte füllen sich mit hoch disziplinierten Arbeitern, die nach 5–10 Jahren Drill dem Staat loyale Steuerzahler und Beamte zuführen. Gleichzeitig kann der Staat dem gefährlichen Ruf nach Rechten, die sich infolge der Revolution „nicht vergessen" (Kant), nachkommen und die Gefahr durch Einführung des *allgemeinen Männerwahlrechts* bannen. Die militärisch gedrillte Klientel ist mehrheitlich nationalistisch, rassistisch und misogyn genug, um die eigenen Interessen zu vernachlässigen und konservativ zu wählen.

Durch die allgemeine Wehrpflicht wurde schließlich expansive Bildungspolitik zu zwingender Notwendigkeit. Die Aushebung braucht Leser in ausreichender Zahl. Die Einsatzfähigkeit der Truppe steigt proportional zur Alphabetisierung. Ebenso Steuereinnahmen und Wahlbeteiligung. Die spätestens seit Mitte des 19. Jahrhunderts absehbare Verwissenschaftlichung der Produktion kommt heute kaum noch über die Deflationsschwelle, wenn nicht mindestens 50 % eines Jahrgangs ein minimales akademisches Training haben.

Seit Mitte des 20. Jahrhunderts wächst auch das Bildungssystem immer schneller, und in den 1960er Jahren sprechen die Soziologen Parsons und Platt von einer *Educational Revolution*, deren Zentrum sie im wissenschaftsgetriebenen Universitätssystem sehen. Dieses System bezieht zwar seine Energie aus materiellen Interessen, die auf funktionale Imperative von Politik und Wirtschaft reagieren. Aber es wäre ohne den permanenten revolutionären Impuls, ohne die akademische Freiheit, ohne das politische Mandat, ohne immer wieder neue Studentinnen* und Studenten*, die immer mal wieder das Fach wechseln und zu lange studieren, auch manche Scheibe zu Bruch gehen lassen, Wände verunstalten und gelegentlich Vorlesungen sprengen, das System der Universität wäre ohne uraltes Lehr- und Forschungspersonal, ohne Kunsthistoriker, die in Gremien über die Besetzung von Soziologie- und Physikprofessuren mitentscheiden, ohne demokratischen und lebenspraktischen Experimentalismus, der vor dem unmittelbaren Zugriff politischer Gewalten und ökonomischer Profitinteressen geschützt ist, ohne ewige Studenten, die einen immer wieder verlängerten Hiwi-Vertrag und ein kleines, mit Büchern vollgestopftes Zimmer im Institut haben, das der verwalten Welt entzogen ist, die Universität wäre ohne Leerlauf und überflüssige Zeit, ohne das alles und dergleichen nicht mehr wissenschaftsfähig. Die hypothesenschaffende Phantasie würde versiegen. Was bliebe, wären *Happy Career Days*.

Jahresrückblick

Schlaglicht: Besonnenheit im Krieg?

Carsten Bünger

Im Kreise der Herausgeber:innen des Jahrbuchs für Pädagogik waren wir uneins, ob der Jahresrückblick in diesem Band bereits auf den von Putins Russland entfachten Krieg in Europa Bezug nehmen kann. Als Argument *dafür* spricht allein die irritierende Korrespondenz zum Thema des Bandes, das sich gerade auf das nach dem Zusammenbruch der Sowjetunion entstandene Verhältnis von Ost und West, von liberalen Demokratien zu ihren inneren Spannungen, Erinnerungs- und Bildungsbedingungen bezieht. *Dagegen* spricht, dass das aktuelle Geschehen kaum zusammenfassende Darstellungen oder gar distanzierte Einschätzungen erlaubt. Zu schnell überholen die Entwicklungen die nur kurzzeitig relevanten Bezugspunkte und Diskurslinien. Bleiben wird hingegen die mit dem Thema des Jahrbuch-Bandes verbundene Frage, ab wann dieser Krieg seinen Ausgangspunkt genommen hat, welche Vorgeschichte er hat und auf welche Geschichte, auf welche Narrative er sich bezieht bzw. welche Narrationen sich durchsetzen. Wenn nach der jüngsten Geschichte zwischen Ost und West gefragt wird, wird es von nun an auch um die Frage gehen, warum sich Europa und vor allem Deutschland auch noch nach der völkerrechtswidrigen Annexion der ukrainischen Halbinsel Krim durch Russland im Jahr 2014 so sehr von russischem Gas und Öl als zentralem Energielieferanten abhängig gemacht haben. Ab wann war die durch den Ausbau des wirtschaftlichen Handels mit Russland fortgesetzte Entspannungspolitik politisch naiv? Es wird zudem auch weiterhin darum gehen, ob und inwiefern die in den 1990er Jahren begonnene Nato-Osterweiterung tatsächlich die sich über Jahrzehnte zuspitzende Konfrontation mit Russland hervorgebracht hat – oder ob diese gegenüber den imperialistischen Großmachtbestrebungen eines sich mit Zaren wie Peter dem Großen vergleichenden Vladimir Putin den einzig wirkmächtigen Schutz bedeutete.[1]

Wenn sich der Jahresrückblick also auf das Jahr zuvor beziehen soll: War nicht im Jahr 2021 – spätestens ab Herbst – eine bislang ungekannte russische Militärbewegung an der ukrainischen Grenze zu verzeichnen, die nur aus einer eingeübten Selbsttäuschung noch als bloß inszenierte und letztlich unbedeutende Drohkulisse abgetan werden konnte? Hätten wir uns – z. B. in diesem Jahrbuch – mit dieser Militarisierung in den osteuropäischen Spannungen, die zuvor schon in der von Russland unterstützten Niederschlagung der demokratischen Proteste in Belarus deutlich zutage traten, ernsthaft beschäftigt, wenn es nicht (bereits)

---

1   Zu einigen Argumenten in dieser Kontroverse vgl. die vor Ausbruch des Krieges geführte Diskussion von Klaus von Dohnanyi und Sabine Fischer (Der Freitag 2022).

zu diesem offenen Krieg gekommen wäre? Vermutlich nicht, weil sich viele und vielleicht auch wir an die Vorstellung gewöhnt haben, dass die westlich liberale Demokratie als fortgeschrittenere und daher notwendig überlegene Staats- und Gesellschaftsform letztlich triumphiert. Ganz in diesem Sinne schreibt Slavoj Žižek: „Es ist leicht, sich über Fukuyamas Idee vom ‚Ende der Geschichte‘ lustig zu machen, aber die meisten Menschen sind heute Fukuyamisten, die den liberal-demokratischen Kapitalismus als endgültig gefundene Formel der besten Gesellschaft akzeptieren; und alles was wir tun können, ist ihn toleranter zu machen" (zit. n. Horvat 2013, S. 82). Entsprechend kann die zu Recht markierte „Zeitenwende" nicht darauf beschränkt werden, die militärischen Rüstungs- und Verteidigungsausgaben zu erhöhen (erst recht nicht, wenn dabei ganz schlicht auf konventionelle Kriegsführung gesetzt wird und zum Beispiel der Bereich der Cybersicherheit aus dem entsprechenden Finanzierungsvorhaben explizit ausgeklammert wird). Die „Zeitenwende" markiert vielmehr eine Zäsur hinsichtlich der Frage, was wie gegen wen verteidigt werden kann und muss. Diese Frage verleitet zu schnellen und affektiv grundierten Antworten – und insbesondere zu Bekenntnissen. Es ist aber gerade diese grundsätzliche Frage, auf die es keine schnellen oder einfachen Antworten geben kann. Sich ihr zu stellen gelingt nur, wenn gesellschaftliche Verständigungen von der Möglichkeit getragen sind, allzu einfache Bekenntnisse zu hinterfragen – sprich mit Besonnenheit.

„Besonnenheit" ist das Wort, mit dem in den Debatten um die militärische Unterstützung der Ukraine durch Nato-Länder wie Deutschland eine Differenz gegenüber dem Vorwurf der Unentschlossenheit und der Führungsschwäche zu markieren versucht wurde. Nicht nur Bundeskanzler Olaf Scholz argumentierte bis Ende April, die Lieferung schwerer Waffen könne ein Nato-Land zur Kriegspartei werden lassen – und damit einen Weltenbrand, einen auch mit atomaren Vernichtungswaffen geführten dritten Weltkrieg auslösen. Die von Scholz so bezeichnete Politik der Besonnenheit hat hingegen keineswegs das Gros der öffentlichen Meinung überzeugen oder auch nur das deutsche Regierungshandeln prägen können. Längst ist die von Nato-Ländern organisierte Lieferung schwerer Waffen in die Ukraine ein wesentlicher Teil des Krieges. Am selben Tag, als der deutsche Bundestag die Beteiligung an entsprechenden Lieferungen beschloss, erschien der Essay von Jürgen Habermas (2022) in der Süddeutschen Zeitung, der eigentlich die Zurückhaltung von Kanzler Scholz als „Abwägung einer sich selbst begrenzenden Militärhilfe" (ebd., o. S.) stärken sollte.

Aber auch losgelöst von dem konkreten Anlass des Essays sind Habermas' Bemerkungen, die einige polemische Spitzen enthalten und für einen kurzen Moment hitzig diskutiert wurden, bemerkenswert. Letztlich stellt der Essay die Frage nach den Bedingungen einer politischen Reflexion wie einer zivilgesellschaftlichen Verständigung über den Krieg in der Ukraine, in der der „gut begründete Entschluss der Nichtbeteiligung an diesem Krieg" zur Geltung und Anerkennung kommen kann – und dies „im peinigenden, immer unerträglicher werdenden

Anblick der täglich qualvolleren Opfer" (ebd.). In der Art und Weise, wie die Debatte um die Lieferung schwerer Waffen geführt wird, zeigt sich für Habermas die Gefahr, dass die Identifikation mit dem Leid der Angegriffenen in moralische Selbstgewissheit eines entschlossenen Handelns umschlägt. Dabei werde die historische Bedingung, die den Älteren deutlicher vor Augen stehe als den „Engagement einfordernden Jüngeren", verkannt: „Damit berühren wir den Kern des Konflikts zwischen denen, die empathisch, aber unvermittelt die Perspektive einer um ihre Freiheit, ihr Recht und ihr Leben kämpfenden Nation einnehmen, und denen, die aus den Erfahrungen des Kalten Krieges eine andere Lehre gezogen […] haben. Die einen können sich einen Krieg nur unter der Alternative von Sieg oder Niederlage vorstellen, die anderen wissen, dass Kriege gegen eine Atommacht nicht mehr im herkömmlichen Sinne ‚gewonnen' werden können." (ebd.)

Das Problem besteht nicht darin, dass sich in den Debatten konfligierende Argumentationslinien herausbilden; dies wäre ein Kennzeichen von zivilgesellschaftlichen Auseinandersetzungen, um die es Habermas ja geht. Der Konflikt um die Haltung zu diesem Krieg und um seine Konsequenzen wird eher zu einem Problem der Zivilgesellschaft selbst, sofern diese, wie Gunnar Hindrichs (2022) zugespitzt formuliert, zu einer „Kriegszivilgesellschaft" werde. Mit dieser selbstwidersprüchlichen Bezeichnung markiert Hindrichs in seinem Essay deutlicher als Habermas die Tendenz, dass in den öffentlichen Debatten ein „Bekenntnisdrang" zum Tragen komme, der keine unsicheren oder dritten Perspektiven kenne, sondern letztlich nur das dem Krieg entsprechende oppositionale Schema von Freund und Feind. Dies, so stellt Hindrichs heraus, sei ein Effekt der Konzeption eines *gerechten* Krieges: „Wird der Krieg als gerecht beurteilt, nimmt man Partei für die angreifende Seite. Wird er hingegen als ungerecht beurteilt, nimmt man Partei für die angegriffene. Das heißt: Die verlangte Position läuft auf ein Bekenntnis zur jeweils gerechten Partei des Krieges hinaus. So kippt die Urteilsfindung *über* einen Krieg ins Farbebekennen *im* Krieg um. […] Die Urteilsvorsicht hingegen erscheint als Zeugnisverweigerung, die alte Parole »Krieg dem Kriege!« als Parteinahme für das Unrecht." (Ebd.)

Aus heutiger Perspektive – ich schreibe Anfang Juli 2022 – bleibt festzuhalten: Wenngleich solche auf „das Pro und Contra der Kriegsparteien" engführenden Diskursformationen gegenwärtig tatsächlich zu finden sind, ist die öffentliche Debatte dennoch von einer vielfältigeren Diskurslage geprägt, was sich unter anderem in offenen Briefen von deutschen Prominenten wie jenem mit dem Aufruf „Waffenstillstand jetzt!"[2] dokumentiert. Gleichwohl bleibt die Frage, was aus der Einsicht folgt, dass eine atomare Großmacht wie Russland nicht besiegt werden kann. Ist angesichts dessen nicht doch jede Friedensforderung

---

2   Veröffentlicht am 29. Juni 2022 in Die Zeit und unterschrieben von 21 Intellektuellen und prominenten Persönlichkeiten.

auf eine Weise in den Krieg verstrickt, dass sie auf der Kapitulation der einen, unterlegenen Seite besteht? Ist nicht doch mehr artikuliert als moralisierende Überidentifikation mit der ukrainischen Nation, wenn darauf verwiesen wird, dass Russland die Voraussetzung für eine Verhandlung, nämlich Einigungswillen und die damit einhergehende Bereitschaft zu Kompromissen, nicht erfüllt – und dass daher die Forderung nach sofortigem Kriegsende notwendig abstrakt bleibt oder aber auf Kosten der Ukraine ginge? Und was würde im Weiteren daraus für Osteuropa folgen?

Habermas stimmt Alexander Kluge, ebenfalls Unterzeichner eines etwa zeitgleich publizierten offenen Briefes, zu: „Vom Krieg kann man nur lernen, Frieden zu machen." Aber Habermas ergänzt: „Diese Orientierung bedeutet nicht etwa einen grundsätzlichen Pazifismus, also Frieden um jeden Preis. Die Orientierung an der möglichst schnellen Beendigung von Destruktion, menschlichen Opfern und Entzivilisierung ist nicht gleichbedeutend mit der Forderung, eine politisch freie Existenz für das *bloße Überleben* aufzuopfern. Die Skepsis gegen das Mittel kriegerischer Gewalt findet *prima facie* eine Grenze an dem Preis, den ein autoritär ersticktes Leben fordert – ein Dasein, aus dem auch noch das Bewusstsein vom Widerspruch zwischen *erzwungener Normalität und selbstbestimmtem Leben* verschwunden wäre." (Habermas 2022, o. S.)

Dieses Mehr als das „bloße Überleben"[3], das es zu verteidigen und zu gewinnen gilt, ist eine Freiheit, die als Möglichkeit zur Besinnung gefasst werden kann. Sie ist gleichzeitig das Andere des Krieges – die sich doch unversehens und notwendig in einem Verhältnis zu diesem wiederfindet. Die Verteidigung eines Freiheitsraumes zivilgesellschaftlicher Auseinandersetzungen sieht sich dann in einer eigentümlichen Doppelstellung: Geht es einerseits darum, den russischen Krieg auch als Angriff auf pluralistische, zivilgesellschaftliche und liberal-demokratische Lebensformen zu begreifen und zu verurteilen, so ist andererseits im pluralistischen, diskursiven Raum der Auseinandersetzungen den Einhegungen in die bipolaren Logiken des Krieges (anhand vereindeutigender Bekenntnisse) zu widerstehen. Beides gerät in ein Spannungsverhältnis, das zwar diskursiv bearbeitet, aber letztlich nur ausgehalten werden kann. Die in Hindrichs Essay entwickelte Differenz zwischen einer besonnenen Position *angesichts* des Krieges und einer Position *im* Krieg entzieht sich der souveränen Verfügung. Souveränität kann es in Zeiten des Krieges nicht geben.

---

3 Es würde sich lohnen, aber den hier vorgesehenen Umfang sprengen, diese Überlegungen mit Heydorns bildungstheoretischen Auseinandersetzungen mit dem Überleben in der atomaren Bedrohung der Blockkonfrontation ins Gespräch zu bringen. Sein letzter zu Lebzeiten fertig gestellter Aufsatz „Überleben durch Bildung" (1974) knüpft darin an seine Argumentation aus „Elemente einer Friedenserziehung" (1969) an.

Literatur

Der Freitag (2022): „Wir sollten uns zehn Jahre Zeit nehmen". Streitgespräch zwischen Klaus von Dohnanyi und Sabine Fischer. In: Der Freitag 07. Online: www.freitag.de/autoren/der-freitag/ukraine-wir-sollten-uns-zehn-jahre-zeit-nehmen (Abfrage 15.07.2022).

Habermas, Jürgen (2022): Krieg und Empörung. In: Süddeutsche Zeitung vom 28.04. www.sueddeutsche.de/projekte/artikel/kultur/das-dilemma-des-westens-juergen-habermas-zum-krieg-in-der-ukraine-e068321/ (Abfrage 15.07.2022).

Heydorn, Heinz-Joachim (2004 [1969]): Elemente einer Friedenserziehung. In: Ders.: Bildungstheoretische und Pädagogische Schriften 1967–1970. Werke, Bd. 2, Studienausgabe. Wetzlar: Büchse der Pandora, S. 237–251.

Heydorn, Heinz-Joachim (2004 [1974]): Überleben durch Bildung. Umriß einer Aussicht. In: Ders: Bildungstheoretische und Pädagogische Schriften 1971–1974. Werke, Bd.4, Studienausgabe. Wetzlar: Büchse der Pandora, S. 254–273.

Hindrichs, Gunnar (2022): Kriegszivilgesellschaft. Philosophiekolumne. In: Merkur 76, H. 878, Juli, S. 55–64. www.volltext.merkur-zeitschrift.de/journal/mr/76/878 (Abfrage 15.07.2022).

Horvat, Srećko (2013): Nach dem Ende der Geschichte. Vom Arabischen Frühling zur Occupy-Bewegung. Hamburg: Laika.

Schlaglicht: Zeitenwende?

David Salomon

Ist dies gemeint mit „Zeitenwende": Rehabilitierung des Kriegs als eines politischen Mittels? Rückkehr in eine Epoche der zwischenimperialistischen Konkurrenz? Beendigung des „postheroischen[1] Zeitalters"? Seit Februar finden Begriffe aus den Untiefen vergangener Zeit wieder ihren Weg in den aktiven Wortschatz und werden in mitunter erschreckend unbefangener Weise gebraucht: „Sieg", „Feind", „Heldentum". Es könnte ein kalter Winter werden.

Im putinistischen Russland, das in der Ukraine das Völkerrecht missachtet, wird nicht nur die sowjetische Geschichte während des zweiten Weltkriegs zur Legitimation des Angriffskrieges instrumentalisiert und behauptet, die „Spezialoperation" diene dem Zweck die Ukraine zu „entnazifizieren". Die Kriegspropaganda bedient sich darüber hinaus chauvinistischer Mythen, die weit ins Zarenreich zurückreichen und vorgeben, „russische Erde" zu sammeln. Auch im ukrainischen Diskurs wird – etwa im historisch belasteten Schlusssatz fast aller Reden Seleskyjs „Ruhm der Ukraine" (*Slawa Ukrajini*) – eine nationalistische Traditionspflege betrieben, die die Ausfälle des ehemaligen ukrainischen Botschafters in der Bundesrepublik, Andrij Melnyk, über die historische Bedeutung des Nationalistenführers Stepan Bandera keineswegs als isolierte Einzelmeinung erscheinen lassen. Belegt das nicht, dass der Krieg auch in der Ukraine ultranationalistische Positionen stärkt und nahezu Staatsraison werden lässt?

Der Krieg erweist sich allerdings nicht nur in den beiden unmittelbar kriegführenden Staaten (dem angreifenden und dem angegriffenen) als Katalysator für regressive Diskursverschiebungen. Er hat auch das Klima bei uns nachhaltig verändert. Nicht nur wurde in seinem Horizont ein noch vor kurzer Zeit unvorstellbares Aufrüstungs- und Nachrüstungsprogramm und eine Rhetorik der Abschreckung rehabilitiert, wie sie in den Hochzeiten des Kalten Kriegs üblich war. Nicht nur wird – wie freilich schon anlässlich der Golfskriege gegen Saddam Hussein und der Balkankriege gegen Slobodan Milošević einstudiert – Putin zum neuen Hitler stilisiert. Es werden vielmehr diesmal auch Begriffe wie „Vernichtungskrieg" im politischen Deutungskampf benutzt, als deren Exemplifizierung bislang eindeutig die Kriegsverbrechen der Nazis – insbesondere im „Feldzug"

---

1 Dieses Schlagwort selbst ist nicht unproblematisch, da es dazu neigt, so Unterschiedliches wie die Ablehnung kriegerischer Mittel von Politik, die bewusste Zurückweisung hohler Mobilisierungsideologeme („Gott, Kaiser, Vaterland") und das Beharren auf Sinnlichkeit und Lust gegen die Zumutungen eines asketisch-soldatischen Entbehrungsmasochismus auf der einen, marktkonforme Spielarten von Konsumismus, Egoismus und „hedonistischer" Eventkultur auf der anderen Seite, verschwimmen zu lassen.

gegen die Sowjetunion – galten. Zugleich wurde und wird in weiten Teilen der Öffentlichkeit die *unbedingte* Solidarität mit der angegriffenen Ukraine zu einer Art Bekenntniszwang. Darunter versteht man die Zustimmung zu Waffenlieferungen, das Einverständnis mit den beschlossenen Wirtschaftssanktionen gegen Russland und der Aufrüstung hierzulande, zudem den Verzicht auf eine Kritik an der Innenpolitik der ukrainischen Regierung – etwa bezogen auf den Umgang mit oppositionellen Kräften oder Männern im „wehrfähigen Alter", die an der Ausreise gehindert werden.

Wer, wie die Unterzeichner und Unterzeichnerinnen des Offenen Briefes der EMMA-Redaktion oder des Appells „Waffenstillstand jetzt!"[2], gegen eine Politik der indirekten Kriegsführung protestierte und auf das Eskalationspotential dieses Konflikts bis hin zum atomar geführten Weltkrieg verwies, musste damit rechnen als „Lumpenpazifist" (Lobo) oder „pseudo-intellektueller Looser" (Melnyk) beschimpft zu werden.[3] Die Publizistin Gabriele Krone-Schmalz, einst gefragte Russlandexpertin, musste erleben, dass ihre Weigerung zum Widerruf einstiger Positionen und ihr Festhalten an der Forderung nach Ausgleich zur Folge hatten, dass der Beck-Verlag ankündigte, einschlägige Bücher der Autorin nicht mehr nachzudrucken. Wer es wagte auf blau-gelb geschmückten „Friedensdemonstrationen" westliche „Geopolitik" als einen eskalativen Kontext anzusprechen, wurde zeitweise niedergebuht und wer zu Ostermärschen aufrief, die die Wiederaufnahme von Entspannungspolitik und Diplomatie forderten, lief Gefahr von Repräsentanten liberalisierter baltischer Uradelsgeschlechter[4] als „Fünfte Kolonne Putins" geschmäht zu werden (Die Zeit, 13.4.2022, S. 10).

Dies zeigt: Dem Ukrainekrieg, der sich zunächst als durchaus regionales Ereignis einreiht in eine Reihe postsowjetischer Staatszerfallskriege, kommt eine weit über die Region hinauswirkende Bedeutung zu. Beim Krieg in der Ukraine handelt es sich um einen Konflikt, der auf verschiedenen Ebenen, mit diversifizierten Mitteln und gerichtet auf unterschiedliche Ziele geführt wird: als militärische Auseinandersetzung und als Wirtschaftskrieg, als regionaler Konflikt und als Stellvertreterkrieg für einen Flächenbrand, als Krieg für den Erhalt eines unabhängigen ukrainischen Nationalstaats und zum Zwecke einer dauerhaften Schwächung Russlands im zunehmend kakophonen Konzert der Großen Mächte. Nicht zuletzt dieser letztgenannte Aspekt verweist auf das ganze Ausmaß, um das es hier geht: Nichts garantiert, dass die Ukraine nicht bloß ein Präludium zum „Großen Krieg" ist, in dessen Zentrum möglicherweise gar nicht mehr der Konflikt zwischen „dem Westen" und Russland steht, sondern jener stets präsente

---

2 Vgl. www.emma.de/artikel/offener-brief-bundeskanzler-scholz-339463 und www.zeit.de/2022/27/ukraine-krieg-frieden-waffenstillstand (Abfrage 14.07.2022)

3 So beschreibt Sascha Lobo in seiner Spiegel-Kolumne am 20.4.2022 den „deutsche Lumpen-Pazifismus": Andrij Melnyk wiederum twitterte am 29.06.2022 über pseudo-intellektuelle Looser.

4 Vgl. www.de.wikipedia.org/wiki/Lambsdorff (Abfrage 14.07.2022)

Großkonflikt zwischen der Volksrepublik China und den Vereinigten Staaten von Amerika. Die manichäische Dualität, in der der Krieg zum Überlebenskampf zwischen „Demokratie" und „Autokratie" stilisiert wird, hält hierfür bereits ein passendes „Narrativ" bereit.

Es ist ein grundsätzliches Gebot, in einer solchen Konstellation alles zu unternehmen, weitere Eskalation zu verhindern. Ein Konflikt, der sich zum Atomkrieg auswachsen kann, geht in der Tat alle an und lässt sich nicht mehr als ein zuvörderst regionales Ereignis betrachten. Daraus freilich folgt, dass es nicht der Ukraine allein zu überlassen ist, einen diplomatischen Weg zur Konfliktbeilegung zu suchen oder eben auszuschlagen. Auch dies gehört zu den kategorischen Imperativen: alles zu unternehmen, dass ein Atomkrieg niemals Wirklichkeit werde. Vor diesem Hintergrund ist es verstörend, wenn führende – in diesem Fall glücklicherweise nicht regierende – Politiker sich äußern wie jüngst der CDU-Abgeordnete Roderich Kiesewetter im Deutschlandfunk: „Es geht nicht um die Beendigung des Krieges […]. Den könnten wir sofort beenden, dann würde sich Russland hinter einer neuen Waffenstillstandslinie eingraben. Es geht darum, die Ukraine so zu unterstützen, dass sie in der Lage ist Verhandlungen zu führen. Und damit wäre der Krieg erst dann zu beenden, wenn die Ukraine ihre Grenzen vom Januar diesen Jahres wiederhergestellt hat. Also, die Beendigung des Krieges ist kein Selbstzweck, sondern die Wiederherstellung der Souveränität der Ukraine und das bedeutet erstens, dass Russland Reparationen zahlt, [zweitens] dass es Sicherheitsgarantien für die Ukraine in den Grenzen vom Januar gibt, und drittens, dass Russland sich aus den seit Februar gewonnenen Gebieten zurückzieht. Das wäre das Kriegsziel, das viel offener und klarer gesagt werden muss."[5]

In Kiesewetters Logik, die angesichts von Forderungen, auch die Krim „zurückzuerobern" beinahe moderat wirkt, gibt es wie weiland 1918 nur mehr „Siegfrieden" oder „Schmachfrieden". Wo eine solche Sprache des Unbedingten vorherrscht, ist – im Falle eines Scheiterns der Strategie – zumeist die Dolchstoßlegende schon im Hinterkopf. Exakt so kann man die Klassifizierung der Ostermarschierer als eine „fünfte Kolonne" durch den Grafen Lambsdorff deuten. Hier wird vorgebaut für den inneren Notstand.

In einer Zeit wachsender internationaler Spannungen, der tiefen und säkularen Überakkumulationskrise des globalen Kapitalismus und einer in schnellen Schüben fortschreitenden politischen Sklerose sowohl des russischen als auch des Gesellschaftsmodells der westlichen Staaten, sind Aufrüstung und „Abschreckung" ebenso ungeeignet, den Weg in eine Friedensordnung zu bahnen, wie die Beschwörung des Heldischen und die Verdammung des „Bösen" oder „Verräterischen". Solche Maßnahmen und solche Rhetorik bereiten vielmehr erst den Boden für kommende Katastrophen.

---

5   Kiesewetter am 09.07.2022 im Deutschlandfunk. www.deutschlandfunk.de/informationen-am-morgen-100.html, Min. 4:32–5:15 (Abfrage 14.07.2022).

In dieser Zeit ist es eine der zentralen Aufgaben von Pädagogik und Bildungsarbeit, sich der Versuchung zu entziehen, Verstärkerinnen dominierender Eskalationstendenzen zu werden. In Anknüpfung an die lange friedenspädagogischer Tradition ebenso wie an die im Kontext Politischer Bildung einflussreichen Ansätze sozialwissenschaftlicher Konfliktanalyse gilt es, dem plumpen Reiz von Heldeninszenierungen und der unterkomplexen Beschwörung „unserer" Werte zu widerstehen und ihnen normativ die ständig verletzten Ansprüche eines erfüllten Lebens und analytisch die Nüchternheit einer politischen Analyse bestehender Machtverhältnisse entgegenzusetzen. Wenn dies gelingt, ist viel erreicht.

Schlaglicht: Flucht und Geflüchtete in der EU

Charlotte Chadderton, Anke Wischmann

Im Jahr 2021, das wie 2020 weiterhin dominiert war von der Corona-Pandemie und sich aus ihr ergebenden Problemlagen, erhielt ein weiteres Thema größere Aufmerksamkeit: An der Grenze zwischen Polen und Belarus kamen immer Menschen an, die in der EU Asyl beantragen wollten. Sie kamen vor allem aus dem Nahen Osten. Die polnische Regierung reagierte unerbittlich und weigerte sich nicht nur, die Menschen die Grenze passieren zu lassen, sondern sogar, Hilfsangebote vor Ort zuzulassen, die durch NGOs organisiert worden waren. So mussten Tausende bei zum Teil eisigen Temperaturen im Freien campieren. Zwar verurteilten die EU und auch die Bundesregierung das Vorgehen, Maßnahmen oder gar Sanktionen blieben jedoch aus. Stattdessen stimmte man der Lesart der polnischen Regierung zu, dass die Geflüchteten von Belarus vor allem als Druckmittel gegen die EU eingesetzt würden. So wurden die Menschen zum Objekt gegensätzlicher politischer Interessenlagen, wobei Menschenrechte keinerlei Berücksichtigung fanden.

Bis in den Januar 2022 wurde in der Presse und auch von Menschenrechtsorganisationen immer wieder auf die katastrophale humanitäre Situation an der polnisch-belarussischen Grenze hingewiesen (vgl. Chołodowski 2022). Gleichzeitig eskalierte der Konflikt zwischen der Ukraine und Russland, der spätestens seit 2010 offenliegt und seit 2014 auf der Krim und im Donbas gewaltsam geführt wird. Die CIA warnte vor einem russischen Angriff auf die Ukraine. Allerdings schien der Konflikt auch zu diesem Zeitpunkt noch von wenig Relevanz für Europa und Deutschland gewesen zu sein – jedenfalls war keine Rede von der Bedrohung „westlicher Werte" oder „*der*" Demokratie. Ein tatsächlicher Angriff Russlands wurde als nicht wahrscheinlich angesehen. Am 24. Februar erfolgte er dennoch.

Nun überschlugen sich die Ereignisse, und die Positionierung der EU, insbesondere auch Deutschlands, erfuhr eine grundlegende Transformation: Russland ist kein Partner mehr, sondern ein Feind – ein Feind, gegen den es sich mit allen Mitteln zu verteidigen gilt.

Inzwischen haben seit dem 24. Februar an die 8,8 Millionen Menschen (vgl. UNHCR 2022) die Grenze aus der Ukraine überschritten, 5,6 Millionen davon sind in Europa vor Krieg und Terror in der Ukraine auf der Flucht. Von Beginn an zeigten nahezu alle europäischen Staaten eine große Bereitschaft, Geflüchtete aus der Ukraine aufzunehmen – ohne Höchstgrenzen und ohne Befristung. Im Gegensatz zur sogenannten Flüchtlingskrise 2015/16 wurde nicht in Erwägung gezogen, die Flüchtenden abzuweisen, und es wurde auch nicht darüber gestritten, welches Land wie viele Menschen aufnehmen wollte oder konnte. Insbesondere jene Staaten, die sich vormals besonders abweisend gezeigt hatten, wie Polen und Bulgarien, zeigten sich nun außerordentlich offen und hilfsbereit.

Aber auch in Deutschland zeigt sich ein anderes Bild als ehedem, insbesondere wenn man auf den Bildungsbereich schaut: Seit Jahrzehnten bemühen sich Pädagog:innen und Erziehungswissenschaftler:innen (vgl. etwa Neumann et al. 2003) darum, Geflüchteten angemessene Zugänge zum Bildungs- und Ausbildungssystem zu ermöglichen. Dabei geht es immer auch um die Möglichkeit erstsprachigen Unterrichts, die meist als unerwünscht abgelehnt wird. Aktuell hingegen ist es nicht nur möglich, dass geflüchtete Kinder und Jugendliche unmittelbar nach ihrer Ankunft in der Bundesrepublik eine Schule oder Kita besuchen und Studierende ihr Studium fortsetzen können, vielmehr werden auch auf vergleichsweise unbürokratischem Wege ukrainische Lehrerinnen eingestellt (Lehrer dürfen in der Regel die Ukraine nicht verlassen), um die Schüler:innen in ihrer Erstsprache zu unterrichten. Die Diskrepanz im bildungspolitischen Umgang mit den unterschiedlichen Geflüchteten könnte größer kaum sein.

In den öffentlichen Diskursen zeigen sich gegensätzliche Figuren von Geflüchteten. Die ZEIT (4.3.2022) greift dies auf und titelt: *Guter Flüchtling, schlechter Flüchtling. Noch vor Kurzem erfroren Menschen in polnischen Wäldern. Haben weiße Europäer:innen endlich Geflüchtete gefunden, die ihnen genehm sind – weiße Ukrainer:innen?* Es wird in TV-Talkshows darüber diskutiert, dass die Geflüchteten aus der Ukraine aus „unserem Kulturkreis" kämen und Christen seien und es deshalb „diesmal besser funktioniert". Es lässt sich also schlussfolgern, dass das deutsche Bildungssystem besser funktioniert für diese Geflüchteten, weil sie anders sind als die Geflüchteten der Jahre 2015/2016.

Dabei ist sowohl der Bezug auf die Kultur als auch auf die Religion fadenscheinig. Vielmehr trifft es die ZEIT mit ihrem Hinweis auf Weißsein. Es geht nicht darum, dass Ukrainer:innen eine weiße oder helle Hautfarbe haben, sondern dass sie in dem Diskurs als zu uns gehörig und zu uns passend entworfen werden. Rechtlich gibt es keinen Unterschied, ukrainische, syrische, afghanische oder senegalesische Schüler:innen und Lehrer:innen in deutschen Schulen aufzunehmen, ideologisch sehr wohl.

Was wir hier sehen, ist eine Form von kulturellem Rassismus. Er tarnt sich als vermeintlich gesunder Menschenverstand: „Natürlich", so wird konstatiert, „sind diese Menschen uns ähnlich und passen daher in unser Bildungssystem". Auch wenn *Race* nicht ausdrücklich Teil dieses Narrativs ist, speist sich der kulturelle Rassismus doch aus umfassenderen, seit langem bestehenden Stereotypen über kulturelle und ethnische Gruppen (vgl. Hund 2017). Kultureller Rassismus dient dazu, die Grenzen des europäischen Weißseins zu definieren, festzulegen, wer zu diesem Weißsein gehört und wer nicht. Dabei wird der Begriff der Kultur essentialisiert und fertige Vorstellungen von Differenz und Gleichheit werden reproduziert. Auf diese Weise wird Kultur, die eigentlich ein sich ständig wandelndes Geschehen ist, an Körper gebunden. Im Ergebnis funktioniert kultureller Rassismus wie biologischer Rassismus.

Literatur

Chołodowski, Maciej (2022): „Welcome to Guantánamo!". Amnesty International Releases a Chilling Report on the Situation at Poland's Border with Belarus. www.wyborcza.pl/7,173236,28333668,welcome-to-guantanamo-amnesty-international-releases-a-chilling.html (Abfrage 07.07.2022).

Hund, Wulf D. (2017): Wie die Deutschen weiß wurden. Kleine (Heimat)Geschichte des Rassismus. Stuttgart: J. B. Metzler.

Neumann, U.; Niedrig, H.; Schroeder, J.; Seukwa, L. H. (Hrsg.) (2003): Lernen am Rande der Gesellschaft. Bildungsinstitutionen im Spiegel von Flüchtlingsbiografien. Münster: Waxmann (Bildung in Umbruchsgesellschaften, 3).

UNHCR (2022): Ukraine Refugee Situation. www.data.unhcr.org/en/situations/ukraine (Abfrage 07.07.2022).

Schlaglicht Österreich: Schon wieder ein neuer Kanzler, Untersuchungsausschuss und weitere Verfahren wegen Unvereinbarkeit mit dem Verfassungs- und dem EU-Recht

Agnieszka Czejkowska

„Ich werde als Klubobmann ins Parlament zurückkehren." Mit dieser Ankündigung stellte sich Sebastian Kurz im Oktober 2021 vor die Presse und trat als Bundeskanzler zurück, in seinen Worten: „zur Seite".[1] Eine kurze Periode von zwei Monaten als medial karikierter Schattenkanzler folgte. Von den Medien war die Person Kurz wie auch sein Führungsstil nicht nur in Österreich aufmerksam verfolgt worden: Kurz, der „Funktionär der Zukunft", als interessantester Jungpolitiker, den Europa zu bieten hat; Kurz, der „Manager der Rechten" auf dem Cover des US-Magazins *Time* (2018). Unzählige Artikel und Reportagen säumten seinen Aufstieg – und seinen tiefen Fall. Letzterer begann ungeachtet der späteren Wahlerfolge mit seiner Amtsenthebung als Bundeskanzler 2019 (Bundesregierung Kurz I), ein Ergebnis des ersten erfolgreichen Misstrauensantrag der 2. Republik aus Anlass des berüchtigten Strache-Videos, gedreht auf Ibiza. Am 2. Dezember 2022, ausgerechnet an dem Tag, an dem Angela Merkel ihren „großen Zapfenstreich" erhielt, warf Sebastian Kurz das politische Handtuch.

Das Datum soll kein Zufall gewesen sein, quasi eine „kleine österreichische Finte" (Dulle 2021) – soll die Beziehung der beiden ungeachtet ihrer parteipolitischen Nähe doch spätestens seit dem Jahr 2015 angespannt gewesen sein. Die inhaltliche Dimension dieses Auseinanderlebens ging in Österreich etwas unter und soll hier, im Gegensatz zum hundertsten Kurz-Biopic, thematisiert werden. Denn in der Tat, wen interessiert noch der beim „Trump-Spender" Peter Thiel (Paypal, Palantir) anheuernde Sebastian Kurz. Diesen Weg haben andere vor ihm betreten. Was allerdings nach wie vor von Interesse ist, ist der Umstand, dass die Maßnahmen, die „das System Kurz" umsetzte, bis heute den Österreichischen Verfassungsgerichtshof, den Europäischen Gerichtshof und einen parlamentarischen Untersuchungsausschuss auf Trab halten. Den Überblick haben bestimmt die meisten Bürger:innen längst verloren.

---

1 Zur berüchtigten türkisen Massage Control gehörte es, die wichtigen Reden von Sebastian Kurz zur Hauptsendezeit des österreichischen Rundfunks in voller Länge zu senden bzw. auf ORF.at abzudrucken. Hier findet sich die Rücktrittsrede: www.orf.at/stories/3231800/ (Abfrage 20.07.2022)

Nach der Einleitung des Ermittlungsverfahrens gegen Kurz und seine engsten Mitarbeiter:innen wegen Untreue, Bestechung und Bestechlichkeit wurde im Dezember 2021 der ÖVP-Korruptions-Untersuchungsausschuss eingesetzt. Erst im September wurde der Ibiza-Untersuchungsausschuss in Sachen mutmaßlicher Käuflichkeit der türkis-blauen Bundesregierung (eingesetzt am 22.01.2020) trotz Protesten der Opposition aufgelöst; ein entsprechender Entschließungsantrag wurde durch die Regierungsparteien ÖVP und Grüne abgeschmettert. Während also Aussagen vor Untersuchungsausschüssen Kurz in die Schlagzeilen bringen, schließlich wird gegenwärtig unter anderem auch gegen ihn wegen Falschaussage im Ibiza-Untersuchungsausschuss ermittelt, tauchen mit Regelmäßigkeit neue Chat-Protokolle auf, die belegen, mit welcher Chuzpe Kurz wie auch die ÖVP auf „fremdenfeindliche Knaller" setzten. Diese Knaller wurden offenbar trotz des Wissens um ihre Verfassungswidrigkeit, trotz der öffentlichen Gegenpositionen in Gutachten in Gesetze gegossen, die vor allem den Bildungs- und Sozialbereich betrafen. Diese Art der Popularisierung gewährleistete einen Dauerwahlkampf, der Kurz nach seiner Enthebung höchste Umfragewerte und eine Bundesregierung Kurz II garantierte. Es ist schon eine gewisse Ironie, dass ausgerechnet die mangelnde Digitalisierungskompetenz seines Umfelds diese Chuzpe in Form von Chats minutiös protokollierte. Die meisten der angesprochenen Maßnahmen mussten zurückgenommen werden: So hat etwa der Verfassungsgerichtshof (VfGH) in Wien am 12.12.2019 jene Teile der Sozialreform aufgehoben, die vor allem Einschnitte für Zugewanderte und Familien mit vielen Kindern enthielten. (Vgl. VfGH 2019) Die Höhe der Sozialleistungen war z. B. an die Sprachkenntnisse geknüpft. Wer keine ausreichenden Kenntnisse in Deutsch oder Englisch nachweisen konnte, erhielt zuletzt nur 65 % der Sozialhilfe. Zudem wurden die Beträge für Kinder gestaffelt: Während für das erste Kind 229 Euro vorgesehen waren, gab es ab dem dritten Kind jeweils nur noch 46 Euro. Der Verfassungsgerichtshof erkannte darin eine verfassungswidrige Schlechterstellung von Mehrkindfamilien. Auch das über viele Jahre heiß debattierte Kopftuchverbot im Schulbereich wurde am 11.12.2020 aufgehoben. Dieses „Verhüllungsverbot in der Volksschule" wurde seinerseits im § 43 des Österreichischen Schulunterrichtsgesetzes (2019) im Namen der Sicherstellung der bestmöglichen Entwicklung und Entfaltung aller Schüler:innen formuliert. Um letztere zu gewährleisten, wurde allen Schüler:innen, „bis sie das 10. Lebensjahr vollenden, das Tragen weltanschaulich oder religiös geprägter Bekleidung, mit der eine Verhüllung des Hauptes verbunden ist, untersagt." Alle dazugehörigen Absätze wie etwa das Vorladen der Erziehungsberechtigten bei Nichteinhaltung und Strafen in Ausmaß von 440 Euro wurden ebenso als verfassungswidrig, da weltanschaulich nicht neutral, aufgehoben. Das Kopftuchverbot im Kindergarten wurde im Mai 2022 aufgrund einer Vereinbarung zwischen dem Bund und den Ländern wegen angenommener Unvereinbarkeit mit der Bundesverfassung fallengelassen. Und schließlich hat auch der Europäische Gerichtshof (EuGH) am 16. Juni 2022 entschieden, dass die Indexierung der Familienbeihilfe, des Kinderabsetzbetrages, des Familienbonus Plus und weiterer familienbezogener Absetzbeträge nicht mit dem EU-Recht vereinbar seien. Die Indexierung stellte ein Prestigeprojekt der Kurzregierung I dar: Die Anpassung der Höhe der Familienleistungen, Kinderabsetzbeträge und familienbezogenen Steuervorteilen für EU-Bürger:innen, an den Wohnort der Kinder. Das bedeutet, für die im Ausland lebende Kinder wurden die jeweiligen Lebenserhaltungskosten des Landes als Grundlage herangezogen.[2] Heuchlerisch an dieser Vorgehensweise ist die Tatsache, dass es Eltern betrifft, die häufig in systemerhaltenden, niedrigbezahlten Beschäftigungsverhältnissen, wie etwa die 24-Stunden-Betreuung, tätig sind und in das österreichische Sozialsystem Beiträge einzahlen.

Nachdenklich stimmt, dass diese Art der Niedertracht, auf Kosten der sozial Schwächsten Stimmung zu machen, kein Tatbestand des österreichischen Strafrechts ist. Ein Tatbestand wäre allerdings die Veruntreuung öffentlicher Gelder. Die Wirtschafts- und Korruptionsstaatsanwaltschaft ermittelt.

Literatur

Dulle Philipp (2021): „Die Ära Kurz ist zu Ende". In. Profil Morgenpot, 03.12.2021.
Parlamentskorrespondenz (2019): Nationalrat entzieht der Regierung das Vertrauen. In: Parlamentskorrespondenz Nr. 589 vom 27.05.2019. www.parlament.gv.at/PAKT/PR/JAHR_2019/PK0589/ (Abfrage 20.07.2022)
Schulunterrichtsgesetz (2019), BGBl. 472/1986 (WV), idF BGBl. I 54/2019.
VfGH 2019: www.vfgh.gv.at/medien/VfGH_zu_Sozialhilfe-Grundsatzgesetz__Hoechstsatzsyste.de.php (Abfrage 20.07.2022)
VfGH 2020: www.vfgh.gv.at/rechtsprechung/Ausgewaehlte_Entscheidungen.de.html VfGH (Abfrage 20.07.2022)

---

2   Zur Nachvollziehbarkeit der indexierten Familienbeihilfenbeträge für die Anspruchszeiträume im Indexierungszeitraum Jänner 2019 bis Juni 2022 informiert das Ministerium auf seiner Homepage: www.bundeskanzleramt.gv.at/agenda/familie/familienbeihilfe/familienbeihilfenbetraege-fuer-Kinder-mit-staendigem-aufenthalt-in-eu-ewr-ch.html (Abfrage 20.07. 2022). Wie die administrativen Maßnahmen zur Umsetzung des Urteils aussehen werden, darüber gibt es noch keine Auskunft.

Schlaglicht Brexit: the United Kingdom leaves the European Union; what implications for academia?

Charlotte Chadderton

The United Kingdom of Great Britain and Northern Ireland left the European Union on 31 January 2020, followed by a transition period that ended on 31 December 2020, after 47 years as a member of the union and its predecessors. The UK is the first member ever to voluntarily leave the EU. What does Brexit mean for academia and academics? The UK government's ambition is apparently for a 'Global Britain' to replace 'European Britain', an ambition to which the Higher Education sector should be central. Although it is perhaps early to be reviewing the implications of Brexit, we are gradually beginning to understand what it means for universities, students, research and academics.

Britain is losing (some of) its EU academics

Thousands of EU academics work in UK universities. However, more than 600 EU academics left Britain to work in an institution overseas in 2019. That was almost double the number before the Brexit referendum. There has also been a drop in the numbers of EU staff taking up new posts in the UK, which has a trend since the 2016 referendum. It has been argued that the spirit of Brexit is putting some academics off the UK, as the impression is given to some that the country is closing itself off to the rest of the world. In addition, it has become more expensive for EU members to work in the UK since January 2021. New arrivals are now required to have a visa and pay an Immigration Health Surcharge, costing thousands of pounds per individual (Pritchard, 2021; Havergal, 2022).

Impact on students

Since Brexit, fewer EU students are coming to the UK. There was, for example, a 40 % drop in the number of EU students coming between 2020 and 2021 (BBC, 2021). EU students are now subject both to international tuition fees in the UK as well as the Immigration Health Surcharge, making UK study very expensive indeed (Oliver, 2021) and potentially the reserve only of the financially privileged.

Between 1987 and 2020, thousands of UK students studied at European universities through the Erasmus exchange programme. The UK has left the Erasmus+ exchange programme after Brexit negotiators failed to agree on a price tag for continued participation. The Erasmus programme has been replaced in the UK with the new Turing Scheme, which aims to send UK students to universities, colleges and schools around the world. However, while Erasmus is an exchange programme, accepting foreign students and staff as well as sending them abroad, the Turing Scheme only sends UK students abroad and does not provide opportunities for staff (BBC, 2021). It seems the incentives for participation for foreign universities in the Turing Scheme are fewer, especially without the reciprocity built into the Erasmus programme.

Cross-border partnerships and collaborations and research

EU membership enabled the UK to form increasingly global teams of researchers. From 1981–2014, the proportion of UK research published under just a UK address reduced from 84 % to 48 % (Oliver, 2021). Moreover, 60 % of internationally co-authored papers by scholars from the UK have been published with researchers from the EU (Baumbach and Maurer, 2021).

Horizon Europe is the largest international research funding programme in the world. In the past, the UK has been a large beneficiary of EU research and innovation funding, gaining nearly a quarter of the grants awarded by the seven-year Horizon 2020 programme. (Oliver, 2021). Continued UK membership of Horizon was agreed as part of the original 2020 Brexit agreement, however, it has not been confirmed and now UK future participation hangs in the balance. The UK's membership of Horizon is being used as a negotiating tool, and the EU will not agree to it until the ongoing Northern Ireland protocol dispute is resolved (Thompson, 2022). It is also worth noting that even before Brexit, but in the context of the referendum, between 2015 and 2018, the number of academics who came to the UK via one of the EU's Marie Curie Research Fellowships dropped by 35 % (Royal Society, 2019).

Benefits of Brexit?

There are reports of potential Brexit advantage – although not necessarily always advantageous to the UK. For example, European universities are gaining students and staff. Germany, Ireland, and the Netherlands for instance, are all reporting increased numbers of international students (Packer, 2022). In addition, UK universities have seen a recent increase in international staff from beyond the EU, in particular, Nigeria, Turkey, Pakistan, Iran and India (Havergal, 2022). It is, though, impossible to attribute these increases directly and only to Brexit. UK universities have also seen an almost 50 % increase in the number of student applications from the United States since Brexit. It has been argued that the UK's move away from Brussels and its apparent shift towards America in the eyes of some may be making it increasingly attractive to US-based students (BBC, 2021).

A further benefit to the UK, some claim, might be the liberation from the well-documented constraints, regulations and bureaucracy of EU funding. If the UK does not re-join the Horizon programme, it has been suggested that a more flexible research funding pot could be developed to fund international collaboration, although many doubt this is realistic (Grove, 2022).

If nothing else though, as Baumbach and Maurer (2021) point out, Brexit has inspired several new strands of research in a range of disciplines.

Are post- Brexit arrangements offering the Higher Education sector the 'Global Britain' which has been promised? Is the sector increasing its contribution to the creation of 'Global Britain'? Not yet, I would suggest. Instead, notwithstanding the existence of some windows of opportunity, the situation in academia is mostly characterised by confusion, insecurity, and reduction of opportunity post-Brexit.

Literatur

Baumbach, S. and Maurer, A. (2021): Brexit and academia: a satyr play where exit prevails voice European Journal of English Studies 25 (1), S. 1–10.

British Broadcasting Corporation (BBC) (2022): Universities see 50 % rise in US students post-Brexit. *BBC News*. 23/02/2022. www.bbc.co.uk/news/uk-england-bristol-60419587 (Abfrage 10.07.2022)

Grove, J. (2022) Life after Horizon Europe: what UK scholars can expect. *Times Higher Education* No 2511, S. 20–21.

Havergal, C. (2022) European academic staff numbers in UK shrinking post-Brexit. Online: www.timeshighereducation.com/news/european-academic-staff-numbers-uk-shrinking-post-brexit (Abfrage 10.07.2022).

Oliver, C. (2021) How will Brexit affect universities and students? The Complete University Guide. 02/06/2021. www.thecompleteuniversityguide.co.uk/sector/news/how-will-brexit-affect-universities-and-students (Abfrage 10.07.2022).

Packer, H. (2022) The 'Brexit effect': where are EU students going beyond the UK? Online: www.thepienews.com/analysis/brexit-effect-eu-students/ (Abfrage 10.07.2022).

Pritchard, E. (2021) EU academics are doing their research… and they don't like the look of post-Brexit Britain. FE News. 14/07/2021. www.fenews.co.uk/exclusive/eu-academics-are-doing-their-research-and-they-don-t-like-the-look-of-post-brexit-britain/ (Abfrage 10.07.2022).

Royal Society (2019) Brexit Uncertainty Harming UK Science. www.royalsociety.org/news/2019/10/brexit-uncertainty-harming-UK-science (Abfrage 10.07.2022).

Thompson, B. (2022) Horizon Europe unites scientists – let's keep it separate from Northern Ireland protocol debates. wellcome.org/news/horizon-europe-unites-scientists-northern-ireland-protocol-debates (Abfrage 10.07.2022).

Rezensionen

Von der Aufarbeitung zum Gedenken und Erinnern

Neuere Literatur zur „Erziehung nach Auschwitz" – Eine Sammelrezension

Berger, Sara (2018 [2013]): Experten der Vernichtung. Das T4-Reinhardt-Netzwerk in den Lagern Belzec, Sobibor und Treblinka. Hamburg: Hamburger Edition.

Bildungswerk Stanisław Hantz e. V./Forschungsstelle Ludwigsburg der Universität Stuttgart (Hrsg.) (2020): Fotos aus Sobibor. Die Niemann-Sammlung zu Holocaust und Nationalsozialismus. Berlin: Metropol Verlag.

Gather, Katharina/Schwerdt, Ulrich/Wüllner, Sabrina (Hrsg.) (2019): Erziehung im Nationalsozialismus. Eine Quellensammlung. Band für Schülerinnen und Schüler/Band für Lehrerinnen und Lehrer. Baltmannsweiler: Schneider Verlag Hohengehren.

Himmelstein, Klaus (Hrsg.) (2018): Jüdische Lebenswelten in Regensburg. Eine gebrochene Geschichte. Regensburg: Verlag Friedrich Pustet.

Rhein, Katharina (2019): Erziehung nach Auschwitz in der Migrationsgesellschaft. Nationalismus, Rassismus und Antisemitismus als Herausforderungen für die Pädagogik. Weinheim/Basel: Beltz Juventa.

Schwarz, Géraldine (2021): Die Gedächtnislosen. Erinnerungen einer Europäerin. Zürich: Secession Verlag für Literatur.

Siegemund, Anja/Wildt, Michael (Hrsg.) (2021): Gedächtnis aus den Quellen. Zur jüdischen Geschichte Berlins. Hermann Simon zu Ehren. Berlin/Leipzig: Hentrich & Hentrich Verlag.

Ulbricht, Christina (2020): Bildungsangebote zu Nationalsozialismus und Holocaust. Eine empirische Studie zu Reaktionen von Jugendlichen zum pädagogischen Umgang. Wiesbaden: Springer VS.

Wildt, Michael (2022): Zerborstene Zeit. Deutsche Geschichte 1918 bis 1945. München: Verlag C. H. Beck.

1 Einleitung

Bekanntlich ist die Auseinandersetzung mit der NS-Vergangenheit in der westdeutschen Pädagogik wie in der gesamten bundesrepublikanischen Gesellschaft relativ spät in Gang gekommen. Von einer breiteren Aufarbeitung der Thematik lässt sich hier erst seit den 1980er Jahren sprechen, als zahlreiche Publikationen zu den verschiedensten Aspekten des Erziehungswesens in der Nazizeit wie zu Verhaltensweisen und Schicksalen der daran beteiligten Personengruppen auf Opfer- wie Täter-Seite entstanden und auch die Erziehungswissenschaft wie andere wissenschaftliche Disziplinen von der Wucht öffentlicher Diskurse erfasst wurde (vgl. Keim 1990a). Im Mittelpunkt stand die Frage nach Kontinuität und Diskontinuität vor allem des erziehungswissenschaftlichen Personals von

Weimar, über die NS- bis in die Nachkriegszeit, teilweise über Schüler und Schüler-Schüler bis in die 1970er und 1980er Jahre (vgl. Keim 1990b).[1]

Inzwischen sind die Trägerinnen und Träger der damaligen Debatten längst im Rentenalter oder leben nicht mehr, was auch für die im seinerzeitigen Forschungsprozess wichtigen Zeitzeuginnen und Zeitzeugen gilt. Das gesellschaftliche Interesse an der Thematik ist allerdings ungebrochen, wie etwa die mediale Aufmerksamkeit an Gedenktagen zeigt, hat sich aber deutlich verlagert: von Aufarbeitung, Kampf ums Geschichtsbild oder Aspekten von Kontinuität und Diskontinuität hin zum Gedenken und Erinnern, zu Fragen der Vermittlung von NS-Zeit und Holocaust an Generationen, die von der NS-Zeit so weit entfernt sind, dass es keine familiären Berührungspunkte mehr gibt, oder die als Migrantinnen und Migranten einem ganz anderen historischen und kulturellen Kontext entstammen und deren Familien nicht selten selbst Krieg und schwere Menschenrechtsverletzungen erfahren haben. Diese thematischen Verlagerungen zeigen sich natürlich auch in der Erziehungswissenschaft und Pädagogik.

Der folgende Überblick über neuere Publikationen zur Thematik mit einem auf pädagogische Aspekte gerichteten Fokus beginnt mit der Familiengeschichte einer Deutsch-Französin, die mit der Recherche zum Verhalten ihrer eigenen Vorfahren in der Nazizeit zugleich eine eindrucksvolle Rückschau auf 70 Jahre Erinnerungsarbeit in Deutschland, Frankreich sowie im übrigen westlichen Europa verbindet. Es schließen sich Besprechungen neuerer Monographien aus der Geschichtswissenschaft an, die exemplarisch Veränderungen von Sichtweisen und Methoden bei der Bearbeitung dieses Abschnitts deutscher Geschichte, insbesondere die stärkere Berücksichtigung des subjektiven Faktors und daraus folgend den besonderen Stellenwert von Tagebüchern als historischer Quelle verdeutlichen. Nach wie vor einen wichtigen Platz nimmt die Forschung zu Opfern und Tätern des Holocaust als Bezugsgrößen des Gedenkens und Erinnerns ein; die hier diskutierten Beispiele zeigen, dass gerade dieser Bereich der NS-Forschung noch lange nicht an sein Ende gekommen ist. Abschließend wird nach neueren themenspezifischen Arbeiten aus der Erziehungswissenschaft gefragt,

---

1   Zuletzt sorgten in den 2000er Jahren Arbeiten von Benjamin Ortmeyer „zu den Publikationen führender Erziehungswissenschaftler in der NS-Zeit" (2009) für Diskussionen, deren Verdienst allerdings weniger in einer überzeugenden Analyse, als vielmehr in der umfassenden Edition von Schriften der vornehmlich in der Kritik stehenden Repräsentanten der Disziplin gesehen wurde (vgl. Tenorth 2010; Zimmer 2010). Seitdem spielt das Thema im erziehungswissenschaftlichen Diskurs kaum noch eine Rolle, wie beispielsweise die Durchsicht von Inhaltsverzeichnisse der „Zeitschrift für Pädagogik" für die zurückliegenden 10 Jahre, aber auch Publikationen wie der von Rieger-Ladich u. a. herausgegebene Band: „Erinnern, Umschreiben, Vergessen. Die Stiftung des disziplinären Gedächtnisses als soziale Praxis" (2019) zeigt, in dem lediglich zwei Beiträge die NS- Thematik aufgreifen.

die sich mit Herausforderungen, Zielen, Wirksamkeit, aber auch Leerstellen, Problematiken und ungewollten Effekten entsprechender Bildungsangebote beschäftigen, und wird schließlich anhand didaktisch aufgearbeiteter Materialien zum Thema „Erziehung im Nationalsozialismus" für den Pädagogikunterricht die wichtige Rolle von Allgemeiner und Fachdidaktik bei der Vermittlung mit dem Holocaust zusammenhängender Fragestellungen aufgezeigt.

2 „Die Gedächtnislosen" – Erinnerungsarbeit einer deutsch-französischen Europäerin und Bilanzierung 75-jähriger Auseinandersetzung mit der Thematik

Die der NS-Enkelgeneration angehörende, 1974 in Straßburg geborene, als Journalistin und Dokumentarfilmerin arbeitende Deutsch-Französin Géraldine Schwarz fragt in ihrer mit dem Europäischen Buchpreis ausgezeichneten Veröffentlichung „Die Gedächtnislosen. Erinnerungen einer Europäerin" nach der Rolle ihrer eigenen väterlichen deutschen und ihrer mütterlichen französischen Familie während der Nazizeit und verknüpft damit zugleich die Recherche nach dem Schicksal einer mit dem deutschen Großvater durch einen „Arisierungs"-Notverkauf und darauf folgenden „Wiedergutmachungs"-Streit unlöslich verbundenen jüdischen Familie, deren Angehörige 1940 zu den ersten in südfranzösische Lager verschleppten Deportations-Opfern aus dem deutschen Südwesten gehörten und später größtenteils in Auschwitz ermordet wurden. Die Darstellung folgt retrospektiv den einzelnen Etappen der deutschen wie französischen Nachkriegsentwicklung und versucht, „die Fäden der großen Geschichte mit jenen der persönlichen" zu verbinden (S. 269): von der Entnazifizierung durch die Alliierten unmittelbar nach dem Krieg, anschließender deutscher Verweigerung von Einsicht in Mitverantwortung und Schuld aufgrund „der Unfähigkeit zu trauern" (Mitscherlich), über Auschwitzprozess, Verjährungsdebatte, Holocaust-Film, das allmähliche In-Gang-Kommen eines intergenerationellen Gesprächs bis hin zur beispielhaften Aufarbeitung von NS-Verbrechen und zu vielfältigen institutionalisierten Formen des Gedenkens und Erinnerns.

Die Familie der Autorin väterlicherseits stammte aus Mannheim, ihre Großeltern kann man als „ganz normale Deutsche" bezeichnen, sie selbst spricht von „Mitläufern, Menschen, die ,mit dem Strom schwimmen'" (S. 11). Der Großvater, Karl Schwarz, hatte im August 1938, wenige Wochen vor dem November-Pogrom, zwei jüdischen Brüdern und deren Schwager eine Firma für Mineralölprodukte weit unter Wert abgekauft, als jüdische Unternehmer aufgrund ihrer zu diesem Zeitpunkt dramatisch steigenden Bedrohung durch Diskriminierung und Verfolgung praktisch zum Verkauf gezwungen waren – perfider Weise sprach man damals von „Arisierung jüdischen Besitzes". Als 1948 der inzwischen in

Amerika lebende einzige Überlebende der früheren Besitzer aufgrund des kurz zuvor in der amerikanischen Zone verabschiedeten Rückerstattungs-Gesetzes Entschädigung verlangte, kam es zum jahrelangen Rechtsstreit, dessen Verlauf die Verfasserin auf Grundlage der erhaltenen Unterlagen ebenso akribisch verfolgt wie das Schicksal der an dem Verkauf beteiligten beiden Familien, von denen es schwierig war, überhaupt noch eine Spur zu finden. Sie führte die Verfasserin in ihre zweite Heimat Frankreich, wohin im Oktober 1940 ein Großteil der Mannheimer Juden, zusammen mit weit über 10.000 Juden aus dem gesamten Südwesten Deutschlands, deportiert wurden, mit den Lager-Stationen Gurs, Les Milles, Drancy und zuletzt Auschwitz, wo sämtliche Familienangehörigen, einschließlich der Kinder, mit Ausnahme des einen früheren Besitzers der Firma in den Gaskammern des KZ umgebracht wurden. Wie immer in derartigen Berichten berührt besonders das Schicksal der Kinder, die zunächst in der, durch die Berichte von Serge und Beate Klarsfeld bekannt gewordenen Rettungsaktion „Kinder von Izieu" ihren Verfolgern entkommen zu sein schienen, dann aber noch im April 1944 auf Veranlassung des Gestapochefs der Provinzhauptstadt, Klaus Barbie, der als „Schlächter von Lyon" in die Geschichtsbücher eingegangen ist, im Rahmen einer der letzten Razzien aufgespürt und großenteils in Auschwitz ermordet wurden (vgl. S. Klarsfeld/B. Klarsfeld 1991).

Dass ihr deutscher Großvater sich ungeachtet des zerstörten Lebens der Besitzerfamilien nicht nur seiner Zahlungsverpflichtung zu entziehen versuchte, sondern sich selbst zunächst als „Kriegsopfer", später sogar, alte antisemitische Klischees bedienend, als „Opfer eines Juden" gerierte (S. 101), hat die Autorin besonders beschämt. Zu den Nutznießer(inne)n jüdischen Unglücks zählt sie jedoch ebenso ihre deutsche Großmutter mit ihren „schweren, aus dunklem Holz geschnitzten", zur sonstigen Einrichtung so gar nicht passenden Möbeln und ihrer wohl auch nicht zufällig in den 1930er Jahren begonnenen Sammlung „zarten" chinesischen Porzellans (S. 215). Was sie an der gesamten Mannheimer Bevölkerung damals vor allem vermisst, ist „zumindest eine Anwandlung von Menschlichkeit, von Mitleid und Revolte" bei der Deportation der 2000 Juden ihrer Stadt am 22. Oktober 1940 (S. 225). Die Mitverantwortung der überwiegenden Mehrheit der Deutschen für den Holocaust sieht sie deshalb vor allem darin, dass sie die einzelnen Etappen von Diskriminierung, Ausgrenzung und Verfolgung bis hin zur Deportation habe geschehen lassen, sie teilweise sogar aktiv begleitet hat, ihr Versagen nach 1945 in der „Unfähigkeit zu trauern".

Sie bezieht jedoch – und das macht einen besonderen Reiz ihres Buches aus – ebenso ihre französischen Großeltern in die Untersuchung mit ein, zumal ihr Großvater mütterlicherseits, Lucien, ganz in der Nähe der damaligen Demarkationslinie zwischen besetztem und Vichy-Frankreich in einem kleinen „Kaff" als Gendarm „im Dienste von Vichy" (S. 9) tätig war, und die deutschen Besatzer nicht nur ihre Gefangenentransporte in Frankreich stets durch französische Polizei begleiten und überwachen ließen, sondern diese auch an Razzien und

Massenverhaftungen wie der des Vélodrome d'Hiver im Juli 1942 in Paris beteiligten, wobei die Präfektur von Paris selbst Daten zu den dort lebenden Juden zur Verfügung stellte. Zu ihrer Erleichterung fand sie weder Spuren einer Beteiligung ihres Großvaters an Verfolgungen von Juden jedweder Art, noch Verdachtsmomente für dessen Mitwirkung an ihrer Denunziation beim illegalen Überschreiten der Demarkationslinie.

Für deutsche Leserinnen und Leser interessant ist, dass die Aufarbeitung der französischen Kollaboration mit den Nazis, die in Frankreich, nicht zuletzt bezüglich ihres Ausmaßes, lange Zeit beschönigt wurde, noch viel später begann als die Diskussion über Schuld und Mitverantwortung hierzulande, was die Verfasserin anhand eigener Erfahrungen aus ihrer Schulzeit in Frankreich und während ihres Studiums an der Sorbonne in Paris verdeutlicht. Erst 1995, nach der Präsidentschaft des Sozialisten Francois Mitterand, erkannte der neue konservative Ministerpräsident Jacques Chirac „als erstes französisches Staatsoberhaupt an, dass Vichy und seine Verbrechen Teil der französischen Geschichte" seien (S. 286). Dass weder in Deutschland, noch in Frankreich, noch im übrigen Europa die Entwicklung hin zu einer aufgeklärten demokratischen, von Vorurteilen freien Gesellschaft bruchlos und widerspruchsfrei verläuft, zeigt die Verfasserin am Beispiel des Front National in Frankreich, der AfD in Deutschland wie der ungarischen Fidesz, der Partei Victor Orbans. Nicht zuletzt aus dieser Tatsache resultiere die Notwendigkeit, die Erinnerung an den Holocaust, dessen Ursachen und Bedingungen seiner Ermöglichung weiterhin wach zu halten.

Die gut geschriebene und spannend zu lesende Rekapitulation deutsch-französischer Auseinandersetzung mit dem Holocaust im intergenerationellen Gefüge eignet sich nicht nur aufgrund der interessanten Biographie der Verfasserin, sondern ebenso der Einbeziehung eines weit gefassten Panoramas der Aufarbeitung von Faschismus und Holocaust fast im gesamten Europa hervorragend als Einführung in die Thematik. Für eine Neuauflage wären zur leichteren Orientierung Stammbäume der behandelten Familien sowie ein Literaturverzeichnis wünschenswert.

3 Tagebücher als Grundlage von Erinnerungsarbeit – Perspektivwechsel in der Geschichtswissenschaft

Je weiter wir uns zeitlich von NS-Zeit und Holocaust entfernen, je diffuser das Wissen darüber in den nachwachsenden Generationen wird, desto größere Bedeutung erhält die durch die Geschichtswissenschaft vermittelte Sachkenntnis, ohne die das Gedenken und Erinnern kaum als nachhaltig zu bezeichnen ist. Bekanntlich hat es lange gedauert, bis entsprechende Darstellungen deutscher Historiker überhaupt eine solche Hilfe sein konnten. Zu tief war die Nachkriegsgeneration von Historikern selbst in diese Verbrechen involviert, die – wie der von 1967 bis 1972 als Vorsitzender des Verbandes deutscher Historiker fungierende, 1972 mit dem Bundesverdienstkreuz ausgezeichnete Kölner Ordinarius Theodor Schieder – in der Nazizeit weit mehr als opportunistische Mitläufer waren, sondern „auf ihre Weise und professionell, als gut ausgebildete Historiker eben, am Menschheitsverbrechen Holocaust mitgewirkt" haben (Aly 1999, S. 177). Der niederländische Historiker Chris Lorenz (2007, S. 161 ff.) sieht das Charakteristikum von deren, bis etwa Mitte der 1960er Jahre reichenden Auseinandersetzung mit dem Nationalsozialismus darin, dass sie „Fragen nach der deutschen Verantwortung" weitgehend ausgeklammert, „Zuflucht zu anonymen Strukturen" gesucht hätten, wie sie „angeblich für die moderne Massengesellschaft" typisch seien, und zumindest unterschwellig, „deutsche und jüdische Katastrophe" „sozusagen als vergleichbare Phänomene betrachtet" haben, sich als deutsche Historiker „auf ‚ihre' und somit die deutsche Katastrophe konzentrierten und die jüdische Katastrophe den jüdischen Historikern überließen". Mit dem Generationenwechsel hin zu Historikern der sog. Flakhelfergeneration sei dann zwar der „jüdische Opferstatus [...] anerkannt, jedoch nicht besonders intensiv thematisiert" worden, stattdessen sei es zentral vielmehr um die Frage von „Nationalsozialismus" *oder* „Faschismus" gegangen; Lorenz spricht deshalb für diese zweite Phase von einer „Präsenz des Holocaust durch seine Abwesenheit". Erst der unbefangenere kritische Blick von Historikern der Nachgeborenen-, gewissermaßen der „Enkelgeneration der Täter", habe nach 1990, mit der Öffnung der Archive in Osteuropa „den Zusammenhang zwischen Holocaust, Vernichtungskrieg der Wehrmacht und wirtschaftlichen Plünderungen im Osten ebenso nachgewiesen wie die Beteiligung nahezu aller deutschen Organisationen an diesen Verbrechen".

Es hat bis zum Beginn der 2000er Jahre gedauert, ehe mit dem vierten Band von Hans-Ulrich Wehlers 4-bändiger „Deutsche(n) Gesellschaftsgeschichte" (2003) eine erste Gesamtdarstellung vorlag, die eine solche Perspektive aufnahm und die schon damals kaum noch überschaubare Vielzahl von Einzelforschungen zu integrieren versuchte. Wehlers Darstellung folgte einem theoretisch begründeten Konzept von Gesellschaftsgeschichte, das historische Strukturen und Prozesse unter den Koordinaten Wirtschaft, Sozialstruktur, Politik und Gesellschaft analysiert und beschreibt, wobei ein besonderes, alle Bände leitmotivartig durchziehendes Anliegen die Klärung der, seit dem Ende des Zweiten Weltkrieges diskutierten Frage nach einem deutschen „Sonderweg" ist, der letztendlich in den deutschen Faschismus geführt habe. Dem Holocaust widmet Wehler zwar ein ausführliches Kapitel, geht jedoch nicht wirklich auf das reale Ereignis mit konkreten Menschen auf Täter- wie Opferseite ein, sondern setzt sich stattdessen vornehmlich mit der, die damalige Diskussion beherrschenden Frage auseinander, ob die Vernichtung der deutschen Juden von Anfang an geplant gewesen sei oder sich erst unter dem Eindruck des Krieges in einem Prozess sog. kumulativer Radikalisierung ergeben habe.

Wehlers „Gesellschaftsgeschichte" gilt bis heute auch bei jüngeren Historikern aufgrund ihres Materialreichtums wie ihrer analytischen Prägnanz als wichtiges Standardwerk zur Thematik. Gleichwohl hat sich inzwischen die historiografische Perspektive deutlich verschoben, wie dies exemplarisch die sich durch Anschaulichkeit und gute Lesbarkeit auszeichnende „Deutsche Geschichte 1918–1945" von Michael Wildt (2022) verdeutlicht. Sie bricht mit der noch bei Wehler vorausgesetzten Annahme einer die Geschichte des 20. Jahrhunderts, ungeachtet aller Spaltungen und Gegensätze überwölbenden historischen Einheit und versucht stattdessen ihrer „Pluralität, Vielgestaltigkeit und Vielzeitigkeit" gerecht zu werden sowie „Brüche und Diskontinuitäten sichtbar" zu machen (S. 11), wie bereits der Titel „Zerborstene Zeit" zum Ausdruck bringen soll. Entsprechend dem bereits 2003 von Volker Ulrich (2003, S. 67 f.) gegenüber Wehler geäußerten Vorbehalt, dass dieser in seiner „Gesellschaftsgeschichte" die Frage vernachlässige, wie die beschriebenen historischen Prozesse „von den Individuen erfahren und gedeutet wurden, wie sie ihr Fühlen, Denken und Handeln bestimmten", verzichtet Wildt weitgehend auf die „großen Helden, die durch die Geschichte führen können", und rückt stattdessen „vielfältige Akteurinnen und Akteure" in den Mittelpunkt, „die auf unterschiedliche Weise ihre Geschichte machen und uns verstehen lassen, was Menschen in diesen Jahren zwischen 1918 und 1945 bewegt hat, wie sie versucht haben, durch die Zeitläufte zu kommen, sich zu orientieren, Anteil zu nehmen und ihr Leben zu gestalten" (S. 11 f.); Linien der „großen" Politik werden dazwischen eher en passant eingeschoben, soweit dies zum Verständnis politischer, gesellschaftlicher und sozialer Kontexte sinnvoll erscheint. Um an das Denken und Handeln der historischen Akteurinnen und Akteure zum Zeitpunkt historischer Geschehnisse möglichst nah heranzukommen, stützt sich Wildt vor allem auf Tagebücher unterschiedlichster Provenienz, für den Zeitabschnitt 1933 bis 1945 etwa auf die des zum Protestantismus konvertierten Victor Klemperer, des gläubigen Juden Willy Cohn, der aus einer gutbürgerlichen Hamburger Kaufmannsfamilie stammenden, mit einem getauften Juden verheirateten Lehrerin Luise Solmitz oder des in Wittlich in der Eifel lebenden, seit 1929 als katholischer Zentrumsabgeordneter in die Stadtverordnetenversammlung gewählten Gastwirts Matthias Joseph Mehs.

Gemäß seiner Intention, nicht „**eine** Geschichte zu erzählen, sondern Geschichten, die Dissonanzen sichtbar machen sollen", verzichtet Wildt auf eine „kontinuierlich fortlaufende" geschichtliche Erzählung und legt stattdessen für jedes seiner, chronologisch angeordneten 12 Kapitel ein Jahr zugrunde, das er aus „ungewöhnlichen, ungewohnten", teilweise konträren Blickwinkeln beleuchtet (S. 16 f.), deren Facetten sich, wenn auch nicht zu einem einheitlichen, so doch immerhin einem mehrperspektivischen, Brüche einschließenden Gesamtbild zusammensetzen lassen. Beispiele für den mehrperspektivischen Blick des Verfassers sind die Kapitel zu den Jahren 1923 und 1938: „1923 – Ausnahmezustand und Volksgemeinschaft" stellt einen Zusammenhang her zwischen der

Krisenerfahrung der Inflationszeit und der sich verfestigenden, zunehmend an Attraktivität gewinnenden „Vorstellung einer anti-liberalen, völkischen Gemeinschaftsordnung" (S. 133), wie er keine zehn Jahre später in der Weltwirtschaftskrise den Aufstieg der NSDAP begünstigen sollte. 1938 ist für ihn das „Schicksalsjahr", in dem das NS-Regime einerseits mit dem „Anschluss" Österreichs und der „Eingliederung" der sudetendeutschen Gebiete der Tschechoslowakei „unverhohlen seine expansionistische Politik nach außen demonstrierte", andererseits mit Novemberpogrom und ungehemmter Ausplünderung der deutschen Juden zur Finanzierung der Aufrüstung seine Gewaltbereitschaft im Innern offenbarte, „die zahllose Juden nicht für möglich gehalten hatten" (S. 346). „Emotionalität", „Obsession" und „Zerstörungswut" des Pogroms sind für ihn „nur mit der gewalttätigen Aufladung des Jahres 1938 und insbesondere den Spannungen, die Europa an den Rand des Krieges brachten, zu begreifen" (S. 371).

„Ungewöhnliche", „ungewohnte", gerade deshalb besonders erhellende Perspektiven sind etwa die Kapitel zu 1926: „Josephine Baker und People of color in Deutschland" oder „Vernichtungskrieg – Lemberg 1941". Am Beispiel der damals auch in Deutschland berühmten Tänzerin Josephine Baker behandelt Wildt eine im Zusammenhang mit der Nazizeit oft vergessene Form von Rassismus, nämlich die gegen farbige Menschen, die damals – wie bis vor wenigen Jahrzehnten bei uns immer noch – mit dem, „auf einen von Kolonialismus und Rassismus geprägten Kontext" verweisenden Namen „Neger" oder, schlimmer noch, mit dem „die spezifische Stellung von dunkelhäutigen Menschen im rassistischen Herrschaftssystem" kennzeichnenden Begriff „Nigger" bezeichnet wurden (S. 188). Anhand der ausführlich dargestellten Biographie Bakers, ihrem Werdegang in Amerika, Frankreich und Deutschland zeigt er, Fakten gesättigt und spannend erzählt, Zuschreibungen und Projektionen, die sich mit den Auftritten der Tänzerin beim damaligen Publikum verbanden, und verweist er auf Kontinuitäten rassistischer Einstellungen gegenüber Schwarzen von Weimar zum NS-Regime, das schwarze ebenso wie jüdische Menschen verfolgte.

Im Kapitel „Vernichtungskrieg – Lemberg 1941" rückt er mit Ostgalizien nicht nur eine im Kontext des nazistischen Völkermords vielfach vergessene oder nur kursorisch behandelte Region ins Zentrum der Darstellung, sondern zeigt auch anhand von deren Vor- und Nachgeschichte vom 19. Jahrhundert, über Ersten Weltkrieg, Zwischenkriegszeit, sowjetische und deutsche Besatzung, bis in die Zeit nach 1945 die Komplexität von Nationalitätenkonflikten, vor allem zwischen Polen und Ukrainern/Ruthenen, zwischen deren Mahlsteine die mehrheitlich in Lemberg lebende jüdische Bevölkerung geriet. Sie bezeichnet Wildt mit Joseph Roth „als ‚nationale Minderheit' im fremden Land", die, „um ihre staatsbürgerlichen und nationalen Rechte besorgt und kämpfend", teils bereits nach Palästina ausgerichtet, friedlich leben wollte, „doch nicht imstande (war), die Frage zu lösen, wie der primitive Haß gelöscht werden könnte" (S. 389); diesen bekam sie im Zuge von Pogromen bereits nach dem Ersten Weltkrieg, mit auf systematische

Vernichtung zielender Gewalt allerdings erst nach dem Einmarsch der Wehrmacht ab Juni 1941, zu spüren. Auch wenn dabei die Organisation Ukrainischer Nationalisten (OUN) unter deren Führer Stepan Bandera eine unrühmliche Rolle spielte, Ukrainer als sog. Hilfspolizisten die SS beim Judenmord in Galizien und in der Westukraine unterstützten, trug selbstverständlich das nazistische Deutschland in erster Linie die Verantwortung für die fabrikmäßige Ermordung der polnischen und galizischen Juden, woran Wildt ebenso wenig Zweifel lässt wie an der Mitwirkung von Teilen der Wehrmacht, bis hin zu den „Fotografen und Kameramännern" unter den Soldaten, die als „Teilhaber" an „Gewaltsituationen" und „sexualisierter Gewalt" nach heutiger Wahrnehmung nicht „einfach nur … Voyeure", sondern „Akteure" gewesen sind (S. 404 f.). Dass dieses Kapitel wenige Monate nach Erscheinen des Buches durch die mit gutem Grund als empörend bezeichneten Äußerungen des damaligen ukrainischen Botschafters Andrij Melnyk zu Bandera ungeahnte Aktualität erhalten würde, konnte Wildt bei der Konzipierung seiner Darstellung noch nicht ahnen.

Wildts „Deutsche Geschichte 1918–1945" eröffnet über die skizzierten Beispiele hinaus weitere interessante und neuartige Perspektiven auf die Nazizeit wie etwa auf das Jahr 1933 aus dem Blickwinkel eines Provinzstädtchens in der Eifel oder auf die Endphase des Krieges mit der Gegenüberstellung von „Luftkrieg" und „Todesmärschen" nach Auflösung der Konzentrationslager. Ihr Vorzug ist zweifellos, dass sie mit ihrer auf konkrete Menschen und deren vielfältige Schicksale gerichteten Lebendigkeit NS-Zeit und Holocaust heutigen jüngeren Menschen näher zu bringen vermag, als dies die vorangegangenen „umfassenden, detailreichen Darstellungen" (S. 17) mit Schwerpunkt auf der „großen" Politik zu leisten vermögen. Allerdings wird man im Hinblick auf eine vertiefte Analyse auf sie auch künftig kaum verzichten können.

Der Stellenwert von Tagebüchern für ein differenzierteres Verständnis der NS-Zeit ist bereits seit längerem anerkannt. Eines der ersten Zeugnisse dieser Art war das bereits 1947 in den Niederlanden, 1950 in Deutschland publizierte Tagebuch der Anne Frank. Doch erst die 1995 veröffentlichten Tagebücher des Dresdner Romanisten Viktor Klemperer „Ich will Zeugnis ablegen bis zum letzten" gaben den Anstoß zu intensiverer Auseinandersetzung mit dieser historischen Quellengattung und ihrem Beitrag zum Verständnis des Nationalsozialismus. Populär gemacht hat sie zweifellos das sog. Echolot-Projekt des Schriftstellers Walter Kempowskis, der in den 1990er Jahren auf der Grundlage einer immensen Sammlung autobiographischer Zeugnisse versuchte, ausgewählte Zeitabschnitte der Kriegszeit in der Art einer Collage möglichst umfassend und multi-perspektivisch zu beschreiben.

Mit der Publikation von Janosch Steuwer „„Ein Drittes Reich, wie ich es auffasse'. Politik, Gesellschaft und privates Leben in Tagebüchern 1933–1939" (2019) liegt jetzt eine Untersuchung vor, die systematisch nach dem besonderen Erkenntniswert von Tagebüchern als historischer Quelle für die Erforschung der NS-Zeit fragt. Steuwer geht es dabei weder um die Bedeutung einzelner Tagebücher wie

Anne Franks oder Viktor Klemperers, noch um deren Möglichkeiten als Mittel der Illustration, vielmehr fragt er nach den Spezifika dieses Mediums als „geschützter Raum, in dem man Gedanken über die politische Lage formulieren konnte, die, öffentlich geäußert, möglicherweise Konsequenzen nach sich gezogen hätten" (S. 85), wie als Zugang zu ungefilterten subjektiven Deutungen der damaligen Gegenwart, die in autobiographischen Rückblicken immer schon durch das Wissen um die weitere Entwicklung gefärbt sind. In Tagebüchern der damaligen Zeit sieht Steuwer deshalb eine besonders geeignete historische Quelle zur Erforschung individueller Reaktionsweisen auf die Herausforderungen des Nationalsozialismus, wobei es ihm weniger auf „fertige Einschätzungen", als vielmehr den „Prozess des Einschätzens" ankommt, er keine statistisch signifikanten Aufschlüsse bezüglich Repräsentativität und Häufigkeit von Reaktionen erwartet, wohl aber wichtige Hinweise auf die „grundlegende Art und Weise", in der die damaligen Zeitgenossen auf Anforderungen und Zumutungen des NS-Regimes an jeden einzelnen reagierten (S. 26). Zu diesem Zweck wertet er „140 bisher weitgehend unveröffentlichte Tagebücher aus dem Zeitraum 1930 bis 1939" aus (S. 27), die ein breites Spektrum der sozialen Zugehörigkeit ihrer Autorinnen und Autoren wie auch ihrer individuellen Positionierungen zum NS umfassen, und befragt sie „stets vergleichend nach Gemeinsamkeiten hinsichtlich Logiken, Begriffen und unhinterfragten Grundannahmen" (S. 26).

Die besonderen individuellen Herausforderungen des Nationalsozialismus leitet Steuwer – im Anschluss an neuere Forschungen zur NS-Gesellschaftsgeschichte – aus dem nationalsozialistischen Projekt einer zu schaffenden „Volksgemeinschaft" ab, deren Kern die Unterscheidung zwischen „Volksgenossen" und „Gemeinschaftsfremden" war, zu der sich jeder und jede in der Dialektik von Inklusion und Exklusion verhalten musste. Kaum überraschend ist die Feststellung, dass sich auch in den Tagebüchern drei grundsätzliche Positionierungen ausmachen lassen, die man mit Zustimmung, Gegnerschaft und Unentschiedenheit zusammenfassen kann, bemerkenswert aber, dass solche Positionen mehrheitlich zu Beginn der NS-Herrschaft noch gar nicht so fest ausgeprägt waren, sondern sich, wie Steuwer an Beispielen erläutert, „in der Spannung von Dissens und Zuordnung" erst allmählich herausbildeten (S. 128), wobei Kritik und Dissens keineswegs mit Ablehnung identisch sein musste. Die Tagebücher legen auch nahe, dass es keine einheitlich ausgeprägte Vorstellung von Nationalsozialismus und NS-Regime gab, entsprechende Projektionen vielmehr je nach biographischem Hintergrund ihrer Verfasserinnen und Verfasser breit streuten, sich oft auch in Gesprächen und Auseinandersetzungen mit Freunden und Bekannten, in einem sozialen Prozess also, herausbildeten. Vor allem in den ersten beiden Jahren nationalsozialistischer Herrschaft diente das Tagebuch zahlreichen Schreiberinnen und Schreibern offensichtlich als Medium der eigenen politischen Positionierung; die Auswertung unterstreicht die besondere Rolle des Hitler-Mythos in Prozessen der Annäherung an das Regime und verweist auf häufig benutzte Strategien zur Bewältigung verstörender Erscheinungen wie vor allem antisemitischer Gewaltaktionen, die dann den „Nationalsozialisten" und nicht dem „Regime" angelastet wurden.

Unter pädagogischem Aspekt ist vor allem die Auseinandersetzung damaliger Zeitgenossen mit dem Erziehungsanspruch des NS-Regimes hinsichtlich Lebensführung und biologistischer Selbstvorstellungen von Interesse. Damit verbanden sich vor allem „drei Problemzusammenhänge [...]: die Beziehung des Einzelnen zu anderen, sein Verhältnis zum eigenen Körper und seine Vorstellung von der eigenen Herkunft" (S. 242). Alle drei Problembereiche wurden durch das biologistische Menschenbild in Verbindung mit der nationalsozialistischen Rassenpolitik bestimmt: Der Zwang zum Nachweis der „arischen" Abstammung bedingte die Untersuchung der eigenen Herkunft, die Verknüpfung von Sexualität und Partnerschaft mit „erbgesunden" Kindern führte zum Nachdenken über eine Partnerwahl nach biologistischen Kriterien und beförderte schließlich die Übernahme jener Denkfiguren, die Grundlage rassenhygienischer nazistischer Politik waren.

Die von Steuwer untersuchten Tagebücher verdeutlichen auch, welcher Druck etwa im Falle von „Erbkrankheiten" im näheren oder weiteren Familienzusammenhang oder von verwandtschaftlichen Verbindungen zu den vom Regime diskriminierten und verfolgten Bevölkerungsgruppen für die Betroffenen ausgehen konnte. Ein beklemmendes Dokument ist das mehrfach ausführlich zitierte Tagebuch des 1933 18-jährigen Rudolf Briske, dem „als Sohn eines im jungen Erwachsenenalter vom Juden- zum Christentum konvertierten Vaters [...] das NS-Regime [...] die Biologisierung seiner selbst unausweichlich" aufnötigte und der als überzeugter Nationalsozialist, den Bruch mit seinem Elternhaus in Kauf nehmend, im Tagebuch „immer wieder [...] seine Zustimmung zur antisemitischen Politik des Regimes [...] bekräftigte" (S. 343). Zwar können Tagebücher zur Beantwortung der Frage, „wie viele Zeitgenossen vom NS-Erziehungsprojekt angesprochen oder abgestoßen wurden", nur wenig beitragen, die Analyse der „grundsätzlichen Formen, Schwierigkeiten und Spannungen ...], die mit dem Versuch einhergingen, die propagierten ideologischen Leitbilder in verinnerlichte Selbstbilder umzusetzen", führt jedoch, wie die Analyse Steuwers zeigt, zu wertvollen weiterführenden Erkenntnissen hinsichtlich der *subjektiven* Wahrnehmungen und Prozesse bei dem gewaltsamen Versuch, eine nazistische „Volksgemeinschaft" zu konstituieren (S. 243). Sie leistet damit einen wichtigen Beitrag auch zu grundsätzlichen Fragen der Konstituierung von Persönlichkeit, politischem Denken und Bewusstsein im Jugend- und Erwachsenenalter.

4 Opfer und Täter als Bezugsgrößen des Gedenkens und Erinnerns im Spiegel neuerer Untersuchungen

Gedenken und Erinnern ist nicht möglich, ohne zu wissen, an wen man sich erinnern soll – zunächst einmal an die Opfer der Nazi-Verbrechen. Nach 1945 dominierte in der Mehrheitsgesellschaft das Bemühen um Vergessen und Verdrängen. Es dauerte Jahrzehnte, bis ein echtes Interesse an den Umständen von Verfolgung und Ermordung vor allem der ehemaligen jüdischen Nachbarn entstand. In Paderborn, wo ich lebe, erschien z. B. 1960 ein „Appell an die Bürgerschaft" in der Zeitung, der darum bat, für eine erst noch zu schreibende „Schicksalschronik" auch noch den kleinsten Hinweis „auf die im dritten Reich umgekommenen Mitbürger" dem Stadtarchiv mitzuteilen, weil „vieles […] aus jener Zeit im Unterbewußtsein versunken" sei (zit. n. Naarmann 1998, S. 9). Es hat dann hier wie anderswo bis in die späten 1980er und die 1990er Jahre gedauert, ehe entsprechende Arbeiten vorlagen, deren Verfasserinnen und Verfasser in der Regel Angehörige der Kriegs- und Nachkriegsgeneration waren, in Paderborn die Historikerin Margit Naarmann (1938–2016), die sich die Erforschung der Geschichte der Paderborner Juden sowie „jüdischer Familien in Paderborn in der Zeit des Nationalsozialismus" zur Lebensaufgabe gemacht hatte (vgl. Naarmann 1988 u. 1998).

In Regensburg dagegen entstand erst zur Eröffnung der neuen Synagoge im Februar 2019 eine umfassende Darstellung zu deren „gebrochener Geschichte" (Himmelstein 2018; vgl. Bierwirth 2017). Regensburg als Ort jüdischer Geschichte ist schon deshalb interessant, weil die jüdische Gemeinde hier eine der ältesten und bedeutendsten in Deutschland gewesen ist und es vor ihrer Auslöschung in der Nazizeit bereits Vertreibung zu Beginn des 16. Jahrhunderts gegeben hatte. Der von Klaus Himmelstein herausgegebene Band „Jüdische Lebenswelten in Regensburg" (2018) macht diesen Zusammenhang deutlich, beschränkt sich aber keineswegs auf die Darstellung von Repression und Gewalt sowie deren Hintergründe, sondern lässt auch Reichhaltigkeit und Strahlkraft jüdischen Lebens in Regensburg lebendig werden und enthält nicht zuletzt eine Reihe von Beiträgen, die sich mit jüdischem Leben nach 1945 befassen. Einer der Beiträge beschäftigt sich mit „Jüdischen Displaced Persons (DPs) in Regensburg", die nach dem Krieg auf ihre Auswanderung vor allem nach Israel warteten, unter ihnen die Auschwitz-Überlebende, Germanistin und Schriftstellerin Ruth Klüver, die 1947 kurzzeitig an der Philosophisch-Theologischen Hochschule in Regensburg studierte, bevor sie mit ihrer Mutter in die USA übersiedelte. Die 1950 nach verschiedenen Auswanderungswellen zurückbleibenden 288 DPs meist polnischer Herkunft (von über 1800 im Jahre 1946) gründeten 1950 die „Jüdische Gemeinde Regensburg", eine von insgesamt nur 12 Jüdischen Gemeinden in Bayern bis 1996 (von einst 200 im Jahre 1933). Dass es nicht mehr wurden, erklärt der Herausgeber mit dem „gesellschaftlichen Umfeld", das auch in Regensburg „über Jahrzehnte […] die Verbrechen der Nazi-Zeit verdrängte, sie vergessen wollte und die Täter schonte oder entlastete", so dass kaum verwundert, dass „die Jüdische Gemeinde […] versteckte oder offene antisemitische Anfeindungen (erfuhr) – bis heute" (Himmelstein 2018, S. 319). Der Band zeichnet sich nicht nur durch die Vielzahl behandelter Aspekte, sondern ebenso durch seine gute Lesbarkeit aus, so dass er auch Nicht-Regensburgern als Einführung in die Thematik empfohlen werden kann.

Das Verdienst an der inzwischen erreichten Verbreiterung unseres Wissens über Verfolgung und Ermordung deutscher und europäischer Juden während der Nazi-Herrschaft, aber auch über jüdisches Leben vor, während und nach dieser Zeit kommt nicht zuletzt einzelnen Verlagen zu, wie in Regensburg dem Pustet-, in Berlin dem Metropol- und dem Hentrich & Hentrich-Verlag. In letzterem erschien kürzlich ein von Anja Siegemund und Michael Wildt (2021) herausgegebener Sammelband „Gedächtnis aus den Quellen. Zur jüdischen Geschichte Berlins", dem eine Vortragsreihe aus Anlass des 70. Geburtstages von Hermann Simon zugrunde liegt, der sich um den Wiederaufbau der Neuen Synagoge in der Oranienburger Straße verdient gemacht hat und nahezu drei Jahrzehnte als Direktor der Stiftung Neue Synagoge Berlin – Centrum Judaicum an zahlreichen Forschungen und Aktivitäten zur deutsch-jüdischen Erinnerungskultur beteiligt war. Eine Besonderheit dieser Publikation ist, dass in allen Beiträgen ein Text, ein Dokument, ein Bild oder ein Objekt im Fokus steht. Einen ersten Schwerpunkt bilden Aspekte jüdischen Lebens vor dem Holocaust wie die „Berliner Salons" und ihre Deutung als „Sinnbilder der Juden- wie der Frauenemanzipation" (S. 15), „die Entwicklung von der arrangierten Ehe hin zur Kameradschaftsehe" seit dem ausgehenden 19. Jahrhundert im Spiegel von Kontaktanzeigen des Israelitischen Familienblattes (S. 44) oder eine „biografische Annäherung" an den Unternehmer und Journalisten Paul Litwin, seine „politisch-wirtschaftlichen Netzwerke" und seinen Beitrag zur deutsch-französischen Verständigung in der Stresemann-Ära (S. 56). Ein Großteil der Beiträge beschäftigt sich mit Fragestellungen zu Verfolgung und Ermordung der Berliner Juden. Sie erörtern die „Feindschaft gegen ‚Ostjuden' in der Berliner Polizei" in Verbindung mit dem Scheunenviertelpogrom 1923" (S. 71), „Unsicherheiten und Ambivalenzen" jüdischer Migration „im Auge des Sturms" zwischen 1929 und 1938 (S. 85), die „langwierige Liquidation" jüdischer Firmen am Beispiel von Isidor Dobrin's Conditorei (S. 101), die formal sogar erst in der letzten Kriegsphase im März 1945 im Handelsregister gelöscht wurde, und schließlich Forschungsfragen zur „Deportation der jüdischen Bevölkerung aus Berlin 1941 bis 1945" (S. 135). Ein abschließender Teil ist jüdischem Leben in Berlin nach 1945 gewidmet, wobei sich ein Beitrag auch mit Berlin-Gefühlen und Erwartungen von Emigranten an die Stadt beschäftigt, wie sie sich in Korrespondenzen mit Berliner Repräsentantinnen und Repräsentanten der 1990er Jahre spiegeln. Auch wenn die Aufsätze des Bandes speziell Berliner Aspekte behandeln, lassen sie sich doch zugleich als Exempla jüdischen Lebens und Leidens lesen und eignen sich deshalb als Hinführung zum Gedenken und Erinnern.

So wichtig und vorrangig die Frage nach den Opfern des Holocaust ist – so unverzichtbar ist die Rekonstruktion des Tathergangs, die Auseinandersetzung mit den Tätern, den Voraussetzungen und Motiven ihres Handelns wie nicht zuletzt der juristischen Aufarbeitung nach 1945. Viele Jahrzehnte lang gehörte zur Verdrängung der NS-Verbrechen die Reduzierung der Verantwortlichkeit dafür zunächst auf Hitler, später auf einige Hauptrepräsentanten wie den Leiter des Juden-Referats im Reichssicherheitshauptamt Adolf Eichmann sowie einzelne KZ-Kommandanten wie Rudolf Höss, wobei die Diskussion über sie sich zwischen den Polen „Soldaten des Bösen" (Segev 1992) und „Banalität des Bösen" (Arendt 1986 [1964]) bewegte. Erst seit den 1990er Jahren, den Studien von Christopher Browning (1993) zur Beteiligung des Reserve-Polizeibataillons 101 an der „Endlösung" in Polen sowie den beiden Ausstellungen zu den „Verbrechen der Wehrmacht" fand zunehmend die Einsicht in die Beteiligung sehr viel größerer Tätergruppen und -kollektive an der Ermordung der jüdischen Bevölkerung Eingang ins öffentliche Bewusstsein, wurde auf dem Wege gründlicher biographischer Studien wie der Ulrich Herberts (1996) über den eher im Hintergrund agierenden Werner Best deutlich, dass es jüngere, in den Jahren nach dem Ersten Weltkrieg sozialisierte, völkisch-rassistisch radikalisierte Intellektuelle im „Machtkonglomerat Himmlers und Heydrichs" (S. 525) waren, von denen die Pläne zu einer „Neuordnung Deutschlands und Europas, ja der Welt, nach ‚völkischen' Grundsätzen" (S. 527), inklusive der systematischen Ermordung der europäischen Juden, stammten. Daran schlossen sich Untersuchungen zu größeren Täter-Kollektiven wie vor allem dem Führungskorps des Reichssicherheitshauptamtes an (vgl. Wildt 2003), mit der die Studie Herberts auf eine größere Tätergruppe, deren Zusammensetzung, Gemeinsamkeiten der Karrieren, aber auch die Strukturen der durch sie bestimmten Institution ausgedehnt wurde.

Wie hilfreich derartige Studien für das Gedenken und Erinnern sind, möchte ich an einem Beispiel illustrieren. Ende der 1990er und zu Beginn der 2000er Jahre habe ich mehrfach im Rahmen von Studienfahrten nach Südostpolen die Gedenkstätte am Ort des ehemaligen Vernichtungslagers Belzec in Bełżec besucht. Damals erinnerten dort an die bis zu 600.000 hier zu Tode gebrachten Juden lediglich noch das zur Lagerrampe hinführende Eisenbahngleis, auf dem die zur Ermordung in den Gaskammern bestimmten Menschen „angeliefert" wurden, sowie inmitten von Kiefernwäldern auf dem eingezäunten Terrain des ehemaligen Lagers ein Gittertor mit den Zahlen 1942–1943, ein Lageplan sowie riesige Steinurnen, alle anderen Spuren waren von den Tätern unmittelbar nach Aufgabe des „Standortes" beseitigt worden. Wir haben damals, um in der nahezu friedlich wirkenden Umgebung der Gedenkstätte wenigstens eine vage Vorstellung von Tat und Tätern zu gewinnen, den auf eigener Anschauung basierenden Bericht des Rassenhygienikers, SS-Beraters und -Gutachters Wilhelm Pfannenstiel über den qualvollen Tod der Menschen in den Gaskammern verlesen, der zwar eine Vorstellung vom Tathergang, vor allem von den Leiden der Opfer vermitteln konnte (vgl. Klee/Dreßen /Rieß 1988, S. 216 ff.), das hinter der Tat stehende Vernichtungs*system*, die Reichweite der daran beteiligten Institutionen, die Größenordnung der dafür verantwortlichen Menschen sowie deren Prägung und Motive jedoch höchstens erahnen ließ. Abgesehen davon, dass es heute am Gelände des ehemaligen Vernichtungslagers eine didaktisch konzipierte neue Gedenkstätte mit Memorial gibt[2], liegt jetzt eine, bereits in dritter Auflage erschienene Untersuchung von Sara Berger (2018 [2013]) vor: „Experten der Vernichtung. Das T4-Reinhardt-Netzwerk in den Lagern Belzec, Sobibor und Treblinka". Diese gibt detaillierte Antworten auf die uns damals beschäftigenden Fragen, aber ist auch aufgrund ihres methodischen Ansatzes interessant, sodass wenigstens kurz auf sie eingegangen werden soll.

Die Arbeit gehört zu der Gruppe von Studien, die Täterkollektive in den Blick nehmen, um nach deren gemeinsamen Prägungen und Profilen zu fragen. Im Mittelpunkt steht dabei die sog. „Aktion Reinhardt", bei der zwischen März 1942 und September 1943 in den drei Vernichtungslagern Belzec, Sobibor und Treblinka ca. 1,6 Millionen Juden und ca. 50.000 Sinti und Roma ermordet wurden. Den Kern des aktiven Täterkollektivs bildete eine Gruppe von mindestens 121 Personen, die zwischen Anfang 1940 und August 1941 bereits im Rahmen der sog. „Aktion T4" am „Euthanasie"-Mord an ca. 70.000 Kranken und Menschen mit Behinderung beteiligt waren und dann nach Südostpolen zur Fortsetzung ihrer Tötungs-Arbeit „versetzt" wurden; ein Teil von ihnen hat nach Abschluss der „Aktion Reinhardt" noch in Oberitalien, vor allem im Sammel- und Durchgangslager Risiera di San Sabba von Triest, an Aktionen zur Verfolgung, Ausraubung und Ermordung insbesondere jüdischer Opfer mitgewirkt. Diesem Stamm von zumindest an den ersten beiden Aktionen beteiligten Tätern im Zusammenhang mit den Tötungsprozessen der „Aktion Reinhardt" sowie den daran beteiligten Institutionen und Personengruppen gilt das Interesse der Autorin. Zur Bearbeitung der komplexen Interaktionen von Akteuren und Organisationen bei Planung und Durchführung des Mord-Projektes bedient sie sich methodisch des aus der Organisationssoziologie stammenden Netzwerk-Konzepts, betrachtet „das gesamte Täterkollektiv der in den Osten zum Aufbau der Lager versetzten T4-Angehörigen" als „Akteurset" und fasst Akteurset und Lager im Sinne eines Gesamtnetzwerkes als „T4-Reinhardt-Netzwerk" zusammen, das wiederum mit Innen- und Außennetzen verbunden war (S. 14 ff.). Eine zentrale Quelle ihrer Untersuchung sind Vernehmungsakten deutscher und ausländischer NS-Prozesse gegen beteiligte „Netzwerker".

Fragt man nach Erträgen der Untersuchung, dann enthält bereits die minutiöse Rekonstruktion von Planung und Durchführung der „Aktion" wertvolle Aufschlüsse über deren Charakteristika. Die daran beteiligten Akteure handelten keineswegs nur als Befehlsempfänger und nach strenger Anweisung, besaßen vielmehr breiten Handlungsfreiraum und waren, oft auf dem Wege von Trial-and-Error, in die Entwicklung, später die Effektivierung und Optimierung der Mordstätten einbezogen, wobei sie individuelle Kompetenzen, die sie bei den

---

2   Vgl. zum Vernichtungslager Belzec und zu der eindrucksvollen neuen Gedenkstätte den Wikipedia-Artikel „Vernichtungslager Belzec" (mit Bildern zur Gedenkstätte). www.de.wikipedia.org/wiki/Vernichtungslager_Belzec (Abfrage 24.07.2022)

Euthanasie-Morden gewonnen hatten, einbringen konnten. So gab es für die Entwicklung aller Teilbereiche des Mordprogramms Spezialisten, angefangen bei der Logistik zur Entwicklung möglichst reibungsloser Abläufe beim Antransport der Opfer in die Lager, über die bauliche Anordnung der für den Durchlauf der Menschen notwendigen Gänge und Räume, bis hin zur Produktion der Motorenabgase und zu deren Zuleitung in die Gaskammern sowie schließlich der Entsorgung der Leichen. Ebenso zeigt die Analyse die Bedeutung von „Innen-" und „Außennetzen". Das „Innennetz" umfasste die, in der Regel freiwilligen, nach ihrem Vorbereitungslager als Trawniki-Männer bezeichneten nicht-jüdischen Hilfskräfte – zumeist sowjetische Kriegsgefangene und Zwangsarbeiter – sowie die, von Berger als einzige nicht dem Täterkreis zugerechneten sog. „Arbeitsjuden", die in der Regel nach einer bestimmten Zeit selbst in den Gaskammern ermordet wurden. Das Außennetz reichte vom Reichssicherheitshauptamt, über Sicherheitsdienst und Sicherheitspolizei, die SS-Standortverwaltung, die SS-Zentralbauleitung, nicht zu vergessen die Reichsbahn, bis hin zur lokalen Bevölkerung etwa des Ortes Bełżec, die vor allem in der Planungs- und Aufbauphase des Lagers vielfältige Hilfsdienste erbrachte und bei alltäglichen Problemen mit dem Lager-Personal kooperierte, was noch einmal verdeutlicht, „wie viele Menschen an der Ermordung der Juden (sowie Sinti und Roma, W. K.) beteiligt waren" (S. 392).

Das Täterkollektiv des „T4-Reinhardt-Netzwerkes" gehörte überwiegend den Jahrgängen 1900 bis 1910, also der sog. Kriegsjugendgeneration, an, die auch als „Generation des Unbedingten" (Wildt 2003) bezeichnet worden ist. Der nicht verkraftete Widerspruch zwischen versprochener deutscher Großmachtstellung und tatsächlicher Niederlage mit nachfolgender Inflation und politischer Instabilität der Weimarer Republik dürfte bei vielen dieser Generation wie erst recht bei den Angehörigen des untersuchten Täterkollektivs zur bedingungslosen Unterstützung des nationalsozialistischen Projektes geführt haben, wobei „der Antisemitismus […] als ‚kultureller Code' […] zur Herstellung nationaler Identität" fungierte (S. 295). Bedrückend ist die – aufgrund ihrer Belege nachvollziehbare – Einschätzung der Verfasserin, dass ein Unrechtsbewusstsein der Täter kaum vorhanden war, vielmehr „der alltägliche Massenmord in den Vernichtungslagern für die Männer eine mehr oder weniger normale und geregelte Arbeit" darstellte, in der Täterforschung ist dementsprechend bereits von „Tötungsarbeit" die Rede (S. 321). Für die Entscheidung, in Vernichtungslagern zu arbeiten, dürften freilich auch gute Gehälter, Privilegien, Beförderungen und ein Leben mit nur wenigen einengenden Regeln nicht zu unterschätzen sein, wobei „für die T4-Reinhardt-Männer auch die Möglichkeit individueller Bereicherung" mit Sicherheit eine Rolle gespielt hat (S. 329). Das fehlende Unrechtsbewusstsein der Tätergruppe erklärt auch, dass die meisten von ihnen sich nach dem Kriege „– ohne eine neue Identität anzunehmen – wieder als normale Bürger in die Nachkriegsgesellschaft ein(reihten), in der Regel ohne dabei straffällig zu werden" (S. 363); nur wenige tauchten mit neuer Identität unter und/oder setzten sich in ferne Länder ab. Da auch in der Bevölkerung ein Bewusstsein für die Schwere der Taten fehlte, begann eine ernsthafte Aufarbeitung der Verbrechen erst seit dem Ende der 1950er und dem Beginn der 1960er Jahre; letztendlich wurden nur „27 Personen […] vor Gericht gestellt, neun von ihnen […] zu lebenslanger Haft verurteilt, 10 erhielten kleinere Freiheitsstrafen und sieben wurden freigesprochen" (S. 365) – „wirkliche Reue oder das Eingeständnis von persönlicher Schuld fanden sich bei den Angeklagten in den Prozessen nicht" (S. 373). Die Lektüre der leserfreundlich geschriebenen und mit der heiklen Begrifflichkeit sensibel verfahrenden Untersuchung ist gerade auch für Pädagogen lohnend, wenngleich anstrengend und fordernd.

Kurz nach Erscheinen der Arbeit von Sara Berger tauchte eine Sammlung von über 350 Fotografien, Fotoalben und sonstigen Dokumenten des zum T4-Netzwerk gehörenden stellvertretenden Kommandanten von Sobibor Johann Niemann auf, der im Oktober 1943 beim Aufstand des Lagers mit einer Axt erschlagen wurde. Sie ist inzwischen nach mehrjähriger Forschungsarbeit unter dem Titel „Fotos aus Sobibor. Die Niemann-Sammlung zu Holocaust und Nationalsozialismus" (Bildungswerk Stanislaw Hantz e. V. und Forschungsstelle Ludwigsburg der Universität Stuttgart 2020) sorgfältig publiziert, kontextualisiert und kommentiert worden und stellt damit eine einzigartige Bilder-Sammlung eines NS-Massenmörders mit dessen Biographie, einschließlich der Stationen seiner Mord-Tätigkeit wie auch der Rolle seiner Ehefrau als Mitwisserin und Profiteurin dar, wobei die Autor:innen nicht vergessen haben, Bezüge zu den letzten Überlebenden des Lagers Sobibor herzustellen. Der klug konzipierte und hervorragend ausgestattete Band mit seinen Bildern und Texten ist dazu geeignet, die Untersuchung von Sara Berger zum T4-Reinhardt-Netzwerk anhand *einer* einzelnen Täterbiographie zu vertiefen.

5 Von der Aufarbeitung zum Gedenken und Erinnern in der Pädagogik

Im Unterschied zur DDR, wo das Erinnern – allerdings vor allem an den kommunistischen Widerstand – zur Staatsräson gehörte, sind Gedenken und Erinnern an den Holocaust in der Bundesrepublik erst relativ spät in Gang gekommen und seit den 1980er Jahren, insbesondere im Zusammenhang mit der Entwicklung und Verbreitung von Gedenkstätten, auch Thema von Erziehungswissenschaft und Pädagogik geworden. Impulse zum Erinnern an den Holocaust im Sinne eines kritischen Durcharbeitens der NS-Vergangenheit reichen allerdings bis in die frühe Bundesrepublik zurück, wobei bis heute die für den Rundfunk konzipierten Beiträge Theodor W. Adornos „Was bedeutet: Aufarbeitung der Vergangenheit" (1959) und „Erziehung nach Auschwitz" (1966) Ausgangspunkte und Zielvorstellungen der Thematik mitbestimmen. (Vgl. 1971). Nach der deutschen

Vereinigung erhielt der Erinnerungs-Diskurs Zündstoff durch die unterschiedlichen Traditionen und Vorstellungen von Gedenken und Erinnern in beiden deutschen Staaten, die etwa im Buchenwald-Konflikt der 1990er Jahre ihren Niederschlag fanden (vgl. Zimmer 1999), während in den zurückliegenden beiden Jahrzehnten die verstärkte Migration als besondere Herausforderung für die Erziehung nach Auschwitz wahrgenommen wird und den Diskurs maßgeblich beeinflusst. Dabei geht es u. a. auch um die Frage, inwieweit jugendliche Migrantinnen und Migranten aufgrund eines „anderen" Erfahrungshintergrundes „zum Problem der historischen Vermittlungsarbeit werden" (Rhein 2019, S. 19).

Mit ihrer in Frankfurt/Main angenommenen Dissertation „Erziehung nach Auschwitz in der Migrationsgesellschaft. Nationalismus, Rassismus und Antisemitismus als Herausforderungen für die Pädagogik" hat Katharina Rhein (2019) dazu jetzt einen interessanten theoretischen wie empirischen Beitrag vorgelegt, in dem sie das Insistieren auf dem „Anders-sein" von Migranten-Jugendlichen mit „post-nationalsozialistischen Artikulationsweisen" von (kulturalistischem) Nationalismus und Rassismus in Verbindung bringt und anhand einer eigenen Erhebung mit Studierenden der Erziehungswissenschaft unterschiedlicher Herkunft nachzuweisen versucht, wie vorschnell Annahmen einer solchen „Andersartigkeit", zumindest bei der Bearbeitung von Holocaust-Themen, sein können. Auch sie leitet die Dringlichkeit der Fragestellung aus der Forderung Adornos ab, eine Wiederholung von Auschwitz zu verhindern, und sieht im Anschluss an Adorno als wichtige Voraussetzung dafür, „Mechanismen der Kollektivierung" sowie damit verbundener Ab- und Ausgrenzung kritisch „in den Blick zu nehmen" (S. 15). Dazu greift sie zurück auf Konzepte des *Othering* aus der postkolonialen Theorie sowie auf neuere Arbeiten zur modernen Nationsbildung als „vorgestellten Gemeinschaften", wobei „zentraler Gedanke ist, dass die Identitätsbildung über die Konstruktion von ‚Anderen' erfolgt" und „aus dominanzgesellschaftlicher Perspektive definiert wird, was bzw. wer ‚anders' ist" (S. 57). Damit beschreibt sie Prozesse von „Gleichmachung" und „Ungleichmachung", von Inklusion und Exklusion im Rahmen von Nationalismus, Antisemitismus, Antiziganismus und Rassismus, wie sie mit Entstehung und Entwicklung moderner Nationen, insbesondere des deutschen Nationalstaates, und zwar bis 1945, unauflöslich verbunden waren.

Ausführlich beschäftigt sich die Autorin mit der Frage, was mit den durch den Holocaust entwerteten nazistischen Konzepten des Othering nach dem Krieg passiert ist, als „ein Anknüpfen an die Feind- und Fremdbilder des Nationalsozialismus nicht nahtlos möglich", gleichwohl eine „Selbstvergewisserung […], was Deutschland und ‚die Deutschen' ausmache", nötig war (S. 85). Während sie solche NS-ideologischen Muster im Antikommunismus des Kalten Krieges relativ ungebremst weiterwirken sieht, gilt dies ihrer Ansicht nach für Antisemitismus, Rassismus und Nationalismus eher indirekt, sodass sie von „sekundärem Antisemitismus" (S. 98) spricht, den sie gegenwärtig vor allem in einer Dämonisierung der Politik Israels sieht (S. 101), ebenso eine Verschiebung des Rassismus „von biologistischen hin zu kulturalistischen Begründungsmustern" (S. 153 f.) konstatiert, deren „Bezugspunkt" sie in der Migration erkennt (S. 121 ff.), oder „veränderte Artikulationsweisen des Nationalismus" (S. 127) beschreibt, wie sie sich in der Rede von einer „Neuerfindung Deutschlands" (S. 132 ff.) oder in der „nationalen Identitätsbildung „nicht trotz, sondern wegen Auschwitz'" (S. 155) niederschlagen. Daraus resultierende Probleme und Konflikte seien dabei stellvertretend für Gesellschaft und Politik der Pädagogik zur Bearbeitung übertragen, damit „Verantwortlichkeit von staatlicher Politik auf das Individuum verlagert" worden, und zwar „in besonderem Maße auf Jugendliche" (S. 158). Dies verdeutlicht die Verfasserin anhand von Fallbeispielen, angefangen bei der antisemitischen Schmierwelle 1959/60, bei der „Politische Bildung als Lösung" propagiert wurde (S. 164 ff.), über die Pogrome der 1990er Jahre, die man mit dem Rechtsextremismus ostdeutscher Jugendlicher erklärte und damit als Angelegenheit insbesondere von Sozialarbeit und Sozialpädagogik definierte, bis hin zur Funktionalisierung der Gedenkstätten für „die nationale Selbstvergewisserung als geläuterte, demokratische Nation", wobei wiederum vornehmlich Jugendliche „etwas aus der NS-Vergangenheit lernen sollen, während das für Erwachsene nicht mehr nötig erscheint" (S. 207). Ein solches national-pädagogisches Aufgabenverständnis von Gedenkstätten zur Erinnerung an den Holocaust verdeutlicht die Gründe, aus denen eine „Erziehung nach Auschwitz" von Jugendlichen mit *und* ohne Migrationshintergrund als problematisch angesehen wird. Nach Ansicht der Verfasserin hat dies weniger mit „problematischen Migrantenjugendlichen" als vielmehr mit Nationalismus und nationalen Selbstbildern zu tun „in einem Land, in dem sich nach wie vor viele Menschen schwer damit tun, die Realität der Migrationsgesellschaft anzuerkennen" (S. 236).

Die aus theoretischen Überlegungen im Anschluss an Othering-Konzepte gewonnene Sichtweise bezüglich multikultureller Auseinandersetzung mit der NS-Zeit bestätigen die Ergebnisse des empirischen Teils der Untersuchung. Dabei wurden 283 Studierende der Erziehungswissenschaft mit und ohne Migrationshintergrund im Rahmen einer Online-Erhebung mit geschlossenen (Ja – Nein) und offenen Fragen innerhalb einer Einführungsveranstaltung zur Geschichte der Pädagogik nach ihrem Interesse an einer Auseinandersetzung mit der NS-Zeit wie ihren persönlichen und biografischen Motiven dafür gefragt, wobei Bezügen zur eigenen Familiengeschichte besondere Beachtung geschenkt wurde. Wichtigste Ergebnisse der Erhebung waren ein durchgängig starkes Interesse an der Thematik von über 90 %, die doppelt so oft geäußerten familiären Bezüge auf Seiten von Studierenden mit Migrationshintergrund sowie deren in der Tendenz sehr viel weniger floskelhaften Antworten, verglichen mit den Studierenden ohne Migrationshintergrund. Bei letzteren gab nur etwa ein Viertel an, „dass die eigene Familiengeschichte von Bedeutung für die Auseinandersetzung mit der NS-Zeit sei" (S. 318), wobei Geschichten über Krieg und Leid dominieren und nur etwa 5 %

„eine Täter(innen)- oder NS-Anhänger(innen)schaft" erwähnen (S. 307), was den Ergebnissen der Studien von Welzer u. a. zur „Heroisierung" des NS im Familiengedächtnis entspricht – „Opa war kein Nazi" (Welzer/Moller/Tschuggnall 2002); damit dürfte zusammenhängen, „dass unabhängig von der Migrationserfahrung (in der Familie) nur selten Bezug auf die Opfer genommen wird" (S. 320). Betroffen macht die Tatsache, dass von den 58 Studierenden mit Migrationshintergrund immerhin 10, das sind mehr als 17 %, eigene Diskriminierungserfahrungen als Motiv für die Beschäftigung mit der Thematik angeben (S. 354).

Bezüglich ihrer Fragestellung nach Unterschieden zwischen Jugendlichen mit und ohne Migrationshintergrund kommt die Verfasserin anhand ihrer Befragung zu dem Ergebnis, dass sie keinerlei Anhaltspunkte für die Annahme gefunden habe, dass „Lernprozesse zum Thema NS-Zeit …] bei deutschen Jugendlichen ohne Migrationserfahrung (in der Familie) generell unproblematischer oder engagierter" abliefen (S. 319). Die Tatsache, dass die Erfahrungen der Familien in der Gruppe von Studierenden mit Migrationshintergrund häufig die Zeit des Zweiten Weltkrieges betreffen, als die Wehrmacht zahlreiche Länder überfallen und – über die Verbrechen an der jüdischen Bevölkerung hinaus – viele Menschen von dort als Zwangsarbeiter nach Deutschland verschleppte, lässt es freilich im Interesse eines besseren Verständnisses autochthon deutscher Schüler(innen) für ihre aus anderen Ländern stammenden Mitschüler(innen) als wünschenswert erscheinen, dass die Schulen diesen Teil der NS-Geschichte stärker thematisieren, zeigt doch eine frühere Studie der Verfasserin, „wie gering das Wissen über die vom NS-Staat überfallenen Länder bei den Befragten" war, so dass ein Großteil von ihnen sogar meinte, die „Verbrechen gegen die jüdische Bevölkerung" hätten sich „vor allem in Deutschland abgespielt" (S. 317).

Etwa gleichzeitig mit der Untersuchung von Katharina Rhein ist eine weitere, als germanistische Dissertation an der Ludwig-Maximilians-Universität München angenommene Arbeit von Christina Ulbricht zum Thema „Bildungsangebote zu Nationalsozialismus und Holocaust. Eine empirische Studie zu Reaktionen von Jugendlichen zum pädagogischen Umgang" (2020) erschienen, deren Ziel es ist, „die Reaktionen der Jugendlichen auf unterschiedliche Bildungsangebote zu NS-Verbrechen empirisch darzustellen und auf Überlegungen der Deutsch- und Geschichtsdidaktik sowie der Gedenkstättenpädagogik zu beziehen" (S. XI). Dazu hat die Verfasserin auf dem Wege teilnehmender Beobachtung die Reaktionen von vorwiegend 15- bis 17-jährigen Jugendlichen während ihrer Auseinandersetzung mit dem Thema im Rahmen unterschiedlicher schulischer wie außerschulischer Angebote ausgewertet und 32 daran beteiligte Jugendliche mittels leitfadengestützter Interviews zu ihren Erfahrungen befragt, die sie mit der Thematik im Alltag, in der Familie, mit Freunden, aber auch in der Schule und beim Besuch der Gedenkstätte gemacht haben, wie auch zum eigenen Erleben der Art und Weise des Umgangs mit dem Thema wie zu Vorstellungen und Wünschen für dessen zukünftige Behandlung.

Die von der Autorin dazu ausgewählten Bildungsangebote sind durchaus interessant: eine 14-tägige Internationale Jugendbegegnung in Verbindung mit der KZ-Gedenkstätte Dachau, bei der sie Teilnehmerin und Beobachterin zugleich war, ein Theaterprojekt, bei dem es um die Euthanasieverbrechen an Tausenden von Patienten der Heil- und Pflegeanstalt Eglfing-Haar bei München ging, eine dreitägige Exkursion der 10. Klasse einer Waldorfschule zur KZ-Gedenkstätte Dachau sowie Gedenkstättenfahrten der 9. und 11. Jahrgangsstufen eines bayrischen Gymnasiums, ebenfalls nach Dachau. Die Erfahrungen, von denen sie dabei berichtet, sind teilweise verstörend. So der Bericht über die dreitägige Exkursion der Waldorfschule nach Dachau, die im Dezember stattfinden musste, weil „winterliche Begebenheiten" für Leid und Trauer zusätzlich sensibilisieren sollen (S. 138), und deren Ziel die künstlerische Verarbeitung des Erlebten „mithilfe von Musik, Theater und Schreiben" war, um damit, wie es ein Lehrer formulierte, „dem Thema den Mief zu nehmen" (S. 184), mit dem Ergebnis, dass die spätere künstlerisch-ästhetische Produktion der Schüler(innen) mit dem in der Gedenkstätte Gesehenen und Gehörten nur noch wenig zu tun hatte. Kaum überzeugender erscheint die Zielvorgabe für den Gedenkstättenbesuch der Gymnasialklassen, „die gelernten Unterrichtsinhalte vertieft und verstanden zu haben, um dazu beitragen (zu) können, dass ‚so etwas nie wieder geschieht'", zumal mit dem methodischen Repertoire der „alten" Schule, die Schüler(innen) während des Rundgangs „vorab erarbeitete Präsentationen" vortragen zu lassen, „die bereits von der Lehrperson korrigiert worden (sind) und in die Geschichtsnote eingeflossen" (S. 141).

Die Ergebnisse der Jugendlichen-Befragung sind vielfältig, es fehlt ihnen allerdings der Bezug auf eine übergeordnete Fragestellung. Kaum neu ist die Erfahrung, dass auf Freiwilligkeit der Teilnahme basierende außerschulische Angebote wie die Internationale Jugendbegegnung und das Theaterprojekt nachhaltiger sind als schulischer Unterricht, der Besuch von Gedenkstätten „von den befragten Jugendlichen als wertvolle Ergänzung (zu) ihrer Auseinandersetzung mit dem Thema angesehen wird" (S. 290), eine bessere Verzahnung von Bildungsangeboten zum Thema sinnvoll wäre. Dass Schülerinnen und Schüler den Wunsch nach „mehr Filmen und Bildern" äußern, „die ihnen die NS-Verbrechen veranschaulichen" (S. 207), ist zwar ebenfalls nicht neu, dürfte sich aber durch veränderte Rezeptionsgewohnheiten heutiger Jugendlicher verstärkt haben, worauf die Tatsache hindeutet, dass Literatur als Ergänzung zur Auseinandersetzung mit dem Thema kaum mehr eine Rolle spielt und „lediglich eine Interviewteilnehmerin und ein Interviewteilnehmer im Deutschunterricht eine thematisch abgestimmte Literatur zum Nationalsozialismus und Holocaust gelesen […] haben" (S. 290). Da es inzwischen eine Fülle geeigneten Filmmaterials zu vielfältigen Aspekten des Themas gibt, scheint es lediglich eine Frage von Lehrer(innen)fortbildung zu sein, diesem Wunsch heutiger Jugendlicher zu entsprechen. Schwieriger stellt sich mir dies für das von mehreren interviewten Schülerinnen und Schülern betonte

Bedürfnis dar, „sich dem Thema zwangloser anzunähern und Humor zuzulassen" (S. 291), bzw. – wie es die Verfasserin an anderer Stelle formuliert – „nach einem Umgang mit dem Thema zu suchen, welcher weniger von Traurigkeit als von Humor und Witz geprägt ist" (S. 253), wobei ich gern gewusst hätte, was die Verfasserin mit letzterem Wunsch selbst verbindet: dass ein Zeitzeuge zwischendurch mal einen Witz erzählt, wie von einem Schüler berichtet, oder dass statt trockener Texte Auschwitz-Comics oder Filme wie „Das Leben ist schön" von Roberto Benignis, bei dem einem allerdings das Lachen im Halse stecken bleibt, Grundlage der Auseinandersetzung mit dem Thema sein sollen? – Der Lesbarkeit der Untersuchung wäre eine sprachliche Überarbeitung förderlich gewesen.

Nur in einem Bundesland, nämlich Nordrhein-Westfalen (NRW), gibt es ein Unterrichtsfach Erziehungswissenschaft, für das kürzlich eine Gruppe von Erziehungswissenschaftler(inne)n aus unterschiedlichen Hochschulen NRWs eine Quellensammlung „Erziehung im Nationalsozialismus" mit je einem Band für Schülerinnen und Schüler sowie für Lehrerinnen und Lehrer erarbeitet hat (Gather/ Schwerdt /Wüllner 2019). Im Kernlehrplan des Faches für die gymnasiale Oberstufe in NRW wird das Thema im Zusammenhang mit Werten, Normen und Zielen in Erziehung und Bildung verankert, das Konzept der Quellensammlung greift jedoch sehr viel weiter und verbindet die „Ausrichtung des Inhaltsfeldes auf normative Fragen von Bildung und Erziehung" mit dem Aufweis von deren „historischer Bedingtheit und Kontextgebundenheit" (Lehrer und Lehrerinnenband, S. 11 f.) wie auch, in einem abschließenden Teil, mit Problemen des „Umgangs mit dem Nationalsozialismus als pädagogische(r) Herausforderung". Darin geht es um Fragen von „Schuld und Verantwortung", u. a. mit einem Text Adornos zur „Verantwortung der Erziehung", um die zerstörte Kindheit von Holocaust-Überlebenden, um „Abwehr und Kritik der Erinnerung" und um Probleme des Gedenkens und Erinnerns im Zusammenhang mit Gedenkstättenpädagogik heute. Die Materialien (Texte, Bilder, Grafiken) sind geschickt ausgewählt und mit Arbeitsaufträgen zu deren Erschließung wie zur Auseinandersetzung damit versehen; teilweise haben Herausgeberinnen und Herausgeber auch knappe eigene Texte zur Einordnung abgedruckter Quellen verfasst. Der Band für Lehrerinnen und Lehrer enthält neben einer Einordnung des Themas in den Kernlehrplan des Faches Hinweise zum Aufbau des Quellenbandes, vor allem aber Verständnishilfen zu den abgedruckten Texten, Bildern und Grafiken, didaktische Hinweise zu deren Erschließung, einschließlich Vorschlägen für Tafelbilder und Zusatzaufgaben. Die Quellensammlung ist zwar speziell im Hinblick auf das Unterrichtsfach „Erziehungswissenschaft" in NRW entworfen, enthält aber zweifellos auch wertvolle Anregungen zur Behandlung des Themas in anderen Fächern, insbesondere für den Geschichtsunterricht.

Wolfgang Keim

Literaturverzeichnis

Adorno, Theodor W. (1971): Erziehung zur Mündigkeit. Vorträge und Gespräche mit Hellmut Becker 1959–1969, hrsg. v. Gerd Kadelbach. Frankfurt/M.: Suhrkamp.

Aly, Götz (1999): Theodor Schieder, Werner Conze oder Die Vorstufen der physischen Vernichtung. In: Schulze, Winfried/Oexle, Otto Gerhard (Hrsg.): Deutsche Historiker im Nationalsozialismus. Frankfurt/M.: Fischer.

Arendt, Hannah (1986 [1964]): Eichmann in Jerusalem. Ein Bericht von der Banalität des Bösen. München/ Zürich: Piper.

Bierwirth, Waltraud (2017): „Die Firma ist entjudet". Schandzeit in Regensburg 1933–1945. Regensburg: Friedrich Pustet.

Browning, Christopher (1993): Ganz normale Männer. Das Reserve-Polizeibataillon 101 und die „Endlösung" in Polen. Reinbek: Rowohlt.

Herbert, Ulrich: Best. Biographische Studien über Radikalismus, Weltanschauung und Vernunft, 1903–1989. Bonn: J. H. W. Dietz Nachfolger.

Keim, Wolfgang (1990): Erziehung im Nationalsozialismus. Ein Forschungsbericht. Beiheft zur „Erwachsenenbildung in Österreich". Wiener Neudorf: Österreichischer Bundesverlag.

Keim, Wolfgang (Hrsg.) (1990): Erziehungswissenschaft und Nationalsozialismus – Eine kritische Positionsbestimmung. Marburg: Bund Demokratischer Wissenschaftlerinnen und Wissenschaftler.

Klarsfeld, Serge/Klarsfeld, Beate (1991): Die Kinder von Izieu. Eine jüdische Tragödie. Berlin: Edition Hentrich.

Klee, Ernst/Dreßen, Willi/Rieß, Volker (1988): „Schöne Zeiten". Judenmord aus der Sicht der Täter und Gaffer. Frankfurt/M.: S. Fischer.

Lorenz, Chris (2007). Der Nationalsozialismus, der Zweite Weltkrieg und die deutsche Geschichtsschreibung nach 1945. In: Wielenga, Friso (Hrsg.): Jahrbuch des Zentrums für Niederlande-Studien der Universität Münster: Waxmann, S. 159–170.

Naarmann, Margit (1988): Die Paderborner Juden 1802–1945. Emanzipation, Integration, Vernichtung. Ein Beitrag zur Geschichte der Juden in Westfalen im 19. und 20. Jahrhundert. Paderborn: Verein für Geschichte an der Universität-GH-Paderborn.

Naarmann, Margit (1998): „Von ihren Leuten wohnt hier keiner mehr". Jüdische Familien in Paderborn in der Zeit des Nationalsozialismus. Köln: SH.

Ortmeyer, Benjamin (2009): Mythos und Pathos statt Logos und Ethos. Zu den Publikationen führender Erziehungswissenschaftler in der NS-Zeit: Eduard Spranger, Herman Nohl, Erich Weniger und Peter Petersen. Weinheim/Basel: Beltz.

Rieger-Ladich, Markus/Rohstock, Anne/Amos, Karin (Hrsg.) (2019): Erinnern, Umschreiben, Vergessen. Die Stiftung des disziplinären Gedächtnisses als soziale Praxis. Weilerswist: Velbrück Wissenschaft.

Segev, Tom (1992): Die Soldaten des Bösen. Zur Geschichte der KZ-Kommandanten. Reinbek: Rowohlt.

Tenorth, Heinz-Elmar (2010): Besprechung zu Benjamin Ortmeyer, „Mythos und Pathos". In: Zeitschrift für Pädagogik 56 (2010), S. 632–638.

Ullrich, Volker (2003): Sehnsucht nach dem Messias. Hans-Ullrich Wehlers grandiose „Deutsche Gesellschaftsgeschichte": In seinem vierten Band deutet er Hitler und den Nationalsozialismus neu. In: DIE ZEIT Nr. 42 v. 09.10.2003, S. 67 f.

Wehler, Hans-Ulrich (2003): Deutsche Gesellschaftsgeschichte. Vierter Band: Vom Beginn des Ersten Weltkriegs bis zur Gründung der beiden deutschen Staaten 1914–1949. München: C. H. Beck.

Welzer, Harald/ Moller, Sabine/ Tschuggnall, Karoline (2002): „Opa war kein Nazi". Nationalsozialismus und Holocaust im Familiengedächtnis. Frankfurt/M.: Fischer.

Wildt, Michael (2003): Generation des Unbedingten. Das Führungskorps des Reichssicherheitshauptamtes. Hamburg: Hamburger Edition.

Zimmer, Hasko (2010): Besprechung zu Benjamin Ortmeyer, „Mythos und Pathos". In: Erziehungswissenschaftliche Revue 9 (2010), Nr. 4.

Zimmer, Hasko (1999): Der Buchenwald-Konflikt. Zum Streit um Geschichte und Erinnerung im Kontext der deutschen Vereinigung. Münster: agenda.

Wallach Scott, Joan (2019): Knowledge, Power, and Academic Freedom

New York: Columbia University Press

Bei dem hier anzuzeigenden Buch handelt es sich um einen Sammelband mit Aufsätzen, Vorträgen und einem Gespräch der emeritierten US-amerikanischen Sozialwissenschaftlerin und Historikerin Joan Wallach Scott, die sich darin vor allem mit dem Zustand der US-amerikanischen Universitäten im Allgemeinen und der akademischen Freiheit im Besonderen beschäftigt. Wallach Scott, die zuletzt an der Princeton University arbeitete, hat sich vor allem mit Büchern und Aufsätzen zu Gender-Fragen einen Namen gemacht. Zudem ist sie lange Mitglied im *Committee on Academic Freedom and Tenure* der 1915 unter anderem von Arthur O. Lovejoy und John Dewey gegründeten *American Association of University Professors* gewesen. Dieses Komitee ist die Appellationsinstanz, an die sich Forscher:innen und Lehrende US-amerikanischer Universitäten wenden können, wenn sie der Meinung sind, dass ihnen in Fragen akademischer Freiheit oder beruflicher Einschränkungen – bis hin zur Entlassung – Unrecht geschehen ist. Wallach Scott verfügt somit über einen erfahrungsgesättigten Einblick in den über die letzten 25 Jahre zunehmend intensiver geführten Kampf um die akademische Freiheit an den US-amerikanischen Universitäten. Die meisten Texte stammen aus den letzten vier Jahren. Zwei der Texte verdeutlichen jedoch, dass das im Zentrum dieser Aufsatzsammlung stehende Thema die Autorin schon deutlich länger beschäftigt.

Für eine deutsche Leser:in sind Wallach Scotts Beobachtungen und Reflexionen insofern von besonderem Interesse, als sie nicht nur einen ernüchternden Einblick in das in jüngster Zeit – in häufig einseitiger Fokussierung auf die Spitzenuniversitäten – gefeierte US-amerikanische Universitätssystem geben, sondern auch eine Ahnung davon vermitteln, was uns hier in Deutschland noch bevorstehen mag. Die Besonderheiten des US-amerikanischen Universitätssystems schließen freilich eine direkte Übertragung auf hiesige Verhältnisse aus. Dazu gehören insbesondere die (noch) größere Bedeutung der Verwaltung dort und das Beamtenrecht hier sowie die unterschiedliche Art der Finanzierung. Gleichwohl bestehen auch hinreichende Gemeinsamkeiten, die Wallach Scotts Analysen nicht nur als Einblick in ein anderes System interessant machen, sondern auch als solche, die informativ sind bezüglich hiesiger Entwicklungen.

Für Wallach Scott ist die akademische Freiheit an US-amerikanischen Universitäten in den letzten 20 bis 30 Jahren vor allem von zwei Seiten her

Anfeindungen ausgesetzt, die sich verstärken. Von konservativer Seite wird das Prinzip der freien Meinungsäußerung gegen die akademische Freiheit in Stellung gebracht. Mit der Unterstellung, die akademische Freiheit sei nichts anderes als freie Meinungsäußerung, schaffen sie die Basis, auf der sie die sogenannten „akademischen Eliten" dann als intolerant entlarven und sich selbst als Opfer stilisieren können, wenn sie nicht selbst das gewünschte Rederecht erhalten. Von progressiver Seite wird die akademische Freiheit im Zuge eines *affective turns*, wie Wallach Scott es nennt, mit dem Vorwurf konfrontiert, die psychische Schutzbedürftigkeit von Studierenden sowie ihr Anrecht auf eine ungehinderte Selbstoptimierung und Selbstwertsteigerung nicht angemessen zu würdigen. Letzteres begreift die Autorin auch als Folge eines immer mächtiger werdenden neoliberalen Zeitgeistes:

> „I want to argue that the insistence on individual injury, on the need to secure the safety, security, and comfort of students on campus, resonates with the program of neoliberal rationality. What I've been calling the affective turn, even in antidiscrimination discourse, is ultimately about the entitlements of individual students to comfort, safety, and conscience; to the right to maximize one's value; and to do so free of distractions and impediments." (S. 78 f.)

Von beiden Seiten aus werden in der Universität individuelle Ansprüche als Instrumente zur Beschränkung kritischer Auseinandersetzung über strittige Sachverhalte benutzt. Demgegenüber betont Wallach Scott, dass die akademische Freiheit ihrem eigentlichen Sinne nach von solchen Auseinandersetzungen lebe und nicht auf die Befriedigung individueller Bedürfnisse, sondern auf ein *common good* ausgerichtet sei, das sie als „shared collective responsibility and reciprocity" (S. 134) versteht und das sich in der Einsicht reflektiert, dass „we're all part of something bigger than ourselves, that we live in societies together and must help take care of one another" (S. 113).

So unterschiedlich die beiden von konservativer und progressiver Seite ausgehenden Attacken auch sind, so gründen sie nach Wallach Scott doch beide in einem gemeinsamen fundamentalen Missverständnis der Universität und der für sie wesentlichen akademischen Freiheit. Die Universität ist weder ein Ort freier Meinungsäußerung, wie sie aus der politischen Öffentlichkeit bekannt ist, noch ein Schonraum, wie er typischerweise in Psychotherapien aufgespannt wird. In der Universität geht es nicht um Meinungen, sondern um Wissen und Wahrheit; es geht in ihr aber auch nicht um subjektives Wohlbefinden und psychische Schonung, sondern um Lernen und Bildung. Weder können etwa Rassismus oder Sexismus unter der Flagge der Meinungsfreiheit in der Universität Gehör gewährt werden, noch darf die Jagd nach *micro-aggressions*, ausbleibenden *trigger warnings* und fehlenden *safe spaces* den freien akademischen Diskurs ersticken.

Wallach Scott ist sich natürlich bewusst, dass mit solch einer doppelten Zurückweisung der Attacken das Problem, wenn überhaupt, allererst umrissen, aber keineswegs gelöst ist. Denn nicht zuletzt auf Grund des fortgeschrittenen Reflexionstandes gerade der Geistes- und Sozialwissenschaften bezüglich ihrer Methoden und Grundbegriffe steckt der Teufel im Detail. Heute lässt sich – zumal im akademischen Kontext – kaum mehr derart unbefangen von Wissen und Wahrheit reden, ohne sich dem Vorwurf des Dogmatismus auszusetzen. Es stellt sich mithin auch für Wallach Scott die Frage, wie man der subjektiven Beliebigkeit und der individuellen Hypersensibilisierung innerhalb der Universität ohne Dogmatismus entgegentreten kann.

Die Verwischung des Unterschieds zwischen freier Meinungsäußerung und akademischer Freiheit unterminiert aber das Kerngeschäft universitärer Lehre und Forschung. Der eingeklagte Respekt vor der frei geäußerten Meinung trägt dazu bei, die akademischen und disziplinären Standards zu relativieren und in ihrer Bedeutung herabzusetzen, wenn nicht gar weitgehend auszuschalten. Dafür sind insbesondere die Geistes- und Sozialwissenschaften anfällig, in denen in den letzten drei Jahrzehnten durch eine fortgesetzte Selbstkritik das Vertrauen in verbindliche disziplinäre Standards nachhaltig erschüttert wurde. Nun liegt es Wallach Scott fern, diese Entwicklung vor dem Hintergrund des genannten Problems zu verurteilen. Vielmehr unterstreicht sie, dass insbesondere die Geistes- und Sozialwissenschaften von einer kaum lösbaren Spannung in Bewegung gehalten werden, indem sie einerseits zwar gegen die in Form der freien Meinungsäußerung daherkommende Beliebigkeit wissenschaftliche Standards zur Geltung bringen müssen, sich aber andererseits doch nicht dogmatisch auf eine zeitenthobene Wahrheit berufen können. Die akademische Freiheit ist keine Willkür- oder Geschmacksfreiheit, sondern eine voraussetzungsvolle und qualifizierte Freiheit, die man sich gleichsam verdienen muss und die in ihrer Ausübung einem selbst, aber auch anderen Grenzen setzt. Ihre Rechtfertigung wurzelt im disziplinären Diskurs einer Gemeinschaft von Forschenden und Lehrenden und nicht, wie das Recht auf freie Meinungsäußerung, in einem allgemeinen Bürger-, wenn nicht sogar Menschenrecht. Gleichzeitig schützt die akademische Freiheit aber sozusagen auch nach innen gegen einen disziplinären Anpassungsdruck:

„Academic freedom protects those whose thinking challenges orthodoxy; at the same time, the legitimacy of the challenge – the proof that the critic is not a madman or a crank – is secured by membership in a disciplinary community based upon shared commitment to certain methods, standards, and beliefs" (S. 19).

Die Stärke der Texte von Wallach Scott liegt in dem nachdrücklichen und durch viele Beispiele aus der Praxis des *Committee on Academic Freedom and Tenure* unterfütterten Aufweises der Notwendigkeit, in Zeiten des Neoliberalismus und zunehmender politischer Polarisierung unter Donald Trump neue Antworten finden zu müssen. Und es spricht keineswegs gegen das Buch, dass sie letztlich solche Antworten schuldig bleibt bzw. die nicht nachlassende differenzierende Auseinandersetzung mit dieser Problematik als eine solche präsentiert.

Henning Röhr

Corona-Monitor (Hg.) (2021):
Corona und Gesellschaft

Soziale Kämpfe in der Pandemie.
Wien, Berlin: mandelbaum

Der vorliegende Sammelband reiht sich ein in eine inzwischen schon länger gewordene Liste an Publikationen, die sich der Analyse der mit der Corona-Pandemie entstandenen politischen und sozialen Situation widmen, aber er macht dabei einiges anders. Er stammt aus dem für solche Analysen prädestinierten Feld der Protest- und Bewegungsforschung und die darin versammelten Beiträge nehmen ihren Ausgang von einem kollektiven Experiment, über das die Herausgebenden einleitend und abschließend Auskunft geben. Bereits nach den ersten Tagen des ersten Lockdowns im März 2020 wurde ein im Internet zugängliches Pad als Texteditor für eine zunächst anonyme Sammlung von sozialen oder politischen Ereignissen und Beobachtungen eröffnet, an der sich ca. 60 Interessierte beteiligten. Anlass dafür waren vor allem die für die laufenden Forschungsprojekte der Beteiligten wegbrechenden Kontakte und Austauschmöglichkeiten, aber auch die Hoffnung, durch „kollektives Monitoring" (S. 268) wieder einen Überblick über die in Bewegung geratenen Verhältnisse zu gewinnen. Diese Beobachtungen wurden von den Redakteur_innen anschließend strukturiert und in den Blog „Corona Monitor" (unter https://coronamonitor.noblogs.org/) übertragen, der auch gegenwärtig noch abrufbar ist. Einige der 14 im Band versammelten, überarbeiteten, ergänzten und in sechs Themenblöcke untergliederten Einzel-Analysen sind in ihrer ursprünglichen Fassung dort zu finden, andere der Beiträge sind ausschließlich für das Buch entstanden. Der Band folgt damit einer doppelten Intention, sich zum einen die durch den politischen Umgang mit der Pandemie erzeugten Veränderungen und Brüche über das verfügbare theoretische Instrumentarium zugänglich zu machen sowie medial unterrepräsentierte Themen aufzunehmen und zum anderen der empfundenen eigenen Hilflosigkeit und Machtlosigkeit, den als potenziell ‚autoritär' wahrgenommenen Eingriffen und damit verbundenen staatlichen Transformationsprozessen kritisch und aktivistisch zu begegnen.

Einleitend gerahmt werden die Beiträge von *Louisa Bäckermann, Peter Birke, Daniel Keil* und *Darius Reinhardt* über den verbindenden Schlüsselbegriff der Solidarität, der ausgehend von den französischen Solidaristen Ende seit des 19. Jhd. negativ als „gemeinsam getragene Hypothek" (S. 8) bestimmt wird. Aus diskursanalytischer Perspektive wird er dabei selbst historisiert und als Teil der sozialen und politischen (Deutungs-)Kämpfe justiert, um die es im Buch geht:

Sein „Bedeutungsgehalt und die konkrete Praxis, auf die er jeweils historisch verweist, werden ständig neu ausgehandelt" und er könne dabei ebenso eine „herrschaftsstabilisierende wie -herausfordernde Bedeutung" (S. 9) annehmen. Vor diesem Hintergrund werden auch die Beiträge des Buches als vorläufige Bestandsaufnahmen markiert, die nur einen Ausschnitt einer sich unvorhergesehen und recht schnell verändernden Lage festhielten. Dem Selbstverständnis nach stellen sie einen Teil einer Echtzeitanalyse dar und sind in ihren Markierungen entsprechend tentativ formuliert. Die Herausgebenden bringen den einleitend entwickelten negativen Solidaritätsbegriff auf vier Dimensionen, denen sie die im Buch versammelten Beiträge – quer zur Gliederungslogik und ihrer Reihung – zuordnen, und der ich mich nachfolgend anschließe.

Die *erste Dimension* wird dabei als übergreifende Perspektive der Beiträge auf die „‚Risse im Putz' des dominanten Solidaritäts-Diskurses" (S. 13) umrissen. Unter dem Fokus der ‚exklusiven Solidarität' wird hier mit Blick auf das vergemeinschaftende politisch ausgegebene Motto „stay at home" angedeutet, dass die Ansteckungsgefahren ungleich verteilt und mit unterschiedlichen Konsequenzen verbunden waren. Der *zweiten Dimension* werden fünf Beiträge zugeordnet, die ihre Themen Sorgearbeit, sozial-ökologische Transformation sowie stadträumliche Segregation und Nachbarschaftshilfe nicht nur unter dem Aspekt von Solidarisierungs- sondern auch von Entsolidarisierungsbewegungen analysieren. Der auf Mitte Juni 2021 datierte Beitrag von *Tanja Carstensen* stellt Care-Arbeit zunächst in den historisch-gesellschaftlichen Kontext von Industrialisierung und Kapitalismus, in der Arbeitsteilung und räumliche Trennung der Re-/Produktionssphäre die Voraussetzung dafür abgeben, um existenzerhaltende Tätigkeiten einerseits unsichtbar zu machen bzw. abzuwerten und andererseits motivational zu romantisieren. Sie zeigt, dass zwar nach wie vor das „Geschlecht eine grundlegende Strukturierungskategorie für die Verteilung von Care-Arbeit" (S. 67) darstellt, diese aber gleichzeitig eingewoben ist in komplexe Verhältnisse der Ethnizität bzw. Migration und Klasse, aus denen sich wiederum differenzierte Auswirkungen und Vereinbarkeitskonflikte der politischen Maßnahmen für die jeweilig anders konstellierten „Sorgegemeinschaft[en]" (S. 69) ergeben. Diese instruktive Analyse wird sekundiert durch *Stefanie Hürtgens* Vorschlag, die Ursachen der Corona-Pandemie als eine „Krise gesellschaftlicher Naturverhältnisse" (S. 79) zu begreifen und ein entsprechendes politökonomisches Vokabular zu entwickeln. Die politische Rhetorik des ‚Kriegs' gegen das Virus erscheint ihr als Teil der neoliberalen Ideologie einer „ordnungspolitisch autoritären, wehrhaften Staatlichkeit" (S. 81), die angestrebte ‚Normalität' als Wiederherstellung der Teilnahme „am kapitalseitig als reibungslos angenommenen Verwertungsgeschehen" (ebd.) und seiner mathematisierten „profitlogische[n] Vermessung des gesellschaftlichen Lebens" (S. 83). Dabei mache die Corona-Pandemie gerade auf die „in die kapitalistische Organisation von Arbeit, Leben und Produktion eingeschriebene sozialökologische Destruktion" (S. 84) aufmerksam, der u. a.

mit neuen Maßstäben auf der Basis globaler sozialökologischer Verbundenheit zu begegnen wäre und damit auch die materialistische Fassung des Klassenwiderspruchs überschreitet. Dieser Diagnose folgen auch *Alina Brad, Ulrich Brand* und *Mathias Krams*, die die jüngsten klimapolitischen und ökologischen Programme auf EU-Ebene als „öko-kapitalistische Modernisierung" kritisieren, bei der die ohnehin „dominanten wirtschaftlichen und politischen Kräfte den Modus vorgeben" (S. 61), und die als drei programmatische Elemente einer darüber hinausgehenden Neuordnung Barrierefreiheit, Demokratisierung und Degrowth vorschlagen. Die Co-Redakteur_innen *Bäckermann* und *Birke* analysieren dagegen in ihrem vom 15.01.2021 datierten Beitrag die „Strategie der kleinräumigen Kontrolle von Infektionen" (S. 143) im Verhältnis von gesamtstaatlichen und stadtpolitischen Maßnahmen konkret an den Beispielen des ‚Iduna-Zentrums' in Göttingen und eines Neuköllner Eckhauses in Berlin. Ihr theoretisch dichter und empirisch gesättigter Beitrag vollzieht anhand von Presseartikeln nach, wie bereits vorhandene stereotype Deutungsmuster sozialräumlicher Segregation in den Kategorien von Klassenzugehörigkeit und ethnischer Herkunft durch die mediale Rahmung von Masseninfektionen wiederbelebt worden sind. Anstelle von Ursachenforschungen im Lichte der bisherigen Sozial-, Arbeits- und Wohnungspolitik seien „soziale Brennpunkte" (S. 144) und ihre Bewohner_innen entlang des Narrativs der „Folgen für die Sicherheit und Stabilität einer imaginierten weißen und bürgerlichen Allgemeinbevölkerung" (S. 145) zum Problem gemacht worden. Der letzte unter der Dimension Solidarisierung-Entsolidarisierung geführte Beitrag von *Leon Rosa Reichle* vom 04.08.2020 blickt anhand der Leipziger Stadtteile auf das Wechselverhältnis von Hilfsinitiativen und ihrer Hilflosigkeit, um „eine Diskussionsgrundlage für weitere kollektive Denkprozesse zu transformativem Stadtteil-Organizing" (S. 224) anzubieten. Dabei bleibt das durchaus angelegte analytische Potenzial dadurch ungenutzt, dass Solidarität funktionalistisch gewendet wird im Hinblick auf das übergeordnete aktivistische Ziel der Überwindung von „residentieller Entfremdung" (S. 225).

Die Ambivalenzen und Widersprüche der während der Pandemie neu verhandelten sozialen Verhältnisse werden in einer einleitend benannten *dritten Dimension* in den darunter aufgeführten fünf Beiträgen vor allem entlang ihrer regressiven und autoritären Tendenzen vereindeutigt. So thematisiert das über ein online geteiltes Pad geführte Schreibgespräch bzw. Interview zwischen *Martin Thiele* und *Klemens Ketelhut* mit queerem Interesse die Gemeinsamkeiten und Unterschiede „zwischen der aktuellen Coronapandemie und dem Aufkommen von AIDS in den 1980er Jahren" (S. 238). Es trägt dabei zwar unter Bezug auf Literatur, aber auch auf der Basis von zumeist implizit bleibendem (Fakten-)Wissen und eigenen Einschätzungen Tendenzen zusammen, die zu mutmaßlichen weiteren Entwicklungen verdichtet werden. Nachvollziehbarerer ist der prüfende Rückblick von *Daniel Mullis* auf seinen aus dem April 2020 stammenden aufschlussreichen Beitrag, in dem er fünf unterscheidbare Transformationslinien nachgezeichnet hatte, um der mit Hilfe des Corona-Blogs beobachteten Vielzahl von Einzelereignissen und Maßnahmen in Form von v. a. statistisch belegten konkreten Entwicklungstendenzen prognostisch habhaft zu werden. Im Hinblick auf die „Dynamik autoritärer Bewegungen und Parteien während der Pandemie" (S. 187) bemüht sich in ähnlicher Absicht auch der diskussionswürdige Beitrag von *Daniel Keil* aus dem Juni 2020 unter Rückgriff auf Debattenbeiträge vor allem von Redner_innen der AfD um „fünf Thesen zur Einordnung des rechts-autoritären Potentials in, durch und nach Corona" (S. 189). Nah am Instrumentarium der Protest- und Bewegungsforschung bleibt der Beitrag von *Steven Hummel* und *Paul Zschocke* aus dem Juli 2021, der sich den Protesten der Pandemie-Leugner_innen in Leipzig widmet. Die Szene wird in ihrer extremen Heterogenität dargestellt und das Protestgeschehen entlang von drei Phasen, die jeweils mit den pandemischen Wellen und den entsprechenden politischen Schutzmaßnahmen zusammenhingen, beschrieben und (u. a. nach Merkmalen, Akteuren oder Slogans) vergleichend systematisiert. Der letzte der unter die dritte Dimension der Solidarität sortierte Beitrag von *Hagen Kopp* erzählt die Chronik des ‚sozialen Raums‘, der zur Erinnerung an die Opfer des rassistisch motivierten Attentats vom 19.02.2020 in Hanau für Betroffene und Unterstützer_innen eingerichtet wurde, aus der teilnehmenden ‚Wir‘-Perspektive.

Die restlichen vier Beiträge des Bandes finden sich in der *vierten Dimension* der Solidarität in Form von einleitend als emanzipatorisch und gegen-politisch vereindeutigten Protestdynamiken wieder. *Nikolai Huke* gibt dazu einen Einblick in die besonderen („subalternen", S. 107) Erfahrungen und Lebensumstände von Bewohner_innen in Flüchtlingsunterkünften. Er stellt anhand von Interviewpassagen vier ihrer Strategien vor, mit repressiven Zwangsmaßnahmen und damit, kein Gehör zu finden, umzugehen. Der polemisierende Beitrag von *Cindy Hader* vom 24.07.2020 ergänzt hierzu den publizistisch und über Soziale Medien ausgetragenen Konflikt zwischen Flüchtlingsinitiativen und ordnungspolitischen Maßnahmen um die als ‚institutioneller Rassismus‘ gedeutete Situation in zwei Erstaufnahme-Zentren für Geflüchtete in Mecklenburg-Vorpommern. Auch *Elisabeth Kirndörfer* schildert in ihrem Ende Juni 2020 datierten Beitrag die über Interviews erhobenen Erfahrungen von jungen Geflüchteten und Aktiven in Flüchtlingsinitiativen in Leipzig unter den besonderen Bedingungen der pandemischen Maßnahmen. Der die emanzipatorische Solidaritätsdimension abschließende Beitrag von *Maike Wäscher, Denise Siemer, Stefka Schmid* und *Julia Karl* vom 27.10.2020 seziert, kontextualisiert und interpretiert die unterschiedlichen Maßnahmen und Stellungnahmen der Frankfurter Polizei auf die während der Corona-Pandemie initiierten Proteste am Beispiel rechtspopulistischer „Hygienedemos" und antikapitalistischer bzw. antirassistischer Proteste (u. a. Seebrücke) und deutet sie im Lichte der „Extremismusideologie als Staatsschutz" (S. 174).

Die große Stärke des Bandes ist es, einen Einblick in Themen zu geben, die kaum gesellschaftliche Aufmerksamkeit erhalten (haben) und sich dabei auf eigenes empirisches Material zu stützen oder diverse Literatur zusammenzutragen, einschließlich Zeitungsberichte und veröffentlichte Meinung von politisch Aktiven. Dadurch gelingt es, die unterschiedlichen politischen Maßnahmen zur Eindämmung der Corona-Pandemie sowohl auf bundespolitischer als auch auf lokaler Ebene festzuhalten und sie als einen Teil politisch-sozialer Konflikte in den unterschiedlichen gesellschaftlichen Bereichen sichtbar zu machen. Die einzelnen Beiträge wird man dabei je nach eigenem Erkenntnisinteresse an Einzelfalldarstellungen oder systematisierenden Rahmungen mit unterschiedlichem Gewinn lesen. Während die gehaltvolle und anregende Einleitung in ihrer Rahmung konsequent analytisch bleibt, gewichten die einzelnen Beiträge das Verhältnis von sozialwissenschaftlicher Analyse und Aktivismus durchaus unterschiedlich. Theoretisch verdichtete Analysen lassen sich ebenso finden wie durch einen impliziten normativen Konsens getragene Beiträge, die teils zentrale Thesen oder Begrifflichkeiten nicht erläutern oder deren Begründungen für Schlussfolgerungen nicht transparent machen. Dies ist wohl insofern einzurechnen, als der Band nicht in der Reihe „Wissenschaft", sondern in der Reihe „Kritik & Utopie" des Mandelbaum-Verlags erschienen ist, die sich als politische Edition versteht. Entsprechend finden sich utopische Perspektiven, positive Tendenzen oder Ansatzpunkte und Empfehlungen für die Verbesserung der gesellschaftlichen Verhältnisse in etlichen Beiträgen und bieten so einen optimistischen Ausblick an. Gegenüber stärker systematisch strukturierten Publikationen finden sich hier vor allem empirische Details in Verbindung mit einer gesellschaftstheoretischen Rahmung. Der Erziehungswissenschaft könnten sich daher in einem Seitenblick auf die interdisziplinären Forschungen aus dem Feld der Protest- und Bewegungsforschung vor allem Anknüpfungspunkte an gemeinsame Themenfelder bieten, bspw. in der Migrations- oder der Ungleichheitsforschung.

Sabrina Schenk

Verzeichnis der Autor:innen

Atanasoska, Tatjana, Mag.a, Wissenschaftliche Mitarbeiterin an der School of Education der Bergischen Universität Wuppertal. Gegenwärtige Arbeitsschwerpunkte sind neoliberale Entwicklungen in der Schule, Deutsch als Fremdsprache in Europa und Herkunftssprachenunterricht (in Deutschland). Zuletzt erschien von ihr: Einstellungen zu Mehrsprachigkeit(en) bei angehenden Lehrkräften: Reflexionsprozesse im Schreiben sichtbar machen. In: ÖDaF-Mitteilungen 1/2021, S. 25–44 (zusammen mit Sara Hägi-Mead, Corinna Peschel, Aslı Can Ayten, Magdalena Knappik).

Baader, Meike Sophia, Prof. Dr., ist Professorin für Allgemeine Erziehungswissenschaft an der Universität Hildesheim. Gegenwärtige Arbeitsschwerpunkte sind Kindheitsforschung; Geschlechterforschung; Erziehung, Bildung und Erinnerungskulturen. Zuletzt erschienen von ihr ist ein Text zu Schulen für jüdische Kinder im Exil während des Nationalsozialismus: „Die Schule am Mittelmeer". In: Zeitschrift für Ideengeschichte, H. XVI/2 (2022), S. 31–41.

Bach, Clemens, Dr. phil., ist wissenschaftlicher Mitarbeiter an der Professur für Erziehungswissenschaft, insbesondere Ideen- und Diskursgeschichte von Bildung und Erziehung an der Helmut-Schmidt-Universität Hamburg. Gegenwärtige Arbeitsschwerpunkte sind Erziehungs- und Bildungstheorie, Geschichte und Theorie der ästhetischen Bildung und Erziehung, methodologische Fragestellungen (insb. zu Hermeneutik, Historiographie und Ideologiekritik). Zuletzt erschien von ihm „Pädagogik, Kunst und kritischer Neuhumanismus. László Moholy-Nagy zwischen Friedrich Schiller und einer Ästhetik der Moderne" im Schöningh/Brill Verlag 2021.

Bretting, Johannes, M. A., ist wissenschaftlicher Mitarbeiter am Arbeitsbereich Organisationsforschung und Erwachsenenbildung an der Goethe-Universität Frankfurt am Main. Gegenwärtige Arbeitsschwerpunkte sind Gedenkstättenpädagogik und pädagogische Organisationsforschung. Zuletzt erschienen ist der Beitrag „Demokratie organisieren. Zur Rolle und Funktion von NS-Gedenkstätten als Agentinnen gesellschaftlicher Transformation", gemeinsam mit Nicolas Engel in der Vierteljahresschrift für wissenschaftliche Pädagogik.

Brunkhorst, Hauke, Prof. Dr., ist Seniorprofessor für Soziologie an der Europa Universität Flensburg. Arbeitsschwerpunkt: Verfassungssoziologie/ Rechts(r) evolution(en). Zuletzt erschienen: Critical Theory of Legal Revolutions – Evolutionary Perspectives, New York: Bloomsbury 2014.

Bünger, Carsten, Prof. Dr., ist Professor für Erziehungswissenschaft in der Abteilung Allgemeine Pädagogik der PH Schwäbisch Gmünd. Gegenwärtige Arbeitsschwerpunkte sind politische Dimensionen von Erziehung und Bildung sowie erziehungswissenschaftliche Perspektiven theoretischer Forschung. Zuletzt erschien von ihm der Beitrag „Mündigkeit" im Band „Schlüsselbegriffe der Allgemeinen Erziehungswissenschaft. Pädagogisches Vokabular in Bewegung" (Beltz, 2022). www.c-buenger.de.

Chadderton, Charlotte, Prof. Dr., ist Professorin für Erziehungswissenschaften am Institute of Education, University of Derby. Sie ist seit 2020 Mitherausgeberin des Jahrbuchs für Pädagogik.

Clausen, Lasse, M.A., ist wissenschaftlicher Mitarbeiter im DFG-Projekt der Klaus Mollenhauer Gesamtausgabe (AG Uni-Osnabrück, Allgemeine Pädagogik). Gegenwärtige Arbeitsschwerpunkte sind Kultur- und Gesellschaftstheorien in der Erziehungswissenschaft sowie Geschichte und Theorie der Erziehung und Bildung.

Czejkowska, Agnieszka, Univ.-Prof. Dr., ist Leiterin des Arbeitsbereichs Bildungstheorie und Schulforschung der Universität Graz. Sie ist Herausgeberin der Reihe Arts & Culture & Education und Mitherausgeberin des Jahrbuchs für Pädagogik. Aktuelle Forschungsschwerpunkte ästhetische Bildung, Differenz, Macht- und Subjektkritik. www.czejkowska.at.

D'Avis, Annika, Promotionsstipendiatin im Rahmen des von der Gerda-Henkel-Stiftung geförderten Projekts „Der Blick nach unten. Soziale Konflikte in der Ideengeschichte der Demokratie" an der Technischen Universität Darmstadt. Gegenwärtige Arbeitsschwerpunkte sind: Politische Theorie und Ideengeschichte. www.demokratiekonflikte.de

Dust, Martin, Dr. phil., ist Geschäftsführer der Agentur für Erwachsenen- und Weiterbildung des Landes Niedersachsen und Lehrbeauftragter für Erwachsenenbildung an der Leibniz-Universität Hannover.

Eis, Andreas, Prof. Dr., ist Professor für Didaktik der politischen Bildung an der Universität Kassel. Arbeitsschwerpunkte sind europapolitische Bildung, politische Subjektivierung in transnationalen Räumen, Demokratiebildung in sozialen Bewegungen sowie qualitative Lern- und Unterrichtsforschung. Zuletzt erschien von ihm: Digitale Kommunikation und transnationale Öffentlichkeit(en): Analyse von Machtstrukturen und politischer Handlungsfähigkeit in sozialen Bewegungen, in: Hubacher, Manuel/Waldis Weber, Monika (Hrsg.) (2021): Politische Bildung für die digitale Öffentlichkeit. Umgang mit politischer Information und Kommunikation in digitalen Räumen, Wiesbaden: Springer VS, S. 109–130.

Grabau, Christian, Dr., ist wissenschaftlicher Mitarbeiter in der Abteilung Allgemeine Pädagogik am Institut für Erziehungswissenschaft der Eberhard-Karls-Universität Tübingen.

Heßdörfer, Florian, Dr. phil. habil., ist wissenschaftlicher Mitarbeit am Lehrstuhl für Allgemeine Pädagogik an der Universität Leipzig. Gegenwärtiger Arbeitsschwerpunkte sind die Geschichte der Pädagogik sowie die Frage nach der Schnittmenge pädagogisch-politischer Praktiken und Motive. Zuletzt erschien von ihm die Monographie „Der Geist der Potentiale. Zur Genealogie der Begabung als pädagogisches Leistungsmotiv." (transcript, 2021)

Jergus, Kerstin, Prof. Dr., ist Professorin für Allgemeine Erziehungswissenschaft an der TU Braunschweig. Aktuelle Arbeitsschwerpunkte sind Theorie und Geschichte der Pädagogik in Verbindung mit kulturwissenschaftlicher Bildungsforschung. Kürzlich erschien von ihr der Beitrag „Politiken der Anerkennung und der Zugehörigkeit. Nachwuchsfragen als disziplin- und erkenntnispolitische Problemstellung" in der Zeitschrift Debatte Erwachsenenbildung (2022), Heft 1 (Jg.4).

Keim, Wolfgang, Prof. Dr. phil., lehrte Erziehungswissenschaft an der Universität Paderborn. Er ist Mitbegründer des Jahrbuchs für Pädagogik.

Koch, Sandra, Dr., ist wissenschaftliche Mitarbeiterin in der Allgemeinen Erziehungswissenschaft an der Universität Hildesheim. Gegenwärtige Arbeitsschwerpunkte sind kulturwissenschaftliche Bildungsforschung, Generationen- und Geschlechterverhältnisse in der Kinder- und Jugendliteratur, Kindheitsforschung. Zuletzt erschien von ihr gemeinsam mit Maike Baader und Friederike Koschel der Beitrag „Kinder und Jugendliche als Erziehende. Umkämpfte Kindheit und Jugend in Bildungsmedien der DDR" im Verlag Vandenhoeck & Ruprecht (2021).

Liesner, Andrea, Prof. Dr. phil., ist seit 2007 Professorin für Erziehungswissenschaft mit dem Arbeitsschwerpunkt „Bildungsprozesse im Kontext ökonomischer Transformationen" an der Universität Hamburg. Dem Herausgeberkreis des Jahrbuchs für Pädagogik gehört sie seit 2012 an.

Lohmann, Ingrid, Univ. Prof. Dr., leitet das DFG-Projekt „Das Wissen über Türken und die Türkei in der Pädagogik. Analyse des diskursiven Wandels 1839–1945" an der Universität Hamburg. Arbeitsschwerpunkte: Beziehungen von Pädagogik und Ökonomie, jüdische Bildungsgeschichte in Deutschland, bildungshistorische Diskursanalysen. Zuletzt erschien der Quellenband: Auf dem Weg ins Türkische Reich. Ein bildungshistorisches Lesebuch, hrsg. mit Julika Böttcher. Bad Heilbrunn 2022, urn:nbn:de:0111-pedocs-248294. www.ingridlohmann.de.

Mayer, Ralf, Prof. Dr., ist Professor für Allgemeine Erziehungswissenschaft an der Universität Kassel. Arbeitsschwerpunkte: Bildungs-, sozialphilosophische und gesellschaftstheoretische Fragestellungen; Probleme und Praktiken im Verhältnis von Pädagogik und Politik. Zuletzt erschien von ihm der Beitrag „Zur Aufgabe des Erinnerns' – im Spannungsfeld von Orientierungswissen und Erinnerung". In: Thole, Friederike/Wedde, Sonja/Kather, Alexander (Hrsg.) (2021): Über die Notwendigkeit der Historischen Bildungsforschung. Bad Heilbrunn: Klinkhardt, S. 91–102.

Özcan, Aslıhan, ist Cand. Phil., für das Lehramt Sek. II (Deutsch, Geschichte, DiDaZ). Gegenwärtige Arbeitsschwerpunkte sind machtkritische Pädagogik und Didaktik, intersektionale Zugänge für schulische Kontexte und antimuslimischer Rassismus im bundesdeutschen Kontext. Zuletzt erschien von ihr gemeinsam mit Nina Simon „Die Gefahr einer einzigen Geschichte. Weshalb ein Nachdenken über Vorurteile Herrschaftsverhältnisse berücksichtigen muss." in DaZ Sekundarstufe 3/2019.

Röhr, Henning, Dr., ist Akademischer Rat im Institut für Erziehungswissenschaft der Ruhr-Universität Bochum. Gegenwärtige Arbeitsschwerpunkte sind Anerkennungstheorie, Pädagogische Ethik, Bildungswissen und Virtualität. Zuletzt erschien von ihm der Beitrag „Anerkennung". In: Milena Feldmann, Markus Rieger-Ladich, Carlotta Voß und Kai Wortmann (Hrsg.): Schlüsselbegriffe der Allgemeinen Erziehungswissenschaft. Pädagogisches Vokabular in Bewegung. (Beltz Juventa, 2022).

Rößler, Sven, Dr., vertritt seit 2019 die Professur für Politikwissenschaft und ihre Didaktik an der Pädagogischen Hochschule Weingarten. Seine Arbeitsschwerpunkte sind Krise, Kritik und Didaktik der Moderne. Zuletzt erschienen ist 2021 der Beitrag „»Wenn Bildung Spaß machen würde, wäre sie vermutlich verbreiteter.« – Über Widerständigkeit" im von Werner Friedrichs herausgegebenen Band „Atopien im Politischen" (transcript).

Salomon, David, Dr., ist Politikwissenschaftler und arbeitet derzeit im Rahmen des von der Gerda-Henkel-Stiftung geförderten Projekts „Der Blick nach unten. Soziale Konflikte in der Ideengeschichte der Demokratie" an der Technischen Universität Darmstadt.

Sämann, Jana, M. A. ist wissenschaftliche Mitarbeiterin am Seminar für Sozialwissenschaften der Universität Siegen. Gegenwärtige Arbeitsschwerpunkte sind politische Bildung im außerschulischen Kontext sowie die Verhandlung von Anrufungen an Jugendarbeit. Zuletzt erschien von ihr „Neutralitätspostulate als Delegitimationsstrategie. Eine Analyse von Einflussnahmeversuchen auf außerschulische Jugend(bildungs)arbeit" im Wochenschau Verlag (2021).

Schenk, Sabrina, Dr., ist Wissenschaftliche Mitarbeiterin am Institut für Allgemeine Erziehungswissenschaft an der Goethe-Universität Frankfurt Ihre Forschungsschwerpunkte sind Bildungsprozesse und Subjektformationen in der Überschneidung von Kulturalität, Digitalität und Gesellschaft, Grundlagen und Grundbegriffe der historisch-systematischen Erziehungswissenschaft und der Erziehungs- und Bildungsphilosophie, Konstitutionsfragen von Pädagogischem und Politischem. Zuletzt erschien ihr Beitrag „Fake News als Herausforderung für die politische Bildung" in: Wahl/Schell-Kiehl/Damberger (2022) (Hg.): „Pädagogik, Soziale Arbeit und Digitalität".

Spieker, Susanne, Dr., ist zur Zeit LfBA-Vertretung am Institut für Allgemeine Erziehungswissenschaft, Arbeitsbereich Heterogenität, Universität Koblenz-Landau, Campus Landau. Ihr Forschungsschwerpunkt liegt im Bereich der Historischen Bildungsforschung. Aktuelle Publikationen: Pox and Parents: Educational Choices in the Light of Smallpox Epidemics in Seventeenth-Century England, in *Paedagogica Historica* 2022, doi: 10.1080/00309230.2022.2090850, und gemeinsam mit Anke Wischmann: Refugees in/and Education throughout Time in Europe. Re- and Deconstructions of Discourses, Policies and Practices in Educational Contexts, in Tertium Comparationis Education, 28 (2), 2022. Sie ist seit 2016 Mitherausgeberin des Jahrbuchs für Pädagogik.

Springer, Jürgen-Matthias, ist Sprachwissenschaftler und war langjährig Geschäftsführer des Verlags Peter Lang. Er ist seit 2012 Mitherausgeber des Jahrbuchs für Pädagogik

Stederoth, Dirk, apl. Prof. Dr., ist Professor für Geschichte der Philosophie am Institut für Philosophie der Universität Kassel. Seine Forschungsschwerpunkte sind Klassische Deutsche Philosophie, Kritische Theorie, Bildungs- und Musikphilosophie. Von ihm erscheint gerade: Reale Avatare. Zur Versponnenheit des Menschen in der Netzkultur, Berlin: J. B. Metzler (Springer) 2022.

Wischmann, Anke, Prof. Dr., lehrt und forscht an der Europa-Universität Flensburg am Institut für Erziehungswissenschaft, in der Abteilung Allgemeine Erziehungswissenschaft. Sie ist seit 2016 Mitherausgeberin des Jahrbuchs für Pädagogik.

Wittig, Steffen, Dr., ist wissenschaftlicher Mitarbeiter an der Universität Kassel. Gegenwärtige Arbeitsschwerpunkte sind Problematisierungen der sozialphilosophischen Bedingungen von Erziehung und Bildung (Macht, Hegemonie, Demokratie, Öffentlichkeit, Subjektivierung, Gleichheit, Inklusion/Exklusion, Spiel, Experiment/Labor). Letzte Veröffentlichungen: Möglichkeit/Unmöglichkeit oder: Über das Mauern (einreißen). Versuch über den experimentellen Umgang mit der paradoxalen Lage der Pädagogik In: Binder, Ulrich/Krönig, Franz-Kaspar (Hrsg.) (2021). Paradoxien (in) der Pädagogik. Weinheim/Basel: Beltz Juventa, S. 82–99.

Jahrbuch für Pädagogik

Jahrgang

1992: Erziehungswissenschaft im deutsch-deutschen Vereinigungsprozess. Redaktion: Klaus Himmelstein und Wolfgang Keim

1993: Öffentliche Pädagogik vor der Jahrhundertwende: Herausforderungen, Widersprüche, Perspektiven. Redaktion Karl-Christoph Lingenbach und Hasko Zimmer.

1994: Geschlechterverhältnisse und die Pädagogik. Redaktion Ulla Bracht und Dieter Keiner

1995: Auschwitz und die Pädagogik. Redaktion: Kurt Beutler und Ulrich Wiegmann

1996: Pädagogik in multikulturellen Gesellschaften. Redaktion: Georg Auernheimer und Peter Gstettner

1997: Mündigkeit. Zur Neufassung materialistischer Pädagogik. Redaktion Hans-Jochen Gamm und Gernot Koneffke

1998: Bildung nach dem Zeitalter der großen Industrie. Redaktion: Josef Rützel und Werner Sesink

1999: Das Jahrhundert des Kindes? Redaktion Karl-Christoph Lingenbach und Hasko Zimmer

2000: Gleichheit und Ungleichheit in der Pädagogik. Redaktion: Klaus Himmelstein und Wolfgang Keim

2001: Zukunft. Redaktion: Ulla Bracht und Dieter Keiner

2002: Kritik der Transformation – Erziehungswissenschaft im vereinigten Deutschland. Redaktion: Wolfgang Keim, Dieter Kirchhöfer und Christa Uhlig

2003: Erinnern – Bildung – Identität. Redaktion: Hans-Jochen Gamm und Wolfgang Keim

2004: Globalisierung und Bildung. Redaktion: Gerd Steffens und Edgar Weiß

2005: Religion – Staat – Bildung. Redaktion: Herausgeber*innenkreis

2006: Infantilisierung des Lernens? Neue Lernkulturen – ein Streitfall. Redaktion: Dieter Kirchhöfer und Gerd Steffens

2007: Arbeitslosigkeit. Redaktion: Dieter Kirchhöfer und Edgar Weiß

2008: 1968 und die neue Restauration. Redaktion: Armin Bernhard und Wolfgang Keim

2009: Entdemokratisierung und Gegenaufklärung. Redaktion: Sven Kluge, Gerd Steffens und Edgar Weiß

2010: „Der vermessene Mensch". Ein kritischer Blick auf Messbarkeit, Normierung und Standardisierung. Redaktion: Martin Dust und Johanna Mierendorff

2011: Menschenrechte und Bildung. Redaktion: Gerd Steffens und Edgar Weiß

2012: Schöne neue Leitbilder. Redaktion: Sven Kluge und Ingrid Lohmann

2013: Krisendiskurse. Redaktion: David Salomon und Edgar Weiß

2014: Menschenverbesserung – Transhumanismus. Redaktion: Sven Kluge, Ingrid Lohmann und Gerd Steffens

2015: Inklusion als Ideologie. Redaktion: Sven Kluge, Andrea Liesner und Edgar Weiß

2016: Events & Edutainment. Redaktion: Martin Dust, Ingrid Lohmann und Gerd Steffens

2017: Pädagogik in Zeiten von Krieg und Terror. Redaktion: David Salomon, Jürgen-Matthias Springer und Anke Wischmann

2018: Political Correctness und pädagogische Kritik. Redaktion: Carsten Bünger und Agnieszka Czejkowska

2019: Innere Sicherheit. Redaktion: Agnieszka Czejkowska und Susanne Spieker

2020: Neue Arbeitsverhältnisse – Neue Bildung. Redaktion: Anke Wischmann, Susanne Spieker, David Salomon und Jürgen-Matthias Springer

2021: Zukunft – Stand jetzt. Redaktion: Carsten Bünger, Agnieszka Czejkowska, Ingrid Lohmann, Gerd Steffens.

2022: 30 Jahre und kein Ende der Geschichte. Redaktion: Herausgeber:innenkreis.